2025 최신개정판

법조문 집중 학습

실전 모의고사 7회분

공알리오
국민건강보험공단
국민건강 보험법

나만의 성장 엔진, 혼JOB www.honjob.co.kr

혼JOB취업연구소

◎ 조문별 상세 해설 및 요점 정리
◎ 기출복원 → 중난도 → 고난도 모의고사
◎ 지식형·사례형·계산형·○×·빈칸 문제
◎ [부록] 헷갈림 방지 노트 + 사례형 풀이 훈련

PART 1
국민건강보험법 집중 학습

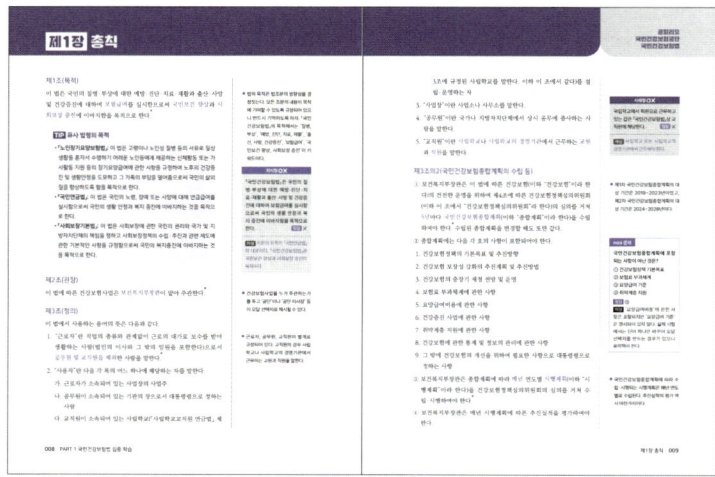

국민건강보험법 전문 학습
- 「국민건강보험법」 전문을 친절한 해설과 함께 구성
- 법조문 내용을 곧바로 적용해 볼 수 있도록 오른편에 OX 문제, mini 문제 배치
- 심화 학습은 물론 면접까지 대비할 수 있는 TIP과 관련 기사·자료 수록

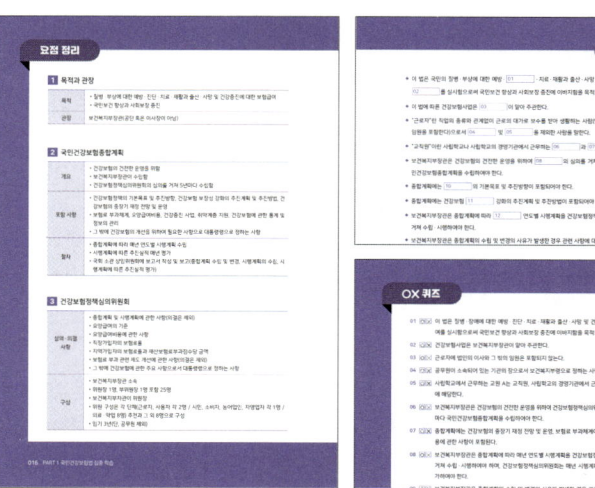

요점 정리
- 「국민건강보험법」 각 장의 효율적 복습을 위한 구성
- 핵심 내용을 일목요연하게 도표화

빈칸 / OX 퀴즈
- 기본 개념의 완벽 암기를 돕는 퀴즈 수록
- 실제 시험에 선택지로 등장할 수 있는 중요 조문 엄선

본 도서는 「국민건강보험법」(법률 제20505호, 2024. 10. 22. 일부개정)을 기준으로 구성됐습니다. 채용 공고상 출제 기준에 따른 변동 사항은 [혼JOB 홈페이지(honjob.co.kr) > 고객센터 > 정오표]를 참고하시기 바랍니다.

이 책의 구성과 특징

PART 2
실전모의고사

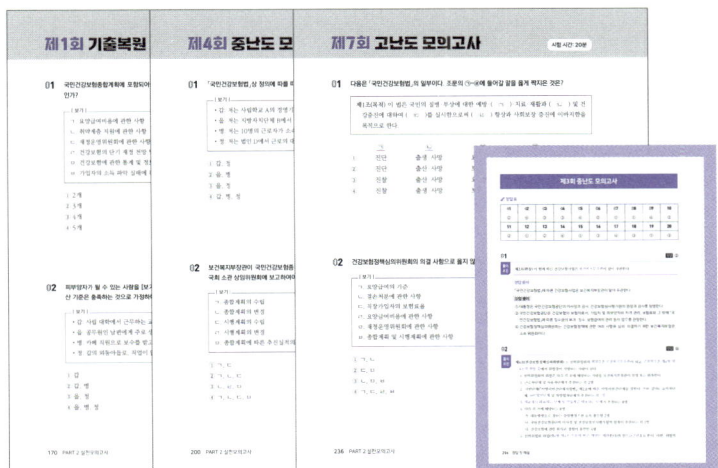

실전모의고사 7회분
- 기출복원 1회, 중난도 3회, 고난도 3회 구성
- 최근 출제 경향을 반영하여 사례형 문항 다수 수록

정답 및 해설
- 문항별 풀이 조문 및 상세 해설 수록
- 편리한 채점 및 오답 복습을 위한 PDF 파일 제공

부록

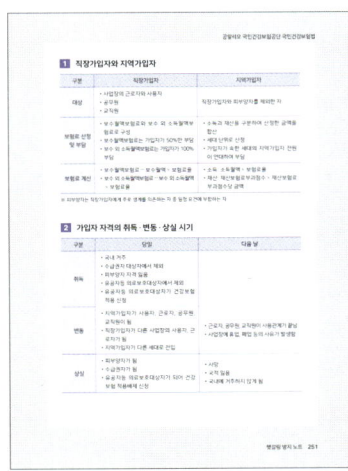 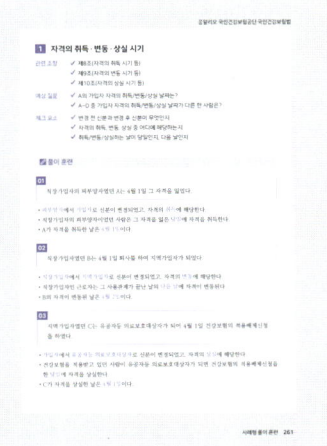

헷갈림 방지 노트
- 「국민건강보험법」의 방대한 내용 중 헷갈릴 만한 12개 주제 추출
- 각 개념을 명확하게 비교·대조할 수 있도록 도표화

사례형 풀이 훈련
- 사례형 문항으로 자주 출제되는 10개 주제 엄선
- 관련 조항, 예상 질문, 체크 요소, 풀이 훈련을 통한 사례형 기본기 연습

공알리오 국민건강보험공단 국민건강보험법

PART 1
국민건강보험법 집중 학습

제1장
총칙 008
요점 정리 + 빈칸 퀴즈 + ○× 퀴즈 016

제2장
가입자 020
요점 정리 + 빈칸 퀴즈 + ○× 퀴즈 026

제3장
국민건강보험공단 030
요점 정리 + 빈칸 퀴즈 + ○× 퀴즈 042

제4장
보험급여 048
요점 정리 + 빈칸 퀴즈 + ○× 퀴즈 072

제5장
건강보험심사평가원 082
요점 정리 + 빈칸 퀴즈 + ○× 퀴즈 086

제6장
보험료 090
요점 정리 + 빈칸 퀴즈 + ○× 퀴즈 110

제7장
이의신청 및 심판청구 등 120
요점 정리 + 빈칸 퀴즈 + ○× 퀴즈 124

제8장
보칙 128
요점 정리 + 빈칸 퀴즈 + ○× 퀴즈 150

제9장
벌칙 160
요점 정리 + 빈칸 퀴즈 + ○× 퀴즈 164

이 책의 차례

PART 2
실전모의고사

제1회
기출복원 모의고사   170

제2회
중난도 모의고사   180

제3회
중난도 모의고사   190

제4회
중난도 모의고사   200

제5회
고난도 모의고사   210

제6회
고난도 모의고사   224

제7회
고난도 모의고사   236

부록
부록 1   헷갈림 방지 노트   250
부록 2   사례형 풀이 훈련   260

정답 및 해설
제1회   기출복원 모의고사   273
제2회   중난도 모의고사   284
제3회   중난도 모의고사   294
제4회   중난도 모의고사   305
제5회   고난도 모의고사   316
제6회   고난도 모의고사   328
제7회   고난도 모의고사   340

[정답 및 해설] PDF 제공
수험생 여러분의 편리하고 스마트한 학습을 위해 교재 내 [정답 및 해설]을 PDF 파일로도 무료 제공해 드립니다.

다운로드 바로가기
혼JOB 홈페이지(honjob.co.kr)
→ 자료실 → 학습자료실

공알리오 국민건강보험공단 국민건강보험법

PART 1

국민건강보험법 집중 학습

- 수록된 「국민건강보험법」은 법률 제20505호(2024. 10. 22. 일부개정)입니다. 채용 공고상 출제 기준에 따른 변동 사항은 [혼JOB 홈페이지(honjob.co.kr) > 고객센터 > 정오표]를 참고하시기 바랍니다.

- 법조문은 원문을 최대한 살리되, 가독성을 위해 조항별 신설·개정·삭제 일자를 생략하고, 일부 띄어쓰기를 수정했습니다.

- 법조문과 함께 해설, 문제, TIP, 관련 기사·자료를 수록했으며, 각 장이 끝날 때마다 요점 정리, 빈칸 퀴즈, O× 퀴즈를 구성해 놓았습니다.

나만의 성장 엔진, 혼JOB

제1장   총칙
제2장   가입자
제3장   국민건강보험공단
제4장   보험급여
제5장   건강보험심사평가원
제6장   보험료
제7장   이의신청 및 심판청구 등
제8장   보칙
제9장   벌칙

제1장 총칙

제1조(목적)

이 법은 국민의 질병·부상에 대한 예방·진단·치료·재활과 출산·사망 및 건강증진에 대하여 보험급여를 실시함으로써 국민보건 향상과 사회보장 증진에 이바지함을 목적으로 한다.

> **TIP** 유사 법령의 목적
> - 「노인장기요양보험법」: 이 법은 고령이나 노인성 질병 등의 사유로 일상생활을 혼자서 수행하기 어려운 노인등에게 제공하는 신체활동 또는 가사활동 지원 등의 장기요양급여에 관한 사항을 규정하여 노후의 건강증진 및 생활안정을 도모하고 그 가족의 부담을 덜어줌으로써 국민의 삶의 질을 향상하도록 함을 목적으로 한다.
> - 「국민연금법」: 이 법은 국민의 노령, 장애 또는 사망에 대해 연금급여를 실시함으로써 국민의 생활 안정과 복지 증진에 이바지하는 것을 목적으로 한다.
> - 「사회보장기본법」: 이 법은 사회보장에 관한 국민의 권리와 국가 및 지방자치단체의 책임을 정하고 사회보장정책의 수립·추진과 관련 제도에 관한 기본적인 사항을 규정함으로써 국민의 복지증진에 이바지하는 것을 목적으로 한다.

◆ 법의 목적은 법조문의 방향성을 결정짓는다. 모든 조문의 내용이 목적에 기여할 수 있도록 규정되어 있으니 반드시 기억하도록 하자. 「국민건강보험법」의 목적에서는 '질병, 부상', '예방, 진단, 치료, 재활', '출산, 사망, 건강증진', '보험급여', '국민보건 향상, 사회보장 증진'이 키워드이다.

지식형 O X

「국민건강보험법」은 국민의 질병·부상에 대한 예방·진단·치료·재활과 출산·사망 및 건강증진에 대하여 보험급여를 실시함으로써 국민의 생활 안정과 복지 증진에 이바지함을 목적으로 한다. **정답** X

해설 지문의 뒤쪽이 「국민연금법」의 내용이다. 「국민건강보험법」은 국민보건 향상과 사회보장 증진이 목적이다.

제2조(관장)

이 법에 따른 건강보험사업은 보건복지부장관이 맡아 주관한다.

◆ 건강보험사업을 누가 주관하는가를 두고 '공단'이나 '공단 이사장' 등이 오답 선택지로 제시될 수 있다.

제3조(정의)

이 법에서 사용하는 용어의 뜻은 다음과 같다.

1. "근로자"란 직업의 종류와 관계없이 근로의 대가로 보수를 받아 생활하는 사람(법인의 이사와 그 밖의 임원을 포함한다)으로서 공무원 및 교직원을 제외한 사람을 말한다.
2. "사용자"란 다음 각 목의 어느 하나에 해당하는 자를 말한다.
    가. 근로자가 소속되어 있는 사업장의 사업주
    나. 공무원이 소속되어 있는 기관의 장으로서 대통령령으로 정하는 사람
    다. 교직원이 소속되어 있는 사립학교(「사립학교교직원 연금법」 제

◆ 근로자, 공무원, 교직원이 별개로 규정되어 있다. 교직원의 경우 사립학교나 사립학교의 경영기관에서 근무하는 교원과 직원을 말한다.

3조에 규정된 사립학교를 말한다. 이하 이 조에서 같다)를 설립·운영하는 자

3. "사업장"이란 사업소나 사무소를 말한다.
4. "공무원"이란 국가나 지방자치단체에서 상시 공무에 종사하는 사람을 말한다.
5. "교직원"이란 사립학교나 사립학교의 경영기관에서 근무하는 교원과 직원을 말한다.

제3조의2(국민건강보험종합계획의 수립 등)

① 보건복지부장관은 이 법에 따른 건강보험(이하 "건강보험"이라 한다)의 건전한 운영을 위하여 제4조에 따른 건강보험정책심의위원회(이하 이 조에서 "건강보험정책심의위원회"라 한다)의 심의를 거쳐 5년마다 국민건강보험종합계획(이하 "종합계획"이라 한다)을 수립하여야 한다. 수립된 종합계획을 변경할 때도 또한 같다.

② 종합계획에는 다음 각 호의 사항이 포함되어야 한다.
1. 건강보험정책의 기본목표 및 추진방향
2. 건강보험 보장성 강화의 추진계획 및 추진방법
3. 건강보험의 중장기 재정 전망 및 운영
4. 보험료 부과체계에 관한 사항
5. 요양급여비용에 관한 사항
6. 건강증진 사업에 관한 사항
7. 취약계층 지원에 관한 사항
8. 건강보험에 관한 통계 및 정보의 관리에 관한 사항
9. 그 밖에 건강보험의 개선을 위하여 필요한 사항으로 대통령령으로 정하는 사항

③ 보건복지부장관은 종합계획에 따라 매년 연도별 시행계획(이하 "시행계획"이라 한다)을 건강보험정책심의위원회의 심의를 거쳐 수립·시행하여야 한다.

④ 보건복지부장관은 매년 시행계획에 따른 추진실적을 평가하여야 한다.

사례형 OX

국립학교에서 직원으로 근무하고 있는 갑은 「국민건강보험법」상 교직원에 해당한다. **정답** X

해설 사립학교 또는 사립학교의 경영기관에서 근무해야 한다.

◆ 제1차 국민건강보험종합계획의 대상 기간은 2019~2023년이었고, 제2차 국민건강보험종합계획의 대상 기간은 2024~2028년이다.

mini 문제

국민건강보험종합계획에 포함되는 사항이 아닌 것은?
① 건강보험정책 기본목표
② 보험료 부과체계
③ 요양급여 기준
④ 취약계층 지원

정답 ③
해설 '요양급여비용'에 관한 사항은 포함되지만 '요양급여 기준'은 명시되어 있지 않다. 실제 시험에서는 단어 하나만 바꾸어 오답 선택지를 만드는 경우가 있으니 유의해야 한다.

◆ 국민건강보험종합계획에 따라 수립·시행되는 시행계획은 매년 연도별로 수립된다. 추진실적의 평가 역시 마찬가지이다.

제1장 총칙

⑤ 보건복지부장관은 다음 각 호의 사유가 발생한 경우 관련 사항에 대한 보고서를 작성하여 지체 없이 국회 소관 상임위원회에 보고하여야 한다.

1. 제1항에 따른 종합계획의 수립 및 변경
2. 제3항에 따른 시행계획의 수립
3. 제4항에 따른 시행계획에 따른 추진실적의 평가

⑥ 보건복지부장관은 종합계획의 수립, 시행계획의 수립·시행 및 시행계획에 따른 추진실적의 평가를 위하여 필요하다고 인정하는 경우 관계 기관의 장에게 자료의 제출을 요구할 수 있다. 이 경우 자료의 제출을 요구받은 자는 특별한 사유가 없으면 이에 따라야 한다.

⑦ 그 밖에 제1항에 따른 종합계획의 수립 및 변경, 제3항에 따른 시행계획의 수립·시행 및 제4항에 따른 시행계획에 따른 추진실적의 평가 등에 필요한 사항은 대통령령으로 정한다.

지식형 O X

보건복지부장관은 시행계획에 따른 추진실적의 평가가 이루어졌을 경우, 보고서를 작성하여 지체 없이 국회 소관 상임위원회에 보고하여야 한다. **정답 O**

해설 제5항 제3호에 해당하는 내용으로, 국회 소관 상임위원회에 보고하여야 하는 사항이다.

◆ 시험에서는 대통령령으로 정하는 사항인지, 보건복지부령으로 정하는 사항인지 묻는 경우가 있으므로 이 둘을 구분해야 한다.

TIP 제2차 국민건강보험종합계획(2024~2028) 추진체계도

비전	혁신하는 건강보험, 함께 건강한 국민의 나라

목표	◆ (필수보장) 꼭 필요한 의료를 적시 제공하여 국민 건강증진에 기여 ◆ (지속가능성) 혁신을 통해 미래 세대와 함께 누리는 건강보험 구축

추진 과제

1. 필수의료 공급 및 정당한 보상

1. [가격결정] 불합리·불균형한 수가 정상화
2. [정책수가] 공정한 보상을 위한 보완형 공공정책수가 도입
3. [혁신제도] 지속 가능한 미래 지불제도의 확립
4. [지원체계] 지불제도 개편을 위한 기반 조성

2. 의료격차 축소 및 건강한 삶 보장

1. [전달체계] 생애·질병 단계별 끊김 없는 의료서비스 보장
2. [건강증진] 복합·만성질환 등의 예방 및 통합적 건강관리 지원
3. [약자복지] 의료 사각지대 해소를 위한 의료안전망 내실화

3. 건강보험의 재정적 지속가능성 제고

1. [과다방지] 합리적 의료 이용 유도 및 공급 관리
2. [재평가] 의료 질 제고 및 비용 관리 강화
3. [비급여] 적정 의료 이용 유도를 위한 비급여·실손보험 관리 강화
4. [부과체계] 부담의 공정성·형평성 제고를 위한 부과체계 개편
5. [투명성] 재정 관리·운영 체계 개선을 통한 국민 신뢰 제고

4. 안정적 공급체계 및 선순환 구조 마련

1. [약가제도] 혁신신약의 가치 보상 등을 통한 환자의 접근성 제고
2. [의료기기] 혁신 의료기기의 신속 진입 및 치료재료 관리체계 개선
3. [연계협력] 혁신 유도를 위한 데이터 활용 지원 및 국제 협력 강화

제1장 총칙

제4조(건강보험정책심의위원회)

① 건강보험정책에 관한 다음 각 호의 사항을 심의·의결하기 위하여 보건복지부장관 소속으로 건강보험정책심의위원회(이하 "심의위원회"라 한다)를 둔다.

1. 제3조의2 제1항 및 제3항에 따른 종합계획 및 시행계획에 관한 사항(의결은 제외한다)
2. 제41조 제3항에 따른 요양급여의 기준
3. 제45조 제3항 및 제46조에 따른 요양급여비용에 관한 사항
4. 제73조 제1항에 따른 직장가입자의 보험료율
5. 제73조 제3항에 따른 지역가입자의 보험료율과 재산보험료부과점수당 금액
5의2. 보험료 부과 관련 제도 개선에 관한 다음 각 목의 사항(의결은 제외한다)
  가. 건강보험 가입자(이하 "가입자"라 한다)의 소득 파악 실태에 관한 조사 및 연구에 관한 사항
  나. 가입자의 소득 파악 및 소득에 대한 보험료 부과 강화를 위한 개선 방안에 관한 사항
  다. 그 밖에 보험료 부과와 관련된 제도 개선 사항으로서 심의위원회 위원장이 회의에 부치는 사항
6. 그 밖에 건강보험에 관한 주요 사항으로서 대통령령으로 정하는 사항

② 심의위원회는 **위원장 1명**과 **부위원장 1명**을 포함하여 **25명의 위원**으로 구성한다.

③ 심의위원회의 위원장은 **보건복지부차관**이 되고, 부위원장은 제4항 제4호의 위원 중에서 위원장이 지명하는 사람이 된다.

④ 심의위원회의 위원은 다음 각 호에 해당하는 사람을 **보건복지부장관**이 **임명 또는 위촉**한다.

1. 근로자단체 및 사용자단체가 추천하는 각 2명
2. 시민단체(「비영리민간단체지원법」 제2조에 따른 비영리민간단체

지식형 OX

건강보험정책심의위원회는 종합계획 및 시행계획에 관한 사항을 심의·의결한다. **정답** X

해설 종합계획 및 시행계획에 관한 사항은 심의에 한정된다.

◆ 직장가입자의 건강보험료를 산정할 때는 보험료율이 적용되고, 지역가입자의 건강보험료를 산정할 때는 보험료율과 재산보험료부과점수당 금액이 적용된다. 구체적인 내용은 '제6장 보험료'에서 살펴볼 수 있다.

◆ 심의위원회 위원장은 보건복지부장관이 아닌 보건복지부차관이다.

◆ 위원장은 보건복지부차관이지만, 위원을 임명·위촉하는 주체는 보건복지부장관이다.

를 말한다. 이하 같다), 소비자단체, 농어업인단체 및 자영업자단체가 추천하는 각 1명

3. 의료계를 대표하는 단체 및 약업계를 대표하는 단체가 추천하는 8명

4. 다음 각 목에 해당하는 8명

   가. 대통령령으로 정하는 중앙행정기관 소속 공무원 2명

   나. 국민건강보험공단의 이사장 및 건강보험심사평가원의 원장이 추천하는 각 1명

   다. 건강보험에 관한 학식과 경험이 풍부한 4명

⑤ 심의위원회 위원(제4항 제4호 가목에 따른 위원은 제외한다)의 임기는 3년으로 한다. 다만, 위원의 사임 등으로 새로 위촉된 위원의 임기는 전임위원 임기의 남은 기간으로 한다.

⑥ 보건복지부장관은 심의위원회가 제1항 제5호의2에 따라 심의한 사항을 국회에 보고하여야 한다.

⑦ 심의위원회의 운영 등에 필요한 사항은 대통령령으로 정한다.

> **mini 문제**
> 심의위원회 위원을 추천하는 단체가 아닌 것은?
> ① 노인단체
> ② 사용자단체
> ③ 소비자단체
> ④ 자영업자단체
>
> **정답** ①
> **해설** 노인단체는 공단 비상임이사를 추천하는 단체이기는 하지만, 심의위원회 위원을 추천하는 단체는 아니다.

◆ 주요 기간을 정리하면 다음과 같다.
- 국민건강보험종합계획: 5년
- 시행계획: 1년
- 심의위원회 위원 임기: 3년(중앙행정기관 공무원 제외)

제1장 총칙

TIP 건강보험정책심의위원회 위원 현황

건강보험정책심의위원회는 실제로 제4조 제3항과 제4항 각 호의 규정에 따라 구성된다. 다음은 2024년 11월 기준 건강보험정책심의위원회 위원 현황이다. 법에서 규정하는 추천 단체와 인원수에 맞게 위원들이 임명·위촉되었다는 점을 확인할 수 있다.

구분	근거 조문	세부 구분	소속
위원장	제4조 제3항	정부	보건복지부 제2차관
가입자 대표 (8명)	근로자단체 및 사용자단체가 추천하는 각 2명 (제4조 제4항 제1호)	근로자	전국민주노동조합총연맹
			한국노동조합총연맹
		사용자	한국경영자총협회
			중소기업중앙회
	시민단체, 소비자단체, 농어업인단체 및 자영업자단체가 추천하는 각 1명 (제4조 제4항 제2호)	시민	한국YWCA연합회
		소비자	한국환자단체연합회
		농어업	한국농업경영인중앙연합회
		자영자	한국외식업중앙회
의약계 대표 (8명)	의료계를 대표하는 단체 및 약업계를 대표하는 단체가 추천하는 8명 (제4조 제4항 제3호)	의료계	대한의사협회(2명)
			대한병원협회
			대한치과의사협회
			대한한의사협회
			대한간호협회
		약업계	대한약사회
			한국제약바이오협회
공익 대표 (8명)	중앙행정기관 소속 공무원 2명 (제4조 제4항 제4호 가목)	정부	보건복지부
			기획재정부

지식형 O X

건강보험정책심의위원회 위원에는 근로자단체 및 사용자단체가 추천하는 각 4명이 포함된다.

정답

해설 근로자단체와 사용자단체가 추천하는 각 2명이 포함된다.

국민건강보험공단 이사장 및 건강보험심사평가원 원장이 추천하는 각 1명 (제4조 제4항 제4호 나목)	공단 및 심사평가원	국민건강보험공단
		건강보험심사평가원
건강보험에 관한 학식과 경험이 풍부한 4명 (제4조 제4항 제4호 다목)	전문가	한국보건사회연구원(2명)
		부산대학교
		경상대학교

출처: 보건복지부 홈페이지

요점 정리

1 목적과 관장

목적	• 질병·부상에 대한 예방·진단·치료·재활과 출산·사망 및 건강증진에 대한 보험급여 • 국민보건 향상과 사회보장 증진
관장	보건복지부장관(공단 혹은 이사장이 아님)

2 국민건강보험종합계획

개요	• 건강보험의 건전한 운영을 위함 • 보건복지부장관이 수립함 • 건강보험정책심의위원회의 심의를 거쳐 5년마다 수립함
포함 사항	• 건강보험정책의 기본목표 및 추진방향, 건강보험 보장성 강화의 추진계획 및 추진방법, 건강보험의 중장기 재정 전망 및 운영 • 보험료 부과체계, 요양급여비용, 건강증진 사업, 취약계층 지원, 건강보험에 관한 통계 및 정보의 관리 • 그 밖에 건강보험의 개선을 위하여 필요한 사항으로 대통령령으로 정하는 사항
절차	• 종합계획에 따라 매년 연도별 시행계획 수립 • 시행계획에 따른 추진실적 매년 평가 • 국회 소관 상임위원회에 보고서 작성 및 보고(종합계획 수립 및 변경, 시행계획의 수립, 시행계획에 따른 추진실적 평가)

3 건강보험정책심의위원회

심의·의결 사항	• 종합계획 및 시행계획에 관한 사항(의결은 제외) • 요양급여의 기준 • 요양급여비용에 관한 사항 • 직장가입자의 보험료율 • 지역가입자의 보험료율과 재산보험료부과점수당 금액 • 보험료 부과 관련 제도 개선에 관한 사항(의결은 제외) • 그 밖에 건강보험에 관한 주요 사항으로서 대통령령으로 정하는 사항
구성	• 보건복지부장관 소속 • 위원장 1명, 부위원장 1명 포함 25명 • 보건복지부차관이 위원장 • 위원 구성은 각 단체(근로자, 사용자 각 2명 / 시민, 소비자, 농어업인, 자영업자 각 1명 / 의료·약업 8명) 추천과 그 외 8명으로 구성 • 임기 3년(단, 공무원 제외)

빈칸 퀴즈

◆ 이 법은 국민의 질병·부상에 대한 예방· 01   ·치료·재활과 출산·사망 및 건강증진에 대하여 02   를 실시함으로써 국민보건 향상과 사회보장 증진에 이바지함을 목적으로 한다.

◆ 이 법에 따른 건강보험사업은 03   이 맡아 주관한다.

◆ "근로자"란 직업의 종류와 관계없이 근로의 대가로 보수를 받아 생활하는 사람(법인의 이사와 그 밖의 임원을 포함한다)으로서 04   및 05   을 제외한 사람을 말한다.

◆ "교직원"이란 사립학교나 사립학교의 경영기관에서 근무하는 06   과 07   을 말한다.

◆ 보건복지부장관은 건강보험의 건전한 운영을 위하여 08   의 심의를 거쳐 09   마다 국민건강보험종합계획을 수립하여야 한다.

◆ 종합계획에는 10   의 기본목표 및 추진방향이 포함되어야 한다.

◆ 종합계획에는 건강보험 11   강화의 추진계획 및 추진방법이 포함되어야 한다.

◆ 보건복지부장관은 종합계획에 따라 12   연도별 시행계획을 건강보험정책심의위원회의 심의를 거쳐 수립·시행하여야 한다.

◆ 보건복지부장관은 종합계획의 수립 및 변경의 사유가 발생한 경우 관련 사항에 대한 보고서를 작성하여 지체 없이 13   에 보고하여야 한다.

◆ 심의위원회는 위원장 14   명과 부위원장 15   명을 도함하여 16   명의 위원으로 구성한다.

◆ 심의위원회의 위원장은 17   이 되고, 부위원장은 제4조 제4항 제4호의 위원 중에서 18   이 지명하는 사람이 된다.

◆ 심의위원회 위원 중 근로자단체 및 사용자단체가 추천하는 사람은 각 19   명이다.

◆ 심의위원회 위원(제4조 제4항 제4호 가목에 따른 위원은 제외한다)의 임기는 원칙상 20   년으로 한다.

정답 01 진단 02 보험급여 03 보건복지부장관 04 공무원 05 교직원 06 교원 07 직원 08 건강보험정책심의위원회 09 5년 10 건강보험정책 11 보장성 12 매년 13 국회 소관 상임위원회 14 1 15 1 16 25 17 보건복지부차관 18 위원장 19 2 20 3

O X 퀴즈

01 ☐☒ 이 법은 질병·장애에 대한 예방·진단·치료·재활과 출산·사망 및 건강증진에 대하여 보험급여를 실시함으로써 국민보건 향상과 사회보장 증진에 이바지함을 목적으로 한다.

02 ☐☒ 건강보험사업은 보건복지부장관이 맡아 주관한다.

03 ☐☒ 근로자에 법인의 이사와 그 밖의 임원은 포함되지 않는다.

04 ☐☒ 공무원이 소속되어 있는 기관의 장으로서 보건복지부령으로 정하는 사람은 사용자에 해당한다.

05 ☐☒ 사립학교에서 근무하는 교원 A는 교직원, 사립학교의 경영기관에서 근무하는 직원 B는 근로자에 해당한다.

06 ☐☒ 보건복지부장관은 건강보험의 건전한 운영을 위하여 건강보험정책심의위원회의 심의를 거쳐 5년마다 국민건강보험종합계획을 수립하여야 한다.

07 ☐☒ 종합계획에는 건강보험의 중장기 재정 전망 및 운영, 보험료 부과체계에 관한 사항, 요양급여비용에 관한 사항이 포함된다.

08 ☐☒ 보건복지부장관은 종합계획에 따라 매년 연도별 시행계획을 건강보험정책심의위원회의 심의를 거쳐 수립·시행하여야 하며, 건강보험정책심의위원회는 매년 시행계획에 따른 추진실적을 평가하여야 한다.

09 ☐☒ 보건복지부장관은 종합계획의 수립 및 변경의 사유가 발생한 경우 관련 사항에 대한 보고서를 작성하여 1개월 이내에 국회 소관 상임위원회에 보고하여야 한다.

10 ☐☒ 건강보험정책심의위원회는 보건복지부장관 소속이다.

11 ☐☒ 건강보험정책심의위원회는 종합계획 및 시행계획에 관한 사항을 심의·의결한다.

12 ☐☒ 심의위원회는 총 25명의 위원으로 구성된다.

13 ☐☒ 자영업자단체의 추천으로 심의위원회회 위원이 된 C는 심의위원회의 부위원장이 될 수 없다.

14 ☐☒ 의료계를 대표하는 단체의 추천으로 심의위원회 위원이 된 D의 임기는 원칙상 2년이다.

15 ☐☒ 심의위원회의 운영 등에 필요한 사항은 대통령령으로 정한다.

정답 & 해설

01 ✗ '질병·장애'가 아니라 '질병·부상'에 대한 예방·진단·치료·재활이라고 해야 맞다.

02 ○ 건강보험사업의 주관자는 보건복지부장관이다. 국민건강보험공단 이사장과 혼동하지 않도록 해야 한다.

03 ✗ 근로자는 직업의 종류와 관계없이 근로의 대가로 보수를 받아 생활하는 사람으로 법인의 이사와 그 밖의 임원을 포함한다. 단, 공무원 및 교직원은 제외된다.

04 ✗ 공무원이 소속되어 있는 기관의 장으로서 '보건복지부령'이 아니라 '대통령령'으로 정하는 사람이 사용자에 해당한다.

05 ✗ 사립학교에서 근무하는 교원, 사립학교의 경영기관에서 근무하는 직원 모두 교직원에 해당한다.

06 ○ 국민건강보험종합계획을 수립하여야 하는 주체는 보건복지부장관이며, 그 수립 주기는 5년이다. 또한 국민건강보험종합계획을 수립 또는 변경할 때는 건강보험정책심의위원회의 심의를 거쳐야 한다.

07 ○ 종합계획에는 다음 사항이 포함되어야 한다.
- 건강보험정책의 기본목표 및 추진방향
- 건강보험 보장성 강화의 추진계획 및 추진방법
- 건강보험의 중장기 재정 전망 및 운영
- 보험료 부과체계에 관한 사항
- 요양급여비용에 관한 사항
- 건강증진 사업에 관한 사항
- 취약계층 지원에 관한 사항
- 건강보험에 관한 통계 및 정보의 관리에 관한 사항
- 그 밖에 건강보험의 개선을 위하여 필요한 사항으로 대통령령으로 정하는 사항

08 ✗ 매년 시행계획에 따른 추진실적을 평가하여야 하는 주체는 '건강보험정책심의위원회'가 아니라 '보건복지부장관'이다.

09 ✗ 종합계획의 수립 및 변경의 사유가 발생한 경우 보건복지부장관이 관련 사항에 대한 보고서를 작성하여 국회 소관 상임위원회에 보고하여야 하는 것은 맞다. 하지만 '1개월 이내에' 보고하여야 하는 것이 아니라, '지체 없이' 보고하여야 한다.

10 ○ 건강보험정책심의위원회는 건강보험정책에 관한 사항을 심의·의결하는 기관으로 보건복지부장관 소속이다.

11 ✗ 건강보험정책심의위원회가 심의는 하지만 의결은 하지 않는 사항들은 다음과 같다.
- 종합계획 및 시행계획에 관한 사항
- 보험료 부과 관련 제도 개선에 관한 다음의 사항
  - 건강보험 가입자의 소득 파악 실태에 관한 조사 및 연구에 관한 사항
  - 가입자의 소득 파악 및 소득에 대한 보험료 부과 강화를 위한 개선 방안에 관한 사항
  - 그 밖에 보험료 부과와 관련된 제도 개선 사항으로서 심의위원회 위원장이 회의에 부치는 사항

12 ○ 심의위원회는 위원장 1명과 부위원장 1명을 포함하여 총 25명의 위원으로 구성된다.

13 ○ 부위원장은 다음 위원 중에서 위원장이 지명하는 사람이 된다.
- 대통령령으로 정하는 중앙행정기관 소속 공무원 2명
- 국민건강보험공단의 이사장 및 건강보험심사평가원의 원장이 추천하는 각 1명
- 건강보험에 관한 학식과 경험이 풍부한 4명

14 ✗ 대통령령으로 정하는 중앙행정기관 소속 공무원 2명을 제외하고, 심의위원회의 임기는 3년으로 한다. 다만, 위원의 사임 등으로 새로 위촉된 위원의 임기는 전임위원 임기의 남은 기간으로 한다.

15 ○ 심의위원회의 운영 등에 필요한 사항은 '보건복지부령'이 아닌 '대통령령'으로 정한다.

제2장 가입자

제5조(적용 대상 등)

① 국내에 거주하는 국민은 건강보험의 가입자 또는 피부양자가 된다. 다만, 다음 각 호의 어느 하나에 해당하는 사람은 제외한다.

1. 「의료급여법」에 따라 의료급여를 받는 사람(이하 "수급권자"라 한다)
2. 「독립유공자예우에 관한 법률」 및 「국가유공자 등 예우 및 지원에 관한 법률」에 따라 의료보호를 받는 사람(이하 "유공자등 의료보호대상자"라 한다). 다만, 다음 각 목의 어느 하나에 해당하는 사람은 가입자 또는 피부양자가 된다.
    가. 유공자등 의료보호대상자 중 건강보험의 적용을 보험자에게 신청한 사람
    나. 건강보험을 적용받고 있던 사람이 유공자등 의료보호대상자로 되었으나 건강보험의 적용배제신청을 보험자에게 하지 아니한 사람

② 제1항의 피부양자는 다음 각 호의 어느 하나에 해당하는 사람 중 직장가입자에게 주로 생계를 의존하는 사람으로서 소득 및 재산이 보건복지부령으로 정하는 기준 이하에 해당하는 사람을 말한다.

1. 직장가입자의 배우자
2. 직장가입자의 직계존속(배우자의 직계존속을 포함한다)
3. 직장가입자의 직계비속(배우자의 직계비속을 포함한다)과 그 배우자
4. 직장가입자의 형제·자매

③ 제2항에 따른 피부양자 자격의 인정 기준, 취득·상실시기 및 그 밖에 필요한 사항은 보건복지부령으로 정한다.

◆ 건강보험의 적용 대상은 다음과 같이 구분할 수 있다.
- 직장가입자: 회사 등 모든 사업장의 근로자와 사용자, 공무원과 교직원으로, 보수월액보험료와 보수 외 소득월액보험료(해당자만)를 낸다.
- 지역가입자: 직장가입자와 그 피부양자를 제외한 농어업인, 자영업자 등으로, 소득과 재산을 고려해 보험료를 계산한다.
- 피부양자: 직장가입자에게 주로 생계를 의존하며 직장가입자와의 관계, 소득 및 재산이 일정 요건에 해당하는 자이다.

지식형 O X

피부양자는 주로 지역가입자에게 생계를 의존한다. **정답** X

해설 지역가입자가 아니라 직장가입자이다.

◆ 직계존속은 나를 중심으로 볼 때 수직 관계에 있는 윗세대인 부모, 조부모 등을 말하는 반면, 직계비속은 수직 관계에 있는 아랫세대인 자녀, 손자녀 등을 가리킨다. 예를 들어, 직계비속의 배우자라고 하면 며느리, 사위 등이 포함된다.

제6조(가입자의 종류)

① 가입자는 직장가입자와 지역가입자로 구분한다.

② 모든 사업장의 근로자 및 사용자와 공무원 및 교직원은 직장가입자가 된다. 다만, 다음 각 호의 어느 하나에 해당하는 사람은 제외한다.

1. 고용 기간이 1개월 미만인 일용근로자
2. 「병역법」에 따른 현역병(지원에 의하지 아니하고 임용된 하사를 포함한다), 전환복무된 사람 및 군간부후보생
3. 선거에 당선되어 취임하는 공무원으로서 매월 보수 또는 보수에 준하는 급료를 받지 아니하는 사람
4. 그 밖에 사업장의 특성, 고용 형태 및 사업의 종류 등을 고려하여 대통령령으로 정하는 사업장의 근로자 및 사용자와 공무원 및 교직원

③ 지역가입자는 직장가입자와 그 피부양자를 제외한 가입자를 말한다.

④ 삭제

◆ 일용근로자라고 해서 모두 직장가입자에서 제외되는 것이 아니라, 고용 기간이 1개월 미만인 일용근로자라는 점에 유의해야 한다.

사례형 OX

현역병으로 복무하던 중 의무경찰대원의 임무에 종사하도록 신분이 전환된 갑은 직장가입자에서 제외된다. **정답** O

해설 갑은 전환복무된 사람으로 직장가입자에서 제외된다.

TIP 건강보험 적용 인구

2024년 9월 기준 건강보험 적용 대상별 인구는 다음과 같다.

(단위: 천 명, %)

구분	적용 인구	비율
직장가입자	20,039	39.0
피부양자	16,268	31.6
지역가입자	15,108	29.4
계	51,415	100

출처: 국민건강보험공단 홈페이지

제2장 가입자

제7조(사업장의 신고)

사업장의 사용자는 다음 각 호의 어느 하나에 해당하게 되면 그 때부터 14일 이내에 보건복지부령으로 정하는 바에 따라 보험자에게 신고하여야 한다. 제1호에 해당되어 보험자에게 신고한 내용이 변경된 경우에도 또한 같다.

1. 제6조 제2항에 따라 직장가입자가 되는 근로자·공무원 및 교직원을 사용하는 사업장(이하 "적용대상사업장"이라 한다)이 된 경우
2. 휴업·폐업 등 보건복지부령으로 정하는 사유가 발생한 경우

◆ 「국민건강보험법」에서 '~일 이내에'라는 표현이 사용되는 경우를 정리해 보면 다음과 같다.
- 14일: 사업장 신고, 자격 취득·변동·상실 신고
- 15일: 요양기관 현황 변경 신고
- 90일: 이의신청
- 30일: 이의신청('심사평가원의 확인'이라는 키워드가 들어갔을 때, 제87조 참고)

제8조(자격의 취득 시기 등)

① 가입자는 국내에 거주하게 된 날에 직장가입자 또는 지역가입자의 자격을 얻는다. 다만, 다음 각 호의 어느 하나에 해당하는 사람은 그 해당되는 날에 각각 자격을 얻는다.

1. 수급권자이었던 사람은 그 대상자에서 제외된 날
2. 직장가입자의 피부양자이었던 사람은 그 자격을 잃은 날
3. 유공자등 의료보호대상자이었던 사람은 그 대상자에서 제외된 날
4. 제5조 제1항 제2호 가목에 따라 보험자에게 건강보험의 적용을 신청한 유공자등 의료보호대상자는 그 신청한 날

② 제1항에 따라 자격을 얻은 경우 그 직장가입자의 사용자 및 지역가입자의 세대주는 그 명세를 보건복지부령으로 정하는 바에 따라 자격을 취득한 날부터 14일 이내에 보험자에게 신고하여야 한다.

◆ 자격의 취득 시기는 '거주하게 된 날, 제외된 날, 잃은 날, 신청한 날' 등 변화가 생긴 당일이다.

◆ 수급권자란 제5조 제1항 제1호에 규정되어 있듯이 「의료급여법」에 따라 의료급여를 받는 사람을 말한다. 여기서 제외된다는 말은 곧 건강보험 대상자(가입자)가 됨을 의미한다.

제9조(자격의 변동 시기 등)

① 가입자는 다음 각 호의 어느 하나에 해당하게 된 날에 그 자격이 변동된다.

1. 지역가입자가 적용대상사업장의 사용자로 되거나, 근로자·공무원 또는 교직원(이하 "근로자등"이라 한다)으로 사용된 날
2. 직장가입자가 다른 적용대상사업장의 사용자로 되거나 근로자등으로 사용된 날
3. 직장가입자인 근로자등이 그 사용관계가 끝난 날의 다음 날

◆ 자격의 변동은 직장가입자와 지역가입자 간에 자격이 변동되는 것과 함께 직장가입자가 고용된 직장이 바뀌고 지역가입자가 다른 세대로 옮기는 등 그 자격사항에 변동이 생기는 경우를 말한다.

4. 적용대상사업장에 제7조 제2호에 따른 사유가 발생한 날의 다음 날
5. 지역가입자가 다른 세대로 전입한 날

② 제1항에 따라 자격이 변동된 경우 직장가입자의 사용자와 지역가입자의 세대주는 다음 각 호의 구분에 따라 그 명세를 보건복지부령으로 정하는 바에 따라 자격이 변동된 날부터 14일 이내에 보험자에게 신고하여야 한다.
 1. 제1항 제1호 및 제2호에 따라 자격이 변동된 경우: 직장가입자의 사용자
 2. 제1항 제3호부터 제5호까지의 규정에 따라 자격이 변동된 경우: 지역가입자의 세대주

③ 법무부장관 및 국방부장관은 직장가입자나 지역가입자가 제54조 제3호 또는 제4호에 해당하면 보건복지부령으로 정하는 바에 따라 그 사유에 해당된 날부터 1개월 이내에 보험자에게 알려야 한다.

제9조의2(자격 취득·변동 사항의 고지)

공단은 제96조 제1항에 따라 제공받은 자료를 통하여 가입자 자격의 취득 또는 변동 여부를 확인하는 경우에는 자격 취득 또는 변동 후 최초로 제79조에 따른 납부의무자에게 보험료 납입 고지를 할 때 보건복지부령으로 정하는 바에 따라 자격 취득 또는 변동에 관한 사항을 알려야 한다.

제10조(자격의 상실 시기 등)

① 가입자는 다음 각 호의 어느 하나에 해당하게 된 날에 그 자격을 잃는다.
 1. 사망한 날의 다음 날
 2. 국적을 잃은 날의 다음 날
 3. 국내에 거주하지 아니하게 된 날의 다음 날
 4. 직장가입자의 피부양자가 된 날
 5. 수급권자가 된 날
 6. 건강보험을 적용받고 있던 사람이 유공자등 의료보호대상자가 되어 건강보험의 적용배제신청을 한 날

사례형 OX

건강보험 직장가입자였던 갑의 사업장이 4월 1일에 폐업하여 갑은 4월 2일에 지역가입자로 전환되었다. 정답 ○

해설 적용대상사업장에 휴업·폐업 등이 발생한 경우 그 다음 날 자격이 변동된다.

◆ 직장가입자로의 변동 신고는 사용자가 하는 것과 달리, 지역가입자로의 변동 신고는 세대주가 한다.

지식형 OX

공단은 제공받은 자료를 통하여 가입자 자격의 취득 여부를 확인하는 경우 납부의무자에게 자격 취득 후 14일 이내에 자격 취득에 관한 사항을 알려야 한다. 정답 ✕

해설 자격 취득 후 최초로 보험료 납입 고지를 할 때 알려야 한다.

mini 문제

가입자 자격의 상실 시기를 잘못 연결한 것은?
① 사망 시: 다음 날
② 국적 상실 시: 당일
③ 피부양자가 되었을 때: 당일
④ 수급권자가 되었을 때: 당일

정답 ②
해설 국적을 상실한 경우 다음 날 자격을 잃는다.

제2장 가입자

② 제1항에 따라 자격을 잃은 경우 직장가입자의 사용자와 지역가입자의 세대주는 그 명세를 보건복지부령으로 정하는 바에 따라 자격을 잃은 날부터 14일 이내에 보험자에게 신고하여야 한다.

제11조(자격취득 등의 확인)

① 가입자 자격의 취득·변동 및 상실은 제8조부터 제10조까지의 규정에 따른 자격의 취득·변동 및 상실의 시기로 소급하여 효력을 발생한다. 이 경우 보험자는 그 사실을 확인할 수 있다.

② 가입자나 가입자이었던 사람 또는 피부양자나 피부양자이었던 사람은 제1항에 따른 확인을 청구할 수 있다.

제12조(건강보험증)

① 국민건강보험공단은 가입자 또는 피부양자가 신청하는 경우 건강보험증을 발급하여야 한다.

② 가입자 또는 피부양자가 요양급여를 받을 때에는 제1항의 건강보험증을 제42조 제1항에 따른 요양기관(이하 "요양기관"이라 한다)에 제출하여야 한다. 다만, 천재지변이나 그 밖의 부득이한 사유가 있으면 그러하지 아니하다.

③ 가입자 또는 피부양자는 제2항 본문에도 불구하고 주민등록증(모바일 주민등록증을 포함한다), 운전면허증, 여권, 그 밖에 보건복지부령으로 정하는 본인 여부를 확인할 수 있는 신분증명서(이하 "신분증명서"라 한다)로 요양기관이 그 자격을 확인할 수 있으면 건강보험증을 제출하지 아니할 수 있다.

④ 요양기관은 가입자 또는 피부양자에게 요양급여를 실시하는 경우 보건복지부령으로 정하는 바에 따라 건강보험증이나 신분증명서로 본인 여부 및 그 자격을 확인하여야 한다. 다만, 요양기관이 가입자 또는 피부양자의 본인 여부 및 그 자격을 확인하기 곤란한 경우로서 보건복지부령으로 정하는 정당한 사유가 있을 때에는 그러하지 아니하다.

⑤ 가입자·피부양자는 제10조 제1항에 따라 자격을 잃은 후 자격을 증명하던 서류를 사용하여 보험급여를 받아서는 아니 된다.

◆ 건강보험증의 기능은 가입자 및 피부양자 자격이 있음을 확인해 주는 데 그치며, 그 발급 여부가 자격의 취득, 변동 여부에 영향을 미치지는 않는다.

지식형 OX

가입자 또는 피부양자가 요양급여를 받을 경우 건강보험증을 반드시 요양기관에 제출해야 한다. 　정답 X

해설 '반드시'에서 틀렸다.

지식형 OX

건강보험증은 신분증명서로 대체할 수 있다. 　정답 O

해설 주민등록증, 운전면허증, 여권이 대표적인 신분증명서이다.

⑥ 누구든지 건강보험증이나 신분증명서를 다른 사람에게 양도(讓渡)하거나 대여하여 보험급여를 받게 하여서는 아니 된다.

⑦ 누구든지 건강보험증이나 신분증명서를 양도 또는 대여를 받거나 그 밖에 이를 부정하게 사용하여 보험급여를 받아서는 아니 된다.

⑧ 제1항에 따른 건강보험증의 신청 절차와 방법, 서식과 그 교부 및 사용 등에 필요한 사항은 보건복지부령으로 정한다.

◆ 건강보험증이나 신분증명서를 양도·대여하여 다른 사람이 보험급여를 받게 하는 경우 이러한 방법으로 보험급여를 받은 사람과 연대하여 부당이득 징수금을 낼 수 있다. 자세한 내용은 제57조 제3항에서 다룬다.

요점 정리

1 가입자와 피부양자

가입자	• 국내에 거주하는 국민은 가입자 또는 피부양자가 됨 • 제외: 의료급여 수급권자, 유공자등 의료보호대상자(단, 후자 예외 있음)
피부양자	• 직장가입자의 배우자, 직계존속(배우자의 직계존속 포함), 직계비속(배우자의 직계비속 포함)과 그 배우자, 형제·자매 • 단, 직장가입자에게 주로 생계를 의존하며, 소득 및 재산이 보건복지부령으로 정하는 기준 이하

2 직장가입자와 지역가입자

직장가입자	• 사업장의 근로자와 사용자, 공무원, 교직원 • 제외: 고용기간 1개월 미만 일용근로자, 현역병, 전환복무된 사람, 군간부후보생, 매월 보수 또는 보수에 준하는 급료를 받지 않는 선출직 공무원 등
지역가입자	직장가입자와 그 피부양자를 제외한 가입자

3 자격의 취득·변동·상실 시기

취득 시기	• 국내에 거주하게 된 날 • 수급권자에서 제외된 날 • 피부양자 자격을 잃은 날 • 유공자등 의료보호대상자에서 제외된 날 • 유공자등 의료보호대상자가 건강보험 적용을 신청한 날
변동 시기	• 지역가입자가 사용자, 근로자, 공무원, 교직원이 된 날 • 직장가입자가 다른 사업장의 사용자, 근로자등이 된 날 • 사용관계가 끝난 날의 다음 날 • 사업장에 휴업, 폐업 등이 일어난 날의 다음 날 • 지역가입자가 다른 세대로 전입한 날
상실 시기	• 사망한 날의 다음 날 • 국적을 잃은 날의 다음 날 • 국내에 거주하지 않게 된 날의 다음 날 • 직장가입자의 피부양자가 된 날 • 수급권자가 된 날 • 유공자등 의료보호대상자가 되어 건강보험 적용배제를 신청한 날

빈칸 퀴즈

- 국내에 거주하는 국민은 원칙상 건강보험의 01 _____ 또는 02 _____ 가 된다.
- 피부양자는 제5조 제2항 각 호의 어느 하나에 해당하는 사람 중 03 _____ 에게 주로 생계를 의존하는 사람으로서 소득 및 재산이 보건복지부령으로 정하는 기준 이하에 해당하는 사람을 말한다.
- 모든 사업장의 근로자 및 04 _____ 와 공무원 및 05 _____ 은 직장가입자가 된다.
- 06 _____ 취임하는 공무원으로서 매월 보수 또는 보수에 준하는 급료를 받지 아니하는 사람은 직장가입자에서 제외된다.
- 07 _____ 는 직장가입자와 그 피부양자를 제외한 가입자를 말한다.
- 사업장의 사용자는 제7조 각 호의 어느 하나에 해당하게 되면 그 때부터 08 _____ 이내에 보건복지부령으로 정하는 바에 따라 09 _____ 에게 신고하여야 한다.
- 수급권자이었던 사람은 그 대상자에서 제외된 10 _____ 에 가입자 자격을 얻는다.
- 직장가입자의 피부양자이었던 사람은 그 자격을 잃은 11 _____ 에 가입자 자격을 얻는다.
- 직장가입자인 근로자등은 그 사용관계가 끝난 12 _____ 에 그 자격이 변동된다.
- 지역가입자는 다른 세대로 전입한 13 _____ 에 그 자격이 변동된다.
- 가입자는 사망한 14 _____ 에 그 자격을 잃는다.
- 가입자는 직장가입자의 피부양자가 된 15 _____ 에 그 자격을 잃는다.
- 가입자 자격을 잃은 경우 직장가입자의 사용자와 지역가입자의 세대주는 그 명세를 보건복지부령으로 정하는 바에 따라 자격을 잃은 날부터 16 _____ 이내에 17 _____ 에게 신고하여야 한다.
- 국민건강보험공단은 가입자 또는 피부양자가 18 _____ 하는 경우 건강보험증을 발급하여야 한다.
- 누구든지 건강보험증이나 신분증명서를 다른 사람에게 19 _____ 하거나 20 _____ 하여 보험급여를 받게 하여서는 아니 된다.

> **정답** 01 가입자 02 피부양자 03 직장가입자 04 사용자 05 교직원 06 선거에 당선되어 07 지역가입자
> 08 14일 09 보험자 10 날 11 날 12 날의 다음 날 13 날 14 날의 다음 날 15 날 16 14일 17 보험자
> 18 신청 19 양도 20 대여

OX 퀴즈

01 ◯✕ 국내에 거주하는 수급권자는 건강보험의 가입자 또는 피부양자가 된다.

02 ◯✕ 직장가입자 A에게 주로 생계를 의존하는 A의 사위 B는 소득 및 재산이 보건복지부령으로 정하는 기준 이하에 해당하더라도 A의 피부양자가 될 수 없다.

03 ◯✕ 가입자는 직장가입자와 지역가입자로 구분된다.

04 ◯✕ 고용 기간이 2주인 일용근로자 C는 직장가입자에서 제외된다.

05 ◯✕ D는 선거에 당선되어 취임한 공무원으로, 매월 보수에 준하는 급료를 받고 있다. 이 경우 D는 직장가입자가 될 수 없다.

06 ◯✕ 사업장의 사용자는 적용대상사업장이 된 경우 그때부터 14일 이내에 보건복지부령으로 정하는 바에 따라 보험자에게 신고하여야 한다.

07 ◯✕ 보험자에게 건강보험의 적용을 신청한 유공자등 의료보호대상자 E는 그 신청한 날에 가입자 자격을 얻는다.

08 ◯✕ 피부양자였던 F가 지역가입자 자격을 얻은 경우 F의 세대주는 그 명세를 자격을 취득한 날부터 14일 이내에 보험자에게 신고하여야 한다.

09 ◯✕ 지역가입자였던 G가 사립학교 직원으로 채용되었다면, G는 그 교직원으로 사용된 날의 다음 날에 자격이 변동된다.

10 ◯✕ 직장가입자였던 H가 직장에서 해고되었다면, H는 그 사용관계가 끝난 날의 다음 날에 자격이 변동된다.

11 ◯✕ 법무부장관 및 국방부장관은 직장가입자나 지역가입자가 제54조 제3호 또는 제4호에 해당하면 보건복지부령으로 정하는 바에 따라 그 사유에 해당된 날부터 14일 이내에 보건복지부장관에게 알려야 한다.

12 ◯✕ 지역가입자였던 I가 미국으로 이민을 갔다면, I는 대한민국 국적을 잃은 날의 다음 날에 가입자 자격을 잃는다.

13 ◯✕ 요양기관은 가입자에게 요양급여를 실시하는 경우 원칙상 건강보험증이나 신분증명서로 본인 여부 및 그 자격을 확인하여야 한다.

14 ◯✕ 건강보험증을 양도받아 보험급여를 받는 것은 안 되지만, 대여받아 보험급여를 받는 것은 가능하다.

15 ◯✕ 건강보험증의 신청 절차와 방법, 서식과 그 교부 및 사용 등에 필요한 사항은 대통령령으로 정한다.

정답 & 해설

01 ☒ 국내에 거주하는 국민은 건강보험의 가입자 또는 피부양자가 되지만, 수급권자, 유공자등 의료보호대상자는 여기에서 제외된다. 단, 유공자등 의료보호대상자는 일정 요건을 충족하는 경우 가입자 또는 피부양자가 될 수 있다.

02 ☒ 피부양자는 직장가입자의 배우자, 직계존속(배우자의 직계존속 포함), 직계비속(배우자의 직계비속 포함)과 그 배우자, 형제·자매 중 직장가입자에게 주로 생계를 의존하는 사람으로서 소득 및 재산이 보건복지부령으로 정하는 기준 이하에 해당하는 사람을 말한다. 사위는 직계비속의 배우자이므로 피부양자가 될 수 있다.

03 ☐ 가입자는 직장가입자와 지역가입자로 구분하는데, 이 중 지역가입자는 직장가입자와 그 피부양자를 제외한 가입자를 말한다.

04 ☐ 고용 기간이 1개월 미만인 일용근로자는 직장가입자에서 제외된다.

05 ☒ 공무원은 직장가입자가 되는 것이 원칙이지만, 선거에 당선되어 취임하는 공무원으로서 매월 보수 또는 보수에 준하는 급료를 받지 아니하는 사람은 예외에 해당한다. 하지만 D는 매월 보수에 준하는 급료를 받고 있으므로 직장가입자에 해당한다.

06 ☐ 사업장의 사용자는 적용대상사업장이 된 경우, 휴업·폐업 등 보건복지부령으로 정하는 사유가 발생한 경우 그때부터 14일 이내에 보건복지부령으로 정하는 바에 따라 보험자에게 신고하여야 한다. 이때 보험자는 국민건강보험공단이다.

07 ☐ 문제에 제시된 경우 외에, 수급권자이었던 사람은 그 대상자에서 제외된 날, 직장가입자의 피부양자이었던 사람은 그 자격을 잃은 날, 유공자등 의료보호대상자이었던 사람은 그 대상자에서 제외된 날에 각각 가입자 자격을 얻는다.

08 ☐ 가입자 자격을 얻은 경우 그 직장가입자의 사용자 및 지역가입자의 서 대주는 그 명세를 보건복지부령으로 정하는 바에 따라 자격을 취득한 날부터 14일 이내에 보험자에게 신고하여야 한다.

09 ☒ 지역가입자는 적용대상사업장의 사용자로 되거나, 근로자·공무원 또는 교직원으로 사용된 날에 그 자격이 변동된다.

10 ☐ 직장가입자인 근로자등은 그 사용관계가 끝난 날의 다음 날에 자격이 변동된다.

11 ☒ '14일 이내'가 아니라 '1개월 이내'이며, '보건복지부장관'이 아니라 '보험자', 즉 국민건강보험공단에 알려야 한다.

12 ☐ 가입자는 국적을 잃은 날의 다음 날에 그 자격을 잃는다.

13 ☐ 요양기관은 가입자 또는 피부양자에게 요양급여를 실시하는 경우 보건복지부령으로 정하는 바에 따라 건강보험증이나 신분증명서로 본인 여부 및 그 자격을 확인하여야 한다. 다만, 요양기관이 가입자 또는 피부양자의 본인 여부 및 그 자격을 확인하기 곤란한 경우로서 보건복지부령으로 정하는 정당한 사유가 있을 때에는 예외이다.

14 ☒ 누구든지 건강보험증이나 신분증명서를 양도 또는 대여를 받거나 그 밖에 이를 부정하게 사용하여 보험급여를 받아서는 안 된다.

15 ☒ '대통령령'이 아니라 '보건복지부령'으로 정한다.

제3장 국민건강보험공단

제13조(보험자)

건강보험의 보험자는 국민건강보험공단(이하 "공단"이라 한다)으로 한다.

제14조(업무 등)

① 공단은 다음 각 호의 업무를 관장한다.

1. 가입자 및 피부양자의 자격 관리
2. 보험료와 그 밖에 이 법에 따른 징수금의 부과·징수
3. 보험급여의 관리
4. 가입자 및 피부양자의 질병의 조기발견·예방 및 건강관리를 위하여 요양급여 실시 현황과 건강검진 결과 등을 활용하여 실시하는 예방사업으로서 대통령령으로 정하는 사업
5. 보험급여 비용의 지급
6. 자산의 관리·운영 및 증식사업
7. 의료시설의 운영
8. 건강보험에 관한 교육훈련 및 홍보
9. 건강보험에 관한 조사연구 및 국제협력
10. 이 법에서 공단의 업무로 정하고 있는 사항
11. 「국민연금법」, 「고용보험 및 산업재해보상보험의 보험료징수 등에 관한 법률」, 「임금채권보장법」 및 「석면피해구제법」(이하 "징수위탁근거법"이라 한다)에 따라 위탁받은 업무
12. 그 밖에 이 법 또는 다른 법령에 따라 위탁받은 업무
13. 그 밖에 건강보험과 관련하여 보건복지부장관이 필요하다고 인정한 업무

② 제1항 제6호에 따른 자산의 관리·운영 및 증식사업은 안정성과 수익성을 고려하여 다음 각 호의 방법에 따라야 한다.

1. 체신관서 또는 「은행법」에 따른 은행에의 예입 또는 신탁
2. 국가·지방자치단체 또는 「은행법」에 따른 은행이 직접 발행하거나 채무이행을 보증하는 유가증권의 매입
3. 특별법에 따라 설립된 법인이 발행하는 유가증권의 매입

---

mini 문제

건강보험의 보험자는?
① 국민건강보험공단
② 보건복지부장관
③ 건강보험심사평가원
④ 건강보험정책심의위원회

정답 ①

해설 건강보험사업의 관장자는 보건복지부장관이지만, 건강보험의 보험자는 공단이다.

지식형 OX

요양급여비용의 심사는 국민건강보험공단의 업무이다. **정답** X

해설 보험급여 비용의 지급은 공단의 업무이지만, 요양급여비용의 심사는 건강보험심사평가원의 업무이다.

지식형 OX

국민건강보험공단은 공단 자산의 증식사업을 위해 요건에 해당하는 유가증권 매입이 가능하다. **정답** ○

해설 제14조 제2항에 따라, 공단은 자산의 관리·운영 및 증식사업을 위해 요건에 맞는 경우에 예입이나 신탁, 유가증권 매입, 수익증권 매입, 부동산 취득 및 일부 임대 등을 할 수 있다.

4. 「자본시장과 금융투자업에 관한 법률」에 따른 신탁업자가 발행하거나 같은 법에 따른 집합투자업자가 발행하는 수익증권의 매입

5. 공단의 업무에 사용되는 부동산의 취득 및 일부 임대

6. 그 밖에 공단 자산의 증식을 위하여 대통령령으로 정하는 사업

③ 공단은 특정인을 위하여 업무를 제공하거나 공단 시설을 이용하게 할 경우 공단의 정관으로 정하는 바에 따라 그 업무의 제공 또는 시설의 이용에 대한 수수료와 사용료를 징수할 수 있다.

④ 공단은 「공공기관의 정보공개에 관한 법률」에 따라 건강보험과 관련하여 보유·관리하고 있는 정보를 공개한다.

제15조(법인격 등)

① 공단은 법인으로 한다.

② 공단은 주된 사무소의 소재지에서 설립등기를 함으로써 성립한다.

◆ 참고로 국민건강보험공단 소재지는 강원도 원주이다.

지식형 OX
공단은 이사회의 의결을 거쳐 분사무소를 둘 수 있다. **정답** X

해설 정관으로 정하는 바에 따른다.

제16조(사무소)

① 공단의 주된 사무소의 소재지는 정관으로 정한다.

② 공단은 필요하면 정관으로 정하는 바에 따라 분사무소를 둘 수 있다.

제17조(정관)

① 공단의 정관에는 다음 각 호의 사항을 적어야 한다.

1. 목적
2. 명칭
3. 사무소의 소재지
4. 임직원에 관한 사항
5. 이사회의 운영
6. 재정운영위원회에 관한 사항
7. 보험료 및 보험급여에 관한 사항
8. 예산 및 결산에 관한 사항
9. 자산 및 회계에 관한 사항
10. 업무와 그 집행

◆ 정관은 공단 내부의 규정을 말한다. 법률상으로 정관에는 제1호~제12호의 사항들을 모두 적어야 하므로, 필수 기재 사항인 것과 아닌 것을 구별할 수 있어야 한다.

제3장 국민건강보험공단

11. 정관의 변경에 관한 사항
12. 공고에 관한 사항

② 공단은 정관을 변경하려면 보건복지부장관의 인가를 받아야 한다.

제18조(등기)

공단의 설립등기에는 다음 각 호의 사항을 포함하여야 한다.

1. 목적
2. 명칭
3. 주된 사무소 및 분사무소의 소재지
4. 이사장의 성명·주소 및 주민등록번호

제19조(해산)

공단의 해산에 관하여는 법률로 정한다.

TIP 법률로 정하는 것과 정관으로 정하는 것

「국민건강보험법」 제3장에서 '법률'로 정하는 것에 관한 조문과 '정관'으로 정하는 것에 관한 조문을 구분해 보면 다음과 같다.

법률	공단의 해산에 관하여는 법률로 정한다.
정관	• 공단은 특정인을 위하여 업무를 제공하거나 공단 시설을 이용하게 할 경우 공단의 정관으로 정하는 바에 따라 그 업무의 제공 또는 시설의 이용에 대한 수수료와 사용료를 징수할 수 있다. • 공단의 주된 사무소의 소재지는 정관으로 정한다. • 공단은 필요하면 정관으로 정하는 바에 따라 분사무소를 둘 수 있다. • 비상임이사는 정관으로 정하는 바에 따라 실비변상(實費辨償)을 받을 수 있다. • 이사장이 부득이한 사유로 그 직무를 수행할 수 없을 때에는 정관으로 정하는 바에 따라 상임이사 중 1명이 그 직무를 대행하고, 상임이사가 없거나 그 직무를 대행할 수 없을 때에는 정관으로 정하는 임원이 그 직무를 대행한다. • 이사장은 정관으로 정하는 바에 따라 직원을 임면(任免)한다. • 이 법에 규정된 이사장의 권한 중 급여의 제한, 보험료의 납입고지 등 대통령령으로 정하는 사항은 정관으로 정하는 바에 따라 분사무소의 장에게 위임할 수 있다.

지식형 O X

공단은 정관 변경 시 보건복지부에 신고하여야 한다. **정답** X

해설 보건복지부장관의 인가를 받아야 한다.

◆ 공단의 설립등기에 포함해야 할 사항을 정관에 적어야 할 사항과 혼동하지 않도록 유의해야 한다. 제18조에서는 목적, 명칭, 주된 사무소 및 분사무소의 소재지, 이사장 성명·주소·주민등록번호만을 명시하였다. 만약 포함하지 않는 것을 고르는 문제가 출제되면 적절히 선택할 수 있어야 한다.

지식형 O X

공단의 설립등기에는 목적과 명칭이 포함된다. **정답** O

해설 목적과 명칭은 공단의 정관과 설립등기에 공통으로 들어가는 사항이다.

제20조(임원)

① 공단은 임원으로서 이사장 1명, 이사 14명 및 감사 1명을 둔다. 이 경우 이사장, 이사 중 5명 및 감사는 상임으로 한다.

② 이사장은 「공공기관의 운영에 관한 법률」 제29조에 따른 임원추천위원회(이하 "임원추천위원회"라 한다)가 복수로 추천한 사람 중에서 보건복지부장관의 제청으로 대통령이 임명한다.

③ 상임이사는 보건복지부령으로 정하는 추천 절차를 거쳐 이사장이 임명한다.

④ 비상임이사는 다음 각 호의 사람을 보건복지부장관이 임명한다.
 1. 노동조합·사용자단체·시민단체·소비자단체·농어업인단체 및 노인단체가 추천하는 각 1명
 2. 대통령령으로 정하는 바에 따라 추천하는 관계 공무원 3명

⑤ 감사는 임원추천위원회가 복수로 추천한 사람 중에서 기획재정부장관의 제청으로 대통령이 임명한다.

⑥ 제4항에 따른 비상임이사는 정관으로 정하는 바에 따라 실비변상(實費辨償)을 받을 수 있다.

⑦ 이사장의 임기는 3년, 이사(공무원인 이사는 제외한다)와 감사의 임기는 각각 2년으로 한다.

관련 기사 & 자료

정기석 건보공단 신임 이사장 "재정 문제 잘 관리하겠다"
뉴시스, 2023. 7. 10.

정기석 국민건강보험공단 신임 이사장은 건보 재정의 지속 가능성을 강조하며 정부와의 협력 관계를 확대해 나가겠다고 밝혔다. (중략)

한편 건보공단 이사장 자리는 지난 3월 강도태 전 이사장이 임기 1년 10개월을 남기고 사퇴한 이후 약 4개월 만에 채워졌다. 건보공단은 지난 4월에 임원추천위원회를 열고 이사장 공모를 진행했으며 서류 심사를 통과한 4명에 대해 면접을 실시한 결과 정 이사장과 김필권·김덕수 전 건보공단 기획상임이사 등 3인이 최종 후보로 정해진 바 있다.

건보공단 이사장은 따로 인사청문회를 거치지 않으며 보건복지부 장관의 제청을 거쳐 대통령의 재가를 받아 임명하는 절차로 진행됐다. (후략)

→ 임원추천위원회 개최, 보건복지부장관의 제청, 대통령의 재가 등 이사장의 임명 절차를 실제 기사로 확인할 수 있다.

◆ 심의위원회 위원은 총 25명인 반면, 공단 임원은 총 16명이다.

◆ 상임이사는 기획, 총무, 징수, 급여, 장기요양 상임이사로 5명이다.

◆ 이사 14명 중 5명이 상임이사이므로 나머지 9명은 비상임이사이다. 심의위원회에서는 자영업자단체 추천인이 있는 반면, 공단은 노인단체 추천인이 있다. 또한 공무원 수도 2명과 3명으로 서로 다르다.

지식형 OX

공단 이사장의 임기는 2년, 이사와 감사의 임기는 각각 3년이다.

정답 X

해설 이사장의 임기는 3년, 공무원을 제외한 이사와 감사는 각각 2년이다.

제3장 국민건강보험공단

제21조(징수이사)

① 상임이사 중 제14조 제1항 제2호 및 제11호의 업무를 담당하는 이사(이하 "징수이사"라 한다)는 경영, 경제 및 사회보험에 관한 학식과 경험이 풍부한 사람으로서 보건복지부령으로 정하는 자격을 갖춘 사람 중에서 선임한다.

② 징수이사 후보를 추천하기 위하여 공단에 이사를 위원으로 하는 징수이사추천위원회(이하 "추천위원회"라 한다)를 둔다. 이 경우 추천위원회의 위원장은 이사장이 지명하는 이사로 한다.

③ 추천위원회는 주요 일간신문에 징수이사 후보의 모집 공고를 하여야 하며, 이와 별도로 적임자로 판단되는 징수이사 후보를 조사하거나 전문단체에 조사를 의뢰할 수 있다.

④ 추천위원회는 제3항에 따라 모집한 사람을 보건복지부령으로 정하는 징수이사 후보 심사기준에 따라 심사하여야 하며, 징수이사 후보로 추천될 사람과 계약 조건에 관하여 협의하여야 한다.

⑤ 이사장은 제4항에 따른 심사와 협의 결과에 따라 징수이사 후보와 계약을 체결하여야 하며, 이 경우 제20조 제3항에 따른 상임이사의 임명으로 본다.

⑥ 제4항에 따른 계약 조건에 관한 협의, 제5항에 따른 계약 체결 등에 필요한 사항은 보건복지부령으로 정한다.

제22조(임원의 직무)

① 이사장은 공단을 대표하고 업무를 총괄하며, 임기 중 공단의 경영성과에 대하여 책임을 진다.

② 상임이사는 이사장의 명을 받아 공단의 업무를 집행한다.

③ 이사장이 부득이한 사유로 그 직무를 수행할 수 없을 때에는 정관으로 정하는 바에 따라 상임이사 중 1명이 그 직무를 대행하고, 상임이사가 없거나 그 직무를 대행할 수 없을 때에는 정관으로 정하는 임원이 그 직무를 대행한다.

④ 감사는 공단의 업무, 회계 및 재산 상황을 감사한다.

◆ 제14조 제1항 제2호는 보험료와 그 밖에 이 법에 따른 징수금의 부과·징수이고, 제11호는 징수위탁근거법에 따라 위탁받은 업무이다.

mini 문제
징수이사추천위원회의 위원장이 되는 사람은?
① 공단 이사장
② 공단 감사
③ 보건복지부차관
④ 공단 이사장이 지명하는 이사

정답 ④
해설 징수이사추천위원회의 위원은 공단 이사로 구성되며, 위원장은 이사장이 지명하는 이사로 한다.

◆ 공단 내 상임이사는 이사장이 임명하고, 비상임이사는 보건복지장관이 임명한다.

지식형 OX
이사장이 부득이한 사유로 직무를 수행할 수 없을 때는 감사가 그 업무를 대행한다. 정답 X

해설 상임이사 중 1명이 대행하고, 상임이사가 없거나 직무 대행이 불가능할 때는 정관으로 정하는 임원이 대행한다.

제23조(임원 결격사유)

다음 각 호의 어느 하나에 해당하는 사람은 공단의 임원이 될 수 없다.

1. 대한민국 국민이 아닌 사람
2. 「공공기관의 운영에 관한 법률」 제34조 제1항 각 호의 어느 하나에 해당하는 사람

제24조(임원의 당연퇴임 및 해임)

① 임원이 제23조 각 호의 어느 하나에 해당하게 되거나 임명 당시 그에 해당하는 사람으로 확인되면 그 임원은 당연퇴임한다.

② 임명권자는 임원이 다음 각 호의 어느 하나에 해당하면 그 임원을 해임할 수 있다.

1. 신체장애나 정신장애로 직무를 수행할 수 없다고 인정되는 경우
2. 직무상 의무를 위반한 경우
3. 고의나 중대한 과실로 공단에 손실이 생기게 한 경우
4. 직무 여부와 관계없이 품위를 손상하는 행위를 한 경우
5. 이 법에 따른 보건복지부장관의 명령을 위반한 경우

제25조(임원의 겸직 금지 등)

① 공단의 상임임원과 직원은 그 직무 외에 영리를 목적으로 하는 사업에 종사하지 못한다.

② 공단의 상임임원이 임명권자 또는 제청권자의 허가를 받거나 공단의 직원이 이사장의 허가를 받은 경우에는 비영리 목적의 업무를 겸할 수 있다.

◆ 임원을 해임할 수 있는 주체는 임원의 임명권자이다. 따라서 이사장과 감사는 대통령, 상임이사는 이사장, 비상임이사는 보건복지부장관에게 해임될 수 있다.

◆ 직무와 관련하여 품위를 손상하는 행위를 한 경우뿐만 아니라 직무와 관련 없이 품위를 손상하는 행위를 한 경우도 해임 가능 사유에 해당한다는 점을 유의해야 한다.

◆ 상임임원이나 직원이 요건에 맞는 허가를 받은 경우라도, 겸할 수 있는 업무는 비영리 목적에 한한다.

제3장 국민건강보험공단

제26조(이사회)
① 공단의 주요 사항(「공공기관의 운영에 관한 법률」 제17조 제1항 각 호의 사항을 말한다)을 심의·의결하기 위하여 공단에 이사회를 둔다.
② 이사회는 이사장과 이사로 구성한다.
③ 감사는 이사회에 출석하여 발언할 수 있다.
④ 이사회의 의결 사항 및 운영 등에 필요한 사항은 대통령령으로 정한다.

◆ 감사는 이사회를 구성하지는 않지만 이사회에 출석하여 발언할 수는 있다.

제27조(직원의 임면)
이사장은 정관으로 정하는 바에 따라 직원을 임면(任免)한다.

제28조(벌칙 적용 시 공무원 의제)
공단의 임직원은 「형법」 제129조부터 제132조까지의 규정을 적용할 때 공무원으로 본다.

◆ 「형법」 제129조부터 제132조까지는 뇌물 관련 행위에 대한 처분 및 처벌을 규정하고 있다.

제29조(규정 등)
공단의 조직·인사·보수 및 회계에 관한 규정은 이사회의 의결을 거쳐 보건복지부장관의 승인을 받아 정한다.

지식형 OX
공단의 조직·인사·보수 및 회계에 관한 규정은 건강보험정책심의위원회의 의결을 거쳐 이사회의 승인을 받는다. **정답** X

해설 이사회의 의결을 거쳐 보건복지부장관의 승인을 받아 정한다.

제30조(대리인의 선임)
이사장은 공단 업무에 관한 모든 재판상의 행위 또는 재판 외의 행위를 대행하게 하기 위하여 공단의 이사 또는 직원 중에서 대리인을 선임할 수 있다.

제31조(대표권의 제한)
① 이사장은 공단의 이익과 자기의 이익이 상반되는 사항에 대하여는 공단을 대표하지 못한다. 이 경우 감사가 공단을 대표한다.
② 공단과 이사장 사이의 소송은 제1항을 준용한다.

◆ 이사장이 부득이한 사유로 직무를 수행할 수 없을 때 그 직무를 대행하는 사람에 대해 규정한 제22조 제3항의 내용과 구분해야 한다.

제32조(이사장 권한의 위임)

이 법에 규정된 이사장의 권한 중 급여의 제한, 보험료의 납입고지 등 대통령령으로 정하는 사항은 정관으로 정하는 바에 따라 분사무소의 장에게 위임할 수 있다.

제33조(재정운영위원회)

① 제45조 제1항에 따른 요양급여비용의 계약 및 제84조에 따른 결손처분 등 보험재정에 관련된 사항을 심의·의결하기 위하여 공단에 재정운영위원회를 둔다.

② 재정운영위원회의 위원장은 제34조 제1항 제3호에 따른 위원 중에서 호선(互選)한다.

◆ '심의·의결'이라는 키워드가 들어간 경우 그 주체와 내용을 반드시 파악해야 한다.

제34조(재정운영위원회의 구성 등)

① 재정운영위원회는 다음 각 호의 위원으로 구성한다.
 1. 직장가입자를 대표하는 위원 10명
 2. 지역가입자를 대표하는 위원 10명
 3. 공익을 대표하는 위원 10명

② 제1항에 따른 위원은 다음 각 호의 사람을 보건복지부장관이 임명하거나 위촉한다.
 1. 제1항 제1호의 위원은 노동조합과 사용자단체에서 추천하는 각 5명
 2. 제1항 제2호의 위원은 대통령령으로 정하는 바에 따라 농어업인단체·도시자영업자단체 및 시민단체에서 추천하는 사람
 3. 제1항 제3호의 위원은 대통령령으로 정하는 관계 공무원 및 건강보험에 관한 학식과 경험이 풍부한 사람

③ 재정운영위원회 위원(공무원인 위원은 제외한다)의 임기는 2년으로 한다. 다만, 위원의 사임 등으로 새로 위촉된 위원의 임기는 전임위원 임기의 남은 기간으로 한다.

④ 재정운영위원회의 운영 등에 필요한 사항은 대통령령으로 정한다.

◆ 구성 인원을 다시 한번 정리해 보면 다음과 같다.
• 건강보험정책심의위원회 위원: 25명
• 공단 임원: 16명
• 재정운영위원회 위원: 30명

◆ 구성원의 원칙상 임기를 정리해 보면 다음과 같다.
• 건강보험정책심의위원회 위원: 3년
• 공단 임원: 이사장 3년, 이사·감사 2년
• 재정운영위원회 위원: 2년
• 심사평가원 임원: 원장 3년, 이사·감사 2년

제3장 국민건강보험공단

관련 기사 & 자료

2023년 정기 재정운영위원회 회의록

국민건강보험공단 재정관리실, 2023. 5. 15.

1. 일시: 2023. 5. 15. (월) 14:00~16:30

2. 장소: 서울 ○○호텔

3. 출석현황: 재적 30명, 참석 24명

4. 부의안건 심의·의결 결과

구분	안건명	심의 결과
보고 제1호	재정운영위원회 개요 및 역할	-
보고 제2호	건강보험 징수와 결손처분	-
보고 제3호	2024년 요양급여비용 계약 추진일정 및 수가계약 제도 개선내용 보고	-
보고 제4호	2024년도 환산지수 연구용역 중간보고	-
의안 제1호	재정운영위원회 소위원회 구성안	안건철회
의안 제2호	요양급여비용 계약 관련 소위원회 권한 위임안	안건철회
의안 제3호	체납 건강보험료 및 장기요양보험료 결손처분안	안건철회
의안 제4호	건강보험 체납 기타징수금 결손처분안	안건철회
의안 제5호	장기요양 체납 기타징수금 결손처분안	안건철회

→ 재정운영위원회 회의록의 내용을 통해 위원회 재적위원이 30명인 점과 요양급여비용 계약, 결손처분안 등에 대한 논의가 이루어진다는 점을 확인할 수 있다.

제35조(회계)
① 공단의 회계연도는 정부의 회계연도에 따른다.
② 공단은 직장가입자와 지역가입자의 재정을 통합하여 운영한다.
③ 공단은 건강보험사업 및 징수위탁근거법의 위탁에 따른 국민연금사업·고용보험사업·산업재해보상보험사업·임금채권보장사업에 관한 회계를 공단의 다른 회계와 구분하여 각각 회계처리하여야 한다.

제36조(예산)
공단은 회계연도마다 예산안을 편성하여 이사회의 의결을 거친 후 보건복지부장관의 승인을 받아야 한다. 예산을 변경할 때에도 또한 같다.

제37조(차입금)
공단은 지출할 현금이 부족한 경우에는 차입할 수 있다. 다만, 1년 이상 장기로 차입하려면 보건복지부장관의 승인을 받아야 한다.

제38조(준비금)
① 공단은 회계연도마다 결산상의 잉여금 중에서 그 연도의 보험급여에 든 비용의 100분의 5 이상에 상당하는 금액을 그 연도에 든 비용의 100분의 50에 이를 때까지 준비금으로 적립하여야 한다.
② 제1항에 따른 준비금은 부족한 보험급여 비용에 충당하거나 지출할 현금이 부족할 때 외에는 사용할 수 없으며, 현금 지출에 준비금을 사용한 경우에는 해당 회계연도 중에 이를 보전(補塡)하여야 한다.
③ 제1항에 따른 준비금의 관리 및 운영 방법 등에 필요한 사항은 보건복지부장관이 정한다.

◆ 제2항에서는 '통합', 제3항에서는 '구분'에 대해 규정하고 있다.
- 통합: 직장가입자 재정 + 지역가입자 재정
- 구분: 건강보험사업 및 위탁사업 회계 vs 다른 회계

지식형 O X
공단은 예산안 편성 시 이사회 의결을 거친 후 기획재정부장관의 승인을 받아야 한다. 정답 X

해설 예산이라는 키워드 때문에 기획재정부장관의 승인으로 오해할 수 있는데, 보건복지부장관의 승인을 받아야 한다. 「국민건강보험법」 전체에서 기획재정부장관이 등장하는 건 '감사' 제청과 관련해서 딱 두 번이다. 제20조 제5항, 제65조 제5항을 참고하면 된다.

지식형 O X
공단은 회계연도마다 결산상의 잉여금 중에서 그 연도의 보험급여에 든 비용의 5/100 이상에 상당하는 금액을 그 연도에 든 비용의 10/100에 이를 때까지 준비금으로 적립하여야 한다. 정답 X

해설 그 연도에 든 비용의 50/100에 이를 때까지 준비금으로 적립하여야 한다.

제3장 국민건강보험공단

> **관련 기사 & 자료**
>
> ### 건보공단 적립금 운용수익률 1%대…
> ### "중장기 자산 투자비율 조절해야"
>
> 메디컬투데이, 2022. 8. 17.
>
> 최근 1%대까지 감소한 국민건강보험공단의 적립금 운용 수익률 개선을 위해 중장기 자산의 투자 비율을 조정할 필요가 있다는 의견이 제시됐다. (중략)
>
> 현재 공단은 「국민건강보험법」 제38조에 따라 매년 결산상 잉여금 중에서 그 연도의 보험급여에 든 비용의 5%에 상당하는 금액을 준비금으로 적립하고 있다. 최대적립금의 규모는 '그 연도에 든 비용의 50%'이다. 그런데 문제는 해당 규정에서 '그 연도에 든 비용'이 보험급여 비용만을 의미하는 것인지, 아니면 보험급여 비용에 인건비 등을 포함한 건강보험 재정의 지출 총액을 의미하는 것인지가 불분명하다는 것이다.
>
> 공단에 따르면 실제 2021년도 기준, 해당 규정의 의미를 보험급여 비용 지출액으로 해석할 경우 최대적립금은 38조 3,567억 원으로 산출되는 반면, 해당 규정의 의미를 건강보험재정지출 총액으로 해석할 경우 최대적립금은 39조 6,394억 원으로 산출된다. 이처럼 규정의 의미에 따라 적립 가능한 최대적립금의 규모가 약 1조 2,827억 원의 차이가 발생하게 된다. 현재 공단은 최대적립금 규모의 의미를 '건강보험재정지출 총액'으로 해석하고 있다.
>
> → 「국민건강보험법」 제38조 제1항의 '그 연도에 든 비용'이 정확하게 무엇을 지칭하는지가 불분명한데, 공단은 이를 '건강보험재정지출 총액'으로 보는 입장이다.

제39조(결산)

① 공단은 회계연도마다 결산보고서와 사업보고서를 작성하여 **다음해 2월 말일**까지 보건복지부장관에게 보고하여야 한다.

② 공단은 제1항에 따라 결산보고서와 사업보고서를 보건복지부장관에게 보고하였을 때에는 보건복지부령으로 정하는 바에 따라 그 내용을 공고하여야 한다.

◆ 결산보고일은 다음해 2월 말일이다. 당해 12월 말일이 아니라는 점에 유의해야 한다.

제39조의2(재난적의료비 지원사업에 대한 출연)

공단은 「재난적의료비 지원에 관한 법률」에 따른 재난적의료비 지원사업에 사용되는 비용에 충당하기 위하여 매년 예산의 범위에서 출연할 수 있다. 이 경우 출연 금액의 상한 등에 필요한 사항은 대통령령으로 정한다.

> **TIP** 재난적의료비 지원사업
> - **사업 개요**: 과도한 의료비 지출로 경제적 부담을 안고 있는 저소득층 가구에 의료비를 지원하여 가계파탄을 방지하고 국민 생활의 안정을 제고
> - **지원 내용**: 연간 5천만 원 한도 내에서 소득에 따라 의료비 본인부담금의 50~80% 지급
> - **지원 대상**: 질환 구분 없이 소득 하위 50% 이하 중심 지원(지원기준 미충족 시에도 부담능력 대비 과도한 의료비 발생 시 지원받을 수 있도록 개별심사제도를 통해 탄력적 지원)
>
> 출처: 정부24 홈페이지

제40조(「민법」의 준용)

공단에 관하여 이 법과 「공공기관의 운영에 관한 법률」에서 정한 사항 외에는 「민법」 중 재단법인에 관한 규정을 준용한다.

◆ 「정부조직법」이나 「국가재정법」 등이 아니라 「민법」을 준용한다는 점을 기억하자.

요점 정리

1 업무 등

관장 업무	• 가입자 및 피부양자의 자격 관리, 보험료와 그 밖에 이 법에 따른 징수금의 부과·징수, 보험급여의 관리 • 가입자 및 피부양자의 질병의 조기발견·예방 및 건강관리를 위하여 요양급여 실시 현황과 건강검진 결과 등을 활용하여 실시하는 예방사업으로서 대통령령으로 정하는 사업 • 보험급여 비용의 지급 • 자산의 관리·운영 및 증식사업 • 의료시설의 운영 • 건강보험에 관한 교육훈련 및 홍보 • 건강보험에 관한 조사연구 및 국제협력 • 이 법에서 공단의 업무로 정하고 있는 사항 • 징수위탁근거법에 따라 위탁받은 업무 • 그 밖에 이 법 또는 다른 법령에 따라 위탁받은 업무 • 그 밖에 건강보험과 관련하여 보건복지부장관이 필요하다고 인정한 업무
권리 및 의무	• 제공한 업무나 시설에 대한 수수료와 사용료 징수 가능 • 건강보험과 관련하여 보유·관리 정보 공개는 의무임

2 설립 등

법인격 및 사무소	• 공단은 법인으로 함(자연인이 될 수 없음) • 주된 사무소의 소재지(정관에서 정함)에서 설립등기를 함으로써 성립 • 분사무소도 정관에 따라 둘 수 있음
정관 필수 기재 사항	• 목적, 명칭, 사무소의 소재지 • 임직원에 관한 사항, 이사회의 운영, 재정운영위원회에 관한 사항 • 보험료 및 보험급여에 관한 사항, 예산 및 결산에 관한 사항, 자산 및 회계에 관한 사항 • 업무와 그 집행, 정관의 변경에 관한 사항, 공고에 관한 사항
설립등기 필수 기재 사항	• 목적, 명칭 • 주된 사무소 및 분사무소의 소재지 • 이사장의 성명·주소 및 주민등록번호
해산	법률로 정함(정관이 아님에 유의)

3 임원

구성	• 이사장 1명, 이사 14명(상임 5명, 비상임 9명), 감사 1명 • 비상임이사는 각 단체 추천인(노동조합, 사용자, 시민, 소비자, 농어업인, 노인 각 1명)과 관계공무원 3명으로 보건복지부장관이 임명함 • 임기는 이사장 3년, 이사(공무원 제외)와 감사는 2년
징수이사	• 징수이사추천위원회에서 모집 공고를 하여야 하며 별도의 조사도 가능 • 추천위원회에서 심사하여 추천될 사람과 계약조건 협의 • 이사장이 계약 체결
직무 대행	• 이사장이 직무를 수행할 수 없는 경우 상임이사 중 1명이 직무 대행 • 상임이사가 없거나 그 직무를 대행할 수 없을 경우 정관으로 정하는 임원이 직무 대행
결격 및 당연퇴임, 해임 사유	• 대한민국 국민이 아니거나 「공공기관의 운영에 관한 법률」 제34조 제1항 각 호의 어느 하나에 해당하면 결격 및 당연퇴임 사유가 됨 • 해임할 수 있는 경우 - 신체장애나 정신장애로 직무를 수행할 수 없다고 인정되는 경우 - 직무상 의무를 위반한 경우 - 고의나 중대한 과실로 공단에 손실이 생기게 한 경우 - 직무 여부와 관계없이 품위를 손상하는 행위를 한 경우 - 이 법에 따른 보건복지부장관의 명령을 위반한 경우
이사회	• 이사장과 이사로 구성 • 감사는 출석하여 발언 가능

4 이사장의 권한

대리인 선임	공단 업무 중 재판상 혹은 재판 외의 행위를 대행하게 하기 위해 이사 또는 직원 중에서 대리인 선임 가능
대표권 제한	• 이사장은 공단과 자기의 이익이 상반되면 공단 대표 불가 • 이 경우 감사가 공단을 대표

5 재정운영위원회

목적	요양급여비용의 계약 및 결손처분 등 보험재정에 관한 사항의 심의·의결
구성	직장가입자, 지역가입자, 공익의 세 분야 대표위원 각 10명씩
세부 구성	• 노동조합·사용자단체 추천 각 5명 • 농어업인단체·도시자영업자단체·시민단체 추천인 • 관계 공무원 및 학식과 경험이 풍부한 사람
임기	2년(공무원 위원 제외)

6 회계 및 예산 등

회계	직장가입자와 지역가입자 재정 통합
예산	회계연도마다 예산 편성 후 이사회 의결, 보건복지부장관의 승인
차입금과 준비금	• 지출할 현금 부족 시 차입 가능, 1년 이상 장기 차입은 보건복지부장관 승인 필요 • 잉여금 중 그 연도의 보험급여에 든 비용의 100분의 5 이상에 상당하는 금액을 그 연도에 든 비용의 100분의 50이 될 때까지 준비금으로 적립함
결산	결산보고서와 사업보고서를 다음해 2월 말까지 보건복지부장관에게 보고

빈칸 퀴즈

- 건강보험의 보험자는 [01]으로 한다.
- 공단은 보험료와 그 밖에 이 법에 따른 징수금의 [02]의 업무를 관장한다.
- 공단은 [03]의 소재지에서 설립등기를 함으로써 성립한다.
- 공단은 정관을 변경하려면 [04]의 인가를 받아야 한다.
- 공단은 임원으로서 이사장 1명, 이사 [05]명 및 감사 1명을 둔다. 이 경우 이사장, 이사 중 [06]명 및 감사는 상임으로 한다.
- 공단의 이사장은 임원추천위원회가 복수로 추천한 사람 중에서 [07]의 제청으로 대통령이 임명한다.
- 공단의 이사장의 임기는 [08], 이사(공무원인 이사는 제외한다)와 감사의 임기는 각각 [09]으로 한다.
- 임명권자는 공단의 임원이 [10]와 관계없이 품위를 손상하는 행위를 한 경우 그 임원을 해임할 수 있다.
- 공단의 [11]과 [12]은 그 직무 외에 영리를 목적으로 하는 사업에 종사하지 못한다.
- 이사장은 공단의 이익과 자기의 이익이 상반되는 사항에 대하여는 공단을 대표하지 못한다. 이 경우 [13]가 공단을 대표한다.
- 재정위원회의 위원 중 [14]과 [15]에서 추천한 각 5명은 직장가입자를 대표한다.
- 재정운영위원회의 운영 등에 필요한 사항은 [16]으로 정한다.
- 공단은 직장가입자와 지역가입자의 재정을 [17]하여 운영한다.
- 공단은 회계연도마다 결산상의 잉여금 중에서 그 연도의 보험급여에 든 비용의 [18]이상에 상당하는 금액을 그 연도에 든 비용의 [19]에 이를 때까지 준비금으로 적립하여야 한다.
- 공단은 회계연도마다 결산보고서와 사업보고서를 작성하여 [20]까지 보건복지부장관에게 보고하여야 한다.

정답 01 국민건강보험공단 02 부과·징수 03 주된 사무소 04 보건복지부장관 05 14 06 5 07 보건복지부장관 08 3년 09 2년 10 직무 여부 11 상임임원 12 직원 13 감사 14 노동조합 15 사용자단체 16 대통령령 17 통합 18 100분의 5 19 100분의 50 20 다음해 2월 말일

OX 퀴즈

01 ☐☒ 건강보험의 보험자는 국민건강보험공단이다.

02 ☐☒ 공단은 가입자 및 피부양자의 자격 관리 업무를 관장한다.

03 ☐☒ 공단은 특정인을 위하여 공단 시설을 이용하게 할 수 있지만, 시설의 이용에 대한 사용료를 징수해서는 안 된다.

04 ☐☒ 공단의 주된 사무소의 소재지는 정관으로 정한다.

05 ☐☒ 공단의 설립등기에는 이사회의 운영, 재정운영위원회에 관한 사항을 포함하여야 한다.

06 ☐☒ A가 노동조합의 추천으로 공단 이사가 되었다면, A는 비상임이사이다.

07 ☐☒ 공단의 임원인 B가 임원추천위원회의 추천을 받아 보건복지부장관의 제청으로 대통령에 의해 임명을 받았다면, B의 임기는 2년이다.

08 ☐☒ 징수이사는 경영, 경제 및 사회보험에 관한 학식과 경험이 풍부한 사람으로서 보건복지부령으로 정하는 자격을 갖춘 사람 중에서 선임된 비상임이사이다.

09 ☐☒ 공단의 이사장이 부득이한 사유로 그 직무를 수행할 수 없을 때에는 감사가 그 직무를 대행하고, 감사가 없거나 그 직무를 대행할 수 없을 때에는 정관으로 정하는 임원이 그 직무를 대행한다.

10 ☐☒ 공단의 상임이사 C가 직무상 의무를 위반한 경우 이사장은 C를 해임할 수 있다.

11 ☐☒ 공단의 이사회는 이사장, 이사, 감사로 구성된다.

12 ☐☒ 공단의 조직·인사·보수 및 회계에 관한 규정은 이사회의 의결을 거쳐 대통령의 승인을 받아 정한다.

13 ☐☒ 재정운영위원회의 위원장은 직장가입자를 대표하는 위원 중에서 호선한다.

14 ☐☒ 재정운영위원회의 위원 수는 총 30명이다.

15 ☐☒ 공단은 지출할 현금이 부족한 경우에는 차입할 수 있지만, 1년 이상 장기로 차입하여서는 안 된다.

정답 & 해설

01 ◯ 건강보험의 보험자를 보건복지부장관 혹은 국민건강보험공단 이사장 등으로 혼동하지 않도록 해야 한다.
02 ◯ 공단은 제시된 업무 외에도 보험료와 그 밖에 이 법에 따른 징수금의 부과·징수, 보험급여의 관리, 대통령령으로 정하는 예방사업, 보험급여 비용의 지급 등의 업무를 관장한다.
03 ✕ 공단은 특정인을 위하여 업무를 제공하거나 공단 시설을 이용하게 할 경우 공단의 정관으로 정하는 바에 따라 그 업무의 제공 또는 시설의 이용에 대한 수수료와 사용료를 징수할 수 있다.
04 ◯ 공단의 주된 사무소의 소재지는 정관으로 정하며, 필요하면 정관으로 정하는 바에 따라 분사무소를 둘 수 있다.
05 ✕ 이사회의 운영, 재정운영위원회에 관한 사항은 공단의 정관에 적어야 하는 내용이다. 공단의 설립등기에 포함하여야 하는 사항은 목적, 명칭, 주된 사무소 및 분사무소의 소재지, 이사장의 성명·주소 및 주민등록번호이다.
06 ◯ 공단의 상임이사는 보건복지부령으로 정하는 추천 절차를 거쳐 이사장이 임명한다. 반면, 비상임이사는 노동조합·사용자단체·시민단체·소비자단체·농어업인단체 및 노인단체가 추천하는 각 1명, 대통령령으로 정하는 바에 따라 추천하는 관계 공무원 3명을 보건복지부장관이 임명한다.
07 ✕ 임원추천위원회의 추천을 받아 보건복지부장관의 제청으로 대통령의 임명을 받는 공단의 임원은 이사장이며, 이사장의 임기는 3년이다. 이사(공무원인 이사 제외)와 감사의 임기는 각각 2년이다.
08 ✕ 징수이사는 상임이사에 해당한다. 참고로, 징수이사 후보를 추천하기 위하여 공단에 이사를 위원으로 하는 징수이사추천위원회를 두며, 이 경우 추천위원회의 위원장은 이사장이 지명하는 이사로 한다.
09 ✕ 이사장이 부득이한 사유로 그 직무를 수행할 수 없을 때에는 정관으로 정하는 바에 따라 상임이사 중 1명이 그 직무를 대행하고, 상임이사가 없거나 그 직무를 대행할 수 없을 때에는 정관으로 정하는 임원이 그 직무를 대행한다.
10 ◯ 임명권자는 임원이 직무상 의무를 위반한 경우 그 임원을 해임할 수 있다. 상임이사의 임명권자는 이사장이므로, 이사장은 C를 해임할 수 있다.
11 ✕ 이사회는 이사장과 이사로 구성된다. 감사는 이사회에 출석하여 발언할 수 있다.
12 ✕ 이사회의 의결을 거치는 것은 맞지만, '대통령'이 아니라 '보건복지부장관'의 승인을 받아 정한다.
13 ✕ 재정운영위원회의 위원장은 공익을 대표하는 위원 중에서 호선한다.
14 ◯ 재정운영위원회는 직장가입자를 대표하는 위원 10명, 지역가입자를 대표하는 위원 10명, 공익을 대표하는 위원 10명으로 구성된다.
15 ✕ 지출할 현금이 부족한 경우 1년 이상 장기로 차입하는 것도 가능하다. 다만, 이 경우 보건복지부장관의 승인을 받아야 한다.

제4장 보험급여

제41조(요양급여)

① 가입자와 피부양자의 질병, 부상, 출산 등에 대하여 다음 각 호의 요양급여를 실시한다.

1. 진찰·검사
2. 약제(藥劑)·치료재료의 지급
3. 처치·수술 및 그 밖의 치료
4. 예방·재활
5. 입원
6. 간호
7. 이송(移送)

◆ 요양급여의 종류는 단순해 보이지만 꼼꼼한 암기가 필요하다. '진찰'을 '진단'으로 바꾸어 오답 선택지를 만드는 경우 등이 있을 수 있다.

TIP 보험급여와 장기요양급여

구분	보험급여	장기요양급여
근거	「국민건강보험법」	「노인장기요양보험법」
종류	• 요양급여(제41조) • 요양비(제49조) • 부가급여(제50조) • 장애인에 대한 특례(제51조) • 건강검진(제52조)	• 재가급여(제23조) • 시설급여(제23조) • 특별현금급여(제23조)

◆ 장기요양급여를 받기 위해 장기요양보험에 따로 가입할 필요는 없다. 국민건강보험 가입자는 장기요양보험의 가입자가 된다(「노인장기요양보험법」 제7조 제3항).

② 제1항에 따른 요양급여(이하 "요양급여"라 한다)의 범위(이하 "요양급여대상"이라 한다)는 다음 각 호와 같다.

1. 제1항 각 호의 요양급여(제1항 제2호의 약제는 제외한다): 제4항에 따라 보건복지부장관이 비급여대상으로 정한 것을 제외한 일체의 것
2. 제1항 제2호의 약제: 제41조의3에 따라 요양급여대상으로 보건복지부장관이 결정하여 고시한 것

③ 요양급여의 방법·절차·범위·상한 등의 기준은 보건복지부령으로 정한다.

④ 보건복지부장관은 제3항에 따라 요양급여의 기준을 정할 때 업무나 일상생활에 지장이 없는 질환에 대한 치료 등 보건복지부령으로 정하는 사항은 요양급여대상에서 제외되는 사항(이하 "비급여대상"이라 한다)으로 정할 수 있다.

◆ 요양급여대상은 일상생활에서 말하는 '건강보험의 적용을 받는' 대상이라는 뜻이다. 국민의 업무나 일상생활에 지장이 없는 질환에 대한 치료 등은 요양급여대상에서 제외될 수 있다. 보건복지부장관이 요양급여의 기준을 정한다.

◆ '상한'은 제41조의2 제1항, 제2항과 연결된다.

◆ 비급여대상은 건강보험 대상에 해당되지 않아 환자 본인이 비용을 부담하여야 하는 항목이다.

TIP 주요 비급여대상

비급여대상은 「국민건강보험 요양급여의 기준에 관한 규칙」 별표 2에 정리되어 있다. 시행규칙은 시험 범위에 포함되지 않기 때문에 암기할 필요는 없지만, 비급여대상에 대한 개괄적인 이해를 위해 비급여대상에 해당되는 주요 사항을 간추려 보면 다음과 같다.

- 업무 또는 일상생활에 지장이 없는 경우에 실시 또는 사용되는 행위·약제 및 치료재료
  - 예 단순한 피로 또는 권태, 주근깨, 사마귀, 여드름 등에 대한 치료
- 신체의 필수 기능 개선 목적이 아닌 경우에 실시 또는 사용되는 행위·약제 및 치료재료
  - 예 쌍꺼풀수술, 코성형수술, 안경이나 콘텍트렌즈 대체용 시력교정술 등
- 예방진료로서 질병·부상의 진료를 직접목적으로 하지 아니하는 경우에 실시 또는 사용되는 행위·약제 및 치료재료
  - 예 본인의 희망에 의한 건강검진(공단 건강검진 제외), 예방접종(치료목적 제외), 금연 진료 등

제41조의2(약제에 대한 요양급여비용 상한금액의 감액 등)

① 보건복지부장관은 「약사법」 제47조 제2항의 위반과 관련된 제41조 제1항 제2호의 약제에 대하여는 요양급여비용 상한금액(제41조 제3항에 따라 약제별 요양급여비용의 상한으로 정한 금액을 말한다. 이하 같다)의 100분의 20을 넘지 아니하는 범위에서 그 금액의 일부를 감액할 수 있다.

② 보건복지부장관은 제1항에 따라 요양급여비용의 상한금액이 감액된 약제가 감액된 날부터 5년의 범위에서 대통령령으로 정하는 기간 내에 다시 제1항에 따른 감액의 대상이 된 경우에는 요양급여비용 상한금액의 100분의 40을 넘지 아니하는 범위에서 요양급여비용 상한금액의 일부를 감액할 수 있다.

③ 보건복지부장관은 제2항에 따라 요양급여비용의 상한금액이 감액된 약제가 감액된 날부터 5년의 범위에서 대통령령으로 정하는 기간 내에 다시 「약사법」 제47조 제2항의 위반과 관련된 경우에는 해당 약제에 대하여 1년의 범위에서 기간을 정하여 요양급여의 적용을 정지할 수 있다.

◆ 일종의 리베이트 제공 약제 제재수단이다. 「약사법」 제47조 제2항에서는 의약품공급자가 의약품 판매촉진을 위해 요양기관이나 그 개설자, 종사자에게 경제적 이익을 제공해서는 안 된다고 규정하고 있다.

◆ 2차 위반에 대한 상한금액 감액은 1차 위반으로 감액된 상한금액을 기준으로 한다.

◆ 제1항에서 제3항까지는 제한을 점차 강화한다는 생각으로 접근하면 쉽게 이해할 수 있다. 100분의 20 범위 내 감액 → 100분의 40 범위 내 감액 → 1년 범위 내 적용 정지 순이다.

제4장 보험급여

④ 제1항부터 제3항까지의 규정에 따른 요양급여비용 상한금액의 감액 및 요양급여 적용 정지의 기준, 절차, 그 밖에 필요한 사항은 대통령령으로 정한다.

제41조의3(행위·치료재료 및 약제에 대한 요양급여대상 여부의 결정 및 조정)

① 제42조에 따른 요양기관, 치료재료의 제조업자·수입업자 등 보건복지부령으로 정하는 자는 요양급여대상 또는 비급여대상으로 결정되지 아니한 제41조 제1항 제1호·제3호·제4호의 요양급여에 관한 행위 및 제41조 제1항 제2호의 치료재료(이하 "행위·치료재료"라 한다)에 대하여 요양급여대상 여부의 결정을 보건복지부장관에게 신청하여야 한다.

② 「약사법」에 따른 약제의 제조업자·수입업자 등 보건복지부령으로 정하는 자(이하 "약제의 제조업자등"이라 한다)는 요양급여대상에 포함되지 아니한 제41조 제1항 제2호의 약제(이하 이 조에서 "약제"라 한다)에 대하여 보건복지부장관에게 요양급여대상 여부의 결정을 신청할 수 있다.

③ 제1항 및 제2항에 따른 신청을 받은 보건복지부장관은 정당한 사유가 없으면 보건복지부령으로 정하는 기간 이내에 요양급여대상 또는 비급여대상의 여부를 결정하여 신청인에게 통보하여야 한다.

④ 보건복지부장관은 제1항 및 제2항에 따른 신청이 없는 경우에도 환자의 진료상 반드시 필요하다고 보건복지부령으로 정하는 경우에는 직권으로 행위·치료재료 및 약제의 요양급여대상의 여부를 결정할 수 있다.

⑤ 보건복지부장관은 제41조 제2항 제2호에 따라 요양급여대상으로 결정하여 고시한 약제에 대하여 보건복지부령으로 정하는 바에 따라 요양급여대상 여부, 범위, 요양급여비용 상한금액 등을 직권으로 조정할 수 있다.

⑥ 제1항 및 제2항에 따른 요양급여대상 여부의 결정 신청의 시기, 절차, 방법 및 업무의 위탁 등에 필요한 사항, 제3항과 제4항에 따른 요양급여대상 여부의 결정 절차 및 방법, 제5항에 따른 직권 조정 사유·절차 및 방법 등에 관한 사항은 보건복지부령으로 정한다.

사례형 O X

약제 수입업자인 갑은 요양급여대상에 포함되지 않은 약제 A에 대한 요양급여대상 여부의 결정을 공단 이사장에게 신청할 수 있다. **정답** ✕

해설 보건복지부장관에게 신청할 수 있다.

◆ 상한금액 감액(제41조의2)과 관련해서는 대통령령으로 정하며, 요양급여대상 여부 결정(제41조의3)과 관련해서는 보건복지부령으로 정한다.

제41조의4(선별급여)

① 요양급여를 결정함에 있어 경제성 또는 치료효과성 등이 불확실하여 그 검증을 위하여 추가적인 근거가 필요하거나, 경제성이 낮아도 가입자와 피부양자의 건강회복에 잠재적 이득이 있는 등 대통령령으로 정하는 경우에는 예비적인 요양급여인 선별급여로 지정하여 실시할 수 있다.

② 보건복지부장관은 대통령령으로 정하는 절차와 방법에 따라 제1항에 따른 선별급여(이하 "선별급여"라 한다)에 대하여 주기적으로 요양급여의 적합성을 평가하여 요양급여 여부를 다시 결정하고, 제41조제3항에 따른 요양급여의 기준을 조정하여야 한다.

◆ 선별급여는 요양급여와 비급여의 중간 단계에 있다고 이해하면 된다.

지식형 O X

보건복지부장관은 선별급여에 대하여 주기적으로 요양급여의 적합성을 평가하여야 한다.

정답 O

해설 선별급여에 대한 적합성 평가, 요양급여 여부 결정, 요양급여 기준 조정 모두 보건복지부장관의 일이다.

관련 기사 & 자료

비만환자 '위내 풍선 삽입술' 선별급여 적용… 본인부담률 80%

메디컬투데이, 2024. 1. 15.

다음 달부터 비만 환자가 '위내 풍선 삽입술'을 받을 경우 건강보험 선별급여 적용을 받을 수 있게 됐다. 환자 본인 부담률은 80%다. (중략)

구체적으로 다음 달 1일부터 '위내 풍선 삽입술'과 '위내 풍선 삽입술-위내 풍선 제거 시'에 본인부담률 80%의 선별급여를 적용한다. 평가 주기는 5년이다.

위내 풍선 삽입술은 비만환자를 대상으로 의료용 풍선을 구강에서 위까지 삽입하고 식염수를 풍선내로 주입 후 확장해, 팽창된 풍선을 위내에 안착시켜 식욕 억제에 도움을 주는 비만대사 치료법이다.

이 시술은 중대한 합병증이나 이상반응이 보고되지 않았고, 생활습관 개선군 및 허위시술을 한 비교군 대비 단기간의 체질량지수, 초과체중감량률, 삶의 질이 유의하게 개선돼 안전하고 유효한 기술로 평가되며 지난 2021년 신의료기술로 최종 심의됐다.

→ 비만 환자를 대상으로 한 '위내 풍선 삽입술'이 선별급여로 지정되었다는 기사이다. 건강과 삶의 질 개선에 유효한 기술로 평가되어 선별급여로 결정되었고, 해당 선별급여에 대하여 5년을 주기로 평가를 한다는 내용이 나타나 있다.

제4장 보험급여

제41조의5(방문요양급여)

가입자 또는 피부양자가 질병이나 부상으로 거동이 불편한 경우 등 보건복지부령으로 정하는 사유에 해당하는 경우에는 가입자 또는 피부양자를 직접 방문하여 제41조에 따른 요양급여를 실시할 수 있다.

제42조(요양기관)

① 요양급여(간호와 이송은 제외한다)는 다음 각 호의 요양기관에서 실시한다. 이 경우 보건복지부장관은 공익이나 국가정책에 비추어 요양기관으로 적합하지 아니한 대통령령으로 정하는 의료기관 등은 요양기관에서 제외할 수 있다.

1. 「의료법」에 따라 개설된 의료기관
2. 「약사법」에 따라 등록된 약국
3. 「약사법」 제91조에 따라 설립된 한국희귀·필수의약품센터
4. 「지역보건법」에 따른 보건소·보건의료원 및 보건지소
5. 「농어촌 등 보건의료를 위한 특별조치법」에 따라 설치된 보건진료소

② 보건복지부장관은 효율적인 요양급여를 위하여 필요하면 보건복지부령으로 정하는 바에 따라 시설·장비·인력 및 진료과목 등 보건복지부령으로 정하는 기준에 해당하는 요양기관을 전문요양기관으로 인정할 수 있다. 이 경우 해당 전문요양기관에 인정서를 발급하여야 한다.

③ 보건복지부장관은 제2항에 따라 인정받은 요양기관이 다음 각 호의 어느 하나에 해당하는 경우에는 그 인정을 취소한다.

1. 제2항 전단에 따른 인정기준에 미달하게 된 경우
2. 제2항 후단에 따라 발급받은 인정서를 반납한 경우

④ 제2항에 따라 전문요양기관으로 인정된 요양기관 또는 「의료법」 제3조의4에 따른 상급종합병원에 대하여는 제41조 제3항에 따른 요양급여의 절차 및 제45조에 따른 요양급여비용을 다른 요양기관과 달리할 수 있다.

⑤ 제1항·제2항 및 제4항에 따른 요양기관은 정당한 이유 없이 요양급여를 거부하지 못한다.

---

mini 문제

「국민건강보험법」상 요양기관이 아닌 곳은?
① 치과병원
② 안마원
③ 보건의료원
④ 한국희귀·필수의약품센터

정답 ②

해설 안마원은 제1항 제1호~제5호 중 어디에도 해당하지 않는다.

지식형 OX

보건복지부장관은 시설, 장비, 인력 및 진료과목 등이 요건에 맞는 요양기관을 전문요양기관으로 인정할 수 있는데, 해당 기관이 인정서를 반납하는 경우에는 인정을 취소한다. **정답** O

해설 전문요양기관의 인정을 취소하는 것은 인정기준에 미달하는 경우와 인정서를 반납하는 경우 두 가지가 있다.

◆ 상급종합병원은 「의료법」 용어로, 중증질환 등 난이도가 높은 의료행위를 전문적으로 하는 병원이다.

제42조의2(요양기관의 선별급여 실시에 대한 관리)

① 제42조 제1항에도 불구하고, 선별급여 중 자료의 축적 또는 의료이용의 관리가 필요한 경우에는 보건복지부장관이 해당 선별급여의 실시 조건을 사전에 정하여 이를 충족하는 요양기관만이 해당 선별급여를 실시할 수 있다.

② 제1항에 따라 선별급여를 실시하는 요양기관은 제41조의4 제2항에 따른 해당 선별급여의 평가를 위하여 필요한 자료를 제출하여야 한다.

③ 보건복지부장관은 요양기관이 제1항에 따른 선별급여의 실시 조건을 충족하지 못하거나 제2항에 따른 자료를 제출하지 아니할 경우에는 해당 선별급여의 실시를 제한할 수 있다.

④ 제1항에 따른 선별급여의 실시 조건, 제2항에 따른 자료의 제출, 제3항에 따른 선별급여의 실시 제한 등에 필요한 사항은 보건복지부령으로 정한다.

제43조(요양기관 현황에 대한 신고)

① 요양기관은 제47조에 따라 요양급여비용을 최초로 청구하는 때에 요양기관의 시설·장비 및 인력 등에 대한 현황을 제62조에 따른 건강보험심사평가원(이하 "심사평가원"이라 한다)에 신고하여야 한다.

② 요양기관은 제1항에 따라 신고한 내용(제45조에 따른 요양급여비용의 증감에 관련된 사항만 해당한다)이 변경된 경우에는 그 변경된 날부터 15일 이내에 보건복지부령으로 정하는 바에 따라 심사평가원에 신고하여야 한다.

③ 제1항 및 제2항에 따른 신고의 범위, 대상, 방법 및 절차 등에 필요한 사항은 보건복지부령으로 정한다.

지식형 O X

보건복지부장관은 요양기관이 선별급여의 실시 조건을 충족하지 못하는 경우 해당 선별급여의 실시를 제한하여야 한다. 정답 X

해설 실시를 반드시 '제한하여야 하는' 것이 아니라 '제한할 수 있는' 것이다.

◆ 요양급여비용 심사청구는 심사평가원에, 지급청구는 공단에 한다(제47조 참고). 이때 최초 청구라면 심사평가원에 요양기관 현황을 신고해야 한다는 것이다.

◆ 기한 규정을 다시 한번 정리해 보자.
- 14일 이내: 사업장 신고, 자격 취득·변동·상실 신고 → 공단에 신고
- 15일 이내: 요양기관 현황 변경 신고 → 심사평가원에 신고
- 30일 이내: 심사평가원의 확인에 대한 이의신청 → 심사평가원에 이의신청(제87조 제4항)
- 90일 이내: 그 외 이의신청 → 처분기관에 이의신청(제87조 제3항)

제4장 보험급여

제44조(비용의 일부부담)

① 요양급여를 받는 자는 대통령령으로 정하는 바에 따라 비용의 일부(이하 "본인일부부담금"이라 한다)를 본인이 부담한다. 이 경우 선별급여에 대해서는 다른 요양급여에 비하여 본인일부부담금을 상향 조정할 수 있다.◆

② 본인이 연간 부담하는 다음 각 호의 금액의 합계액이 대통령령으로 정하는 금액(이하 이 조에서 "본인부담상한액"이라 한다)을 초과한 경우에는 공단이 그 초과 금액을 부담하여야 한다. 이 경우 공단은 당사자에게 그 초과 금액을 통보하고, 이를 지급하여야 한다.

1. 본인일부부담금의 총액
2. 제49조 제1항에 따른 요양이나 출산의 비용으로 부담한 금액(요양이나 출산의 비용으로 부담한 금액이 보건복지부장관이 정하여 고시한 금액보다 큰 경우에는 그 고시한 금액으로 한다)에서 같은 항에 따라 요양비로 지급받은 금액을 제외한 금액

③ 제2항에 따른 본인부담상한액은 가입자의 소득수준 등에 따라 정한다.

④ 제2항 각 호에 따른 금액 및 합계액의 산정 방법, 본인부담상한액을 넘는 금액의 지급 방법 및 제3항에 따른 가입자의 소득수준 등에 따른 본인부담상한액 설정 등에 필요한 사항은 대통령령으로 정한다.

◆ 선별급여는 예비적인 요양급여 성격을 지니므로 다른 요양급여와 다르게 본인일부부담금을 조정할 수 있다는 뜻이다. 단, 상향 조정만 가능하다.

지식형 OX

본인부담상한액은 모든 가입자가 동일하다. 　정답 X

해설 가입자의 소득수준 등에 따라 다르다.

TIP 본인부담상한제

본인부담상한제는 과도한 의료비로 인한 가계 부담을 덜어 주기 위하여 가입자가 부담한 1년간 본인일부부담금(비급여, 선별급여 등을 제외하고 환자 본인이 부담하는 의료비)이 개인별 본인부담상한액을 초과하는 경우 초과금액은 건강보험공단에서 부담하는 제도로, 2004년부터 시행되었다. 2024년의 연간 본인부담상한액은 다음과 같다.

(단위: 만 원)

구분	1분위	2~3분위	4~5분위	6~7분위	8분위	9분위	10분위
요양병원 120일 초과 입원	138	174	235	388	557	669	1,050
그 밖의 경우	87	108	167	313	428	514	808

출처: 국민건강보험공단 홈페이지

제45조(요양급여비용의 산정 등)

① 요양급여비용은 공단의 이사장과 대통령령으로 정하는 의약계를 대표하는 사람들의 계약으로 정한다. 이 경우 계약기간은 1년으로 한다.

② 제1항에 따라 계약이 체결되면 그 계약은 공단과 각 요양기관 사이에 체결된 것으로 본다.

③ 제1항에 따른 계약은 그 직전 계약기간 만료일이 속하는 연도의 5월 31일까지 체결하여야 하며, 그 기한까지 계약이 체결되지 아니하는 경우 보건복지부장관이 그 직전 계약기간 만료일이 속하는 연도의 6월 30일까지 심의위원회의 의결을 거쳐 요양급여비용을 정한다. 이 경우 보건복지부장관이 정하는 요양급여비용은 제1항 및 제2항에 따라 계약으로 정한 요양급여비용으로 본다.

④ 제1항 또는 제3항에 따라 요양급여비용이 정해지면 보건복지부장관은 그 요양급여비용의 명세를 지체 없이 고시하여야 한다.

⑤ 공단의 이사장은 제33조에 따른 재정운영위원회의 심의·의결을 거쳐 제1항에 따른 계약을 체결하여야 한다.

◆ 요양급여비용은 요양기관이 건강보험의 가입자 또는 피부양자에게 제공한 의료 서비스에 대한 대가로 지불되는 비용으로, 이는 「국민건강보험법」 제41조 제1항에 따라 질병, 부상, 출산 등에 대하여 실시한 진찰·검사, 약제·치료재료의 지급, 처치·수술 및 그 밖의 치료, 예방·재활, 입원, 간호 및 이송에 대한 비용을 말한다.

제4장 보험급여

⑥ 심사평가원은 공단의 이사장이 제1항에 따른 계약을 체결하기 위하여 필요한 자료를 요청하면 그 요청에 성실히 따라야 한다.

⑦ 제1항에 따른 계약의 내용과 그 밖에 필요한 사항은 대통령령으로 정한다.

◆ 심사평가원은 계약 체결에 필요한 자료를 제공해 줄 뿐, 계약 체결의 주체는 공단 이사장과 의약계 대표자이다.

관련 기사 & 자료

2025년도 요양급여비용 계약, 평균 1.96% 인상, 5개 단체와 체결

국민건강보험공단 보도자료, 2024. 6. 1.

☐ 국민건강보험공단은 대한병원협회 등 7개 단체와 2025년도 요양급여비용 계약을 위한 협상을 완료하고, 6월 1일 재정운영위원회에서 이를 심의·의결했다고 밝혔다.

- 협상 결과 2025년도 평균 인상률은 1.96%로 추가 소요재정은 1조 2,708억 원이며, 협상이 타결된 유형 및 인상률은 치과 3.2%, 한의 3.6%, 약국 2.8%, 조산원 10.0%, 보건기관 2.7%이며, 병원과 의원 유형은 환산지수 차등화에 이견을 좁히지 못하여 최종 결렬되었다. (중략)

☐ 공단의 협상단장인 김남훈 급여상임이사는 가입자·공급자 간 입장 차이를 줄이기 위해 여러 차례 협의과정을 거쳤으나, 병원과 의원 유형과 결렬된 것에 대해 아쉬움을 전하며, (중략)

- 공단은 건강보험 재정관리자로서, 지속가능한 건강보험 운영을 위한 상호 신뢰와 존중의 자세로 필수의료 체계 구축과 의료 인프라 유지, 가입자의 부담 능력 등을 종합적으로 고려하여 합리적인 균형점을 찾고자 노력하였다고 말했다. (중략)

☐ 이번 협상에서 결렬된 병원과 의원 유형의 환산지수는 「국민건강보험법」에 따라 6월 30일까지 건강보험정책심의위원회에서 의결하고, 그 결과에 따라 연말까지 2025년도 '건강보험요양급여비용의 내역'을 보건복지부장관이 고시할 예정이다.

→ 요양급여비용 계약과 관련하여, 공단과 관련 단체의 협상, 재정운영위원회의 심의·의결, 결렬된 사항에 대한 6월 30일까지의 심의위원회 의결, 보건복지부장관의 고시 등을 확인할 수 있는 보도자료이다.

제46조(약제·치료재료에 대한 요양급여비용의 산정)

제41조 제1항 제2호의 약제·치료재료(이하 "약제·치료재료"라 한다)에 대한 요양급여비용은 제45조에도 불구하고 요양기관의 약제·치료재료 구입금액 등을 고려하여 대통령령으로 정하는 바에 따라 달리 산정할 수 있다.

제47조(요양급여비용의 청구와 지급 등)

① 요양기관은 공단에 요양급여비용의 지급을 청구할 수 있다. 이 경우 제2항에 따른 요양급여비용에 대한 심사청구는 공단에 대한 요양급여비용의 청구로 본다.

② 제1항에 따라 요양급여비용을 청구하려는 요양기관은 심사평가원에 요양급여비용의 심사청구를 하여야 하며, 심사청구를 받은 심사평가원은 이를 심사한 후 지체 없이 그 내용을 공단과 요양기관에 알려야 한다.

③ 제2항에 따라 심사 내용을 통보받은 공단은 지체 없이 그 내용에 따라 요양급여비용을 요양기관에 지급한다. 이 경우 이미 낸 본인일부부담금이 제2항에 따라 통보된 금액보다 더 많으면 요양기관에 지급할 금액에서 더 많이 낸 금액을 공제하여 해당 가입자에게 지급하여야 한다.

④ 공단은 제3항 전단에 따라 요양급여비용을 요양기관에 지급하는 경우 해당 요양기관이 제77조 제1항 제1호에 따라 공단에 납부하여야 하는 보험료 또는 그 밖에 이 법에 따른 징수금을 체납한 때에는 요양급여비용에서 이를 공제하고 지급할 수 있다.

⑤ 공단은 제3항 후단에 따라 가입자에게 지급하여야 하는 금액을 그 가입자가 내야 하는 보험료와 그 밖에 이 법에 따른 징수금(이하 "보험료등"이라 한다)과 상계(相計)할 수 있다.

⑥ 공단은 심사평가원이 제47조의4에 따라 요양급여의 적정성을 평가하여 공단에 통보하면 그 평가 결과에 따라 요양급여비용을 가산하거나 감액 조정하여 지급한다. 이 경우 평가 결과에 따라 요양급여비용을 가산하거나 감액하여 지급하는 기준은 보건복지부령으로 정한다.

지식형 O X

요양급여비용의 지급을 청구하기 위해서는 심사평가원에 심사청구를 한 이후 공단에 지급청구를 별도로 해야 한다. 정답 X

해설 심사평가원에 대한 요양급여비용의 심사청구는 공단에 대한 지급 청구로 해석한다. 따라서 별도로 공단에 청구할 필요는 없다.

◆ 상계는 채무와 채권 간 대등액을 소멸시키는 행위이다.

지식형 O X

공단은 심사평가원의 요양급여 적정성 평가 결과에 따라 요양급여비용을 가산하거나 감액 조정하여 지급한다. 정답 O

해설 공단은 보건복지부령에 의하여, 요양급여비용을 가산하거나 감액하여 지급한다.

제4장 보험급여

⑦ 요양기관은 제2항에 따른 심사청구를 다음 각 호의 단체가 대행하게 할 수 있다.

1. 「의료법」 제28조 제1항에 따른 의사회·치과의사회·한의사회·조산사회 또는 같은 조 제6항에 따라 신고한 각각의 지부 및 분회
2. 「의료법」 제52조에 따른 의료기관 단체
3. 「약사법」 제11조에 따른 약사회 또는 같은 법 제14조에 따라 신고한 지부 및 분회

⑧ 제1항부터 제7항까지의 규정에 따른 요양급여비용의 청구·심사·지급 등의 방법과 절차에 필요한 사항은 보건복지부령으로 정한다.

제47조의2(요양급여비용의 지급 보류)

① 제47조 제3항에도 불구하고 공단은 요양급여비용의 지급을 청구한 요양기관이 「의료법」 제4조 제2항, 제33조 제2항·제8항 또는 「약사법」 제20조 제1항, 제21조 제1항을 위반하였거나, 「의료법」 제33조 제10항 또는 「약사법」 제6조 제3항·제4항을 위반하여 개설·운영되었다는 사실을 수사기관의 수사 결과로 확인한 경우에는 해당 요양기관이 청구한 요양급여비용의 지급을 보류할 수 있다. 이 경우 요양급여비용 지급 보류 처분의 효력은 해당 요양기관이 그 처분 이후 청구하는 요양급여비용에 대해서도 미친다.

② 공단은 제1항에 따라 요양급여비용의 지급을 보류하기 전에 해당 요양기관에 의견 제출의 기회를 주어야 한다.

③ 공단은 요양기관이 「의료법」 제4조 제2항, 제33조 제2항·제8항 또는 「약사법」 제20조 제1항, 제21조 제1항을 위반한 혐의나 「의료법」 제33조 제10항 또는 「약사법」 제6조 제3항·제4항을 위반하여 개설·운영된 혐의에 대하여 법원에서 무죄 판결이 선고된 경우 그 선고 이후 실시한 요양급여에 한정하여 해당 요양기관이 청구하는 요양급여비용을 지급할 수 있다.

④ 법원의 무죄 판결이 확정되는 등 대통령령으로 정하는 사유로 제1항에 따른 요양기관이 「의료법」 제4조 제2항, 제33조 제2항·제8항 또는 「약사법」 제20조 제1항, 제21조 제1항을 위반한 혐의나 「의료법」 제33조 제10항 또는 「약사법」 제6조 제3항·제4항을 위반하여

◆ 「의료법」 제4조 제2항, 제33조 제2항·제8항, 「약사법」 제20조 제1항, 제21조 제1항의 위반은 간단하게 말하면, 의료기관을 개설할 수 없는 자가 의료기관을 개설하고, 약국을 개설할 수 없는 자가 약국을 개설한 것이다.

참고로, 제47조의2 제1항 전문 중 '「의료법」 제33조 제2항'에 관한 부분은 헌법불합치 결정이 내려져, 2024년 12월 31일을 시한으로 개정될 때까지만 적용된다.

사례형 O X

공단은 요양급여비용의 지급을 청구한 요양기관 A가 「의료법」 제4조 제2항을 위반하였다는 사실을 수사기관의 수사 결과로 확인한 경우에는 A가 청구한 요양급여비용의 지급을 취소할 수 있다.

정답 X

해설 요양급여비용 지급을 취소가 아니라 보류할 수 있다.

개설·운영된 혐의가 입증되지 아니한 경우에는 공단은 지급보류 처분을 취소하고, 지급 보류된 요양급여비용에 지급 보류된 기간 동안의 이자를 가산하여 해당 요양기관에 지급하여야 한다. 이 경우 이자는 「민법」 제379조에 따른 법정이율을 적용하여 계산한다.
⑤ 제1항 및 제2항에 따른 지급 보류 절차 및 의견 제출의 절차 등에 필요한 사항, 제3항에 따른 지급 보류된 요양급여비용 및 이자의 지급 절차 등에 필요한 사항은 대통령령으로 정한다.

제47조의3(요양급여비용의 차등 지급)

지역별 의료자원의 불균형 및 의료서비스 격차의 해소 등을 위하여 지역별로 요양급여비용을 달리 정하여 지급할 수 있다.

제47조의4(요양급여의 적정성 평가)

① 심사평가원은 요양급여에 대한 의료의 질을 향상시키기 위하여 요양급여의 적정성 평가(이하 이 조에서 "평가"라 한다)를 실시할 수 있다.
② 심사평가원은 요양기관의 인력·시설·장비, 환자안전 등 요양급여와 관련된 사항을 포함하여 평가할 수 있다.
③ 심사평가원은 평가 결과를 평가대상 요양기관에 통보하여야 하며, 평가 결과에 따라 요양급여비용을 가산 또는 감산할 경우에는 그 결정사항이 포함된 평가 결과를 가감대상 요양기관 및 공단에 통보하여야 한다.
④ 제1항부터 제3항까지에 따른 평가의 기준·범위·절차·방법 등에 필요한 사항은 보건복지부령으로 정한다.

◆ 요양급여의 적정성 평가 결과는 평가대상 요양기관에만 통보하면 되지만, 평가 결과에 따라 요양급여비용을 가산 또는 감산하는 경우에는 해당 사항을 공단에도 통보하여야 한다.

제48조(요양급여 대상 여부의 확인 등)

① 가입자나 피부양자는 본인일부부담금 외에 자신이 부담한 비용이 제41조 제4항에 따라 요양급여 대상에서 제외되는 비용인지 여부에 대하여 심사평가원에 확인을 요청할 수 있다.
② 제1항에 따른 확인 요청을 받은 심사평가원은 그 결과를 요청한 사람에게 알려야 한다. 이 경우 확인을 요청한 비용이 요양급여 대상에 해당되는 비용으로 확인되면 그 내용을 공단 및 관련 요양기관에 알려야 한다.

◆ 본인일부부담금 외에 부담 비용에 대해 요양급여 대상인지 아닌지를 알고 싶다면, 공단이 아닌 심사평가원에 확인을 요청할 수 있다.

제4장 보험급여

③ 제2항 후단에 따라 통보받은 요양기관은 받아야 할 금액보다 더 많이 징수한 금액(이하 "과다본인부담금"이라 한다)을 지체 없이 확인을 요청한 사람에게 지급하여야 한다. 다만, 공단은 해당 요양기관이 과다본인부담금을 지급하지 아니하면 해당 요양기관에 지급할 요양급여비용에서 과다본인부담금을 공제하여 확인을 요청한 사람에게 지급할 수 있다.

④ 제1항부터 제3항까지에 따른 확인 요청의 범위, 방법, 절차, 처리기간 등 필요한 사항은 보건복지부령으로 정한다.

◆ 부담금 관련 용어를 정리해 보자.
• 본인일부부담금: 요양급여를 받는 자가 일부를 부담하는 금액
• 과다본인부담금: 본인이 부담해야 할 금액보다 더 많이 부담(징수)한 금액

제49조(요양비)

① 공단은 가입자나 피부양자가 보건복지부령으로 정하는 긴급하거나 그 밖의 부득이한 사유로 요양기관과 비슷한 기능을 하는 기관으로서 보건복지부령으로 정하는 기관(제98조 제1항에 따라 업무정지기간 중인 요양기관을 포함한다. 이하 "준요양기관"이라 한다)에서 질병·부상·출산 등에 대하여 요양을 받거나 요양기관이 아닌 장소에서 출산한 경우에는 그 요양급여에 상당하는 금액을 보건복지부령으로 정하는 바에 따라 가입자나 피부양자에게 요양비로 지급한다.

② 준요양기관은 보건복지부장관이 정하는 요양비 명세서나 요양 명세를 적은 영수증을 요양을 받은 사람에게 내주어야 하며, 요양을 받은 사람은 그 명세서나 영수증을 공단에 제출하여야 한다.

③ 제1항 및 제2항에도 불구하고 준요양기관은 요양을 받은 가입자나 피부양자의 위임이 있는 경우 공단에 요양비의 지급을 직접 청구할 수 있다. 이 경우 공단은 지급이 청구된 내용의 적정성을 심사하여 준요양기관에 요양비를 지급할 수 있다.

④ 제3항에 따른 준요양기관의 요양비 지급 청구, 공단의 적정성 심사 등에 필요한 사항은 보건복지부령으로 정한다.

◆ 건강보험의 본 취지라는 관점에서 이해하면 되는 내용이다. 예를 들어 건강보험 가입자 또는 피부양자인 임산부가 요양기관(병·의원, 조산원 등)이 아닌 자택에서 출산하거나 요양기관으로 이송 중 출산한 경우에는 그 요양급여에 상당하는 금액을 요양비로 지급받을 수 있다.

사례형 OX

준요양기관 A에서 요양을 받은 가입자 갑이 A에 요양급여비용의 지급 청구를 위임한 경우 A는 공단에 요양급여비용의 지급을 직접 청구할 수 있다. **정답** X

해설 가입자 또는 피부양자가 준요양기관에 지급 청구를 위임할 수 있는 것은 요양비이며, 이 경우 준요양기관이 공단에 직접 청구할 수 있는 것 역시 요양비이다.

제50조(부가급여)

공단은 이 법에서 정한 요양급여 외에 대통령령으로 정하는 바에 따라 임신·출산 진료비, 장제비, 상병수당, 그 밖의 급여를 실시할 수 있다.

TIP 상병수당 제도

1. 제도 개요
- 제도 정의: 근로자가 업무 외 질병·부상으로 인하여 경제활동이 불가한 경우, 치료에 집중할 수 있도록 소득을 보장하는 제도
- 법적 근거: 「국민건강보험법」 제50조에 부가급여로 상병수당 명시
- 추진 배경
  - 코로나19 확산을 계기로 근로자의 '아프면 쉴 권리' 보장 및 감염병 확산 방지 차원에서 상병수당에 대한 사회적 요구 증대
  - '코로나19 위기 극복을 위한 노-사-정 사회적 협약' 체결(2020. 7. 28.)을 계기로 상병수당 도입에 대한 사회적 논의 시작
- 지원 내용: 질병 또는 부상으로 인해 일을 하지 못한 기간 동안 하루어 47,560원 지급

2. 시범 사업

구분	기간	지역
1단계	2022년 7월~2024년 12월	서울 종로구, 경기 부천시, 충남 천안시, 전남 순천시, 경북 포항시, 경남 창원시
2단계	2023년 7월~	경기 안양시, 경기 용인시, 대구 달서구, 전북 익산시
3단계	2024년 7월~	충북 충주시, 충남 홍성군, 전북 전주시, 강원 원주시

출처: 국민건강보험공단 홈페이지

제4장 보험급여

제51조(장애인에 대한 특례)

① 공단은 「장애인복지법」에 따라 등록한 장애인인 가입자 및 피부양자에게는 「장애인·노인 등을 위한 보조기기 지원 및 활용촉진에 관한 법률」 제3조 제2호에 따른 보조기기(이하 이 조에서 "보조기기"라 한다)에 대하여 보험급여를 할 수 있다.

② 장애인인 가입자 또는 피부양자에게 보조기기를 판매한 자는 가입자나 피부양자의 위임이 있는 경우 공단에 보험급여를 직접 청구할 수 있다. 이 경우 공단은 지급이 청구된 내용의 적정성을 심사하여 보조기기를 판매한 자에게 보조기기에 대한 보험급여를 지급할 수 있다.

③ 제1항에 따른 보조기기에 대한 보험급여의 범위·방법·절차, 제2항에 따른 보조기기 판매업자의 보험급여 청구, 공단의 적정성 심사 및 그 밖에 필요한 사항은 보건복지부령으로 정한다.

◆ 제51조는 글자 그대로 장애인에 대한 특수한 규정을 설명하고 있다. 특별히 기간이라든지 인원과 같은 숫자가 나오지 않지만, '보조기기', '보험급여' 등의 키워드와 위임이 있는 경우 판매자가 보험급여를 직접 청구할 수 있다는 내용을 기억해 두도록 한다.

제52조(건강검진)

① 공단은 가입자와 피부양자에 대하여 질병의 조기 발견과 그에 따른 요양급여를 하기 위하여 건강검진을 실시한다.

② 제1항에 따른 건강검진의 종류 및 대상은 다음 각 호와 같다.

1. 일반건강검진: 직장가입자, 세대주인 지역가입자, 20세 이상인 지역가입자 및 20세 이상인 피부양자
2. 암검진: 「암관리법」 제11조 제2항에 따른 암의 종류별 검진주기와 연령 기준 등에 해당하는 사람
3. 영유아건강검진: 6세 미만의 가입자 및 피부양자

③ 제1항에 따른 건강검진의 검진항목은 성별, 연령 등의 특성 및 생애주기에 맞게 설계되어야 한다.

④ 제1항에 따른 건강검진의 횟수·절차와 그 밖에 필요한 사항은 대통령령으로 정한다.

◆ 일반건강검진 대상은 '19세' 이상이 아니라 '20세' 이상, 영유아건강검진 대상은 6세 '이하'가 아니라 '미만'이라는 점에 유의해야 한다.

> **mini 문제**
> 「국민건강보험법」상 건강검진의 종류에 해당하지 않는 것은?
> ① 일반건강검진
> ② 암검진
> ③ 노인건강검진
> ④ 영유아건강검진
>
> **정답** ③
> **해설** '노인건강검진, 치매건강검진' 등은 해당하지 않는다.

TIP 일반건강검진 대상자별 검진 주기

일반건강검진은 2년마다 1회씩 실시하는데, 예외적으로 비사무직 직장가입자만 1년에 1회씩 실시한다고 이해하면 된다.

대상	주기
직장가입자	• 사무직: 2년에 1회 • 비사무직: 1년에 1회
세대주인 지역가입자	2년에 1회
20세 이상인 지역가입자	2년에 1회
20세 이상인 피부양자	2년에 1회

참고로, 직장가입자에게 실시하는 일반건강검진의 경우에는 해당 사용자에게, 직장가입자의 피부양자 및 지역가입자에게 실시하는 일반건강검진의 경우에는 검진을 받는 사람에게 통보한다.

제53조(급여의 제한)

① 공단은 보험급여를 받을 수 있는 사람이 다음 각 호의 어느 하나에 해당하면 보험급여를 하지 아니한다.

1. 고의 또는 중대한 과실로 인한 범죄행위에 그 원인이 있거나 고의로 사고를 일으킨 경우◆
2. 고의 또는 중대한 과실로 공단이나 요양기관의 요양에 관한 지시에 따르지 아니한 경우
3. 고의 또는 중대한 과실로 제55조에 따른 문서와 그 밖의 물건의 제출을 거부하거나 질문 또는 진단을 기피한 경우
4. 업무 또는 공무로 생긴 질병·부상·재해로 다른 법령에 따른 보험급여나 보상(報償) 또는 보상(補償)을 받게 되는 경우◆

② 공단은 보험급여를 받을 수 있는 사람이 다른 법령에 따라 국가나 지방자치단체로부터 보험급여에 상당하는 급여를 받거나 보험급여에 상당하는 비용을 지급받게 되는 경우에는 그 한도에서 보험급여를 하지 아니한다.

◆ 고의 또는 중대한 과실이라는 문구를 주의해야 한다. '경미한 과실'이나 '실수로'라는 문구가 나오면 이와 구별하여야 한다.

◆ '보상'은 다음과 같이 구분된다.
- 보상(報償): 보험에 가입했을 때 그에 따라 받는 것
- 보상(補償): 국가 또는 공공단체가 적법한 행위에 의하여 국민이나 주민에게 가한 재산상 손실을 보전하기 위하여 제공하는 것

제4장 보험급여

③ 공단은 가입자가 대통령령으로 정하는 기간 이상 다음 각 호의 보험료를 체납한 경우 그 체납한 보험료를 완납할 때까지 그 가입자 및 피부양자에 대하여 보험급여를 실시하지 아니할 수 있다. 다만, 월별 보험료의 총체납횟수(이미 납부된 체납보험료는 총체납횟수에서 제외하며, 보험료의 체납기간은 고려하지 아니한다)가 대통령령으로 정하는 횟수 미만이거나 가입자 및 피부양자의 소득·재산 등이 대통령령으로 정하는 기준 미만인 경우에는 그러하지 아니하다.

1. 제69조 제4항 제2호에 따른 보수 외 소득월액보험료
2. 제69조 제5항에 따른 세대단위의 보험료

④ 공단은 제77조 제1항 제1호에 따라 납부의무를 부담하는 사용자가 제69조 제4항 제1호에 따른 보수월액보험료를 체납한 경우에는 그 체납에 대하여 직장가입자 본인에게 귀책사유가 있는 경우에 한하여 제3항의 규정을 적용한다. 이 경우 해당 직장가입자의 피부양자에게도 제3항의 규정을 적용한다.

⑤ 제3항 및 제4항에도 불구하고 제82조에 따라 공단으로부터 분할납부 승인을 받고 그 승인된 보험료를 1회 이상 낸 경우에는 보험급여를 할 수 있다. 다만, 제82조에 따른 분할납부 승인을 받은 사람이 정당한 사유 없이 5회(같은 조 제1항에 따라 승인받은 분할납부 횟수가 5회 미만인 경우에는 해당 분할납부 횟수를 말한다. 이하 이 조에서 같다) 이상 그 승인된 보험료를 내지 아니한 경우에는 그러하지 아니하다.

⑥ 제3항 및 제4항에 따라 보험급여를 하지 아니하는 기간(이하 이 항에서 "급여제한기간"이라 한다)에 받은 보험급여는 다음 각 호의 어느 하나에 해당하는 경우에만 보험급여로 인정한다.

1. 공단이 급여제한기간에 보험급여를 받은 사실이 있음을 가입자에게 통지한 날부터 2개월이 지난 날이 속한 달의 납부기한 이내에 체납된 보험료를 완납한 경우
2. 공단이 급여제한기간에 보험급여를 받은 사실이 있음을 가입자에게 통지한 날부터 2개월이 지난 날이 속한 달의 납부기한 이내에 제82조에 따라 분할납부 승인을 받은 체납보험료를 1회 이상 낸

◆ 제53조 제1항에서는 각 호의 어느 하나에 해당하면 보험급여를 하지 '아니한다'고 규정하는 한편, 제3항에서는 보험급여를 실시하지 '아니할 수 있다'고 규정한다.

사례형 O X

가입자 갑이 보수 외 소득월액보험료를 대통령령으로 정하는 시간 이상 체납한 경우 공단은 무조건 보험급여를 실시하지 않는다.

정답 X

해설 '실시하지 아니할 수 있다'고 규정하고 있으므로 재량에 따르는 사항이며, 단서에서 예외 사항도 언급하고 있다.

◆ 체납된 보험료를 나눠서 내도 된다는 승인을 받았다면, 체납보험료를 완납하지 않고 1회만 내도 다시 보험급여를 받을 수도 있다는 의미이다. 하지만 분할납부 승인을 받은 보험료마저 5회 이상 밀리면 다시 보험급여가 제한된다.

◆ 급여제한기간에는 보험급여를 하지 않는데, 이때 보험급여를 받았다면 다시 회수해야 하는 게 맞다. 하지만 2개월까지는 체납보험료를 완납했다면 보험급여로 인정해 준다는 뜻이다. 분할납부 승인을 받은 체납보험료를 1회 이상 낸 경우도 마찬가지이다.

경우. 다만, 제82조에 따른 분할납부 승인을 받은 사람이 정당한 사유 없이 5회 이상 그 승인된 보험료를 내지 아니한 경우에는 그러하지 아니하다.

> **관련 기사 & 자료**
>
> "보험료 체납자 건강보험 급여제한, 합헌"…
> 재판관 전원일치 판결
>
> 청년의사, 2020. 4. 28.
>
> 일정 기간 보험료를 내지 않은 경우 체납보험료를 납부할 때까지 건강보험급여를 제한하는 규정이 헌법에 위배되지 않는다는 헌법재판소의 첫 판결이 나왔다. (중략)
>
> 헌재는 심판대상조항이 A 씨의 인간다운 생활을 할 권리나 재산권을 침해하지 않는다고 판단했다. (중략) 이어 "보험료 체납에 따른 보험급여 제한은 가입자의 의무불이행에 대한 제재로서의 성격을 가진다"면서 "만약 이 같은 제재수단이 없다면, 가입자가 충분한 자력이 있음에도 보험료를 고의로 납부하지 않은 채 보험급여만을 받고자 하는 도덕적 해이가 만연해 건강보험제도 자체의 존립이 위태로워질 수 있다"고 우려했다.
>
> 또 "소득월액보험료의 도입취지를 고려했을 때 소득월액보험료를 체납한 가입자에 대해 보수월액보험료를 납부했다는 이유로 보험급여를 제한하지 않을 경우, 형평에 부합하지 않는 결과가 초래될 수 있다"고 지적했다. 즉, 소득월액보험료 체납자에 대한 보험급여를 제한하는 건 그 취지를 충분히 납득할 수 있다는 게 헌재의 판단이다.
>
> 아울러 헌재는 "심판대상조항은 체납 기간이 1개월 미만이거나, 월별 보험료의 총 체납횟수가 6회 미만인 경우에는 보험급여를 제한할 수 없도록 하고 있다"면서 "나아가 분할납부 승인을 받고 그 승인된 보험료를 1회 이상 납부한 경우에도 공단이 보험급여를 지급할 수 있다"고 설명했다.
>
> 특히 "심판대상조항에 따라 보험급여를 하지 않은 기간에 받은 보험급여의 경우에도, 일정한 기한 이내에 체납된 보험료를 완납한 경우 보험급여로 인정하는 등, 「국민건강보험법」은 심판대상조항으로 인해 가입자가 과도한 불이익을 입지 않도록 배려하고 있다"면서 "이러한 내용을 종합했을 때 심판대상조항은 A 씨의 인간다운 생활을 할 권리나 재산권을 침해하지 않는다"고 판시했다.
>
> → 체납자에 대한 급여제한과 분할납부에 대한 사항을 모두 확인할 수 있는 기사이다. 헌재는 2019년 소득월액보험료(현 '보수 외 소득월액보험료') 부과에 대해서도 헌법에 위배되지 않는다는 판결을 내린 바 있다.

◆ 심판대상조항은 구 「국민건강보험법」(법률 제11141호로 전부개정되고, 법률 제15874호로 개정되기 전의 법률) 제53조 제3항 제1호로, 소득월액보험료(현 '보수 외 소득월액보험료')를 일정 기간 이상 체납 시 보험급여를 제한한다는 규정이다. 현행 법률에서도 제53조에서는 급여의 제한을 규정하고 있다.

제4장 보험급여

제54조(급여의 정지)

보험급여를 받을 수 있는 사람이 다음 각 호의 어느 하나에 해당하면 그 기간에는 보험급여를 하지 아니한다. 다만, 제3호 및 제4호의 경우에는 제60조에 따른 요양급여를 실시한다.

1. 삭제
2. 국외에 체류하는 경우
3. 제6조 제2항 제2호에 해당하게 된 경우
4. 교도소, 그 밖에 이에 준하는 시설에 수용되어 있는 경우

> **mini 문제**
> 「국민건강보험법」에 따른 보험급여를 받을 수 없는 사람은?
> ① 국외 체류 후 입국한 사람
> ② 전역자
> ③ 교도소 수용자
> ④ 요양기관 입원환자
>
> **정답** ③
> **해설** 교도소나 이에 준하는 시설에 수용되어 있는 사람에게는 수용 기간 동안 보험급여를 하지 않는다. 다만, 제60조에 따른 요양급여를 실시한다.

제55조(급여의 확인)

공단은 보험급여를 할 때 필요하다고 인정되면 보험급여를 받는 사람에게 문서와 그 밖의 물건을 제출하도록 요구하거나 관계인을 시켜 질문 또는 진단하게 할 수 있다.

제56조(요양비 등의 지급)

공단은 이 법에 따라 지급의무가 있는 요양비 또는 부가급여의 청구를 받으면 지체 없이 이를 지급하여야 한다.

제56조의2(요양비등수급계좌)

① 공단은 이 법에 따른 보험급여로 지급되는 현금(이하 "요양비등"이라 한다)을 받는 수급자의 신청이 있는 경우에는 요양비등을 수급자 명의의 지정된 계좌(이하 "요양비등수급계좌"라 한다)로 입금하여야 한다. 다만, 정보통신장애나 그 밖에 대통령령으로 정하는 불가피한 사유로 요양비등수급계좌로 이체할 수 없을 때에는 직접 현금으로 지급하는 등 대통령령으로 정하는 바에 따라 요양비등을 지급할 수 있다.

② 요양비등수급계좌가 개설된 금융기관은 요양비등수급계좌에 요양비등만이 입금되도록 하고, 이를 관리하여야 한다.

③ 제1항 및 제2항에 따른 요양비등수급계좌의 신청 방법·절차와 관리에 필요한 사항은 대통령령으로 정한다.

◆ 요양비등수급계좌로 이체할 수 없는 불가피한 사유는 정보통신장애를 비롯하여 금융기관의 폐업이나 업무정지로 정상 영업이 불가능한 상황으로 이해하면 된다.

◆ 요양비등을 받는 계좌에는 요양비등만 입금되어야 하고, 금융기관은 이를 관리할 의무가 있다.

제57조(부당이득의 징수)

① 공단은 속임수나 그 밖의 부당한 방법으로 보험급여를 받은 사람·준요양기관 및 보조기기 판매업자나 보험급여 비용을 받은 요양기관에 대하여 그 보험급여나 보험급여 비용에 상당하는 금액을 징수한다.

② 공단은 제1항에 따라 속임수나 그 밖의 부당한 방법으로 보험급여 비용을 받은 요양기관이 다음 각 호의 어느 하나에 해당하는 경우에는 해당 요양기관을 개설한 자에게 그 요양기관과 연대하여 같은 항에 따른 징수금을 납부하게 할 수 있다.

1. 「의료법」 제33조 제2항을 위반하여 의료기관을 개설할 수 없는 자가 의료인의 면허나 의료법인 등의 명의를 대여받아 개설·운영하는 의료기관
2. 「약사법」 제20조 제1항을 위반하여 약국을 개설할 수 없는 자가 약사 등의 면허를 대여받아 개설·운영하는 약국
3. 「의료법」 제4조 제2항 또는 제33조 제8항·제10항을 위반하여 개설·운영하는 의료기관
4. 「약사법」 제21조 제1항을 위반하여 개설·운영하는 약국
5. 「약사법」 제6조 제3항·제4항을 위반하여 면허를 대여받아 개설·운영하는 약국

③ 사용자나 가입자의 거짓 보고나 거짓 증명(제12조 제6항을 위반하여 건강보험증이나 신분증명서를 양도·대여하여 다른 사람이 보험급여를 받게 하는 것을 포함한다), 요양기관의 거짓 진단이나 거짓 확인(제12조 제4항을 위반하여 건강보험증이나 신분증명서로 가입자 또는 피부양자의 본인 여부 및 그 자격을 확인하지 아니한 것을 포함한다) 또는 준요양기관이나 보조기기를 판매한 자의 속임수 및 그 밖의 부당한 방법으로 보험급여가 실시된 경우 공단은 이들에게 보험급여를 받은 사람과 연대하여 제1항에 따른 징수금을 내게 할 수 있다.

사례형 OX

갑은 의사 면허를 빌려 병원 A를 개설한 뒤 부당한 방법으로 보험급여 비용을 받았다. 이때 공단은 갑에게 A와 연대하여 부당이득 징수금을 납부하게 할 수 있다.

정답 O

해설 부당한 방법으로 보험급여 비용을 받은 요양기관이 의료기관을 개설할 수 없는 자가 의료인의 면허를 빌려 개설한 의료기관일 경우 요양기관 개설자에게 요양기관과 연대하여 부당이득 징수금을 납부하게 할 수 있다.

◆ 예를 들어, 갑이 을에게 건강보험증을 빌려주어 을이 보험급여를 받았다면, 을이 부당이득 징수금을 내야 하는데, 이때 건강보험증을 빌려준 갑이 을과 연대하여 징수금을 내게 할 수 있다는 것이다.

제4장 보험급여

④ 공단은 속임수나 그 밖의 부당한 방법으로 보험급여를 받은 사람과 같은 세대에 속한 가입자(속임수나 그 밖의 부당한 방법으로 보험급여를 받은 사람이 피부양자인 경우에는 그 직장가입자를 말한다)에게 속임수나 그 밖의 부당한 방법으로 보험급여를 받은 사람과 연대하여 제1항에 따른 징수금을 내게 할 수 있다.

⑤ 요양기관이 가입자나 피부양자로부터 속임수나 그 밖의 부당한 방법으로 요양급여비용을 받은 경우 공단은 해당 요양기관으로부터 이를 징수하여 가입자나 피부양자에게 지체 없이 지급하여야 한다. 이 경우 공단은 가입자나 피부양자에게 지급하여야 하는 금액을 그 가입자 및 피부양자가 내야 하는 보험료등과 상계할 수 있다.

◆ 「국민건강보험법」에서는 가입자나 피부양자에게 지급해야 하는 금액을 그 가입자나 피부양자가 내야 하는 보험료등과 상계하는 경우가 총 3회 등장한다.
- 제47조: 가입자가 이미 낸 본인일부부담금이 통보 금액보다 많아 그 차액을 가입자에게 지급하는 경우
- 제57조: 요양기관이 가입자나 피부양자로부터 부당한 방법으로 요양급여비용을 받아 해당 비용을 가입자나 피부양자에게 지급하는 경우
- 제101조: 제조업자등이 가입자나 피부양자에게 손실을 주어 손실에 해당 금액을 가입자나 피부양자에게 지급하는 경우

> **관련 기사 & 자료**
>
> **국민건강보험, '사무장 병원'**
> **불법개설 의심 의료기관 41개소 적발**
>
> 파이낸셜투데이, 2020. 1. 7.
>
> 비의료인이 의료인 등의 명의를 빌려 의료기관을 개설·운영하는 '사무장 병원'으로 의심되는 의료기관 41개소가 적발됐다.
>
> 17일 국민권익위원회, 보건복지부, 국민건강보험공단은 지난해 8월~11월까지 4개월간 불법개설 의료기관의 보험급여 부정수급 관련 정부 합동조사를 실시해 불법개설 의료기관으로 의심되는 41개소를 적발하고 경찰에 수사를 의뢰했다고 밝혔다. (중략)
>
> 건강보험공단은 경찰 수사 결과, 해당 의료기관이 불법개설 의료기관으로 확인될 경우 지급한 건강보험 요양급여비용 및 의료급여비용 총 3,287억 원을 부당이득으로 환수할 예정이라고 전했다. (후략)
>
> → 의료인이 아닌 자가 의료인의 명의를 대여하여 병원을 개설한, 이른바 사무장 병원에 대한 내용이다. 이러한 불법개설 의료기관의 경우, 요양급여비용 지급청구 역시 불법이므로 부당이득이 성립한다.

◆ 기사의 경우는 비의료인이 의료인의 명의를 빌려 의료기관을 개설한 경우로, 제57조 제2항 제1호에 해당한다. 따라서 의료기관에 부당이득 징수금을 납부하게 할 때, 해당 의료기관 개설자와 연대하여 납부하게 할 수 있다.

제57조의2(부당이득 징수금 체납자의 인적사항등 공개)

① 공단은 제57조 제2항 각 호의 어느 하나에 해당하여 같은 조 제1항 및 제2항에 따라 징수금을 납부할 의무가 있는 요양기관 또는 요양기관을 개설한 자가 제79조 제1항에 따라 납입 고지 문서에 기재된 납부기한의 다음 날부터 1년이 경과한 징수금을 1억 원 이상 체납한 경우 징수금 발생의 원인이 되는 위반행위, 체납자의 인적사항 및 체납액 등 대통령령으로 정하는 사항(이하 이 조에서 "인적사항등"이라 한다)을 공개할 수 있다. 다만, 체납된 징수금과 관련하여 제87조에 따른 이의신청, 제88조에 따른 심판청구가 제기되거나 행정소송이 계류 중인 경우 또는 그 밖에 체납된 금액의 일부 납부 등 대통령령으로 정하는 사유가 있는 경우에는 그러하지 아니하다.

② 제1항에 따른 인적사항등의 공개 여부를 심의하기 위하여 공단에 부당이득징수금체납정보공개심의위원회를 둔다.

③ 공단은 부당이득징수금체납정보공개심의위원회의 심의를 거친 인적사항등의 공개대상자에게 공개대상자임을 서면으로 통지하여 소명의 기회를 부여하여야 하며, 통지일부터 6개월이 경과한 후 체납자의 납부이행 등을 고려하여 공개대상자를 선정한다.

④ 제1항에 따른 인적사항등의 공개는 관보에 게재하거나 공단 인터넷 홈페이지에 게시하는 방법으로 한다.

⑤ 제1항부터 제4항까지에서 규정한 사항 외에 인적사항등의 공개 절차 및 부당이득징수금체납정보공개심의위원회의 구성·운영 등에 필요한 사항은 대통령령으로 정한다.

제58조(구상권)

① 공단은 제3자의 행위로 보험급여사유가 생겨 가입자 또는 피부양자에게 보험급여를 한 경우에는 그 급여에 들어간 비용 한도에서 그 제3자에게 손해배상을 청구할 권리를 얻는다.

② 제1항에 따라 보험급여를 받은 사람이 제3자로부터 이미 손해배상을 받은 경우에는 공단은 그 배상액 한도에서 보험급여를 하지 아니한다.

◆ 요양기관을 개설할 수 없는 자가 개설한 요양기관에 대해 부당이득 징수금 납입 고지 문서를 발송했음에도 1년 넘게 1억 원 이상 체납하면 그 위반행위, 인적사항, 체납액 등을 공개할 수 있다는 뜻이다.

◆ 인권침해의 가능성이 있어 인적사항등의 공개 요건은 엄격하다. 부당이득징수금체납정보공개심의위원회의 심의를 거쳐, 공개대상자에게 서면으로 통지하여 소명의 기회를 부여한 후, 통지일로부터 6개월이 경과하면 다시 공개대상자를 선정한다.

◆ 구상권은 타인을 위하여 재산상의 이익을 부여한 자가 그 타인에 대해서 가지는 상환청구권을 의미한다. 코로나19 사태에서 당국이나 지방자치단체가 동선을 숨긴 확진자에 대한 고발 조치 검토를 언급하면서 구상권이라는 용어가 자주 소개됐다.

제4장 보험급여

관련 기사 & 자료

'가습기 살균제 참사' 12년에도…
건보공단, 구상권 징수율 절반도 안 돼

투데이신문, 2023. 10. 19.

화학 재해인 가습기 살균제 사태가 발생된 지 12년이 지난 가운데, 국민건강보험공단이 가습기 살균제 제조·판매업체에 구상권을 청구했으나 징수율은 여전히 저조한 것으로 드러났다.

한국환경산업기술원에 의하면 지난달 30일 기준 가습기살균제 피해구제 신청자는 총 7,870명이며, 이들 중 피해지원 대상자는 5,212명에 달하는 상태임에도 건보공단이 가해기업 대응에 소극적이라는 지적이다. (중략)

현행 「국민건강보험법」상 건보공단은 제3자의 행위로 보험급여사유가 생겨 가입자 또는 피부양자에게 보험급여를 한 경우, 그 급여에 들어간 비용 한도에서 그 제3자에게 손해배상을 청구할 권리를 지닌다.

하지만 현재까지 징수실적은 49억 2,000만 원으로 징수율이 45.3%로 집계됐다. 징수금액을 일부라도 납부한 업체는 18개 중 4곳에 그쳤다. (후략)

→ 제58조 구상권 청구의 실제 사례이다. 가습기 살균제 제조·판매업체의 행위로 보험급여사유가 생겼으므로, 가습기 살균제 피해자에게 한 보험급여에 대해 공단이 가습기 살균제 제조·판매업체에 구상권을 청구했지만, 징수율이 절반에도 미치지 못한다는 내용이다.

사례형 OX

한 학원에서 당국의 명령을 듣지 않고 대면수업을 하다가 학생 중 법정감염병 확진자가 나와 치료를 받았다. 학원은 당국의 역학조사를 방해하고 거부하였다. 이때 공단은 해당 학원에 구상권 청구를 할 수 있다. 　정답 O

해설 제3자의 행위로 보험급여사유가 생겼다면 공단은 그 급여에 들어간 비용 한도에서 그 제3자에게 손해배상 청구권, 즉 구상권을 갖는다.

제59조(수급권 보호)

① 보험급여를 받을 권리는 양도하거나 압류할 수 없다.

② 제56조의2 제1항에 따라 요양비등수급계좌에 입금된 요양비등은 압류할 수 없다.

제60조(현역병 등에 대한 요양급여비용 등의 지급)

① 공단은 제54조 제3호 및 제4호에 해당하는 사람이 요양기관에서 대통령령으로 정하는 치료 등(이하 이 조에서 "요양급여"라 한다)을 받은 경우 그에 따라 공단이 부담하는 비용(이하 이 조에서 "요양급여비용"이라 한다)과 제49조에 따른 요양비를 법무부장관·국방부장관·경찰청장·소방청장 또는 해양경찰청장으로부터 예탁 받아 지급할 수 있다. 이 경우 법무부장관·국방부장관·경찰청장·소방청장

지식형 OX

보험급여를 받을 권리는 양도할 수 없지만, 압류할 수는 있다. 　정답 X

해설 보험급여를 받을 권리는 양도할 수 없고 압류할 수도 없다.

또는 해양경찰청장은 예산상 불가피한 경우 외에는 연간(年間) 들어갈 것으로 예상되는 요양급여비용과 요양비를 대통령령으로 정하는 바에 따라 미리 공단에 예탁하여야 한다.◆

② 요양급여, 요양급여비용 및 요양비 등에 관한 사항은 제41조, 제41조의4, 제42조, 제42조의2, 제44조부터 제47조까지, 제47조의2, 제48조, 제49조, 제55조, 제56조, 제56조의2 및 제59조 제2항을 준용한다.

제61조(요양급여비용의 정산)

공단은 「산업재해보상보험법」 제10조에 따른 근로복지공단이 이 법에 따라 요양급여를 받을 수 있는 사람에게 「산업재해보상보험법」 제40조에 따른 요양급여를 지급한 후 그 지급결정이 취소되어 해당 요양급여의 비용을 청구하는 경우에는 그 요양급여가 이 법에 따라 실시할 수 있는 요양급여에 상당한 것으로 인정되면 그 요양급여에 해당하는 금액을 지급할 수 있다.◆

◆ 공단이 요양급여비용과 요양비를 예탁받을 수 있는 기관장을 물어보는 문제가 출제될 수 있다. '법무부, 국방부, 경찰청, 소방청, 해양경찰청'을 암기해 두자.

◆ 예를 들어, 근로복지공단이 갑에게 「산업재해보상보험법」상 요양급여를 지급했는데, 그 지급이 취소되어 갑이 요양급여를 근로복지공단에 돌려주어야 하는 경우를 생각해 보자. 이때 갑이 받은 「산업재해보상보험법」상 요양급여가 「국민건강보험법」에 따른 요양급여에 상당한 것으로 인정되면, 국민건강보험공단이 갑 대신 그 금액을 지급할 수 있다는 것이다.

요점 정리

1 요양급여 등

대상	진찰·검사, 약제·치료재료의 지급, 처치·수술 및 그 밖의 치료, 예방·재활, 입원, 간호, 이송
범위	• 약제를 제외한 대상: 보건복지부장관이 비급여대상으로 정한 것을 제외한 일체 • 약제: 보건복지부장관이 요양급여대상으로 결정하여 고시한 것
약제에 대한 요양급여비용의 상한금액 감액	• 「약사법」 제47조 제2항의 위반과 관련된 약제는 요양급여비용 상한금액의 100분의 20을 넘지 않는 범위에서 일부 감액 가능 • 동일한 약제가 감액된 날부터 5년 범위에서 대통령령으로 정하는 기간 안에 다시 감액 대상이 되면 상한금액의 100분의 40을 넘지 않는 범위에서 일부 감액 가능 • 동일한 약제가 또다시 감액된 날부터 5년 범위에서 대통령령으로 정하는 기간 안에 다시 감액 대상이 되면 1년의 범위에서 기간을 정하여 요양급여의 적용 정지 가능
행위·치료재료 및 약제의 요양급여 대상 여부 결정	• 요양기관, 치료재료의 제조업자·수입업자, 약제의 제조업자·수입업자 등 보건복지부령으로 정하는 자는 보건복지부장관에게 요양급여대상 여부의 결정을 신청 • 보건복지부장관은 보건복지부령으로 정하는 기간 내에 요양급여대상 또는 비급여 대상 여부를 결정하여 신청인에게 통보 • 보건복지부장관은 신청이 없는 경우에도 직권으로 결정 가능
선별급여	• 검증을 위해 추가적인 근거가 필요하거나 잠재적 이득이 있는 등 대통령령으로 정하는 경우 선별급여 지정 실시 가능 • 보건복지부장관은 주기적으로 요양급여 적합성 평가 후 요양급여 여부 다시 결정

2 요양기관 등

요양기관의 종류	각 법에 의하여 세워진 의료기관, 약국, 한국희귀·필수의약품센터, 보건소, 보건의료원, 보건지소, 보건진료소
전문요양기관	• 보건복지부령으로 정하는 기준에 해당하는 요양기관을 전문요양기관으로 인정 • 인정기준에 미달하게 되거나 인정서를 반납하는 경우 인정 취소
선별급여 관리	선별급여 중 자료 축적 또는 의료이용 관리가 필요한 경우, 실시조건을 만족하는 요양기관만 해당 선별급여 실시 가능
현황 신고	• 요양급여비용 최초 청구 시 시설, 장비, 인력 현황을 건강보험심사평가원에 신고 • 변경된 사항은 15일 이내에 신고

3 요양급여비용

본인일부 부담금	• 선별급여는 다른 요양급여에 비하여 본인일부부담금이 상향조정될 수 있음 • 본인부담상한액보다 많을 경우 공단이 초과 금액 부담 • 본인부담상한액은 가입자의 소득수준 등에 의해 결정
산정	• 공단 이사장과 의약계 대표자의 1년 계약으로 정해짐(재정운영위원회 심의·의결 필요) • 계약 체결: 직전 계약 만료일이 속하는 해의 5월 31일까지 • 계약 미체결 시: 보건복지부장관이 6월 30일까지 심의위원회 의결을 거쳐 정함
청구와 지급	• 요양기관이 심사평가원에 한 심사청구는 공단에 대한 지급 청구로 봄 • 심사평가원의 심사 내용 통보 후 공단에서 지급
지급 보류	• 「의료법」과 「약사법」 일부 조항 위반에 대한 수사 결과 혐의 시 지급을 보류할 수 있음 • 지급 보류 전 요양기관에 의견 제출 기회 부여 • 혐의가 입증되지 않았다면 보류 기간의 이자까지 가산하여 지급

4 요양비와 부가급여

요양비	• 부득이한 사유로 보건복지부령에서 정하는 기관에서 요양을 받거나, 요양기관이 아닌 곳에서 출산한 경우 요양급여 상당액을 요양비로 지급 • 준요양기관은 요양을 받은 가입자나 피부양자의 위임이 있을 경우 공단에 직접 요양비 지급 청구 가능
부가급여	공단은 요양급여 외에도 대통령령으로 정하는 바에 따라 임신·출산 진료비, 장제비, 상병수당, 그 밖의 급여 실시 가능

5 장애인 특례와 건강검진

장애인 특례	장애인인 가입자 및 피부양자에게는 보조기기에 대하여 보험급여 가능
건강검진	• 일반건강검진: 직장가입자, 세대주인 지역가입자, 20세 이상 지역가입자·피부양자 • 암검진: 「암관리법」에 따른 암의 종류별 검진주기와 연령 기준 해당자 • 영유아건강검진: 6세 미만 가입자·피부양자

6 급여의 제한과 정지

제한	• 고의 또는 중대한 과실로 인한 범죄행위에 그 원인이 있거나 고의로 사고를 일으킨 경우 • 고의 또는 중대한 과실로 공단이나 요양기관의 요양에 관한 지시에 따르지 아니한 경우 • 고의 또는 중대한 과실로 제55조에 따른 문서와 그 밖의 물건의 제출을 거부하거나 질문 또는 진단을 기피한 경우 • 업무 또는 공무로 생긴 질병 · 부상 · 재해로 다른 법령에 따른 보험급여나 보상(報償) 또는 보상(補償)을 받게 되는 경우 • 국가나 지방자치단체에서 보험급여에 상당하는 급여나 비용을 지급받는 경우 • 대통령령으로 정한 기간 이상 보험료를 체납하는 경우(단, 기준 미만인 경우는 그러하지 아니함)
정지	국외 체류자, 현역병, 전환복무된 사람, 군간부후보생, 교도소 등 수용자

7 부당이득의 징수 등

징수	• 속임수나 그 밖의 부당한 방법으로 보험급여를 받은 사람 · 준요양기관 및 보조기기 판매업자, 보험급여 비용을 받은 기관 • 해당 금액에 상당하는 금액 징수 • 연대 납부 규정 존재
체납자 인적사항등 공개	• 제57조 제2항 각 호에 해당하여 징수금을 납부해야 하는 자가 납부기한 다음 날부터 1년이 경과한 징수금을 1억 원 이상 체납 • 부당이득징수금체납정보공개심의위원회의 심의를 거침 • 서면 통지 후 소명 기회 부여, 통지일로부터 6개월 경과 후에 공개대상자 선정

8 구상권과 수급권 보호

구상권	제3자의 행위로 보험급여사유 발생, 공단이 제3자에게 손해배상을 청구할 권리 취득
수급권 보호	• 보험급여를 받을 권리는 양도, 압류 모두 불가능 • 요양비등수급계좌에 입금된 요양비등은 압류 불가능

빈칸 퀴즈

- 가입자와 피부양자의 [01   ], [02   ], [03   ] 등에 대하여 제41조 제1항 각 호의 요양급여를 실시한다.

- 보건복지부장관은 요양급여의 기준을 정할 때 [04   ]나 [05   ]에 지장이 없는 질환에 대한 치료 등 보건복지부령으로 정하는 사항은 비급여대상으로 정할 수 있다.

- [06   ]은 제41조의2 제1항에 따라 요양급여비용의 상한금액이 감액된 약제가 감액된 날부터 5년의 범위에서 대통령령으로 정하는 기간 내에 다시 같은 조 같은 항에 따른 감액의 대상이 된 경우에는 요양급여비용 상한금액의 [07   ]을 넘지 아니하는 범위에서 요양급여비용 상한금액의 일부를 감액할 수 있다.

- 약제의 제조업자등은 요양급여대상에 포함되지 아니한 약제에 대하여 보건복지부장관에게 요양급여대상 여부의 결정을 신청 [08   ].

- 요양급여를 결정함에 있어 경제성 또는 [09   ] 등이 불확실하여 그 검증을 위하여 추가적인 근거가 필요하거나, 경제성이 낮아도 가입자와 피부양자의 건강회복에 잠재적 이득이 있는 등 대통령령으로 정하는 경우에는 예비적인 요양급여인 [10   ]로 지정하여 실시할 수 있다.

- 요양급여([11   ]와 [12   ]은 제외한다)는 제42조 제1항 각 호의 요양기관에서 실시한다.

- [13   ]으로 인정된 요양기관 또는 [14   ]에 대하여는 요양급여의 절차 및 요양급여비용을 다른 요양기관과 달리할 수 있다.

- 선별급여 중 [15   ] 또는 [16   ]가 필요한 경우에는 보건복지부장관이 해당 선별급여의 실시 조건을 사전에 정하여 이를 충족하는 요양기관만이 해당 선별급여를 실시할 수 있다.

- 요양기관은 [17   ]을 최초로 청구하는 때에 요양기관의 시설·장비 및 인력 등에 대한 현황을 [18   ]에 신고하여야 한다.

- 선별급여에 대해서는 다른 요양급여에 비하여 본인일부부담금을 [19   ] 조정할 수 있다.

- 본인부담상한액은 가입자의 [20   ] 등에 따라 정한다.

정답 01 질병 02 부상 03 출산 04 업무 05 일상생활 06 보건복지부장관 07 100분의 40 08 할 수 있다 09 치료효과성 10 선별급여 11 간호 12 이송 13 전문요양기관 14 상급종합병원 15 자료의 축적 16 의료 이용의 관리 17 요양급여비용 18 건강보험심사평가원 19 상향 20 소득수준

- 요양급여비용은 공단의 이사장과 대통령령으로 정하는 [21]를 대표하는 사람들의 계약으로 정한다. 이 경우 계약기간은 [22]으로 한다.
- 요양급여비용의 계약은 그 직전 계약기간 만료일이 속하는 연도의 [23]까지 체결하여야 하며, 그 기한까지 계약이 체결되지 아니하는 경우 보건복지부장관이 그 직전 계약기간 만료일이 속하는 연도의 [24]까지 심의위원회의 의결을 거쳐 요양급여비용을 정한다.
- 약제·치료재료에 대한 요양급여비용은 요양기관의 [25] 등을 고려하여 대통령령으로 정하는 바에 따라 달리 산정할 수 있다.
- 요양급여비용을 청구하려는 요양기관은 [26]에 요양급여비용의 심사청구를 하여야 한다.
- 지역별 [27] 및 [28]의 해소 등을 위하여 지역별로 요양급여비용을 달리 정하여 지급할 수 있다.
- 심사평가원은 요양급여에 대한 [29]을 향상시키기 위하여 요양급여의 적정성 평가를 실시할 수 있다.
- 심사평가원은 요양급여의 적정성 평가를 실시할 때 요양기관의 [30]·[31]·[32], [33] 등 요양급여와 관련된 사항을 포함하여 평가할 수 있다.
- 가입자나 피부양자는 본인일부부담금 외에 자신이 부담한 비용이 요양급여 대상에서 제외되는 비용인지 여부에 대하여 [34]에 확인을 요청할 수 있다.
- 공단은 가입자나 피부양자가 [35]으로 정하는 긴급하거나 그 밖의 부득이한 사유로 준요양기관에서 질병·부상·출산 등에 대하여 요양을 받거나 요양기관이 아닌 장소에서 출산한 경우에는 그 요양급여에 상당하는 금액을 보건복지령으로 정하는 바에 따라 가입자나 피부양자에게 [36]로 지급한다.
- 공단은 이 법에서 정한 요양급여 외에 대통령령으로 정하는 바에 따라 임신·출산 진료비, [37], [38], 그 밖의 급여를 실시할 수 있다.
- 장애인인 가입자 또는 피부양자에게 [39]를 판매한 자는 가입자나 피부양자의 위임이 있는 경우 공단에 [40]를 직접 청구할 수 있다.

정답 21 의약계 22 1년 23 5월 31일 24 6월 30일 25 약제·치료재료 구입금액 26 심사평가원 27 의료자원의 불균형 28 의료서비스 격차 29 의료의 질 30 인력 31 시설 32 장비 33 환자안전 34 심사평가원 35 보건복지부령 36 요양비 37 장제비 38 상병수당 39 보조기기 40 보험급여

- 공단은 가입자와 피부양자에 대하여 [41] 과 그에 따른 요양급여를 하기 위하여 건강검진을 실시한다.
- 일반건강검진의 대상은 직장가입자, 세대주인 지역가입자, [42] 인 지역가입자 및 [43] 인 피부양자이다.
- 건강검진의 검진항목은 [44] , [45] 등의 특성 및 생애 주기에 맞게 설계되어야 한다.
- 공단은 보험급여를 받을 수 있는 사람이 고의 또는 중대한 과실로 [46] 이나 [47] 의 요양에 관한 지시에 따르지 아니한 경우에는 보험급여를 하지 아니한다.
- 공단은 가입자가 대통령령으로 정하는 기간 이상 제53조 제3항 각 호의 보험료를 체납한 경우 그 체납한 보험료를 완납할 때까지 그 가입자 및 피부양자에 대하여 보험급여를 실시하지 아니 [48] . 다만, 월별 보험료의 총체납횟수(이미 납부된 체납보험료는 총체납횟수에서 제외하며, 보험료의 [49] 은 고려하지 아니한다)가 대통령령으로 정하는 횟수 미만이거나 가입자 및 피부양자의 [50] 등이 대통령령으로 정하는 기준 미만인 경우에는 그러하지 아니하다.
- 공단은 요양비등을 받는 [51] 의 신청이 있는 경우에는 요양비등을 요양비등수급계좌로 입금하여야 한다. 다만, [52] 나 그 밖에 대통령령으로 정하는 불가피한 사유로 요양비등수급계좌로 이체할 수 없을 때에는 직접 [53] 으로 지급하는 등 대통령령으로 정하는 바에 따라 요양비등을 지급할 수 있다.
- 공단은 제57조 제2항 각 호의 어느 하나에 해당되어 징수금을 납부할 의무가 있는 요양기관 또는 요양기관을 개설한 자가 납입 고지 문서에 기재된 납부기한의 다음 날부터 [54] 이 경과한 징수금을 [55] 원 이상 체납한 경우 인적사항등을 공개할 수 있다.
- 보험급여를 받을 권리는 [56] 하거나 [57] 할 수 없다.
- 공단은 제54조 제3호 및 제4호에 해당하는 사람이 요양기관에서 요양급여를 받은 경우 그에 따라 공단이 부담하는 요양급여비용과 제49조에 따른 요양비를 법무부장관·국방부장관· [58] · [59] 또는 [60] 으로부터 예탁 받아 지급할 수 있다.

정답 41 질병의 조기 발견 42 20세 이상 43 20세 이상 44 성별 45 연령 46 공단 47 요양기관 48 할 수 있다 49 체납기간 50 소득·재산 51 수급자 52 정보통신장애 53 현금 54 1년 55 1억 56 양도 57 압류 58 경찰청장 59 소방청장 60 해양경찰청장

OX 퀴즈

01 ⃞O ⃞X 가입자와 피부양자의 질병, 부상, 출산 등에 대하여 실시하는 요양급여에는 진단·검사·약제·치료재료의 지급, 처치·수술 및 그 밖의 치료 등이 포함된다.

02 ⃞O ⃞X 요양기관, 치료재료의 제조업자·수입업자 등 보건복지부령으로 정하는 자는 요양급여대상 또는 비급여대상으로 결정되지 않은 행위·치료재료에 대하여 요양급여대상 여부의 결정을 보건복지부장관에게 신청하여야 한다.

03 ⃞O ⃞X 공단의 이사장은 선별급여에 대하여 주기적으로 요양급여의 적합성을 평가하여 요양급여 여부를 다시 결정하고, 요양급여의 기준을 조정하여야 한다.

04 ⃞O ⃞X 지역가입자 A가 질병으로 거동이 불편하여 보건복지부령으로 정하는 사유에 해당하는 경우에는 A를 직접 방문하여 요양급여를 실시할 수 있다.

05 ⃞O ⃞X 보건소·보건의료원 및 보건지소는 요양급여(간호와 이송 제외)를 실시할 수 있지만, 보건진료소는 요양급여를 실시할 수 없다.

06 ⃞O ⃞X 보건복지부장관은 효율적인 요양급여를 위하여 시설·장비·인력 및 진료과목 등 보건복지부령으로 정하는 기준에 해당하는 요양기관을 전문요양기관으로 인정하여야 한다.

07 ⃞O ⃞X 보건복지부장관이 사전에 실시 조건을 정한 선별급여를 실시하는 요양기관은 해당 선별급여의 평가를 위하여 필요한 자료를 제출하여야 한다.

08 ⃞O ⃞X 요양기관 B가 요양급여비용을 최초로 청구하면서 건강보험심사평가원에 신고한 내용 중 요양급여비용의 증감에 관련된 사항이 변경된 경우에는 그 변경된 날부터 14일 이내에 심사평가원에 신고하여야 한다.

09 ⃞O ⃞X 요양급여비용에 대해 공단의 이사장과 대통령령으로 정하는 의약계 대표자들의 계약이 체결되면 그 계약은 공단과 각 가입자 사이에 체결된 것으로 본다.

10 ⃞O ⃞X 공단의 이사장은 요양급여비용의 계약을 체결할 때 심사평가원의 심의·의결을 거쳐야 한다.

11 ⃞O ⃞X 요양기관의 심사평가원에 대한 요양급여비용 심사청구는 공단에 대한 요양급여비용 청구로 본다.

12 ⃞O ⃞X 공단은 요양기관 C가 「의료법」 제33조 제10항을 위반하여 개설·운영되었다는 사실을 수사기관의 수사 결과로 확인한 경우, C가 청구한 요양급여비용의 지급을 취소하여야 한다.

13 ⃞O ⃞X 지역별 의료자원의 불균형 및 의료서비스 격차의 해소 등을 위하여 지역별로 요양급여를 달리 정할 수 있다.

14 ⃞O ⃞X 심사평가원은 요양급여에 대한 의료의 질을 향상시키기 위하여 요양급여의 적정성 평가를 실시할 수 있다.

15 ⃞O ⃞X 준요양기관은 보건복지부장관이 정하는 요양비 명세서나 요양 명세를 적은 영수증을 요양을 받은 사람에게 내주어야 한다.

정답 & 해설

01 ☒ '진단·검사'가 아니라 '진찰·검사'가 요양급여에 포함된다.
02 ☒ 요양급여대상 또는 비급여대상으로 결정되지 않은 행위·치료재료에 대한 요양급여대상 여부 결정 신청은 필요에 따라 '할 수 있는' 행위가 아니라 반드시 '하여야 하는' 행위라는 점에 유의한다.
03 ☒ 선별급여에 대하여 요양급여의 적합성을 평가하여 요양급여 여부를 다시 결정하고, 요양급여의 기준을 조정하는 주체는 '공단의 이사장'이 아니라 '보건복지부장관'이다.
04 ☒ 가입자 또는 피부양자가 질병이나 부상으로 거동이 불편한 경우 등 보건복지부령으로 정하는 사유에 해당하는 경우에는 가입자 또는 피부양자를 직접 방문하여 요양급여를 실시할 수 있다.
05 ☒ 보건소·보건의료원 및 보건지소와 보건진료소 모두 요양급여(간호오·이송 제외)를 실시하는 요양기관에 해당한다.
06 ☒ 보건복지부장관의 전문요양기관 인정은 반드시 '하여야 하는' 사항이 아니라, 필요한 경우 '할 수 있는' 사항이다.
07 ☒ 선별급여 중 자료의 축적 또는 의료 이용의 관리가 필요한 경우에는 보건복지부장관이 해당 선별급여의 실시 조건을 사전에 정하여 이를 충족하는 요양기관만이 해당 선별급여를 실시할 수 있다. 이에 따라 선별급여를 실시하는 요양기관은 해당 선별급여의 평가를 위하여 필요한 자료를 제출하여야 한다.
08 ☒ 그 변경된 날부터 '14일 이내'가 아니라 '15일 이내'에 심사평가원에 신고하여야 한다.
09 ☒ 공단과 각 '가입자' 사이가 아니라, 공단과 각 '요양기관' 사이에 체결된 것으로 본다.
10 ☒ '심사평가원'이 아니라 '재정운영위원회'의 심의·의결을 거쳐야 한다.
11 ☒ 공단에 요양급여비용을 청구하려는 요양기관은 심사평가원에 요양급여비용의 심사청구를 하여야 하는데, 이 경우 요양급여비용에 대한 심사청구는 공단에 대한 요양급여비용의 청구로 본다.
12 ☒ 요양급여비용의 지급을 '취소하여야 하는' 것이 아니라, '보류할 수 있는' 것이다.
13 ☒ '요양급여'가 아니라 '요양급여비용'을 지역별로 달리 정하여 지급할 수 있다.
14 ☒ 심사평가원은 요양급여의 적정성 평가를 실시할 수 있으며, 이때 요양기관의 인력·시설·장비, 환자안전 등 요양급여와 관련된 사항을 포함하여 평가할 수 있다.
15 ☒ 준요양기관은 요양비 명세서나 요양 명세를 적은 영수증을 요양을 받은 사람에게 내주어야 하며, 요양을 받은 사람은 그 명세서나 영수증을 공단에 제출하여야 한다.

16 ☐☒ 공단은 이 법에서 정한 요양급여 외에 보건복지부령으로 정하는 바에 따라 임신·출산 진료비, 장제비, 재활비, 그 밖의 급여를 실시할 수 있다.

17 ☐☒ 공단은 「장애인복지법」에 따라 등록한 장애인인 가입자 및 피부양자에게는 보조기기에 대하여 보험급여를 할 수 있다.

18 ☐☒ 6세인 피부양자 D는 공단 영유아건강검진의 대상이 아니다.

19 ☐☒ 공단은 보험급여를 받을 수 있는 사람이 경미한 과실로 요양기관의 요양에 관한 지시에 따르지 않은 경우 보험급여를 하지 않는다.

20 ☐☒ 공단은 가입자 E가 다른 법령에 따라 국가로부터 보험급여에 상당하는 급여를 받게 되는 경우에는 그 한도에서 보험급여를 하지 않는다.

21 ☐☒ 보건복지부장관은 보험급여를 할 때 필요하다고 인정되면 보험급여를 받는 사람에게 문서와 그 밖의 물건을 제출하도록 요구하거나 관계인을 시켜 질문 또는 진단하게 할 수 있다.

22 ☐☒ 공단은 이 법에 따라 지급의무가 있는 요양비 또는 부가급여의 청구를 받으면 14일 이내에 이를 지급하여야 한다.

23 ☐☒ 요양비등수급계좌가 개설된 금융기관은 요양비등수급계좌에 요양비등만이 입금되도록 하고, 이를 관리하여야 한다.

24 ☐☒ 요양기관 F가 속임수로 보험급여 비용을 받은 경우 공단은 F에 대하여 보험급여 비용의 5배에 상당하는 금액을 징수한다.

25 ☐☒ 요양기관 G가 가입자 H로부터 부당한 방법으로 요양급여비용을 받은 경우 공단은 G로부터 이를 징수하여 H에게 지체 없이 지급하여야 한다.

26 ☐☒ 부당이득 징수금 체납자의 인적사항등의 공개 여부를 심의하기 위하여 보건복지부장관 소속으로 부당이득징수금체납정보공개심의위원회를 둔다.

27 ☐☒ 공단은 부당이득징수금체납정보공개심의위원회의 심의를 거친 인적사항등의 공개대상자에게 공개대상자임을 서면으로 통지하여야 한다.

28 ☐☒ 공단은 제3자의 행위로 보험급여사유가 생겨 가입자 또는 피부양자에게 보험급여를 한 경우에는 그 급여에 들어간 비용 한도에서 그 제3자에게 보험급여를 하지 않는다.

29 ☐☒ 요양비등수급계좌에 입금된 요양비등은 양도하거나 압류할 수 없다.

30 ☐☒ 법무부장관·국방부장관·경찰청장·소방청장 또는 병무청장은 예산상 불가피한 경우 외에는 연간 들어갈 것으로 예상되는 요양급여비용과 요양비를 대통령령으로 정하는 바에 따라 미리 공단에 예탁하여야 한다.

16	✗	부가급여에 관한 조문으로, '보건복지부령'이 아니라 '대통령령'이 들어가고, '재활비'가 아니라 '상병수당'이 들어가야 옳다.
17	○	장애인에 대한 특례 규정이다. 공단은 장애인 가입자 및 피부양자에게 보조기기에 대하여 보험급여를 할 수 있으며, 장애인인 가입자 또는 피부양자에게 보조기기를 판매한 자는 가입자나 피부양자의 위임이 있는 경우 공단에 보험급여를 직접 청구할 수 있다.
18	○	영유아건강검진의 대상은 6세 '미만'의 가입자 및 피부양자이다.
19	✗	'고의' 또는 '중대한 과실'로 공단이나 요양기관의 요양에 관한 지시에 따르지 아니한 경우에 보험급여를 하지 않는다.
20	○	공단은 보험급여를 받을 수 있는 사람이 다른 법령에 따라 국가나 지방자치단체로부터 보험급여에 상당하는 급여를 받거나 보험급여에 상당하는 비용을 지급받게 되는 경우에는 그 한도에서 보험급여를 하지 않는다.
21	✗	급여의 확인에 관한 조문으로, '보건복지부장관'이 아니라 '공단'이 할 수 있는 사항이다.
22	✗	'14일 이내'가 아니라 '지체 없이' 지급하여야 한다.
23	○	공단은 요양비등을 받는 수급자의 신청이 있는 경우에는 요양비등을 요양비등수급계좌로 입금하여야 하는데, 요양비등수급계좌가 개설된 금융기관은 요양비등수급계좌에 요양비등만이 입금되도록 하고, 이를 관리하여야 한다.
24	✗	공단은 속임수나 그 밖의 부당한 방법으로 보험급여를 받은 사람·준요양기관 및 보조기기 판매업자나 보험급여 비용을 받은 요양기관에 대하여 그 보험급여나 보험급여 비용에 상당하는 금액을 징수한다. 즉, '보험급여 비용의 5배에 상당하는 금액'이 아니라 '보험급여 비용에 상당하는 금액'이다.
25	○	요양기관이 가입자나 피부양자로부터 속임수나 그 밖의 부당한 방법으로 요양급여비용을 받은 경우 공단은 해당 요양기관으로부터 이를 징수하여 가입자나 피부양자에게 지체 없이 지급하여야 한다.
26	✗	부당이득징수금체납정보공개심의위원회는 '보건복지부장관'이 아니라 '공단' 소속이다.
27	○	공단은 부당이득징수금체납정보공개심의위원회의 심의를 거친 인적사항등의 공개대상자에게 공개대상자임을 서면으로 통지하여 소명의 기회를 부여하여야 하며, 통지일부터 6개월이 경과한 후 체납자의 납부이행 등을 고려하여 공개대상자를 선정한다.
28	✗	구상권에 관한 조문으로, 공단은 해당 제3자에 대하여 보험급여를 하지 않는 것이 아니라, 손해배상을 청구할 권리를 갖는다.
29	✗	수급권 보호에 관한 조문으로, 요양비등수급계좌에 입금된 요양비등이 대해서는 압류할 수 없다고만 규정하고 있다. 양도와 압류가 모두 금지된 것은 보험급여를 받을 권리이다
30	✗	요양급여비용과 요양비를 미리 공단에 예탁하여야 하는 주체로 '병무청장'이 아니라 '해양경찰청장'이 들어가야 한다.

제5장 건강보험심사평가원

제62조(설립)

요양급여비용을 심사하고 요양급여의 적정성을 평가하기 위하여 건강보험심사평가원을 설립한다.

제63조(업무 등)

① 심사평가원은 다음 각 호의 업무를 관장한다.
1. 요양급여비용의 심사
2. 요양급여의 적정성 평가
3. 심사기준 및 평가기준의 개발
4. 제1호부터 제3호까지의 규정에 따른 업무와 관련된 조사연구 및 국제협력
5. 다른 법률에 따라 지급되는 급여비용의 심사 또는 의료의 적정성 평가에 관하여 위탁받은 업무
6. 그 밖에 이 법 또는 다른 법령에 따라 위탁받은 업무
7. 건강보험과 관련하여 보건복지부장관이 필요하다고 인정한 업무
8. 그 밖에 보험급여 비용의 심사와 보험급여의 적정성 평가와 관련하여 대통령령으로 정하는 업무

② 제1항 제8호에 따른 보험급여의 적정성 평가의 기준·절차·방법 등에 필요한 사항은 보건복지부장관이 정하여 고시한다.

제64조(법인격 등)

① 심사평가원은 법인으로 한다.
② 심사평가원은 주된 사무소의 소재지에서 설립등기를 함으로써 성립한다.

제65조(임원)

① 심사평가원에 임원으로서 원장, 이사 15명 및 감사 1명을 둔다. 이 경우 원장, 이사 중 4명 및 감사는 상임으로 한다.

◆ 건강보험심사평가원은 다음 두 가지를 목적으로 한다.
• 요양급여비용의 심사
• 요양급여의 적정성 평가

지식형 O X

「국민건강보험법」 제63조에서는 심사평가원의 업무로 취약계층 지원에 관한 것을 명시하고 있다.

정답 X

해설 취약계층 지원은 국민건강보험종합계획에 관련된 것이다. 심사평가원의 업무는 제63조 제1항 각 호에 열거되어 있는데, 제1호~제3호를 중심으로 기억해 두면 된다.

◆ 공단과 마찬가지로 주된 사무소의 소재지에서 설립등기를 하여 성립한다.

◆ 공단보다 이사가 1명 많지만, 상임이사는 1명 적다. 기관장과 감사가 상임이라는 점은 공단과 동일하다.

TIP 공단과 심사평가원의 임원 수

구분	이사장(원장)	이사	감사	특이 사항
공단	1명 (이사장)	14명	1명	이사장, 이사 중 5명 및 감사는 상임
심사평가원	1명 (원장)	15명	1명	원장, 이사 중 4명 및 감사는 상임

② 원장은 임원추천위원회가 복수로 추천한 사람 중에서 보건복지부장관의 제청으로 대통령이 임명한다.

③ 상임이사는 보건복지부령으로 정하는 추천 절차를 거쳐 원장이 임명한다.

④ 비상임이사는 다음 각 호의 사람 중에서 10명과 대통령령으로 정하는 바에 따라 추천한 관계 공무원 1명을 보건복지부장관이 임명한다.

1. 공단이 추천하는 1명
2. 의약관계단체가 추천하는 5명
3. 노동조합·사용자단체·소비자단체 및 농어업인단체가 추천하는 각 1명

⑤ 감사는 임원추천위원회가 복수로 추천한 사람 중에서 기획재정부장관의 제청으로 대통령이 임명한다.

⑥ 제4항에 따른 비상임이사는 정관으로 정하는 바에 따라 실비변상을 받을 수 있다.

⑦ 원장의 임기는 3년, 이사(공무원인 이사는 제외한다)와 감사의 임기는 각각 2년으로 한다.

◆ 공단 이사장도 보건복지부장관 제청, 대통령 임명이며, 심사평가원 원장 역시 보건복지부장관 제청, 대통령 임명이다. 감사의 제청권자와 임명권자 역시 공단과 심사평가원이 서로 동일하다.

지식형 OX
건강보험심사평가원의 이사 중에는 공무원이 반드시 있다.
정답 O

해설 '반드시'라는 말 때문에 헷갈려서는 안 된다. 법령상 관계 공무원의 임명을 규정하고 있으므로 '반드시'가 들어갈 수 있다.

◆ 임기 역시 공단과 동일하다. 기관장인 원장은 3년, 이사와 감사는 각각 2년이다.

제5장 건강보험심사평가원

제66조(진료심사평가위원회)

① 심사평가원의 업무를 효율적으로 수행하기 위하여 심사평가원에 진료심사평가위원회(이하 "심사위원회"라 한다)를 둔다.

② 심사위원회는 위원장을 포함하여 90명 이내의 상근 심사위원과 1천 명 이내의 비상근 심사위원으로 구성하며, 진료과목별 분과위원회를 둘 수 있다.

③ 제2항에 따른 상근 심사위원은 심사평가원의 원장이 보건복지부령으로 정하는 사람 중에서 임명한다.

④ 제2항에 따른 비상근 심사위원은 심사평가원의 원장이 보건복지부령으로 정하는 사람 중에서 위촉한다.

⑤ 심사평가원의 원장은 심사위원이 다음 각 호의 어느 하나에 해당하면 그 심사위원을 해임 또는 해촉할 수 있다.

1. 신체장애나 정신장애로 직무를 수행할 수 없다고 인정되는 경우
2. 직무상 의무를 위반하거나 직무를 게을리한 경우
3. 고의나 중대한 과실로 심사평가원에 손실이 생기게 한 경우
4. 직무 여부와 관계없이 품위를 손상하는 행위를 한 경우

⑥ 제1항부터 제5항까지에서 규정한 사항 외에 심사위원회 위원의 자격·임기 및 심사위원회의 구성·운영 등에 필요한 사항은 보건복지부령으로 정한다.

제66조의2(진료심사평가위원회 위원의 겸직)

① 「고등교육법」 제14조 제2항에 따른 교원 중 교수·부교수 및 조교수는 「국가공무원법」 제64조 및 「사립학교법」 제55조 제1항에도 불구하고 소속대학 총장의 허가를 받아 진료심사평가위원회 위원의 직무를 겸할 수 있다.

② 제1항에 따라 대학의 교원이 진료심사평가위원회 위원을 겸하는 경우 필요한 사항은 대통령령으로 정한다.

◆ 상근 심사위원은 '90명 이내'이고, 비상근 심사위원 역시 '1천 명'이 아니라 '1천 명 이내'라는 점에 유의하도록 한다.

◆ 심사위원을 해임 또는 해촉할 수 있는 주체는 임명·위촉권자인 심사평가원 원장이다.

사례형 OX

진료심사평가위원회의 심사위원 갑은 최근 경미한 실수로 심사평가원에 비용 손실을 입혔다. 심사평가원의 원장은 이를 이유로 갑을 해임 또는 해촉할 수 있다.

정답 X

해설 고의나 중대한 과실로 손실을 입혀야 해임 또는 해촉할 수 있다.

제67조(자금의 조달 등)

① 심사평가원은 제63조 제1항에 따른 업무(같은 항 제5호에 따른 업무는 제외한다)를 하기 위하여 공단으로부터 부담금을 징수할 수 있다.

② 심사평가원은 제63조 제1항 제5호에 따라 급여비용의 심사 또는 의료의 적정성 평가에 관한 업무를 위탁받은 경우에는 위탁자로부터 수수료를 받을 수 있다.

③ 제1항과 제2항에 따른 부담금 및 수수료의 금액·징수 방법 등에 필요한 사항은 보건복지부령으로 정한다.

제68조(준용 규정)

심사평가원에 관하여 제14조 제3항·제4항, 제16조, 제17조(같은 조 제1항 제6호 및 제7호는 제외한다), 제18조, 제19조, 제22조부터 제32조까지, 제35조 제1항, 제36조, 제37조, 제39조 및 제40조를 준용한다. 이 경우 "공단"은 "심사평가원"으로, "이사장"은 "원장"으로 본다.◆

◆ 공단에 대한 규정의 대부분을 따르기 때문에 제3장의 조항 중에서 준용하지 않는 규정을 체크해 암기하는 편이 낫다. 준용 시에는 공단을 심사평가원으로, 이사장을 원장으로 본다는 점을 기억하자.

요점 정리

1 업무와 구성

업무	• 요양급여비용의 심사, 요양급여의 적정성 평가, 심사기준 및 평가기준의 개발 • 제63조 제1호부터 제3호까지의 규정에 따른 업무와 관련된 조사연구 및 국제협력 • 다른 법률에 따라 지급되는 급여비용의 심사 또는 의료의 적정성 평가에 관해 위탁받은 업무 • 건강보험과 관련하여 보건복지부장관이 필요하다고 인정한 업무 • 그 밖에 보험급여 비용의 심사와 보험급여의 적정성 평가와 관련해 대통령령으로 정하는 업무
구성	• 원장, 이사 15명, 감사 1명(원장, 이사 4명, 감사는 상임) • 원장의 임기는 3년, 이사(공무원인 이사 제외)와 감사의 임기는 2년

2 진료심사평가위원회

구성	• 심사평가원 소속 • 위원장 포함 90명 이내 상근 심사위원, 1,000명 이내 비상근 심사위원
해임·해촉 가능 사유	• 신체장애나 정신장애로 직무를 수행할 수 없다고 인정되는 경우 • 직무상 의무를 위반하거나 직무를 게을리한 경우 • 고의나 중대한 과실로 심사평가원에 손실이 생기게 한 경우 • 직무 여부와 관계없이 품위를 손상하는 행위를 한 경우

빈칸 퀴즈

- ◆ 01 을 심사하고 02 을 평가하기 위하여 건강보험심사평가원을 설립한다.
- ◆ 심사평가원은 건강보험과 관련하여 03 이 필요하다고 인정한 업무를 관장한다.
- ◆ 심사평가원은 주된 사무소의 소재지에서 04 를 함으로써 성립한다.
- ◆ 심사평가원에 임원으로서 원장, 이사 05 명 및 감사 1명을 둔다. 이 경우 원장, 이사 중 06 명 및 감사는 상임으로 한다.
- ◆ 심사평가원의 상임이사는 보건복지부령으로 정하는 추천 절차를 거쳐 07 이 임명한다.
- ◆ 심사평가원의 비상임이사는 제65조 제4항 각 호의 사람 중에서 08 명과 대통령령으로 정하는 바에 따라 추천한 관계 공무원 09 명을 보건복지부장관이 임명한다.
- ◆ 심사평가원의 감사는 임원추천위원회가 복수로 추천한 사람 중에서 10 의 제청으로 11 이 임명한다.
- ◆ 심사평가원 원장의 임기는 12 년, 이사(공무원인 이사는 제외한다)와 감사의 임기는 각각 13 년으로 한다.
- ◆ 심사평가원의 업무를 효율적으로 수행하기 위하여 심사평가원에 14 를 둔다.
- ◆ 심사위원회는 위원장을 포함하여 15 명 이내의 상근 심사위원과 16 명 이내의 비상근 심사위원으로 구성하며, 진료과목별 분과위원회를 둘 수 있다.
- ◆ 심사위원회의 상근 심사위원은 심사평가원의 원장이 17 으로 정하는 사람 중에서 임명한다.
- ◆ 심사평가원의 원장은 심사위원회 심사위원이 18 나 19 로 심사평가원에 손실이 생기게 한 경우 그 심사위원을 해임 또는 해촉할 수 있다.
- ◆ 심사평가원은 제63조 제1항에 따른 업무(같은 항 제5호에 따른 업무는 제외한다)를 하기 위하여 20 으로부터 부담금을 징수할 수 있다.

정답 01 요양급여비용 02 요양급여의 적정성 03 보건복지부장관 04 설립등기 05 15 06 4 07 원장 08 10 09 1 10 기획재정부장관 11 대통령 12 3 13 2 14 진료심사평가위원회 15 90 16 1천 17 보건복지부령 18 고의 19 중대한 과실 20 공단

○✕ 퀴즈

01 ○✕ 요양급여를 심사하고 요양급여비용의 적정성을 평가하기 위하여 건강보험심사평가원을 설립한다.

02 ○✕ 심사평가원은 심사기준 및 평가기준의 개발과 관련된 조사연구 및 국제협력 업무를 관장한다.

03 ○✕ 심사평가원은 주된 사무소의 소재지에서 설립등기를 함으로써 성립한다.

04 ○✕ 심사평가원의 임원 중 비상임이사는 10명이다.

05 ○✕ 심사평가원의 원장은 임원추천위원회가 복수로 추천한 사람 중에서 보건복지부장관의 제청으로 대통령이 임명한다.

06 ○✕ 심사평가원의 임원 A가 의약관계단체의 추천으로 임명되었다면, A를 임명한 사람은 심사평가원의 원장이다.

07 ○✕ 심사평가원의 임원 B가 노동조합의 추천으로 임명되었다면, B는 정관으로 정하는 바에 따라 실비변상을 받을 수 있다.

08 ○✕ 심사평가원의 감사는 임원추천위원회가 복수로 추천한 사람 중에서 원장의 제청으로 대통령이 임명한다.

09 ○✕ 심사평가원의 원장과 감사의 임기는 서로 다르다.

10 ○✕ 공단의 업무를 효율적으로 수행하기 위하여 심사평가원에 진료심사평가위원회를 둔다.

11 ○✕ 심사위원회의 비상근 심사위원은 1천 명 이내이다.

12 ○✕ 심사위원회의 상근 심사위원은 심사평가원의 원장이 대통령령으로 정하는 사람 중에서 임명한다.

13 ○✕ 심사위원회 비상근 심사위원 C가 정신장애로 직무를 수행할 수 없다고 인정되는 경우 심사위원회의 위원장은 C를 해촉할 수 있다.

14 ○✕ D 대학교의 조교수 E는 D 대학교 총장의 허가를 받아 진료심사평가위원회 위원의 직무를 겸할 수 있다.

15 ○✕ 심사평가원은 제63조 제1항 제5호에 따라 급여비용의 심사 또는 의료의 적정성 평가에 관한 업무를 위탁받은 경우에는 공단으로부터 부담금을 징수할 수 있다.

01	✕	'요양급여비용'을 심사하고 '요양급여'의 적정성을 평가하기 위하여 건강보험심사평가원을 설립한다.
02	○	심사평가원이 관장하는 업무에는 요양급여비용의 심사, 요양급여의 적정성 평가, 심사기준 및 평가기준의 개발, 앞의 3가지 업무와 관련된 조사연구 및 국제협력, 다른 법률에 따라 지급되는 급여비용의 심사 또는 의료의 적정성 평가에 관하여 위탁받은 업무 등이 있다.
03	○	공단과 마찬가지로 심사평가원도 주된 사무소의 소재지에서 설립등기를 함으로써 성립한다.
04	✕	심사평가원의 이사는 총 15명인데 이 중 4명은 상임으로 한다고 규정되어 있다. 따라서 비상임이사는 11명이다.
05	○	공단의 이사장과 마찬가지로 심사평가원의 원장도 임원추천위원회가 복수로 추천한 사람 중에서 보건복지부장관의 제청으로 대통령이 임명한다.
06	✕	의약관계단체의 추천을 받았다면 A는 비상임이사이며, 비상임이사의 임명권자는 보건복지부장관이다. 원장이 임명하는 임원은 상임이사이다.
07	○	노동조합의 추천을 받았다면 B는 비상임이사이며, 비상임이사는 정관으로 정하는 바에 따라 실비변상을 받을 수 있다.
08	✕	심사평가원의 감사는 '원장'이 아니라 '기획재정부장관'의 제청으로 대통령이 임명한다.
09	○	심사평가원 원장의 임기는 3년, 감사의 임기는 2년이다. 이사(공무원인 이사 제외)의 임기는 감사와 동일하게 2년이다.
10	✕	진료심사평가위원회의 설립 목적은 '공단'이 아니라 '심사평가원'의 업무를 효율적으로 수행하기 위한 것이다.
11	○	심사위원회는 위원장을 포함하여 90명 이내의 상근 심사위원과 1천 명 이내의 비상근 심사위원으로 구성된다.
12	✕	심사평가원의 원장이 임명하는 것은 맞지만, '대통령령'이 아니라 '보건복지부령'으로 정하는 사람 중에서 임명한다.
13	✕	심사위원이 신체장애나 정신장애로 직무를 수행할 수 없다고 인정되는 경우 그 심사위원을 해임 또는 해촉할 수 있는 것은 맞지만, 그 주체는 '심사위원회의 위원장'이 아니라 '심사평가원의 원장'이다.
14	○	교수·부교수 및 조교수는 소속대학 총장의 허가를 받아 진료심사평가위원회 위원의 직무를 겸할 수 있다.
15	✕	제63조 제1항 제5호에 따라 급여비용의 심사 또는 의료의 적정성 평가에 관한 업무를 위탁받은 경우에는 '위탁자'로부터 '수수료'를 받을 수 있다.

제6장 보험료

제69조(보험료)

① 공단은 건강보험사업에 드는 비용에 충당하기 위하여 제77조에 따른 보험료의 납부의무자로부터 보험료를 징수한다.

② 제1항에 따른 보험료는 가입자의 자격을 취득한 날이 속하는 달의 다음 달부터 가입자의 자격을 잃은 날의 전날이 속하는 달까지 징수한다. 다만, 가입자의 자격을 매월 1일에 취득한 경우 또는 제5조 제1항 제2호 가목에 따른 건강보험 적용 신청으로 가입자의 자격을 취득하는 경우에는 그 달부터 징수한다.

③ 제1항 및 제2항에 따라 보험료를 징수할 때 가입자의 자격이 변동된 경우에는 변동된 날이 속하는 달의 보험료는 변동되기 전의 자격을 기준으로 징수한다. 다만, 가입자의 자격이 매월 1일에 변동된 경우에는 변동된 자격을 기준으로 징수한다.

◆ 만약 9월 10일에 가입자 자격을 취득했다면 보험료는 10월부터 낸다. 하지만 9월 1일에 취득했다면 한 달간 건강보험 혜택을 완전히 받기 때문에 9월부터 보험료를 낸다.

◆ 예를 들어, 직장을 다니다가 퇴사한 경우라면 (가족의 피부양자가 되지 않고서는) 지역가입자로 보험료를 내야 한다. 이때 변동된 날이 속하는 달의 보험료는 변동되기 전의 자격(직장가입자)으로 징수한다는 뜻이다.

> **관련 기사 & 자료**
>
> 공단 "가입자 자격 기준은 매월 1일"
>
> 헬스포커스, 2015. 6. 29.
>
> (상략) 지역가입자 A 씨는 지난 3월 1일이 공휴일이므로 실질적으로 근무를 시작한 2일 직장가입자로 자격이 변동됐다. A 씨는 지역가입자로 3월 보험료가 부과되자 단 하루 차이로 한 달 보험료를 부과하는 것이 부당하다며 이의신청을 했다. 「국민건강보험법」에 따르면, '가입자의 자격이 변동된 경우에는 변동된 날이 속하는 달의 보험료는 변동되기 전의 자격을 기준으로 징수한다. 다만, 가입자의 자격이 매월 1일에 변동된 경우에는 변동된 자격을 기준으로 징수한다'고 규정해 매월 1일 자격 기준 보험료 부과원칙을 정하고 있다.
>
> 이의신청위원회는 "직장가입자의 자격은 건강보험 적용사업장의 사용자가 되거나, 근로자, 공무원 또는 교직원으로 사용된 날(고용관계 성립일)부터 발생되므로 2일 이후 고용관계가 성립된 경우라면 1일이 공휴일이라 하더라도 공단이 임의로 직장가입자 자격 취득일을 달리 적용할 수는 없다."라며 A 씨의 이의신청을 기각했다.
>
> → 가입자의 자격 변동과 득실은 법률에 규정되어 있다. 또한 자격에 따른 보험료 징수 대상 기간 역시 법률상에 있어 이 원칙을 변경 적용하는 것은 불가능하다.

④ 직장가입자의 월별 보험료액은 다음 각 호에 따라 산정한 금액으로 한다.
1. 보수월액보험료: 제70조에 따라 산정한 보수월액에 제73조 제1항 또는 제2항에 따른 보험료율을 곱하여 얻은 금액
2. 보수 외 소득월액보험료: 제71조 제1항에 따라 산정한 보수 외 소득월액에 제73조 제1항 또는 제2항에 따른 보험료율을 곱하여 얻은 금액

⑤ 지역가입자의 월별 보험료액은 다음 각 호의 구분에 따라 산정한 금액을 합산한 금액으로 한다. 이 경우 보험료액은 세대 단위로 산정한다.
1. 소득: 제71조 제2항에 따라 산정한 지역가입자의 소득월액에 제73조 제3항에 따른 보험료율을 곱하여 얻은 금액
2. 재산: 제72조에 따라 산정한 재산보험료부과점수에 제73조 제3항에 따른 재산보험료부과점수당 금액을 곱하여 얻은 금액

⑥ 제4항 및 제5항에 따른 월별 보험료액은 가입자의 보험료 평균액의 일정비율에 해당하는 금액을 고려하여 대통령령으로 정하는 기준에 따라 상한 및 하한을 정한다.

제70조(보수월액)

① 제69조 제4항 제1호에 따른 직장가입자의 보수월액은 직장가입자가 지급받는 보수를 기준으로 하여 산정한다.
② 휴직이나 그 밖의 사유로 보수의 전부 또는 일부가 지급되지 아니하는 가입자(이하 "휴직자등"이라 한다)의 보수월액보험료는 해당 사유가 생기기 전 달의 보수월액을 기준으로 산정한다.
③ 제1항에 따른 보수는 근로자등이 근로를 제공하고 사용자·국가 또는 지방자치단체로부터 지급받는 금품(실비변상적인 성격을 갖는 금품은 제외한다)으로서 대통령령으로 정하는 것을 말한다. 이 경우 보수 관련 자료가 없거나 불명확한 경우 등 대통령령으로 정하는 사유에 해당하면 보건복지부장관이 정하여 고시하는 금액을 보수로 본다.
④ 제1항에 따른 보수월액의 산정 및 보수가 지급되지 아니하는 사용자의 보수월액의 산정 등에 필요한 사항은 대통령령으로 정한다.

◆ 지역가입자의 월별 보험료액은 가입자 단위가 아니라 세대 단위로 산정한다는 점을 기억해야 한다.

◆ 건강보험은 사회보험이기 때문에 소득이 아무리 많거나 적어도 상하한이 존재한다. 참고로, 2025년 직장가입자의 보수월액보험료 상한액은 9,008,340원, 하한액은 19,780원이다.

◆ 보수에 대한 내용은 시행령에서 규정하고 있는데, 우리 시험에서는 시행령까지 출제되지 않는다. 보수를 따져 보기엔 내용이 너무 광범위해지기 때문에 여기서는 휴직자 등의 보수월액보험료는 해당 사유가 생기기 전 달의 보수월액을 기준으로 산정한다는 것 정도만 알아 두기로 한다.

제6장 보험료

제71조(소득월액)

① 직장가입자의 보수 외 소득월액은 제70조에 따른 보수월액의 산정에 포함된 보수를 제외한 직장가입자의 소득(이하 "보수 외 소득"이라 한다)이 대통령령으로 정하는 금액을 초과하는 경우 다음의 계산식에 따른 값을 보건복지부령으로 정하는 바에 따라 평가하여 산정한다.◆

$$(연간 보수 외 소득 - 대통령령으로 정하는 금액) \times 1/12$$

② 지역가입자의 소득월액은 지역가입자의 연간 소득을 12개월로 나눈 값을 보건복지부령으로 정하는 바에 따라 평가하여 산정한다.◆

③ 제1항 및 제2항에 따른 소득의 구체적인 범위, 소득월액을 산정하는 기준, 방법 등 소득월액의 산정에 필요한 사항은 대통령령으로 정한다.

제72조(재산보험료부과점수)

① 제69조 제5항 제2호에 따른 재산보험료부과점수는 지역가입자의 재산을 기준으로 산정한다. 다만, 대통령령으로 정하는 지역가입자가 실제 거주를 목적으로 대통령령으로 정하는 기준 이하의 주택을 구입 또는 임차하기 위하여 다음 각 호의 어느 하나에 해당하는 대출을 받고 그 사실을 공단에 통보하는 경우에는 해당 대출금액을 대통령령으로 정하는 바에 따라 평가하여 재산보험료부과점수 산정 시 제외한다.

1. 「금융실명거래 및 비밀보장에 관한 법률」 제2조 제1호에 따른 금융회사등(이하 "금융회사등"이라 한다)으로부터 받은 대출
2. 「주택도시기금법」에 따른 주택도시기금을 재원으로 하는 대출 등 보건복지부장관이 정하여 고시하는 대출

② 제1항에 따라 재산보험료부과점수의 산정방법과 산정기준을 정할 때 법령에 따라 재산권의 행사가 제한되는 재산에 대하여는 다른 재산과 달리 정할 수 있다.

③ 지역가입자는 제1항 단서에 따라 공단에 통보할 때 「신용정보의 이용 및 보호에 관한 법률」 제2조 제1호에 따른 신용정보, 「금융실명거래 및 비밀보장에 관한 법률」 제2조 제2호에 따른 금융자산, 같은

◆ 보수 외 소득월액 산정을 위해 대통령령으로 정하는 금액은 2025년 1월 기준 연간 2,000만 원이다(시행령 내용이므로 암기할 필요 없음). 즉, 보수 외에 이자소득, 배당소득 등으로 연간 2,000만 원 초과의 소득을 올리는 직장가입자는 보수 외 소득월액보험료를 따로 낸다는 뜻이다.

◆ 직장가입자의 보수 외 소득월액과 지역가입자의 소득월액은 '보건복지부령으로 정하는 바에 따라 평가하여 산정한다'고 규정되어 있는데, 이것은 연간 소득 중 이자·배당·사업·기타소득에 대해서는 해당 소득 전액을 반영하고, 근로·연금소득에 대해서는 해당 소득의 100분의 50만 반영하는 것이다. 보건복지부령은 시행규칙이므로 시험에 나오더라도 관련 내용을 설명해 줄 것이기 때문에 암기할 필요는 없다.

조 제3호에 따른 금융거래의 내용에 대한 자료·정보 중 대출금액 등 대통령령으로 정하는 자료·정보(이하 "금융정보등"이라 한다)를 공단에 제출하여야 하며, 제1항 단서에 따른 재산보험료부과점수 산정을 위하여 필요한 금융정보등을 공단에 제공하는 것에 대하여 동의한다는 서면을 함께 제출하여야 한다.

④ 제1항 및 제2항에 따른 재산보험료부과점수의 산정방법·산정기준 등에 필요한 사항은 대통령령으로 정한다.

제72조의2(보험료부과제도개선위원회)
삭제

제72조의3(보험료 부과제도에 대한 적정성 평가)
① 보건복지부장관은 제5조에 따른 피부양자 인정기준(이하 이 조에서 "인정기준"이라 한다)과 제69조부터 제72조까지의 규정에 따른 보험료, 보수월액, 소득월액 및 재산보험료부과점수의 산정 기준 및 방법 등(이하 이 조에서 "산정기준"이라 한다)에 대하여 적정성을 평가하고, 이 법 시행일로부터 4년이 경과한 때 이를 조정하여야 한다.

② 보건복지부장관은 제1항에 따른 적정성 평가를 하는 경우에는 다음 각 호를 종합적으로 고려하여야 한다.

1. 제4조 제1항 제5호의2 나목에 따라 심의위원회가 심의한 가입자의 소득 파악 현황 및 개선방안
2. 공단의 소득 관련 자료 보유 현황
3. 「소득세법」 제4조에 따른 종합소득(종합과세되는 종합소득과 분리과세되는 종합소득을 포함한다) 과세 현황
4. 직장가입자에게 부과되는 보험료와 지역가입자에게 부과되는 브험료 간 형평성
5. 제1항에 따른 인정기준 및 산정기준의 조정으로 인한 보험료 변동
6. 그 밖에 적정성 평가 대상이 될 수 있는 사항으로서 보건복지부장관이 정하는 사항

③ 제1항에 따른 적정성 평가의 절차, 방법 및 그 밖에 적정성 평가를 위하여 필요한 사항은 대통령령으로 정한다.

◆ 보건복지부는 2018년 7월부터 2022년까지 2단계에 걸쳐 건보료 부과체계를 개편하면서 피부양자 인정기준과 범위를 강화했다.

지식형 OX

공단의 이사장은 피부양자 인정 기준과 보험료, 보수월액, 소득월액 등에 대하여 적정성을 평가할 의무가 있다. 정답 X

해설 보험료 부과제도에 대한 적정성 평가는 보건복지부장관의 의무이다.

제6장 보험료

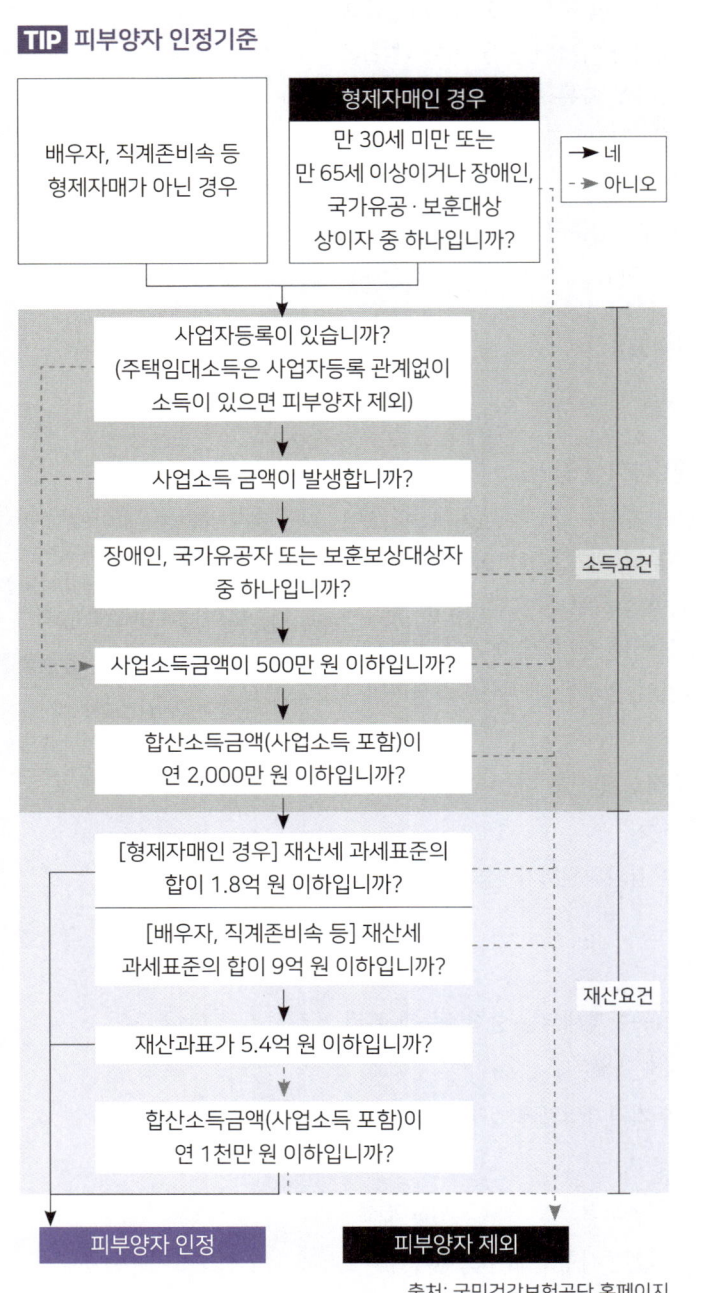

출처: 국민건강보험공단 홈페이지

제73조(보험료율 등)

① 직장가입자의 보험료율은 1천분의 80의 범위에서 심의위원회의 의결을 거쳐 대통령령으로 정한다.
② 국외에서 업무에 종사하고 있는 직장가입자에 대한 보험료율은 제1항에 따라 정해진 보험료율의 100분의 50으로 한다.
③ 지역가입자의 보험료율과 재산보험료부과점수당 금액은 심의위원회의 의결을 거쳐 대통령령으로 정한다.

제74조(보험료의 면제)

① 공단은 직장가입자가 제54조 제2호부터 제4호까지의 어느 하나에 해당하는 경우(같은 조 제2호에 해당하는 경우에는 1개월 이상의 기간으로서 대통령령으로 정하는 기간 이상 국외에 체류하는 경우에 한정한다. 이하 이 조에서 같다) 그 가입자의 보험료를 면제한다. 다만, 제54조 제2호에 해당하는 직장가입자의 경우에는 국내에 거주하는 피부양자가 없을 때에만 보험료를 면제한다.
② 지역가입자가 제54조 제2호부터 제4호까지의 어느 하나에 해당하면 그 가입자가 속한 세대의 보험료를 산정할 때 그 가입자의 제71조 제2항에 따른 소득월액 및 제72조에 따른 재산보험료부과점수를 제외한다.
③ 제1항에 따른 보험료의 면제나 제2항에 따라 보험료의 산정에서 제외되는 소득월액 및 재산보험료부과점수에 대하여는 제54조 제2호부터 제4호까지의 어느 하나에 해당하는 급여정지 사유가 생긴 날이 속하는 달의 다음 달부터 사유가 없어진 날이 속하는 달까지 적용한다. 다만, 다음 각 호의 어느 하나에 해당하는 경우에는 그 달의 보험료를 면제하지 아니하거나 보험료의 산정에서 소득월액 및 재산보험료부과점수를 제외하지 아니한다.

1. 급여정지 사유가 매월 1일에 없어진 경우
2. 제54조 제2호에 해당하는 가입자 또는 그 피부양자가 국내에 입국하여 입국일이 속하는 달에 보험급여를 받고 그 달에 출국하는 경우

◆ 2025년 1월 기준 직장가입자와 지역가입자의 보험료율은 7.09%, 지역가입자의 재산보험료부과점수당 금액은 208.4원이다. 모두 심의위원회의 의결을 거쳐 대통령령으로 정한다.

지식형 OX
제54조 제2호에 해당하는 직장가입자라도 보험료가 면제되지 않을 수 있다. **정답 O**

해설 국내에 거주하는 피부양자가 없을 때만 면제된다.

◆ 급여가 정지되므로 소득월액 및 재산보험료부과점수 계산에서도 빠진다는 의미로 이해하면 된다.

◆ 면제나 제외의 시작은 사유가 생긴 날이 속하는 달의 '다음 달'이고, 종료는 사유가 없어진 날이 속하는 '그 달'이다.

제6장 보험료

제75조(보험료의 경감 등)

① 다음 각 호의 어느 하나에 해당하는 가입자 중 보건복지부령으로 정하는 가입자에 대하여는 그 가입자 또는 그 가입자가 속한 세대의 보험료의 일부를 경감할 수 있다.

1. 섬·벽지(僻地)·농어촌 등 대통령령으로 정하는 지역에 거주하는 사람
2. 65세 이상인 사람
3. 「장애인복지법」에 따라 등록한 장애인
4. 「국가유공자 등 예우 및 지원에 관한 법률」 제4조 제1항 제4호, 제6호, 제12호, 제15호 및 제17호에 따른 국가유공자
5. 휴직자
6. 그 밖에 생활이 어렵거나 천재지변 등의 사유로 보험료를 경감할 필요가 있다고 보건복지부장관이 정하여 고시하는 사람

② 제77조에 따른 보험료 납부의무자가 다음 각 호의 어느 하나에 해당하는 경우에는 대통령령으로 정하는 바에 따라 보험료를 감액하는 등 재산상의 이익을 제공할 수 있다.

1. 제81조의6 제1항에 따라 보험료의 납입 고지 또는 독촉을 전자문서로 받는 경우
2. 보험료를 계좌 또는 신용카드 자동이체의 방법으로 내는 경우

③ 제1항에 따른 보험료 경감의 방법·절차 등에 필요한 사항은 보건복지부장관이 정하여 고시한다.

제76조(보험료의 부담)

① 직장가입자의 보수월액보험료는 직장가입자와 다음 각 호의 구분에 따른 자가 각각 보험료액의 100분의 50씩 부담한다. 다만, 직장가입자가 교직원으로서 사립학교에 근무하는 교원이면 보험료액은 그 직장가입자가 100분의 50을, 제3조 제2호 다목에 해당하는 사용자가 100분의 30을, 국가가 100분의 20을 각각 부담한다.

1. 직장가입자가 근로자인 경우에는 제3조 제2호 가목에 해당하는 사업주

---

mini 문제

보험료의 일부 경감 혜택을 받을 수 없는 자는? (단, 제75조 제1항에 명시된 것을 기준으로 한다)
① 대통령령으로 정하는 농어촌에 사는 사람
② 60세 이상인 사람
③ 「장애인복지법」에 따라 등록한 장애인
④ 법령에 따른 국가유공자

정답 ②
해설 65세 이상인 사람이 경감 가능 대상이다.

◆ 직장가입자가 근로자이든 공무원이나 교직원이든 보수월액보험료액 중 본인이 부담하는 비율은 50%이다. 다만, 나머지 50%를 누가 부담하는지가 서로 다른데, 특히 사립학교에 근무하는 교원의 경우 사용자가 30%, 국가가 20%를 부담한다는 점을 알아 두어야 한다.

2. 직장가입자가 공무원인 경우에는 그 공무원이 소속되어 있는 국가 또는 지방자치단체
3. 직장가입자가 교직원(사립학교에 근무하는 교원은 제외한다)인 경우에는 제3조 제2호 다목에 해당하는 사용자

② 직장가입자의 보수 외 소득월액보험료는 직장가입자가 부담한다.

③ 지역가입자의 보험료는 그 가입자가 속한 세대의 지역가입자 전원이 연대하여 부담한다.

④ 직장가입자가 교직원인 경우 제3조 제2호 다목에 해당하는 사용자가 부담액 전부를 부담할 수 없으면 그 부족액을 학교에 속하는 회계에서 부담하게 할 수 있다.

◆ 지역가입자의 자격 취득·변동·상실 시에는 세대주가 신고한다. 다만 부담에 있어서는 '연대'라는 표현이 나옴에 주의하자.

제77조(보험료 납부의무)

① 직장가입자의 보험료는 다음 각 호의 구분에 따라 그 각 호에서 정한 자가 납부한다.

1. 보수월액보험료: 사용자. 이 경우 사업장의 사용자가 2명 이상인 때에는 그 사업장의 사용자는 해당 직장가입자의 보험료를 연대하여 납부한다.
2. 보수 외 소득월액보험료: 직장가입자

② 지역가입자의 보험료는 그 가입자가 속한 세대의 지역가입자 전원이 연대하여 납부한다. 다만, 소득 및 재산이 없는 미성년자와 소득 및 재산 등을 고려하여 대통령령으로 정하는 기준에 해당하는 미성년자는 납부의무를 부담하지 아니한다.

③ 사용자는 보수월액보험료 중 직장가입자가 부담하여야 하는 그 달의 보험료액을 그 보수에서 공제하여 납부하여야 한다. 이 경우 직장가입자에게 공제액을 알려야 한다.

mini 문제

보험료 납부의무에 대한 설명으로 옳지 않은 것은?
① 지역가입자의 보험료는 세대주가 납부한다.
② 직장가입자의 보수월액보험료는 사용자가 납부한다.
③ 직장가입자의 보수 외 소득월액보험료는 직장가입자가 납부한다.
④ 소득 및 재산이 없는 미성년자는 지역가입자 보험료의 납부의무가 없다.

정답 ①
해설 지역가입자의 보험료는 그 가입자가 속한 세대의 지역가입자 전원이 연대해 납부한다(단, 미성년자 예외 있음).

제6장 보험료

TIP 급여명세서상의 공제내역

급여명세서를 보면 한쪽에는 지급내역, 다른 한쪽에는 공제내역이 있다. 지급내역에는 기본급과 상여금, 식대, 각종 수당 등이 기록된다. 공제내역에는 4대 보험을 포함해 소득세 등이 기록된다. 여기서 건강보험 공제액을 확인할 수 있다.

급여명세서 예시

이름:　　　　　　　　　　　　　　　　지급일: 20　년　월　일

기본급	원	소득세	원
직책수당	원	주민세	원
상여금	원	국민연금	원
특별수당	원	건강보험	원
차량유지	원	장기요양보험	원
식대	원	고용보험	원
기타	원	기타	원
급여 계	원	공제 계	원
		지급총액	원

제77조의2(제2차 납부의무)

① 법인의 재산으로 그 법인이 납부하여야 하는 보험료, 연체금 및 체납처분비를 충당하여도 부족한 경우에는 해당 법인에게 보험료의 납부의무가 부과된 날 현재의 무한책임사원 또는 과점주주(「국세기본법」 제39조 각 호의 어느 하나에 해당하는 자를 말한다)가 그 부족한 금액에 대하여 제2차 납부의무를 진다. 다만, 과점주주의 경우에는 그 부족한 금액을 그 법인의 발행주식 총수(의결권이 없는 주식은 제외한다) 또는 출자총액으로 나눈 금액에 해당 과점주주가 실질적으로 권리를 행사하는 주식 수(의결권이 없는 주식은 제외한다) 또는 출자액을 곱하여 산출한 금액을 한도로 한다.

사례형 O X

법인 A가 납부하여야 하는 보험료와 연체금을 A의 재산으로 충당하여도 부족한 때는 A의 모든 주주가 그 부족한 금액에 대하여 제2차 납부의무를 진다. **정답** X

해설 A의 무한책임사원이나 과점주주가 제2차 납부의무를 진다.

② 사업이 양도·양수된 경우에 양도일 이전에 양도인에게 납부의무가 부과된 보험료, 연체금 및 체납처분비를 양도인의 재산으로 충당하여도 부족한 경우에는 사업의 양수인이 그 부족한 금액에 대하여 양수한 재산의 가액을 한도로 제2차 납부의무를 진다. 이 경우 양수인의 범위 및 양수한 재산의 가액은 대통령령으로 정한다.

◆ 부족한 금액 전체가 아니라, 양수한 재산의 가액을 한도로 한다는 점을 알아 두자.

TIP 무한책임사원과 과점주주

- **무한책임사원**: 회사 채무에 대하여 직접·무제한·연대책임을 지고 있는 사원으로, 합명회사는 전원이 무한책임사원으로 구성되어 있으며, 합자회사는 무한책임사원과 유한책임사원으로 구성되어 있다.
- **과점주주**: 법인 전체의 50%를 초과하는 주식 및 출자지분에 관한 권리를 실질적으로 행사하는 자, 또는 법인의 경영을 사실상 지배하는 자와 그 배우자(사실상 혼인관계에 있는 자 포함) 및 그와 생계를 같이하는 직계존비속을 말한다.

제78조(보험료의 납부기한)

① 제77조 제1항 및 제2항에 따라 보험료 납부의무가 있는 자는 가입자에 대한 그 달의 보험료를 그 다음 달 10일까지 납부하여야 한다. 다만, 직장가입자의 보수 외 소득월액보험료 및 지역가입자의 보험료는 보건복지부령으로 정하는 바에 따라 분기별로 납부할 수 있다.

② 공단은 제1항에도 불구하고 납입 고지의 송달 지연 등 보건복지부령으로 정하는 사유가 있는 경우 납부의무자의 신청에 따라 제1항에 따른 납부기한부터 1개월의 범위에서 납부기한을 연장할 수 있다. 이 경우 납부기한 연장을 신청하는 방법, 절차 등에 필요한 사항은 보건복지부령으로 정한다.

◆ 직장가입자나 지역가입자 모두 다음 달 10일이다. 계좌에서는 10일 출금이고, 카드는 10일 승인이다(미납 시 25일로 이어짐). 참고로 신용(체크)카드 자동이체의 경우 납부대행수수료 0.8%(0.5%)가 발생하는데, 이는 납부자 부담이다.

제6장 보험료

제78조의2(가산금)
① 사업장의 사용자가 대통령령으로 정하는 사유에 해당되어 직장가입자가 될 수 없는 자를 제8조 제2항 또는 제9조 제2항을 위반하여 거짓으로 보험자에게 직장가입자로 신고한 경우 공단은 제1호의 금액에서 제2호의 금액을 뺀 금액의 100분의 10에 상당하는 가산금을 그 사용자에게 부과하여 징수한다.

1. 사용자가 직장가입자로 신고한 사람이 직장가입자로 처리된 기간 동안 그 가입자가 제69조 제5항에 따라 부담하여야 하는 보험료의 총액
2. 제1호의 기간 동안 공단이 해당 가입자에 대하여 제69조 제4항에 따라 산정하여 부과한 보험료의 총액

② 제1항에도 불구하고, 공단은 가산금이 소액이거나 그 밖에 가산금을 징수하는 것이 적절하지 아니하다고 인정되는 등 대통령령으로 정하는 경우에는 징수하지 아니할 수 있다.

◆ 가산금을 쉽게 정리하면 '지역보험료 총액 - 직장보험료 총액'의 10%에 상당하는 수준이다. 이때 보험료는 직장가입자로 신고된 사람 기준이며, 가산금의 부과·징수 대상은 사용자이다.

제79조(보험료등의 납입 고지)
① 공단은 보험료등을 징수하려면 그 금액을 결정하여 납부의무자에게 다음 각 호의 사항을 적은 문서로 납입 고지를 하여야 한다.
1. 징수하려는 보험료등의 종류
2. 납부해야 하는 금액
3. 납부기한 및 장소

② 삭제

③ 삭제

④ 직장가입자의 사용자가 2명 이상인 경우 또는 지역가입자의 세대가 2명 이상으로 구성된 경우 그 중 1명에게 한 고지는 해당 사업장의 다른 사용자 또는 세대 구성원인 다른 지역가입자 모두에게 효력이 있는 것으로 본다.

⑤ 휴직자등의 보험료는 휴직 등의 사유가 끝날 때까지 보건복지부령으로 정하는 바에 따라 납입 고지를 유예할 수 있다.

⑥ 공단은 제77조의2에 따른 제2차 납부의무자에게 납입의 고지를 한 경우에는 해당 법인인 사용자 및 사업 양도인에게 그 사실을 통지하여야 한다.

mini 문제
보험료등의 납입 고지 문서에 적어야 하는 사항이 아닌 것은?
① 납부기한 및 장소
② 연체금 산정 방식
③ 납부해야 하는 금액
④ 징수하려는 보험료등의 종류

정답 ②
해설 '종류, 금액, 기한, 장소'를 키워드로 알아 두자.

지식형 O X
직장가입자의 사용자가 2명 이상인 경우 각각에게 문서로 납입 고지를 해야 효력이 있다. 정답 X

해설 1명에게만 하면 모두에게 효력이 있는 것으로 본다.

제79조의2(신용카드등으로 하는 보험료등의 납부)

① 공단이 납입 고지한 보험료등을 납부하는 자는 보험료등의 납부를 대행할 수 있도록 대통령령으로 정하는 기관 등(이하 이 조에서 "보험료등납부대행기관"이라 한다)을 통하여 신용카드, 직불카드 등(이하 이 조에서 "신용카드등"이라 한다)으로 납부할 수 있다.

② 제1항에 따라 신용카드등으로 보험료등을 납부하는 경우에는 보험료등납부대행기관의 승인일을 납부일로 본다.

③ 보험료등납부대행기관은 보험료등의 납부자로부터 보험료등의 납부를 대행하는 대가로 수수료를 받을 수 있다.

④ 보험료등납부대행기관의 지정 및 운영, 수수료 등에 필요한 사항은 대통령령으로 정한다.

◆ 카드 수수료는 2014년 「국민건강보험법」 개정 전에는 공단이 부담했다. 하지만 공단 부담 시 현금 납부자와의 형평성, 세금 낭비 등의 문제로 인해 지금은 납부자가 부담한다.

제80조(연체금)

① 공단은 보험료등의 납부의무자가 납부기한까지 보험료등을 내지 아니하면 그 납부기한이 지난 날부터 매 1일이 경과할 때마다 다음 각 호에 해당하는 연체금을 징수한다.

1. 제69조에 따른 보험료 또는 제53조 제3항에 따른 보험급여 제한 기간 중 받은 보험급여에 대한 징수금을 체납한 경우: 해당 체납금액의 1천500분의 1에 해당하는 금액. 이 경우 연체금은 해당 체납금액의 1천분의 20을 넘지 못한다.

2. 제1호 외에 이 법에 따른 징수금을 체납한 경우: 해당 체납금액의 1천분의 1에 해당하는 금액. 이 경우 연체금은 해당 체납금액의 1천분의 30을 넘지 못한다.

② 공단은 보험료등의 납부의무자가 체납된 보험료등을 내지 아니하면 납부기한 후 30일이 지난 날부터 매 1일이 경과할 때마다 다음 각 호에 해당하는 연체금을 제1항에 따른 연체금에 더하여 징수한다.

1. 제69조에 따른 보험료 또는 제53조 제3항에 따른 보험급여 지한 기간 중 받은 보험급여에 대한 징수금을 체납한 경우: 해당 체납금액의 6천분의 1에 해당하는 금액. 이 경우 연체금(제1항 제1호의 연체금을 포함한 금액을 말한다)은 해당 체납금액의 1천분의 50을 넘지 못한다.

◆ 보험료는 월 단위로 산정되지만, 연체금은 일 단위로 산정된다.

◆ 제1항 제1호의 경우 매일 연체금이 체납금액의 1천500분의 1씩 더해진다는 것인데, 이렇게 더해진 금액이 1천분의 20을 넘을 수 없다고 규정하고 있다. 이때, 1천분의 20은 30일치의 연체금(1천500분의 1 × 30일 = 1천분의 20)이다. 따라서 1천500분의 1을 적용하는 것은 연체 30일까지이고, 연체 31일부터는 제2항 제1호에 따라 6천분의 1을 적용해야 한다고 이해하면 된다. 같은 원리를 제1항 제2호와 제2항 제2호에도 적용할 수 있다.

◆ 제2항 제1호에서 연체금은 체납금액의 1천분의 50을 넘지 못한다고 규정하고 있다. 이를 퍼센티지로 나타내면 5%이다. 즉, 연체금은 연체 기간이 아무리 길어도 체납금액의 5%를 넘을 수 없다. 같은 원리로 제2호에 해당하는 연체금은 체납금액의 9%를 넘을 수 없다.

제6장 보험료

2. 제1호 외에 이 법에 따른 징수금을 체납한 경우: 해당 체납금액의 3천분의 1에 해당하는 금액. 이 경우 연체금(제1항 제2호의 연체금을 포함한 금액을 말한다)은 해당 체납금액의 1천분의 90을 넘지 못한다.

③ 공단은 제1항 및 제2항에도 불구하고 천재지변이나 그 밖에 보건복지부령으로 정하는 부득이한 사유가 있으면 제1항 및 제2항에 따른 연체금을 징수하지 아니할 수 있다.

> **TIP** **4대보험 연체 이자율**
>
> 2021년 1월부터 고용보험과 산재보험의 최대 연체 이자율도 종전의 9%에서 5% 수준으로 내려갔다. 이에 건강보험을 비롯한 국민연금, 고용보험, 산재보험 등 4대보험이 모두 같은 수준의 최대 연체 이자율을 부과하게 되었다.

제81조(보험료등의 독촉 및 체납처분)

① 공단은 제57조, 제77조, 제77조의2, 제78조의2, 제101조 및 제101조의2에 따라 보험료등을 내야 하는 자가 보험료등을 내지 아니하면 기한을 정하여 독촉할 수 있다. 이 경우 직장가입자의 사용자가 2명 이상인 경우 또는 지역가입자의 세대가 2명 이상으로 구성된 경우에는 그 중 1명에게 한 독촉은 해당 사업장의 다른 사용자 또는 세대 구성원인 다른 지역가입자 모두에게 효력이 있는 것으로 본다.

◆ 제79조의 납입 고지와 마찬가지로 1명에게만 독촉하면 다른 자에게도 효력이 있는 것으로 본다.

② 제1항에 따라 독촉할 때에는 10일 이상 15일 이내의 납부기한을 정하여 독촉장을 발부하여야 한다.

③ 공단은 제1항에 따른 독촉을 받은 자가 그 납부기한까지 보험료등을 내지 아니하면 보건복지부장관의 승인을 받아 국세 체납처분의 예에 따라 이를 징수할 수 있다.

④ 공단은 제3항에 따라 체납처분을 하기 전에 보험료등의 체납 내역, 압류 가능한 재산의 종류, 압류 예정 사실 및 「국세징수법」 제41조 제18호에 따른 소액금융재산에 대한 압류금지 사실 등이 포함된 통보서를 발송하여야 한다. 다만, 법인 해산 등 긴급히 체납처분을 할 필요가 있는 경우로서 대통령령으로 정하는 경우에는 그러하지 아니하다.

◆ 보험료등을 체납했을 경우 10일 이상 15일 이내의 납부기한을 정하여 독촉장을 발부하고, 그래도 보험료등을 내지 않으면 국세 체납처분의 예에 따라 징수할 수 있다. 국세 체납처분이란 압류와 공매 등을 뜻한다.

⑤ 공단은 제3항에 따른 국세 체납처분의 예에 따라 압류하거나 제81조의2 제1항에 따라 압류한 재산의 공매에 대하여 전문지식이 필요하거나 그 밖에 특수한 사정으로 직접 공매하는 것이 적당하지 아니하다고 인정하는 경우에는 「한국자산관리공사 설립 등에 관한 법률」에 따라 설립된 한국자산관리공사(이하 "한국자산관리공사"라 한다)에 공매를 대행하게 할 수 있다. 이 경우 공매는 공단이 한 것으로 본다.

⑥ 공단은 제5항에 따라 한국자산관리공사가 공매를 대행하면 보건복지부령으로 정하는 바에 따라 수수료를 지급할 수 있다.

제81조의2(부당이득 징수금의 압류)

① 제81조에도 불구하고 공단은 보험급여 비용을 받은 요양기관이 다음 각 호의 요건을 모두 갖춘 경우에는 제57조 제1항에 따른 징수금의 한도에서 해당 요양기관 또는 그 요양기관을 개설한 자(같은 조 제2항에 따라 해당 요양기관과 연대하여 징수금을 납부하여야 하는 자를 말한다. 이하 이 조에서 같다)의 재산을 보건복지부장관의 승인을 받아 압류할 수 있다.

 1. 「의료법」 제33조 제2항 또는 「약사법」 제20조 제1항을 위반하였다는 사실로 기소된 경우
 2. 요양기관 또는 요양기관을 개설한 자에게 강제집행, 국세 강제징수 등 대통령령으로 정하는 사유가 있어 그 재산을 압류할 필요가 있는 경우

② 공단은 제1항에 따라 재산을 압류하였을 때에는 해당 요양기관 또는 그 요양기관을 개설한 자에게 문서로 그 압류 사실을 통지하여야 한다.

③ 공단은 다음 각 호의 어느 하나에 해당할 때에는 제1항에 따른 압류를 즉시 해제하여야 한다.

 1. 제2항에 따른 통지를 받은 자가 제57조 제1항에 따른 징수금에 상당하는 다른 재산을 담보로 제공하고 압류 해제를 요구하는 경우
 2. 법원의 무죄 판결이 확정되는 등 대통령령으로 정하는 사유로 해당 요양기관이 「의료법」 제33조 제2항 또는 「약사법」 제20조 제1항을 위반한 혐의가 입증되지 아니한 경우

④ 제1항에 따른 압류 및 제3항에 따른 압류 해제에 관하여 이 법에서 규정한 것 외에는 「국세징수법」을 준용한다.

---

mini 문제

공단이 공매에 대한 전문지식이 필요하거나 직접 공매하는 것이 적당하지 않을 경우 공매를 대행할 수 있는 곳은?
① 신용보증기금
② 한국산업은행
③ 한국자산관리공사
④ 한국주택금융공사

정답 ③

해설 한국자산관리공사는 공단의 공매를 대행할 수 있으며, 이 경우 공매는 공단이 한 것으로 본다.

◆ 요양기관이 제1호와 제2호의 요건을 '모두' 갖춘 경우에 보건복지부장관의 승인을 받아 재산을 압류할 수 있다. 즉, 「의료법」 제33조 제2항 또는 「약사법」 제20조 제1항을 위반하였다는 사실로 기소된 것만으로 압류가 가능한 것이 아니라, 이에 더하여 해당 요양기관 또는 요양기관을 개설한 자에게 강제집행, 국세 강제징수 등 대통령령으로 정하는 사유가 있어 그 재산을 압류할 필요가 있는 경우여야 한다.

제6장 보험료

> **TIP** 보건복지부장관의 승인
>
> 「국민건강보험법」 전문에서 '보건복지부장관의 승인을 받아'라는 표현은 총 5회 등장한다. '조직·인사·보수 및 회계에 관한 규정', '예산안 편성·변경', '1년 이상 장기 차입', '보험료등의 체납처분', '부당이득 징수금의 압류'를 키워드로 암기해 두면 된다. 구체적인 조문은 다음과 같다.
>
> **제29조(규정 등)**
> 공단의 조직·인사·보수 및 회계에 관한 규정은 이사회의 의결을 거쳐 보건복지부장관의 승인을 받아 정한다.
>
> **제36조(예산)**
> 공단은 회계연도마다 예산안을 편성하여 이사회의 의결을 거친 후 보건복지부장관의 승인을 받아야 한다. 예산을 변경할 때에도 또한 같다.
>
> **제37조(차입금)**
> 공단은 지출할 현금이 부족한 경우에는 차입할 수 있다. 다만, 1년 이상 장기로 차입하려면 보건복지부장관의 승인을 받아야 한다.
>
> **제81조(보험료등의 독촉 및 체납처분)**
> ③ 공단은 제1항에 따른 독촉을 받은 자가 그 납부기한까지 보험료등을 내지 아니하면 보건복지부장관의 승인을 받아 국세 체납처분의 예에 따라 이를 징수할 수 있다.
>
> **제81조의2(부당이득 징수금의 압류)**
> ① 제81조에도 불구하고 공단은 보험급여 비용을 받은 요양기관이 다음 각 호의 요건을 모두 갖춘 경우에는 제57조 제1항에 따른 징수금의 한도에서 해당 요양기관 또는 그 요양기관을 개설한 자(같은 조 제2항에 따라 해당 요양기관과 연대하여 징수금을 납부하여야 하는 자를 말한다. 이하 이 조에서 같다)의 재산을 보건복지부장관의 승인을 받아 압류할 수 있다.

제81조의3(체납 또는 결손처분 자료의 제공)

① 공단은 보험료 징수 및 제57조에 따른 징수금(같은 조 제2항 각 호의 어느 하나에 해당하여 같은 조 제1항 및 제2항에 따라 징수하는 금액에 한정한다. 이하 이 조에서 "부당이득금"이라 한다)의 징수 또는 공익목적을 위하여 필요한 경우에 「신용정보의 이용 및 보호에 관한 법률」 제25조 제2항 제1호의 종합신용정보집중기관에 다음 각 호의 어느 하나에 해당하는 체납자 또는 결손처분자의 인적사항·체납액 또는 결손처분액에 관한 자료(이하 이 조에서 "체납등 자료"라 한다)를 제공할 수 있다. 다만, 체납된 보험료나 부당이득금

◆ 공단이 다른 곳에 자료나 정보의 제공을 요청할 수도 있지만(제96조, 제96조의2 참고), 공단이 다른 곳에 자료를 제공할 수도 있다.

과 관련하여 행정심판 또는 행정소송이 계류 중인 경우, 제82조 제1항에 따라 분할납부를 승인받은 경우 중 대통령령으로 정하는 경우, 그 밖에 대통령령으로 정하는 사유가 있을 때에는 그러하지 아니하다.

1. 이 법에 따른 납부기한의 다음 날부터 1년이 지난 보험료 및 그에 따른 연체금과 체납처분비의 총액이 500만 원 이상인 자
2. 이 법에 따른 납부기한의 다음 날부터 1년이 지난 부당이득금 및 그에 따른 연체금과 체납처분비의 총액이 1억 원 이상인 자
3. 제84조에 따라 결손처분한 금액의 총액이 500만 원 이상인 자

② 공단은 제1항에 따라 종합신용정보집중기관에 체납등 자료를 제공하기 전에 해당 체납자 또는 결손처분자에게 그 사실을 서면으로 통지하여야 한다. 이 경우 통지를 받은 체납자가 체납액을 납부하거나 체납액 납부계획서를 제출하는 경우 공단은 종합신용정보집중기관에 체납등 자료를 제공하지 아니하거나 체납등 자료의 제공을 유예할 수 있다.

③ 체납등 자료의 제공절차에 필요한 사항은 대통령령으로 정한다.

④ 제1항에 따라 체납등 자료를 제공받은 자는 이를 업무 외의 목적으로 누설하거나 이용하여서는 아니 된다.

제81조의4(보험료의 납부증명)

① 제77조에 따른 보험료의 납부의무자(이하 이 조에서 "납부의무자"라 한다)는 국가, 지방자치단체 또는 「공공기관의 운영에 관한 법률」 제4조에 따른 공공기관(이하 이 조에서 "공공기관"이라 한다)으로부터 공사·제조·구매·용역 등 대통령령으로 정하는 계약의 대가를 지급받는 경우에는 보험료와 그에 따른 연체금 및 체납처분비의 납부사실을 증명하여야 한다. 다만, 납부의무자가 계약대금의 전부 또는 일부를 체납한 보험료로 납부하려는 경우 등 대통령령으로 정하는 경우에는 그러하지 아니하다.

② 납부의무자가 제1항에 따라 납부사실을 증명하여야 할 경우 제1항의 계약을 담당하는 주무관서 또는 공공기관은 납부의무자의 동의를 받아 공단에 조회하여 보험료와 그에 따른 연체금 및 체납처분비의 납부여부를 확인하는 것으로 제1항에 따른 납부증명을 갈음할 수 있다.

사례형 O X

공단은 부당이득금의 징수를 위하여 필요한 경우에, 납부기한의 다음 날부터 1년이 지난 부당이득금 및 그에 따른 연체금과 체납처분비의 총액이 500만 원 이상인 갑의 인적사항·체납액에 관한 자료를 종합신용정보집중기관에 제공할 수 있다. **정답** X

해설 부당이득금의 경우에는 1억 원 이상이 기준이다.

◆ 국가, 지자체, 공공기관과 계약을 맺고 일을 하려면 기본적으로 건강보험료를 성실히 납부한 상태여야 한다고 생각하면 된다.

제6장 보험료

제81조의5(서류의 송달)

제79조 및 제81조에 관한 서류의 송달에 관한 사항과 전자문서에 의한 납입 고지 등에 관하여 제81조의6에서 정하지 아니한 사항에 관하여는 「국세기본법」 제8조(같은 조 제2항 단서는 제외한다)부터 제12조까지의 규정을 준용한다.◆ 다만, 우편송달에 의하는 경우 그 방법은 대통령령으로 정하는 바에 따른다.

◆ 「국세기본법」 제8조부터 제12조까지는 '서류의 송달'에 대한 내용을 담고 있다. 여기서는 제11조와 제12조만 TIP으로 소개한다.

> **TIP** 「국세기본법」 중 서류 송달 관련 규정
>
> **제11조(공시송달)**
> ① 서류를 송달받아야 할 자가 다음 각 호의 어느 하나에 해당하는 경우에는 서류의 주요 내용을 공고한 날부터 14일이 지나면 제8조에 따른 서류 송달이 된 것으로 본다.
> 1. 주소 또는 영업소가 국외에 있고 송달하기 곤란한 경우
> 2. 주소 또는 영업소가 분명하지 아니한 경우
> 3. 제10조 제4항에서 규정한 자가 송달할 장소에 없는 경우로서 등기우편으로 송달하였으나 수취인 부재로 반송되는 경우 등 대통령령으로 정하는 경우
> ② 제1항에 따른 공고는 다음 각 호의 어느 하나에 게시하거나 게재하여야 한다. 이 경우 국세정보통신망을 이용하여 공시송달을 할 때에는 다른 공시송달 방법과 함께 하여야 한다.
> 1. 국세정보통신망
> 2. 세무서의 게시판이나 그 밖의 적절한 장소
> 3. 해당 서류의 송달 장소를 관할하는 특별자치시 · 특별자치도 · 시 · 군 · 구(자치구를 말한다. 이하 같다)의 홈페이지, 게시판이나 그 밖의 적절한 장소
> 4. 관보 또는 일간신문
>
> **제12조(송달의 효력 발생)**
> ① 제8조에 따라 송달하는 서류는 송달받아야 할 자에게 도달한 때부터 효력이 발생한다. 다만, 전자송달의 경우에는 송달받을 자가 지정한 전자우편주소에 입력된 때(국세정보통신망에 저장하는 경우에는 저장된 때)에 그 송달을 받아야 할 자에게 도달한 것으로 본다.

제81조의6(전자문서에 의한 납입 고지 등)

① 납부의무자가 제79조 제1항에 따른 납입 고지 또는 제81조 제1항에 따른 독촉을 전자문서교환방식 등에 의한 전자문서로 해줄 것을

신청하는 경우에는 공단은 전자문서로 고지 또는 독촉할 수 있다. 이 경우 전자문서 고지 및 독촉에 대한 신청 방법·절차 등에 필요한 사항은 보건복지부령으로 정한다.

② 공단이 제1항에 따라 전자문서로 고지 또는 독촉하는 경우에는 전자문서가 보건복지부령으로 정하는 정보통신망에 저장되거나 납부의무자가 지정한 전자우편주소에 입력된 때에 납입 고지 또는 독촉이 그 납부의무자에게 도달된 것으로 본다.

제82조(체납보험료의 분할납부)

① 공단은 보험료를 3회 이상 체납한 자가 신청하는 경우 보건복지부령으로 정하는 바에 따라 분할납부를 승인할 수 있다.

② 공단은 보험료를 3회 이상 체납한 자에 대하여 제81조 제3항에 따른 체납처분을 하기 전에 제1항에 따른 분할납부를 신청할 수 있음을 알리고, 보건복지부령으로 정하는 바에 따라 분할납부 신청의 절차·방법 등에 관한 사항을 안내하여야 한다.

③ 공단은 제1항에 따라 분할납부 승인을 받은 자가 정당한 사유 없이 5회(제1항에 따라 승인받은 분할납부 횟수가 5회 미만인 경우에는 해당 분할납부 횟수를 말한다) 이상 그 승인된 보험료를 납부하지 아니하면 그 분할납부의 승인을 취소한다.

④ 분할납부의 승인과 취소에 관한 절차·방법·기준 등에 필요한 사항은 보건복지부령으로 정한다.

제83조(고액·상습체납자의 인적사항 공개)

① 공단은 이 법에 따른 납부기한의 다음 날부터 1년이 경과한 보험료, 연체금과 체납처분비(제84조에 따라 결손처분한 보험료, 연체금과 체납처분비로서 징수권 소멸시효가 완성되지 아니한 것을 포함한다)의 총액이 1천만 원 이상인 체납자가 납부능력이 있음에도 불구하고 체납한 경우 그 인적사항·체납액 등(이하 이 조에서 "인적사항 등"이라 한다)을 공개할 수 있다. 다만, 체납된 보험료, 연체금과 체납처분비와 관련하여 제87조에 따른 이의신청, 제88조에 따른 심판청구가 제기되거나 행정소송이 계류 중인 경우 또는 그 밖에 체납된 금액의 일부 납부 등 대통령령으로 정하는 사유가 있는 경우에는 그러하지 아니하다.

사례형 OX

갑이 공단에 납입 고지를 전자우편으로 받겠다는 신청을 한 경우, 납입 고지가 갑에게 도달됐다고 인정되는 시점은 전자우편주소에 전자문서가 입력된 때이다.

정답 O

해설 납부의무자가 지정한 전자우편주소에 입력된 때에 납입 고지가 도달된 것으로 본다.

지식형 OX

보험료를 2회 이상 체납한 자가 신청하는 경우 분할납부를 승인할 수 있다.

정답 X

해설 3회 이상이다.

◆ 예를 들어 10회에 걸쳐 분할납부하기로 승인을 받았는데 정당한 사유 없이 5회 이상 보험료를 납부하지 않으면 승인이 취소된다. 반면 3회 또는 4회(5회 미만)일 경우는 해당 분할납부 횟수인 3회 또는 4회 이상 보험료를 납부하지 않으면 취소한다는 뜻이다.

제6장 보험료

② 제1항에 따른 체납자의 인적사항등에 대한 공개 여부를 심의하기 위하여 공단에 보험료정보공개심의위원회를 둔다.

③ 공단은 보험료정보공개심의위원회의 심의를 거친 인적사항등의 공개대상자에게 공개대상자임을 서면으로 통지하여 소명의 기회를 부여하여야 하며, 통지일부터 6개월이 경과한 후 체납액의 납부이행 등을 감안하여 공개대상자를 선정한다.◆

④ 제1항에 따른 체납자 인적사항등의 공개는 관보에 게재하거나 공단 인터넷 홈페이지에 게시하는 방법에 따른다.

⑤ 제1항부터 제4항까지의 규정에 따른 체납자 인적사항등의 공개와 관련한 납부능력의 기준, 공개절차 및 위원회의 구성·운영 등에 필요한 사항은 대통령령으로 정한다.

◆ 제57조의2(부당이득 징수금 체납자의 인적사항등 공개)와 비슷한 점이 많으므로, 비교하여 파악해야 한다. 납부능력이 있음에도 납부기한 다음 날부터 1년이 경과한 보험료 등의 체납 총액이 1천만 원 이상인 체납자가 대상이며, 보험료정보공개심의위원회의 심의를 거쳐 선정된 대상자에게 서면으로 통지하고, 소명 기회를 부여한 뒤, 6개월 경과 후 다시 대상자를 선정한다.

관련 기사 & 자료

4대 사회보험료 고액·상습체납자 인적사항 공개

국민건강보험공단 보도자료, 2024. 12. 27.

☐ 국민건강보험공단은 4대 사회보험료 고액·상습체납자 13,688명(건강보험 9,455명, 국민연금 2,549명, 고용·산재보험 1,684명)의 인적사항을 대표 홈페이지(www.nhis.or.kr)를 통해 오늘(27일) 공개했다.

- 인적사항 공개기준은 작년 12월 31일 기준 납부기한이 1년 경과된 건강보험료 1천만 원 이상, 연금보험료 2천만 원 이상, 고용·산재보험료 5천만 원 이상이다.
- 공개항목은 체납자의 성명, 상호(법인인 경우 명칭과 대표자 성명), 업종·직종, 나이, 주소, 체납기간, 체납액 등이다.

☐ 고액·상습체납자 인적사항 공개 제도는 체납자의 도덕적 해이를 방지하고 자진납부를 유도하여 보험재정 건전성을 강화하기 위한 제도이다.

- 공단은 지난 2024년 3월 29일 제1차 보험료정보공개심의위원회에서 공개예정자 29,465명을 선정하여 6개월 이상 자진납부 및 소명기회를 부여하였으며,
- 2024년 12월 20일 제2차 보험료정보공개심의위원회에서 납부약속 이행 여부, 체납자의 재산상태, 소득수준, 미성년자 여부 등을 종합적으로 고려한 후 최종적으로 공개 대상을 확정하였다. (후략)

→ 인적사항 공개기준 체납액, 소명기회 부여, 납부이행 등을 고려한 공개대상자 확정, 공단 홈페이지 게시 등의 내용을 확인할 수 있다.

제84조(결손처분)

① 공단은 다음 각 호의 어느 하나에 해당하는 사유가 있으면 재정운영위원회의 의결을 받아 보험료등을 결손처분할 수 있다.
 1. 체납처분이 끝나고 체납액에 충당될 배분금액이 그 체납액에 미치지 못하는 경우
 2. 해당 권리에 대한 소멸시효가 완성된 경우
 3. 그 밖에 징수할 가능성이 없다고 인정되는 경우로서 대통령령으로 정하는 경우

② 공단은 제1항 제3호에 따라 결손처분을 한 후 압류할 수 있는 다른 재산이 있는 것을 발견한 때에는 지체 없이 그 처분을 취소하고 체납처분을 하여야 한다.

◆ 결손처분은 일정한 사유로 말미암아 부과한 조세 등을 징수할 수 없다고 인정되는 경우에 그 납부의무를 소멸시키는 행정처분을 말한다.

지식형 O X
결손처분을 했다면, 압류할 수 있는 재산을 발견하더라도 그 처분을 취소할 수 없다. **정답 X**
해설 지체 없이 그 처분을 취소하고 체납처분을 해야 한다.

제85조(보험료등의 징수 순위)

보험료등은 국세와 지방세를 제외한 다른 채권에 우선하여 징수한다. 다만, 보험료등의 납부기한 전에 전세권·질권·저당권 또는 「동산·채권 등의 담보에 관한 법률」에 따른 담보권의 설정을 등기 또는 등록한 사실이 증명되는 재산을 매각할 때에 그 매각대금 중에서 보험료등을 징수하는 경우 그 전세권·질권·저당권 또는 「동산·채권 등의 담보에 관한 법률」에 따른 담보권으로 담보된 채권에 대하여는 그러하지 아니하다.

지식형 O X
보험료등은 원칙상 국세와 지방세를 제외하면 다른 채권보다 우선순위가 있다. **정답 O**
해설 원칙은 그러하지만, '다만' 이하의 예외 사항도 파악해 두자.

제86조(보험료등의 충당과 환급)

① 공단은 납부의무자가 보험료등·연체금 또는 체납처분비로 낸 금액 중 과오납부(過誤納付)한 금액이 있으면 대통령령으로 정하는 바에 따라 그 과오납금을 보험료등·연체금 또는 체납처분비에 우선 충당하여야 한다.

② 공단은 제1항에 따라 충당하고 남은 금액이 있는 경우 대통령령으로 정하는 바에 따라 납부의무자에게 환급하여야 한다.

③ 제1항 및 제2항의 경우 과오납금에 대통령령으로 정하는 이자를 가산하여야 한다.

◆ 과오납부는 더 많이 납부하거나 잘못 납부한 것을 의미한다.

지식형 O X
과오납금에는 이자를 가산하지 않는다. **정답 X**
해설 가산해야 한다.

요점 정리

1 보험료 등

보험료	• 건강보험사업 비용 충당 • 가입자의 자격취득일이 속하는 달의 다음 달~자격상실일의 전날이 속하는 달까지 징수(단, 매월 1일 취득은 예외) • 직장가입자의 월별 보험료액: (보수월액×보험료율)+(보수 외 소득월액×보험료율) • 지역가입자의 월별 보험료액: (소득월액×보험료율)+(재산보험료부과점수×재산보험료부과점수당 금액)
직장가입자	• 보수월액: 직장가입자가 지급받는 보수 기준, 휴직 등의 사유로 보수의 전부 또는 일부 미지급 시 사유가 생기기 전 달의 보수월액 기준 • 보수 외 소득월액: 보수월액 산정에 포함된 보수를 제외한 직장가입자 소득이 기준 금액 초과 시 '(연간 보수 외 소득−대통령령으로 정하는 금액)×1/12'을 보건복지부령으로 정하는 바에 따라 평가하여 산정

지역가입자	• 소득월액: 지역가입자의 연간 소득을 12개월로 나눈 값을 보건복지부령으로 정하는 바에 따라 평가하여 산정
	• 재산보험료부과점수: 지역가입자의 재산 기준
	  − 주거 관련 대출은 산정 시 제외
	  − 재산권 행사가 제한되는 재산은 달리 정할 수 있음

보험료율 등	• 직장가입자 보험료율: 1,000분의 80 범위에서 심의위원회 의결을 거쳐 대통령령으로 정함 • 국외 업무 종사 중인 직장가입자: 정해진 직장가입자 보험료율의 100분의 50 • 지역가입자의 보험료율과 재산보험료부과점수당 금액: 심의위원회 의결을 거쳐 대통령령으로 정함

2 보험료의 면제와 경감

면제	• 국외체류(1개월 이상으로 대통령령으로 정하는 기간 이상), 현역병, 전환복무자, 군간부후보생, 교도소 등 수용의 경우: 직장가입자는 보험료 면제, 지역가입자는 해당 가입자의 소득월액 및 재산보험료부과점수 제외 • 급여정지 사유가 생긴 날이 속하는 달의 다음 달부터 사유가 없어진 날이 속하는 달까지 보험료 면제와 소득월액 및 재산보험료부과점수 제외를 적용(단, 예외 있음)
경감	섬·벽지·농어촌 등 대통령령에 정해진 지역에 거주, 65세 이상, 장애인, 국가유공자, 휴직자 등 중 보건복지부령으로 정하는 가입자
재산상 이익	전자문서 고지 대상자, 계좌나 카드 자동이체 납부 시

3 보험료의 부담과 납부의무

직장가입자	• 보수월액보험료: 직장가입자와 해당 직장가입자의 사용자(국가 또는 지자체)가 각 100분의 50씩 부담(다만, 사립학교 교원은 직장가입자가 100분의 50, 사용자가 100분의 30, 국가가 100분의 20), 사용자가 납부 • 보수 외 소득월액보험료: 직장가입자 부담·납부
지역가입자	세대 지역가입자 전원 연대 부담·납부(단, 기준에 해당하는 미성년자는 납부의무 없음)
제2차 납부의무	법인의 재산으로 충당하여도 부족한 경우 무한책임사원이나 과점주주가 의무를 짐(단, 과점주주의 경우 한도가 있음)

4 납부기한 등

납부기한	• 다음 달 10일로, 직장가입자의 보수월액보험료를 제외하고 분기별 납부 가능 • 특정 사유 발생 시 1개월 범위 안에서 공단은 납부기한 연장 가능함
가산금	• 거짓으로 직장가입자 신고 시 그간 지역가입자로서 부담해야 했던 보험료 총액에서 그 간 부과받은 보험료 총액을 뺀 금액의 100분의 10에 상당하는 가산금을 부과·징수 • 소액이거나 대통령령으로 정하는 경우 징수하지 않을 수 있음
납입 고지	• 보험료등의 종류, 납부 금액, 기한 및 장소를 적어 문서로 고지 • 신청에 의하여 전자문서 고지 가능
납부 방법	• 신용카드 납부 가능 • 카드 거래 승인일이 납부일

5 체납

연체금	• 납부기한이 지난 날부터
	  - 보험료 또는 보험급여 제한 기간 중 받은 보험급여에 대한 징수금을 체납한 경우: 해당 체납금액의 1,500분의 1에 해당하는 금액을 매 1일마다 부과(한도: 해당 체납금액의 1,000분의 20)
	  - 이 외에 이 법에 따른 징수금을 체납한 경우: 해당 체납금액의 1,000분의 1에 해당하는 금액을 매 1일마다 부과(한도: 해당 체납금액의 1,000분의 30)
	• 납부기한 후 30일이 지난 날부터
	  - 보험료 또는 보험급여 제한 기간 중 받은 보험급여에 대한 징수금을 체납한 경우: 해당 체납금액의 6,000분의 1에 해당하는 금액을 매 1일마다 부과(한도: 해당 체납금액의 1,000분의 50)
	  - 이 외에 이 법에 따른 징수금을 체납한 경우: 해당 체납금액의 3,000분의 1에 해당하는 금액을 매 1일마다 부과(한도: 해당 체납금액의 1,000분의 90)

독촉과 체납처분	• 10~15일 납부기한으로 독촉장 발부 • 기한 내에 내지 않으면 국세 체납처분의 예에 따라 징수 가능 • 체납처분 전에 통보서 발송(단, 긴급할 경우 하지 않을 수 있음) • 한국자산관리공사가 공매 대행 가능
체납보험료 분할납부	• 3회 이상 체납한 자가 신청 가능 • 분할납부 승인을 받은 자가 사유 없이 5회 이상 납부하지 않으면 승인을 취소함
고액·상습 체납자 인적사항 공개	• 납부능력이 있음에도 납부기한 다음 날부터 1년 경과한 체납액 총액이 1,000만 원 이상인 자 • 보험료정보공개심의위원회의 심의 • 대상자에게 서면 통지로 소명 기회 부여 • 통지일로부터 6개월 경과 후 공개대상자 선정 • 관보에 게재하거나 공단 홈페이지에 게시
결손처분	• 재정운영위원회의 의결 필요 • 체납처분이 끝나고도 그 배분금액으로 체납액을 충당하지 못하는 경우, 소멸시효가 완성된 경우, 대통령령으로 정하는 징수 가능성 없는 경우

빈칸 퀴즈

- 보험료는 원칙상 가입자의 자격을 취득한 날이 속하는 [01] 부터 가입자의 자격을 잃은 날의 전날이 속하는 [02] 까지 징수한다.

- 보험료를 징수할 때 가입자의 자격이 변동된 경우에는 변동된 날이 속하는 달의 보험료는 [03] 자격을 기준으로 징수한다. 다만, 가입자의 자격이 매월 1일에 변동된 경우에는 [04] 자격을 기준으로 징수한다.

- 직장가입자의 보수월액보험료는 [05] 에 보험료율을 곱하여 얻은 금액이다.

- 지역가입자의 월별 보험료액은 [06] 과 [07] 에 따라 산정한 금액을 합산한 금액으로 한다. 이 경우 보험료액은 [08] 단위로 산정한다.

- 직장가입자의 보수 외 소득월액은 '[09] −대통령으로 정하는 금액)× [10] '을 보건복지부령으로 정하는 바에 따라 평가하여 산정한다.

- 재산보험료부과점수는 지역가입자의 재산을 기준으로 산정한다. 다만, 대통령령으로 정하는 지역가입자가 [11] 를 목적으로 대통령령으로 정하는 기준 이하의 [12] 을 구입 또는 임차하기 위하여 제72조 제1항 각 호의 어느 하나에 해당하는 대출을 받고 그 사실을 공단에 통보하는 경우에는 해당 대출금액을 대통령령으로 정하는 바에 따라 평가하여 재산보험료부과점수 산정 시 제외한다.

- 보건복지부장관은 보험료 부과제도에 대한 적정성 평가를 하는 경우에 [13] 에게 부과되는 보험료와 [14] 에게 부과되는 보험료 간 형평성을 고려하여야 한다.

- 국외에서 업무에 종사하고 있는 직장가입자에 대한 보험료율은 제73조 제1항에 따라 정해진 보험료율의 [15] 으로 한다.

- [16] 세 이상인 가입자 중 보건복지부령으로 정하는 가입자에 대하여는 그 가입자 또는 그 가입자가 속한 세대의 보험료의 일부를 경감할 수 있다.

- 직장가입자가 교직원으로서 사립학교에 근무하는 교원이면 보수월액보험료액은 그 직장가입자가 [17] 을, 사용자가 [18] 을, 국가가 [19] 을 각각 부담한다.

- 지역가입자의 보험료는 그 가입자가 속한 세대의 [20] 이 연대하여 부담한다.

정답 01 달의 다음 달 02 달 03 변동되기 전 04 변동된 05 보수월액 06 소득 07 재산 08 세대 09 연간 보수 외 소득 10 1/12 11 실제 거주 12 주택 13 직장가입자 14 지역가입자 15 100분의 50 16 65 17 100분의 50 18 100분의 30 19 10분의 20 20 지역가입자 전원

- 직장가입자의 보수월액보험료는 ⌷21⌷가, 보수 외 소득월액보험료는 ⌷22⌷가 납부한다.
- 법인의 재산으로 그 법인이 납부하여야 하는 보험료, 연체금 및 체납처분비를 충당하여도 부족한 경우에는 해당 법인에게 보험료의 납부의무가 부과된 날 현재의 ⌷23⌷ 또는 ⌷24⌷가 원칙상 그 부족한 금액에 대하여 제2차 납부의무를 진다.
- 사업이 양도·양수된 경우에 양도일 이전에 양도인에게 납부의무가 부과된 보험료, 연체금 및 체납처분비를 양도인의 재산으로 충당하여도 부족한 경우에는 ⌷25⌷이 그 부족한 금액에 대하여 ⌷26⌷을 한도로 제2차 납부의무를 진다.
- 보험료 납부의무가 있는 자는 가입자에 대한 그 달의 보험료를 ⌷27⌷까지 납부하여야 한다. 다만, 직장가입자의 ⌷28⌷ 및 지역가입자의 보험료는 ⌷29⌷으로 정하는 바에 따라 분기별로 납부할 수 있다.
- 사업장의 사용자가 대통령령으로 정하는 사유에 해당되어 직장가입자가 될 수 없는 자를 거짓으로 보험자에게 직장가입자로 신고한 경우 공단은 제78조의2 제1항 제1호의 금액에서 제2호의 금액을 뺀 금액의 ⌷30⌷에 상당하는 ⌷31⌷을 그 ⌷32⌷에게 부과하여 징수한다.
- 공단은 보험료등을 징수하려면 그 금액을 결정하여 납부의무자에게 징수하려는 보험료등의 종류, ⌷33⌷, ⌷34⌷를 적은 문서로 납입 고지를 하여야 한다.
- 공단은 보험료의 납부의무자가 체납된 보험료를 내지 아니하면 납부기한 후 30일이 지난 날부터 매 1일이 경과할 때마다 체납금액의 ⌷35⌷에 해당하는 금액을 제80조 제1항 제1호에 따른 연체금에 더하여 징수한다. 이 경우 연체금(제80조 제1항 제1호의 연체금을 포함한 금액을 말한다)은 해당 체납금액의 ⌷36⌷을 넘지 못한다.
- 공단은 보험료등을 내야 하는 자가 보험료등을 내지 않아 독촉할 때에는 ⌷37⌷ 이상 ⌷38⌷ 이내의 납부기한을 정하여 독촉장을 발부하여야 한다.
- 독촉을 받은 자가 그 납부기한까지 보험료등을 내지 아니하면 ⌷39⌷의 승인을 받아 ⌷40⌷의 예에 따라 이를 징수할 수 있다.

정답 21 사용자 22 직장가입자 23 무한책임사원 24 과점주주 25 사업의 양수인 26 양수한 재산의 가액 27 그 다음 달 10일 28 보수 외 소득월액보험료 29 보건복지부령 30 100분의 10 31 가산금 32 사용자 33 납부해야 하는 금액 34 납부기한 및 장소 35 6천분의 1 36 1천분의 50 37 10일 38 15일 39 보건복지부장관 40 국세 체납처분

◆ 공단은 보험료 징수 및 부당이득금의 징수 또는 ⬚41 을 위하여 필요한 경우에 원칙상 종합신용정보집중기관에 다음 각 호의 어느 하나에 해당하는 체납자 또는 결손처분자의 체납등 자료를 제공할 수 있다.

　1. 이 법에 따른 납부기한의 다음 날부터 ⬚42 이 지난 보험료 및 그에 따른 연체금과 체납처분비의 총액이 ⬚43 원 이상인 자

　2. 이 법에 따른 납부기한의 다음 날부터 ⬚44 이 지난 부당이득금 및 그에 따른 연체금과 체납처분비의 총액이 ⬚45 원 이상인 자

　3. 제84조에 따라 결손처분한 금액의 총액이 ⬚46 원 이상인 자

◆ 체납등 자료의 제공절차에 필요한 사항은 ⬚47 으로 정한다.

◆ 공단이 전자문서로 고지 또는 독촉하는 경우에는 전자문서가 보건복지부령으로 정하는 정보통신망에 ⬚48 되거나 납부의무자가 지정한 전자우편주소에 ⬚49 된 때에 납입 고지 또는 독촉이 그 납부의무자에게 도달된 것으로 본다.

◆ 공단은 보험료를 ⬚50 이상 체납한 자가 신청하는 경우 ⬚51 으로 정하는 바에 따라 분할납부를 승인할 수 있다.

◆ 공단은 이 법에 따른 납부기한의 다음 날부터 ⬚52 이 경과한 보험료, 연체금과 체납처분비의 총액이 ⬚53 원 이상인 체납자가 ⬚54 이 있음에도 불구하고 체납한 경우 그 인적사항등을 공개할 수 있다.

◆ 공단은 다음 각 호의 어느 하나에 해당하는 사유가 있으면 ⬚55 의 의결을 받아 보험료등을 ⬚56 할 수 있다.

　1. 체납처분이 끝나고 체납액에 충당될 배분금액이 그 체납액에 미치지 못하는 경우

　2. 해당 권리에 대한 ⬚57 가 완성된 경우

　3. 그 밖에 ⬚58 이 없다고 인정되는 경우로서 대통령령으로 정하는 경우

◆ 보험료등은 원칙상 ⬚59 와 ⬚60 를 제외한 다른 채권에 우선하여 징수한다.

정답 41 공익목적 42 1년 43 500만 44 1년 45 1억 46 500만 47 대통령령 48 저장 49 입력 50 3회 51 보건복지부령 52 1년 53 1천만 54 납부능력 55 재정운영위원회 56 결손처분 57 소멸시효 58 징수할 가능성 59 국세 60 지방세

OX 퀴즈

01 ☐☒ 직장가입자였던 A가 202X년 2월 1일 지역가입자로 자격이 변동된 경우 202X년 2월의 보험료는 지역가입자 자격을 기준으로 징수한다.

02 ☐☒ 직장가입자의 월별 보험료액 중 보수월액보험료는 보수월액에 보험료율을 곱하여 얻은 금액이다.

03 ☐☒ 월별 보험료액은 가입자의 보험료 평균액의 일정비율에 해당하는 금액을 고려하여 보건복지부령으로 정하는 기준에 따라 상한 및 하한을 정한다.

04 ☐☒ 직장가입자 B가 휴직을 하여 보수의 일부만 받게 된 경우 B의 보수월액보험료는 휴직하기 전 달의 보수월액을 기준으로 산정한다.

05 ☐☒ 지역가입자의 소득월액은 지역가입자의 연간 소득을 보건복지부령으로 정하는 바에 따라 평가하여 산정한다.

06 ☐☒ 보건복지부장관이 보험료 부과제도에 대한 적정성 평가를 하는 경우 고려하여야 하는 사항에는 심의위원회가 심의한 가입자의 소득 파악 현황 및 개선방안이 포함된다.

07 ☐☒ 직장가입자의 보험료율은 1천분의 50의 범위에서 심의위원회의 의결을 거쳐 대통령령으로 정한다.

08 ☐☒ 직장가입자 C가 대통령령으로 정하는 기간 이상 미국에 체류하고 있고, C의 피부양자 D는 국내에 거주하고 있는 경우 C의 보험료는 면제되지 않는다.

09 ☐☒ 휴직자 중에서 보건복지부령으로 정하는 가입자에 대하여는 그 가입자 또는 그 가입자가 속한 세대의 보험료의 일부를 경감할 수 있다.

10 ☐☒ 보험료의 납입 고지를 전자문서로 받는 납부의무자는 보험료 감액 등 재산상의 이익을 제공받을 수 있다.

11 ☐☒ 직장가입자의 보수 외 소득월액보험료는 사용자가 납부한다.

12 ☐☒ 지역가입자의 보험료는 그 가입자가 속한 세대의 세대주가 납부한다.

13 ☐☒ 법인의 재산으로 그 법인이 납부하여야 하는 보험료, 연체금 및 체납처분비를 충당하여도 부족한 경우에는 해당 법인에게 보험료의 납부의무가 부과된 날 현재의 유한책임사원 또는 과점주주가 원칙상 그 부족한 금액에 대하여 제2차 납부의무를 진다.

14 ☐☒ 지역가입자 E의 보험료는 보건복지부령으로 정하는 바에 따라 분기별로 납부할 수 있다.

15 ☐☒ 사용자 F가 대통령령으로 정하는 사유에 해당되어 직장가입자가 될 수 없는 G를 거짓으로 보험자에게 직장가입자로 신고한 경우 공단은 G에게 가산금을 부과하여 징수한다.

16 ☐☒ 지역가입자의 세대가 2명으로 구성된 경우 그중 1명에게 한 고지는 세대 구성원인 다른 지역가입자에게도 효력이 있는 것으로 본다.

정답 & 해설

01 ○ 가입자의 자격이 변동된 경우 변동된 날이 속하는 달의 보험료는 변동되기 전의 자격을 기준으로 징수하지만, 가입자의 자격이 매월 1일에 변동된 경우에는 변동된 자격을 기준으로 징수한다.

02 ○ 직장가입자의 월별 보험료액 중 보수월액보험료는 보수월액에 보험료율을 곱하여 얻은 금액이고, 보수 외 소득월액보험료는 보수 외 소득월액에 보험료율을 곱하여 얻은 금액이다.

03 ✕ 월별 보험료액은 '보건복지부령'이 아니라 '대통령령'으로 정하는 기준에 따라 상한 및 하한을 정한다.

04 ○ 휴직이나 그 밖의 사유로 보수의 전부 또는 일부가 지급되지 아니하는 가입자의 보수월액보험료는 해당 사유가 생기기 전 달의 보수월액을 기준으로 산정한다.

05 ✕ 지역가입자의 소득월액은 지역가입자의 '연간 소득'이 아니라 '연간 소득을 12개월로 나눈 값'을 보건복지부령으로 정하는 바에 따라 평가하여 산정한다.

06 ○ 보험료 부과제도에 대한 적정성 평가 시, 심의위원회가 심의한 가입자의 소득 파악 현황 및 개선방안, 공단의 소득 관련 자료 보유 현황, 종합소득 과세 현황, 직장가입자에게 부과되는 보험료와 지역가입자에게 부과되는 보험료 간 형평성, 인정기준 및 산정기준의 조정으로 인한 보험료 변동 등을 종합적으로 고려하여야 한다.

07 ✕ 직장가입자의 보험료율은 '1천분의 50'이 아니라 '1천분의 80'의 범위에서 정한다.

08 ○ 직장가입자가 대통령령으로 정하는 기간 이상 국외에 체류하더라도, 국내에 거주하는 피부양자가 없을 때에만 보험료를 면제한다.

09 ○ 섬·벽지·농어촌 등 대통령령으로 정하는 지역에 거주하는 사람, 65세 이상인 사람, 장애인, 국가유공자, 휴직자, 그 밖에 보건복지부장관이 정하여 고시하는 사람 중에서 보건복지부령으로 정하는 가입자에 대하여는 그 가입자 또는 그 가입자가 속한 세대의 보험료의 일부를 경감할 수 있다.

10 ○ 납부의무자가 보험료의 납입 고지 또는 독촉을 전자문서로 받는 경우, 보험료를 계좌 또는 신용카드 자동이체의 방법으로 내는 경우에는 보험료를 감액하는 등 재산상의 이익을 제공할 수 있다.

11 ✕ 직장가입자의 보수월액보험료는 사용자가, 보수 외 소득월액보험료는 직장가입자가 납부한다.

12 ✕ 지역가입자의 보험료는 그 가입자가 속한 세대의 지역가입자 전원이 연대하여 납부한다. 다만, 소득 및 재산이 없는 미성년자와 소득 및 재산 등을 고려하여 대통령령으로 정하는 기준에 해당하는 미성년자는 납부의무를 부담하지 않는다.

13 ✕ '유한책임사원'이 아니라 '무한책임사원'과 과점주주가 제2차 납부의무를 진다.

14 ○ 직장가입자의 보수 외 소득월액보험료 및 지역가입자의 보험료는 보건복지부령으로 정하는 바에 따라 분기별로 납부할 수 있다.

15 ✕ 사용자가 직장가입자가 될 수 없는 자를 거짓으로 직장가입자로 신고한 경우 공단은 직장가입자로 신고된 자가 아니라 사용자에게 가산금을 부과하여 징수한다.

16 ○ 직장가입자의 사용자가 2명 이상인 경우 또는 지역가입자의 세대가 2명 이상으로 구성된 경우 그중 1명에게 한 고지는 해당 사업장의 다른 사용자 또는 세대 구성원인 다른 지역가입자 모두에게 효력이 있는 것으로 본다.

17 ○☒ 보험료등납부대행기관은 공단으로부터 보험료등의 납부를 대행하는 대가로 수수료를 받을 수 있다.

18 ○☒ 공단은 납부의무자가 보험료를 체납한 경우, 납부기한 후 30일까지는 매 1일이 경과할 때마다 체납금액의 1천분의 1에 해당하는 금액을 연체금으로 징수한다.

19 ○☒ 공단은 보험료등을 내야 하는 자가 보험료등을 내지 않아 독촉하는 경우 10일 이상 15일 이내의 납부기한을 정하여 독촉장을 발부하여야 한다.

20 ○☒ 독촉을 받은 자가 납부기한까지 보험료를 내지 않아 체납처분을 하려는 경우 공단은 체납처분을 하기 전에 원칙상 통보서를 발송하여야 한다.

21 ○☒ 공단은 압류한 재산을 직접 공매하는 것이 적당하지 않다고 인정하는 경우 한국자산관리공사에 공매를 대행하게 할 수 있다.

22 ○☒ 공단은 공익목적을 위하여 필요한 경우에 결손처분한 금액의 총액이 100만 원 이상인 자의 체납등 자료를 종합신용정보집중기관에 제공할 수 있다.

23 ○☒ 납부의무자가 독촉을 전자문서로 해 줄 것을 신청하는 경우에는 공단은 전자문서로 독촉하여야 한다.

24 ○☒ 공단은 보험료를 5회 이상 체납한 자에 대하여 체납처분을 하기 전에 분할납부를 신청할 수 있음을 알려야 한다.

25 ○☒ 공단으로부터 승인받은 분할납부 횟수가 3회인 체납자 H가 정당한 사유 없이 3회 이상 승인된 보험료를 납부하지 않으면 그 분할납부의 승인을 취소한다.

26 ○☒ 납부기한의 다음 날부터 1년이 경과한 보험료를 1천만 원 이상 체납했다면 체납자의 납부능력과 관계없이 인적사항등을 공개할 수 있다.

27 ○☒ 공단은 고액·상습체납자의 인적사항등에 대한 공개 여부를 심의하기 위하여 공단에 부당이득징수금체납정보공개심의위원회를 둔다.

28 ○☒ 공단은 해당 권리에 대한 소멸시효가 완성된 경우 재정운영위원회의 의결을 받아 보험료등을 결손처분할 수 있다.

29 ○☒ 공단이 결손처분을 한 경우에는 압류할 수 있는 다른 재산이 있는 것을 발견하더라도 그 처분을 취소할 수 없다.

30 ○☒ 공단은 납부의무자가 보험료로 낸 금액 중 과오납부한 금액이 있으면 우선 해당 납부의무자에게 환급하여야 한다.

17	✗	보험료등납부대행기관은 '공단'이 아니라 '납부자'로부터 수수료를 받을 수 있다.
18	✗	보험료를 체납한 경우에는 납부기한 후 30일까지 매 1일이 경과할 때마다 체납금액의 '1천분의 1'이 아니라 '1천500분의 1'에 해당하는 금액을 연체금으로 징수한다.
19	○	독촉할 때에는 10일 이상 15일 이내의 납부기한을 정하여 독촉장을 발부하여야 한다.
20	○	체납처분을 하기 전에 보험료등의 체납 내역, 압류 가능한 재산의 종류, 압류 예정 사실 및 소액금융재산에 대한 압류금지 사실 등이 포함된 통보서를 발송하여야 한다. 다만, 법인 해산 등 긴급히 체납처분을 할 필요가 있는 경우로서 대통령령으로 정하는 경우에는 예외이다.
21	○	공단은 압류한 재산의 공매에 대하여 전문지식이 필요하거나 그 밖에 특수한 사정으로 직접 공매하는 것이 적당하지 않다고 인정하는 경우에는 한국자산관리공사에 공매를 대행하게 할 수 있다. 이 경우 공매는 공단이 한 것으로 본다.
22	✗	결손처분한 금액의 총액이 '100만 원 이상'이 아니라 '500만 원 이상'인 경우에 체납등 자료를 종합신용정보집중기관에 제공할 수 있다.
23	✗	납부의무자가 납입 고지 또는 독촉을 전자문서교환방식 등에 의한 전자문서로 해 줄 것을 신청하는 경우에는 공단은 전자문서로 고지 또는 독촉할 수 있다. 즉, 반드시 전자문서로 '하여야 하는' 것이 아니라, 전자문서로 '할 수 있는' 것이다.
24	✗	'5회 이상'이 아니라 '3회 이상' 체납한 자에 대하여 체납처분을 하기 전에 분할납부를 신청할 수 있음을 알려야 한다.
25	○	승인받은 분할납부 횟수가 5회 미만인 경우에는 해당 분할납부 횟수 이상 그 승인된 보험료를 납부하지 않을 때 그 분할납부의 승인을 취소한다.
26	✗	체납자가 납부능력이 있음에도 불구하고 체납한 경우 공개할 수 있다. 즉, '체납자의 납부능력'은 고려 대상이다.
27	✗	고액·상습체납자의 인적사항등에 대한 공개 여부를 심의하는 곳은 '보험료정보공개심의위원회'이다.
28	○	공단은 체납처분이 끝나고 체납액에 충당될 배분금액이 그 체납액에 미치지 못하는 경우, 해당 권리에 대한 소멸시효가 완성된 경우, 그 밖에 징수할 가능성이 없다고 인정되는 경우로서 대통령령으로 정하는 경우에는 재정운영위원회의 의결을 받아 보험료등을 결손처분할 수 있다.
29	✗	결손처분을 한 후 압류할 수 있는 다른 재산이 있는 것을 발견한 때에는 지체 없이 그 처분을 취소하고 체납처분을 하여야 한다.
30	✗	과오납금은 보험료등·연체금 또는 체납처분비에 우선 충당하여야 하고, 충당하고 남은 금액이 있는 경우 납부의무자에게 환급하여야 한다.

제7장 이의신청 및 심판청구 등

제87조(이의신청)

① 가입자 및 피부양자의 자격, 보험료등, 보험급여, 보험급여 비용에 관한 공단의 처분에 이의가 있는 자는 공단에 이의신청을 할 수 있다.

② 요양급여비용 및 요양급여의 적정성 평가 등에 관한 심사평가원의 처분에 이의가 있는 공단, 요양기관 또는 그 밖의 자는 심사평가원에 이의신청을 할 수 있다.

③ 제1항 및 제2항에 따른 이의신청(이하 "이의신청"이라 한다)은 처분이 있음을 안 날부터 90일 이내에 문서(전자문서를 포함한다)로 하여야 하며 처분이 있은 날부터 180일을 지나면 제기하지 못한다. 다만, 정당한 사유로 그 기간에 이의신청을 할 수 없었음을 소명한 경우에는 그러하지 아니하다.

④ 제3항 본문에도 불구하고 요양기관이 제48조에 따른 심사평가원의 확인에 대하여 이의신청을 하려면 같은 조 제2항에 따라 통보받은 날부터 30일 이내에 하여야 한다.

⑤ 제1항부터 제4항까지에서 규정한 사항 외에 이의신청의 방법·결정 및 그 결정의 통지 등에 필요한 사항은 대통령령으로 정한다.

◆ 제1항과 제2항은 '공단의 처분에 이의', '심사평가원의 처분에 이의'라는 차이가 있다. 요양급여비용의 심사, 요양급여비용 적정성 평가, 제48조의 확인은 심사평가원이고 나머지는 공단이라고 보면 된다.

◆ 처분이 있음을 안 날로부터 90일 이내, 처분이 있은 날부터 180일 이내를 기억해야 한다.

사례형 OX

요양급여의 적정성 평가에 관한 처분에 이의가 있는 요양기관 A가 이의신청을 하기 위해서는 처분이 있음을 안 날부터 180일 이내에 심사평가원에 해야 한다.

정답 X

해설 심사평가원에 해야 하는 것은 맞지만, 처분이 있음을 안 날부터 90일 이내에 해야 한다.

관련 기사 & 자료

심사평가원, '이의신청 프로그램' 도입
이의신청을 전산 운영하여 처리기간 단축 및 행정부담 감소 기대
건강보험심사평가원 보도자료, 2017. 6. 13.

☐ 건강보험심사평가원(이하 '심사평가원')은 신속한 이의신청 처리를 위해 이의신청을 전산으로 접수·처리하는 '이의신청 프로그램'을 6월 16일(금)부터 운영한다.
※ 요양기관 업무포털(http://biz.hira.or.kr) 하단의 '이의신청 프로그램' 버튼을 클릭하여 프로그램 설치 후 사용

☐ 심사평가원은 이의신청 접수 건수가 급격히 증가함에 따른 이의신청 처리 지연을 해소하기 위해 2016년부터 이의신청 전산처리 시스템 도입을 준비해 왔다.
※ 이의신청 접수 현황: (2012년) 517,394건 → (2016년) 933,461건(80.4% 증가)

• 이번 6월 16일(금)부터 운영되는 '이의신청 프로그램'을 이용하면 기존에 서면으로 진행하던 이의신청 절차를 전자문서 접수, 전산심사로 진행할 수 있다.

- 이에 따라 △접수의 정확성 및 신속성 향상 △이의신청 전 과정을 전산으로 작성·관리함에 따른 행정부담 감소 △이의신청 처리기간 단축 등의 효과가 있을 것으로 예상된다.
□ 심사평가원 ○○○ 심사관리실장은 "지난 몇 년간 이의신청 접수 건이 지속적으로 증가함에 따라 처리기간이 지연되어 요양기관의 불편함이 있었다. 하지만 16일부터 운영하는 이의신청 프로그램을 통해 요양기관의 불편과 행정부담이 감소할 것으로 기대한다"고 전하며, "앞으로도 요양기관의 만족도와 업무의 효율성을 높일 수 있는 프로그램 개발에 지속적으로 관심을 기울이겠다"고 밝혔다.

→ 제87조 제3항을 살펴보면, 이의신청은 문서로 해야 하지만, 그 문서에는 전자문서가 포함된다고 규정되어 있다. 심사평가원의 이의신청 프로그램은 여기에 근거를 두고 있다.

제88조(심판청구)

① 이의신청에 대한 결정에 불복하는 자는 제89조에 따른 건강보험분쟁조정위원회에 심판청구를 할 수 있다. 이 경우 심판청구의 제기기간 및 제기방법에 관하여는 제87조 제3항을 준용한다.

② 제1항에 따라 심판청구를 하려는 자는 대통령령으로 정하는 심판청구서를 제87조 제1항 또는 제2항에 따른 처분을 한 공단 또는 심사평가원에 제출하거나 제89조에 따른 건강보험분쟁조정위원회에 제출하여야 한다.

③ 제1항 및 제2항에서 규정한 사항 외에 심판청구의 절차·방법·결정 및 그 결정의 통지 등에 필요한 사항은 대통령령으로 정한다.

◆ 심판청구서를 제출할 수 있는 곳에는 건강보험분쟁조정위원회뿐만 아니라 처분을 한 공단이나 심사평가원도 있다는 점을 알아 두어야 한다.

TIP 심판청구 절차

심판청구서 제출
▼
처분청의 답변서 제출
▼
보충서면 제출
▼
심리·의결
▼
재결 및 결정 통지

제7장 이의신청 및 심판청구 등

제89조(건강보험분쟁조정위원회)

① 제88조에 따른 심판청구를 심리·의결하기 위하여 보건복지부에 건강보험분쟁조정위원회(이하 "분쟁조정위원회"라 한다)를 둔다.

② 분쟁조정위원회는 위원장을 포함하여 60명 이내의 위원으로 구성하고, 위원장을 제외한 위원 중 1명은 당연직위원으로 한다. 이 경우 공무원이 아닌 위원이 전체 위원의 과반수가 되도록 하여야 한다.

③ 분쟁조정위원회의 회의는 위원장, 당연직위원 및 위원장이 매 회의마다 지정하는 7명의 위원을 포함하여 총 9명으로 구성하되, 공무원이 아닌 위원이 과반수가 되도록 하여야 한다.

④ 분쟁조정위원회는 제3항에 따른 구성원 과반수의 출석과 출석위원 과반수의 찬성으로 의결한다.

⑤ 분쟁조정위원회를 실무적으로 지원하기 위하여 분쟁조정위원회에 사무국을 둔다.

⑥ 제1항부터 제5항까지에서 규정한 사항 외에 분쟁조정위원회 및 사무국의 구성 및 운영 등에 필요한 사항은 대통령령으로 정한다.

⑦ 분쟁조정위원회의 위원 중 공무원이 아닌 사람은 「형법」 제129조부터 제132조까지의 규정을 적용할 때 공무원으로 본다.

> **TIP 위원 및 임원 인원**
> - 건강보험정책심의위원회(제4조): 위원장 1명, 부위원장 1명 포함 총 25명
> - 국민건강보험공단(제20조): 이사장 1명, 이사 14명, 감사 1명
> - 재정운영위원회(제34조): 직장가입자 대표 10명, 지역가입자 대표 10명, 공익 대표 10명 총 30명
> - 건강보험심사평가원(제65조): 원장, 이사 15명, 감사 1명
> - 진료심사평가위원회(제66조): 위원장 포함 90명 이내 상근 심사위원, 1천 명 이내 비상근 심사위원
> - 건강보험분쟁조정위원회(제89조): 위원장 포함 60명 이내

지식형 OX

건강보험분쟁조정위원회는 공단에 설치된 기관이다. **정답** ✗

해설 심판청구를 위해 설치된 기관인 건강보험분쟁조정위원회는 보건복지부 소속이다. 심사평가원과 공단 모두의 이의신청에 대하여 2차적인 판단을 하는 기관이기에, 공단에 소속되지 않는다.

◆ 「국민건강보험법」상 위원회 관련 규정 중 '찬성으로 의결'한다는 것은 제89조 한 곳에 등장한다. 만약 다른 위원회에서 찬성 의결이라는 표현이 나오면 옳지 않은 내용이다.

제90조(행정소송)

공단 또는 심사평가원의 처분에 이의가 있는 자와 제87조에 따른 이의신청 또는 제88조에 따른 심판청구에 대한 결정에 불복하는 자는 「행정소송법」에서 정하는 바에 따라 행정소송을 제기할 수 있다.

◆ 이의신청과 심판청구가 행정적 구제절차라면, 행정소송은 사법적 권리구제절차로 볼 수 있다.

관련 기사 & 자료

"건보공단, 아동병원 내과 환자 가산료 환수 처분 부당"
보건뉴스, 2020. 6. 10.

소아청소년과 전문의가 8세 이상 내과 질환 환자를 진료한 뒤 가산료를 받는 데 대한 건보공단의 환수 조치가 부당하다는 판결이 나왔다.

최근 모 아동병원이 국민건강보험공단(이하 건보공단) 지역 본부로부터 8세 이상 아동의 내과 질환 진료 후 가산점에 대해 환수 처분이 내려져 요양급여비용 환수 처분 무효 확인 소를 제기해 행정법원의 조정 권고안에 따라 협의를 진행, 건보공단이 요청을 검토, 소 취하 등을 통해 이를 원상 복귀한 것으로 나타났다.

건보공단은 이전에도 입원료 가산 중 내과전문의가 등록되지 않은 기관으로 만 8세 이상 소아환자 및 성인환자에 대해 입원료를 가산 청구한 경우 환수처분을 진행한 바 있다.

이에 대해 대한아동병원협회는 "2015년 건보공단 지역본부가 아동병원이 청구한 8세 이상 입원환자 내과 가산료를 환수한 것과 관련, 건강보험분쟁조정위원회에 심판청구를 진행한 결과 1년여 만에 승소 판결을 받았다"며 "2017년 12월 21일 이후의 아동병원 8세 이상 입원환자 내과 가산료를 청구할 수 있게 됐다"고 설명했다.

→ 요양기관 측이 공단의 부당이득 환수 처분에 반발하여 행정소송을 제기한 내용과 과거에 건강보험분쟁조정위원회에 심판청구를 진행한 내용이 나타나 있다.

요점 정리

1 이의신청, 심판청구, 행정소송

이의신청	• 공단의 처분에 이의가 있는 자는 공단에 이의신청 • 심사평가원 처분에 이의가 있는 자(공단, 요양기관 포함)는 심사평가원에 이의신청 • 처분이 있음을 안 날부터 90일 이내, 문서(전자문서 포함)로 신청 • 정당한 사유 없이 처분일로부터 180일이 지나면 제기 불가 • 요양기관의 제48조에 따른 심사평가원의 확인에 대한 이의신청은 30일 이내에 해야 함
심판청구	• 이의신청에 불복하는 자는 건강보험분쟁조정위원회에 심판청구 • 심판청구서를 처분을 한 공단이나 심사평가원, 건강보험분쟁조정위원회에 제출
행정소송	공단 또는 심사평가원의 처분에 이의가 있는 자, 이의신청 또는 심판청구에 대한 결정에 불복하는 자가 제기할 수 있음

2 건강보험분쟁조정위원회

목적	심판청구를 심리·의결하기 위해 보건복지부에 설치
구성	• 위원장 포함 60명 이내 위원, 위원장 제외한 위원 중 1명은 당연직위원(공무원 아닌 위원이 과반수여야 함) • 위원장, 당연직위원 및 위원장이 회의마다 지정한 7명을 포함해 총 9명으로 구성(공무원 아닌 위원이 과반수여야 함) • 구성원 9명 중 과반수의 출석과 출석위원 과반수의 찬성으로 의결

빈칸 퀴즈

- ◆ 01_____ , 보험료등, 보험급여, 보험급여 비용에 관한 공단의 처분에 이의가 있는 자는 02_____ 에 이의신청을 할 수 있다.

- ◆ 이의신청은 원칙상 처분이 있음을 안 날부터 03_____ 이내에 문서(04_____ 를 포함한다)로 하여야 하며 처분이 있은 날부터 05_____ 을 지나면 제기하지 못한다.

- ◆ 06_____ 이 제48조에 따른 심사평가원의 확인에 대하여 이의신청을 하려면 같은 조 제2항에 따라 통보받은 날부터 07_____ 이내에 하여야 한다.

- ◆ 제87조 제1항부터 제4항까지에서 규정한 사항 외에 이의신청의 방법 · 결정 및 그 결정의 통지 등에 필요한 사항은 08_____ 으로 정한다.

- ◆ 이의신청에 대한 결정에 불복하는 자는 09_____ 에 심판청구를 할 수 있다.

- ◆ 심판청구를 하려는 자는 대통령령으로 정하는 10_____ 를 처분을 한 공단 또는 심사평가원에 제출하거나 11_____ 에 제출하여야 한다.

- ◆ 심판청구를 심리 · 의결하기 위하여 12_____ 에 건강보험분쟁조정위원회를 둔다.

- ◆ 분쟁조정위원회는 위원장을 포함하여 13_____ 명 이내의 위원으로 구성하고, 위원장을 제외한 위원 중 14_____ 명은 당연직위원으로 한다. 이 경우 공무원이 아닌 위원이 전체 위원의 15_____ 가 되도록 하여야 한다.

- ◆ 분쟁조정위원회의 회의는 위원장, 당연직위원 및 위원장이 매 회의마다 지정하는 16_____ 명의 위원을 포함하여 총 17_____ 명으로 구성하되, 공무원이 아닌 위원이 18_____ 가 되도록 하여야 한다.

- ◆ 분쟁조정위원회는 회의 구성원 과반수의 출석과 출석위원 19_____ 의 찬성으로 의결한다.

- ◆ 공단 또는 심사평가원의 처분에 이의가 있는 자와 이의신청 또는 심판청구에 대한 결정에 불복하는 자는 20_____ 을 제기할 수 있다.

정답 01 가입자 및 피부양자의 자격 02 공단 03 90일 04 전자문서 05 180일 06 요양기관 07 30일 08 대통령령 09 건강보험분쟁조정위원회 10 심판청구서 11 건강보험분쟁조정위원회 12 보건복지부 13 60 14 1 15 과반수 16 7 17 9 18 과반수 19 과반수 20 행정소송

O X 퀴즈

01 ⃞O ⃞X 직장가입자 A가 자신에게 부과된 보수 외 소득월액보험료에 이의가 있다면 공단에 이의신청을 할 수 있다.

02 ⃞O ⃞X 요양기관 B가 요양급여비용에 관한 심사평가원의 처분에 이의가 있다면 공단에 이의신청을 할 수 있다.

03 ⃞O ⃞X 이의신청은 전자문서로도 할 수 있다.

04 ⃞O ⃞X 이의신청은 정당한 사유가 없는 한 처분이 있은 날부터 90일을 지나면 제기하지 못한다.

05 ⃞O ⃞X 피부양자 C가 요양기관 D에서 진료를 받고 본인일부부담금 외에 자신이 부담한 비용이 요양급여 대상에서 제외되는 비용인지 여부에 대하여 심사평가원에 확인을 요청했다. 심사평가원은 그 비용이 요양급여 대상에 해당되는 것을 확인하고 이 내용을 D에 통보했다. 만약 D가 이 결과에 대해 이의신청을 하려면, 통보받은 날부터 30일 이내에 하여야 한다.

06 ⃞O ⃞X 이의신청에 대한 결정에 불복하는 자는 건강보험분쟁조정위원회에 다시 이의신청을 할 수 있다.

07 ⃞O ⃞X 심판청구는 정당한 사유가 없는 한 이의신청에 대한 결정이 있음을 안 날부터 90일 이내에 하여야 하며, 결정이 있은 날부터 180일을 지나면 제기하지 못한다.

08 ⃞O ⃞X 심판청구를 하려는 자는 심판청구서를 행정심판위원회에 제출하여야 한다.

09 ⃞O ⃞X 심판청구를 심리·의결하기 위하여 보건복지부에 건강보험분쟁조정위원회를 둔다.

10 ⃞O ⃞X 분쟁조정위원회는 위원장을 포함하여 50명 이내의 위원으로 구성하고, 위원장을 제외한 위원 중 1명은 당연직위원으로 한다.

11 ⃞O ⃞X 분쟁조정위원회는 공무원인 위원이 전체 위원의 과반수가 되어야 한다.

12 ⃞O ⃞X 분쟁조정위원회의 회의는 총 9명으로 구성한다.

13 ⃞O ⃞X 분쟁조정위원회에 8명이 출석한 경우 의결을 위한 최소 찬성 인원수는 5명이다.

14 ⃞O ⃞X 분쟁조정위원회를 실무적으로 지원하기 위하여 공단에 사무국을 둔다.

15 ⃞O ⃞X 심판청구에 대한 결정에 불복하는 자는 행정소송을 제기할 수 있다.

정답 & 해설

01 ◯ 보험료 부과는 공단의 처분이므로, 이에 이의가 있다면 공단에 이의신청을 할 수 있다.
02 ✗ 요양급여비용 및 요양급여의 적정성 평가 등에 관한 심사평가원의 처분에 이의가 있다면 '공단'이 아니라 '심사평가원'에 이의신청을 할 수 있다.
03 ◯ 이의신청은 문서로 하여야 하는데, 여기에는 전자문서도 포함된다.
04 ✗ 이의신청은 처분이 있은 날부터 '90일'이 아니라 '180일'을 지나면 제기하지 못한다.
05 ◯ 요양기관이 제48조에 따른 심사평가원의 확인에 대하여 이의신청을 하려면 같은 조 제2항에 따라 통보받은 날부터 30일 이내에 하여야 한다.
06 ✗ 이의신청에 대한 결정에 불복하는 자는 건강보험분쟁조정위원회에 '손판청구'를 할 수 있다.
07 ◯ 심판청구의 제기기간에 관하여는 이의신청의 제기기간에 관한 규정을 준용한다. 따라서 이의신청 결정이 있음을 안 날부터 90일, 결정이 있는 날부터 180일이다.
08 ✗ 심판청구서는 처분을 한 공단 또는 심사평가원이나 건강보험분쟁조정위원회에 제출하여야 한다.
09 ◯ 건강보험분쟁조정위원회의 설립 목적은 심판청구의 심리·의결이고, 소속은 보건복지부이다.
10 ✗ 분쟁조정위원회는 위원장을 포함하여 '50명 이내'가 아니라 '60명 이내'의 위원으로 구성한다.
11 ✗ 분쟁조정위원회는 '공무원인 위원'이 아니라 '공무원이 아닌 위원'이 전체 위원의 과반수가 되어야 한다.
12 ◯ 분쟁조정위원회의 회의는 위원장, 당연직위원 및 위원장이 매 회의마다 지정하는 7명의 위원을 포함하여 총 9명으로 구성한다.
13 ◯ 분쟁조정위원회는 회의의 구성원 과반수의 출석과 출석위원 과반수의 찬성으로 의결한다. 따라서 8명이 출석한 경우에는 과반수인 5명 이상이 찬성해야 의결된다.
14 ✗ 분쟁조정위원회를 실무적으로 지원하기 위하여 '공단'이 아니라 '분쟁조정위원회'에 사무국을 둔다.
15 ◯ 공단 또는 심사평가원의 처분에 이의가 있는 자와 이의신청 또는 심판청구에 대한 결정에 불복하는 자는 「행정소송법」에서 정하는 바에 따라 행정소송을 제기할 수 있다.

제8장 보칙

제91조(시효)

① 다음 각 호의 권리는 3년 동안 행사하지 아니하면 소멸시효가 완성된다.

1. 보험료, 연체금 및 가산금을 징수할 권리
2. 보험료, 연체금 및 가산금으로 과오납부한 금액을 환급받을 권리
3. 보험급여를 받을 권리
4. 보험급여 비용을 받을 권리
5. 제47조 제3항 후단에 따라 과다납부된 본인일부부담금을 돌려받을 권리
6. 제61조에 따른 근로복지공단의 권리

② 제1항에 따른 시효는 다음 각 호의 어느 하나의 사유로 중단된다.

1. 보험료의 고지 또는 독촉
2. 보험급여 또는 보험급여 비용의 청구

③ 휴직자등의 보수월액보험료를 징수할 권리의 소멸시효는 제79조 제5항에 따라 고지가 유예된 경우 휴직 등의 사유가 끝날 때까지 진행하지 아니한다.

④ 제1항에 따른 소멸시효기간, 제2항에 따른 시효 중단 및 제3항에 따른 시효 정지에 관하여 이 법에서 정한 사항 외에는 「민법」에 따른다.

◆ 「민법」의 경우(제163조) 3년의 단기소멸시효를 두고 있다. 여기서도 시효는 3년이다.

사례형 O X

공단이 가입자 갑에 대한 보험료 징수권을 4년 동안 행사하지 않았다면, 소멸시효 완성을 이유로 결손처분할 수 있다. **정답** O

해설 3년의 소멸시효를 넘겼으므로, 공단은 재정운영위원회의 의결을 받아 결손처분을 행할 수 있다.

지식형 O X

보험료의 독촉이 있을 때에도 소멸시효는 중단되지 않는다. **정답** X

해설 보험료의 고지 또는 독촉이 있을 경우 중단된다.

관련 기사 & 자료

국민의 소중한 돈, '보험료 환급금 찾아주기'
국민건강보험공단 보도자료, 2018. 7. 2.

□ 국민건강보험공단은 국민들이 찾아가지 않은 건강보험과 국민연금 보험료 과오납 환급금을 돌려주기 위해 이달 13일까지 '보험료 환급금 일제 정리기간'을 운영한다고 밝혔다. (중략)

□ 통합징수실 관계자는 "환급금은 관련 법에 의해 보험료를 납부한 날로부터 건강보험은 3년 이내, 국민연금은 5년 이내에 신청하지 않으면 돌려받을 수 있는 소중한 권리가 소멸된다"고 안타까움을 전하며, "환급금을 확인하고 찾는 방법이 다양하고 간편해졌으며 소액이라도 꼭 찾아가시기를 바란다"고 거듭 강조했다. (후략)

→ 제91조 제1항 제2호에 관한 자료이다. 보험료로 과오납부한 금액을 환급받을 권리의 시효는 보험료를 납부한 날로부터 3년임을 확인할 수 있다.

제92조(기간 계산)

이 법이나 이 법에 따른 명령에 규정된 기간의 계산에 관하여 이 법에서 정한 사항 외에는 「민법」의 기간에 관한 규정을 준용한다.

> **TIP** 「민법」 중 기간 관련 규정
>
> **제156조(기간의 기산점)**
> 기간을 시, 분, 초로 정한 때에는 즉시로부터 기산한다.
>
> **제157조(기간의 기산점)**
> 기간을 일, 주, 월 또는 연으로 정한 때에는 기간의 초일은 산입하지 아니한다. 그러나 그 기간이 오전 영시로부터 시작하는 때에는 그러하지 아니하다.
>
> **제158조(연령의 기산점)**
> 연령계산에는 출생일을 산입한다.
>
> **제159조(기간의 만료점)**
> 기간을 일, 주, 월 또는 연으로 정한 때에는 기간말일의 종료로 기간이 만료한다.
>
> **제160조(역에 의한 계산)**
> ① 기간을 주, 월 또는 연으로 정한 때에는 역에 의하여 계산한다.
> ② 주, 월 또는 연의 처음으로부터 기간을 기산하지 아니하는 때에는 최후의 주, 월 또는 연에서 그 기산일에 해당한 날의 전일로 기간이 만료한다.
> ③ 월 또는 연으로 정한 경우에 최종의 월에 해당일이 없는 때에는 그 월의 말일로 기간이 만료한다.
>
> **제161조(공휴일 등과 기간의 만료점)**
> 기간의 말일이 토요일 또는 공휴일에 해당한 때에는 기간은 그 익일로 만료한다.

제93조(근로자의 권익 보호)

제6조 제2항 각 호의 어느 하나에 해당하지 아니하는 모든 사업장의 근로자를 고용하는 사용자는 그가 고용한 근로자가 이 법에 따른 직장가입자가 되는 것을 방해하거나 자신이 부담하는 부담금이 증가되는 것을 피할 목적으로 정당한 사유 없이 근로자의 승급 또는 임금 인상을 하지 아니하거나 해고나 그 밖의 불리한 조치를 할 수 없다.

◆ 근로자에 대한 건강보험 관련 권익 보호와 사용자의 침해 금지를 규정하는 조문이다.

제8장 보칙

제94조(신고 등)
① 공단은 사용자, 직장가입자 및 세대주에게 다음 각 호의 사항을 신고하게 하거나 관계 서류(전자적 방법으로 기록된 것을 포함한다. 이하 같다)를 제출하게 할 수 있다.
 1. 가입자의 거주지 변경
 2. 가입자의 보수·소득
 3. 그 밖에 건강보험사업을 위하여 필요한 사항
② 공단은 제1항에 따라 신고한 사항이나 제출받은 자료에 대하여 사실 여부를 확인할 필요가 있으면 소속 직원이 해당 사항에 관하여 조사하게 할 수 있다.
③ 제2항에 따라 조사를 하는 소속 직원은 그 권한을 표시하는 증표를 지니고 관계인에게 보여주어야 한다.

◆ 사용자, 직장가입자 등이 제대로 신고하지 않을 경우 공단이 직접 조사할 수 있다는 조항이다.

제95조(소득 축소·탈루 자료의 송부 등)
① 공단은 제94조 제1항에 따라 신고한 보수 또는 소득 등에 축소 또는 탈루(脫漏)가 있다고 인정하는 경우에는 보건복지부장관을 거쳐 소득의 축소 또는 탈루에 관한 사항을 문서로 국세청장에게 송부할 수 있다.
② 국세청장은 제1항에 따라 송부받은 사항에 대하여 「국세기본법」 등 관련 법률에 따른 세무조사를 하면 그 조사 결과 중 보수·소득에 관한 사항을 공단에 송부하여야 한다.
③ 제1항 및 제2항에 따른 송부 절차 등에 필요한 사항은 대통령령으로 정한다.

◆ 탈루(脫漏)는 사전적으로는 밖으로 빼내 새게 하는 것으로, 법리적으로는 의도적으로 소득의 정도나 이익을 누락시키는 행위를 말한다.

◆ 소득 축소 등을 한 자가 발견된다면 공단은 이를 국세청장에게 송부할 수 있고, 국세청장은 이 사항을 세무조사하여 공단에 송부한다. 제1항은 '할 수 있다'로 끝나고, 제2항은 '하여야 한다'로 끝난다.

제96조(자료의 제공)
① 공단은 국가, 지방자치단체, 요양기관, 「보험업법」에 따른 보험회사 및 보험료율 산출 기관, 「공공기관의 운영에 관한 법률」에 따른 공공기관, 그 밖의 공공단체 등에 대하여 다음 각 호의 업무를 수행하기 위하여 주민등록·가족관계등록·국세·지방세·토지·건물·출입국관리 등의 자료로서 대통령령으로 정하는 자료를 제공하도록 요청할 수 있다.
 1. 가입자 및 피부양자의 자격 관리, 보험료의 부과·징수, 보험급여의 관리 등 건강보험사업의 수행

◆ 제1항, 제2항, 제3항의 주체가 각각 다르다. 제1항은 공단, 제2항은 심사평가원, 제3항은 보건복지부장관의 자료 제공 요청을 규정하고 있다.
• 공단: 자격 관리, 보험료 부과·징수, 보험급여의 관리 등 건강보험사업 수행과 위탁 업무 수행을 위하여
• 심사평가원: 요양급여비용 심사와 요양급여 적정성 평가를 위하여
• 보건복지부장관: 요양급여비용 상한금액의 감액 및 요양급여 적용 정지를 위하여

2. 제14조 제1항 제11호에 따른 업무의 수행

② 심사평가원은 국가, 지방자치단체, 요양기관, 「보험업법」에 따른 보험회사 및 보험료율 산출 기관, 「공공기관의 운영에 관한 법률」에 따른 공공기관, 그 밖의 공공단체 등에 대하여 요양급여비용을 심사하고 요양급여의 적정성을 평가하기 위하여 주민등록·출입국관리·진료기록·의약품공급 등의 자료로서 대통령령으로 정하는 자료를 제공하도록 요청할 수 있다.

③ 보건복지부장관은 관계 행정기관의 장에게 제41조의2에 따른 약제에 대한 요양급여비용 상한금액의 감액 및 요양급여의 적용 정지를 위하여 필요한 자료를 제공하도록 요청할 수 있다.

④ 제1항부터 제3항까지의 규정에 따라 자료 제공을 요청받은 자는 성실히 이에 따라야 한다.

⑤ 공단 또는 심사평가원은 요양기관, 「보험업법」에 따른 보험회사 및 보험료율 산출 기관에 제1항 또는 제2항에 따른 자료의 제공을 요청하는 경우 자료 제공 요청 근거 및 사유, 자료 제공 대상자, 대상 기간, 자료 제공 기한, 제출 자료 등이 기재된 자료제공요청서를 발송하여야 한다.

⑥ 제1항 및 제2항에 따른 국가, 지방자치단체, 요양기관, 「보험업법」에 따른 보험료율 산출 기관 그 밖의 공공기관 및 공공단체가 공단 또는 심사평가원에 제공하는 자료에 대하여는 사용료와 수수료 등을 면제한다.

> **지식형 O X**
> 공단은 관계 행정기관장에게 약제에 대한 요양급여비용 상한금액의 감액 및 요양급여 적용 정지를 위하여 필요한 자료를 제공하도록 요청할 수 있다. **정답** X
>
> **해설** 보건복지부장관의 일이다.

제96조의2(금융정보등의 제공 등)

① 공단은 제72조 제1항 단서에 따른 지역가입자의 재산보험료부과점수 산정을 위하여 필요한 경우 「신용정보의 이용 및 보호에 관한 법률」 제32조 및 「금융실명거래 및 비밀보장에 관한 법률」 제4조 제1항에도 불구하고 지역가입자가 제72조 제3항에 따라 제출한 동의 서면을 전자적 형태로 바꾼 문서에 의하여 「신용정보의 이용 및 보호에 관한 법률」 제2조 제6호에 따른 신용정보집중기관 또는 금융회사등(이하 이 조에서 "금융기관등"이라 한다)의 장에게 금융정보 등을 제공하도록 요청할 수 있다.

> **지식형 O X**
> 공단은 지역가입자의 재산보험료부과점수 산정을 위하여 필요한 경우 금융기관등의 장에게 금융정보등을 제공하도록 요청할 수 있다. **정답** O
>
> **해설** 지역가입자의 재산보험료부과점수 산정이 목적이라는 것을 알아 두자.

제8장 보칙

② 제1항에 따라 금융정보등의 제공을 요청받은 금융기관등의 장은 「신용정보의 이용 및 보호에 관한 법률」 제32조 및 「금융실명거래 및 비밀보장에 관한 법률」 제4조에도 불구하고 명의인의 금융정보등을 제공하여야 한다.

③ 제2항에 따라 금융정보등을 제공한 금융기관등의 장은 금융정보등의 제공 사실을 명의인에게 통보하여야 한다. 다만, 명의인이 동의한 경우에는 「신용정보의 이용 및 보호에 관한 법률」 제32조 제7항, 제35조 제2항 및 「금융실명거래 및 비밀보장에 관한 법률」 제4조의2 제1항에도 불구하고 통보하지 아니할 수 있다.

④ 제1항부터 제3항까지에서 규정한 사항 외에 금융정보등의 제공 요청 및 제공 절차 등에 필요한 사항은 대통령령으로 정한다.

제96조의3(가족관계등록 전산정보의 공동이용)

① 공단은 제96조 제1항 각 호의 업무를 수행하기 위하여 「전자정부법」에 따라 「가족관계의 등록 등에 관한 법률」 제9조에 따른 전산정보자료를 공동이용(「개인정보 보호법」 제2조 제2호에 따른 처리를 포함한다)할 수 있다.

② 법원행정처장은 제1항에 따라 공단이 전산정보자료의 공동이용을 요청하는 경우 그 공동이용을 위하여 필요한 조치를 취하여야 한다.

③ 누구든지 제1항에 따라 공동이용하는 전산정보자료를 그 목적 외의 용도로 이용하거나 활용하여서는 아니 된다.

◆ 제96조 제1항 각 호의 업무를 정리해 보면 다음과 같다.
• 가입자 및 피부양자의 자격 관리, 보험료의 부과·징수, 보험급여의 관리 등 건강보험사업의 수행
• 징수위탁근거법에 따라 위탁받은 업무

제96조의4(서류의 보존)

① 요양기관은 요양급여가 끝난 날부터 5년간 보건복지부령으로 정하는 바에 따라 제47조에 따른 요양급여비용의 청구에 관한 서류를 보존하여야 한다. 다만, 약국 등 보건복지부령으로 정하는 요양기관은 처방전을 요양급여비용을 청구한 날부터 3년간 보존하여야 한다.

② 사용자는 3년간 보건복지부령으로 정하는 바에 따라 자격 관리 및 보험료 산정 등 건강보험에 관한 서류를 보존하여야 한다.

③ 제49조 제3항에 따라 요양비를 청구한 준요양기관은 요양비를 지급받은 날부터 3년간 보건복지부령으로 정하는 바에 따라 요양비 청구에 관한 서류를 보존하여야 한다.

사례형 OX

요양기관 A가 공단에 요양급여비용을 청구하였다면, A는 그 청구에 관한 서류를 요양급여가 끝난 날부터 3년간 보존해야 한다.

정답 X

해설 5년간 보존해야 한다.

④ 제51조 제2항에 따라 보조기기에 대한 보험급여를 청구한 자는 보험급여를 지급받은 날부터 3년간 보건복지부령으로 정하는 바에 따라 보험급여 청구에 관한 서류를 보존하여야 한다.

제97조(보고와 검사)

① 보건복지부장관은 사용자, 직장가입자 또는 세대주에게 가입자의 이동·보수·소득이나 그 밖에 필요한 사항에 관한 보고 또는 서류 제출을 명하거나, 소속 공무원이 관계인에게 질문하게 하거나 관계 서류를 검사하게 할 수 있다.

② 보건복지부장관은 요양기관(제49조에 따라 요양을 실시한 기관을 포함한다)에 대하여 요양·약제의 지급 등 보험급여에 관한 보고 또는 서류 제출을 명하거나, 소속 공무원이 관계인에게 질문하게 하거나 관계 서류를 검사하게 할 수 있다.

③ 보건복지부장관은 보험급여를 받은 자에게 해당 보험급여의 내용에 관하여 보고하게 하거나, 소속 공무원이 질문하게 할 수 있다.

④ 보건복지부장관은 제47조 제7항에 따라 요양급여비용의 심사청구를 대행하는 단체(이하 "대행청구단체"라 한다)에 필요한 자료의 제출을 명하거나, 소속 공무원이 대행청구에 관한 자료 등을 조사·확인하게 할 수 있다.

⑤ 보건복지부장관은 제41조의2에 따른 약제에 대한 요양급여비용 상한금액의 감액 및 요양급여의 적용 정지를 위하여 필요한 경우에는 「약사법」 제47조 제2항에 따른 의약품공급자에 대하여 금전, 물품, 편익, 노무, 향응, 그 밖의 경제적 이익등 제공으로 인한 의약품 판매질서 위반 행위에 관한 보고 또는 서류 제출을 명하거나, 소속 공무원이 관계인에게 질문하게 하거나 관계 서류를 검사하게 할 수 있다.

⑥ 제1항부터 제5항까지의 규정에 따라 질문·검사·조사 또는 확인을 하는 소속 공무원은 그 권한을 표시하는 증표를 지니고 관계인에게 보여주어야 한다.

⑦ 보건복지부장관은 제1항부터 제5항까지에 따른 질문·검사·조사 또는 확인 업무를 효율적으로 수행하기 위하여 대통령령으로 정하는 바에 따라 공단 또는 심사평가원으로 하여금 그 업무를 지원하게 할 수 있다.

◆ 제94조는 그 주체가 공단이고, 제97조는 보건복지부장관이다. 제1항은 사용자, 직장가입자 또는 세대주, 제2항은 요양기관, 제3항은 보험급여를 받은 자, 제4항은 요양급여비용의 심사청구를 대행하는 단체가 대상이다.

지식형 O X

보건복지부장관은 가입자의 이동, 보수, 소득에 대하여 사용자, 직장가입자 또는 세대주에게 보고를 명할 수 있다. 정답 O

해설 보건복지부장관은 해당 사항에 관하여 보고 또는 서류 제출을 명하거나, 소속 공무원이 관계인에게 질문하게 하거나 관계 서류를 검사하게 할 수 있다.

지식형 O X

심사평가원은 보험급여를 받은 자에게 해당 보험급여의 내용에 관하여 보고하게 하거나, 소속 직원이 질문하게 할 수 있다. 정답 X

해설 보험급여를 받은 자에게 해당 보험급여의 내용에 관하여 보고하게 하거나, 소속 공무원이 질문하게 할 수 있는 주체는 보건복지부장관이다.

제8장 보칙

⑧ 제1항부터 제6항까지에 따른 질문·검사·조사 또는 확인의 내용·절차·방법 등에 관하여 이 법에서 정하는 사항을 제외하고는 「행정조사기본법」에서 정하는 바에 따른다.

제98조(업무정지)

① 보건복지부장관은 요양기관이 다음 각 호의 어느 하나에 해당하면 그 요양기관에 대하여 1년의 범위에서 기간을 정하여 업무정지를 명할 수 있다. 이 경우 보건복지부장관은 그 사실을 공단 및 심사평가원에 알려야 한다.

1. 속임수나 그 밖의 부당한 방법으로 보험자·가입자 및 피부양자에게 요양급여비용을 부담하게 한 경우
2. 제97조 제2항에 따른 명령에 위반하거나 거짓 보고를 하거나 거짓 서류를 제출하거나, 소속 공무원의 검사 또는 질문을 거부·방해 또는 기피한 경우
3. 정당한 사유 없이 요양기관이 제41조의3 제1항에 따른 결정을 신청하지 아니하고 속임수나 그 밖의 부당한 방법으로 행위·치료재료를 가입자 또는 피부양자에게 실시 또는 사용하고 비용을 부담시킨 경우

② 제1항에 따라 업무정지 처분을 받은 자는 해당 업무정지기간 중에는 요양급여를 하지 못한다.

③ 제1항에 따른 업무정지 처분의 효과는 그 처분이 확정된 요양기관을 양수한 자 또는 합병 후 존속하는 법인이나 합병으로 설립되는 법인에 승계되고, 업무정지 처분의 절차가 진행 중인 때에는 양수인 또는 합병 후 존속하는 법인이나 합병으로 설립되는 법인에 대하여 그 절차를 계속 진행할 수 있다. 다만, 양수인 또는 합병 후 존속하는 법인이나 합병으로 설립되는 법인이 그 처분 또는 위반사실을 알지 못하였음을 증명하는 경우에는 그러하지 아니하다.

④ 제1항에 따른 업무정지 처분을 받았거나 업무정지 처분의 절차가 진행 중인 자는 행정처분을 받은 사실 또는 행정처분절차가 진행 중인 사실을 보건복지부령으로 정하는 바에 따라 양수인 또는 합병 후 존속하는 법인이나 합병으로 설립되는 법인에 지체 없이 알려야 한다.

⑤ 제1항에 따른 업무정지를 부과하는 위반행위의 종류, 위반 정도 등에 따른 행정처분기준이나 그 밖에 필요한 사항은 대통령령으로 정한다.

◆ 업무정지 명령의 주체는 공단이나 심사평가원이 아니라 보건복지부장관이다.

◆ 1년의 범위 안에서 업무정지를 명한다는 사실을 기억해야 한다. 이 업무정지기간에는 요양기관이 요양급여를 제공하지 못한다.

사례형 OX

11개월의 업무정지 명령을 받은 병원 A는 이 기간이 6개월이 되었을 때 갑에게 인수되었다. 갑은 A가 업무정지 상태인 것을 알고 있었지만 병원이 제3자에게 인수된 경우이므로 업무정지 처분은 중지되어야 한다. **정답** X

해설 업무정지는 요양기관을 양수한 자 또는 합병으로 존속·설립되는 법인에 승계된다. 업무정지 처분의 절차 역시 마찬가지이다. 다만 양수인 등이 처분이나 위반사실을 알지 못했음을 증명하는 경우는 예외이다.

제99조(과징금)

① 보건복지부장관은 요양기관이 제98조 제1항 제1호 또는 제3호에 해당하여 업무정지 처분을 하여야 하는 경우로서 그 업무정지 처분이 해당 요양기관을 이용하는 사람에게 심한 불편을 주거나 보건복지부장관이 정하는 특별한 사유가 있다고 인정되면 업무정지 처분을 갈음하여 속임수나 그 밖의 부당한 방법으로 부담하게 한 금액의 5배 이하의 금액을 과징금으로 부과·징수할 수 있다. 이 경우 보건복지부장관은 12개월의 범위에서 분할납부를 하게 할 수 있다.

② 보건복지부장관은 제41조의2 제3항에 따라 약제를 요양급여에서 적용 정지하는 경우 다음 각 호의 어느 하나에 해당하는 때에는 요양급여의 적용 정지에 갈음하여 대통령령으로 정하는 바에 따라 다음 각 호의 구분에 따른 범위에서 과징금을 부과·징수할 수 있다. 이 경우 보건복지부장관은 12개월의 범위에서 분할납부를 하게 할 수 있다.

1. 환자 진료에 불편을 초래하는 등 공공복리에 지장을 줄 것으로 예상되는 때: 해당 약제에 대한 요양급여비용 총액의 100분의 200을 넘지 아니하는 범위

2. 국민 건강에 심각한 위험을 초래할 것이 예상되는 등 특별한 사유가 있다고 인정되는 때: 해당 약제에 대한 요양급여비용 총액의 100분의 60을 넘지 아니하는 범위

③ 보건복지부장관은 제2항 전단에 따라 과징금 부과 대상이 된 약제가 과징금이 부과된 날부터 5년의 범위에서 대통령령으로 정하는 기간 내에 다시 제2항 전단에 따른 과징금 부과 대상이 되는 경우에는 대통령령으로 정하는 바에 따라 다음 각 호의 구분에 따른 범위에서 과징금을 부과·징수할 수 있다.

1. 제2항 제1호에서 정하는 사유로 과징금 부과대상이 되는 경우: 해당 약제에 대한 요양급여비용 총액의 100분의 350을 넘지 아니하는 범위

2. 제2항 제2호에서 정하는 사유로 과징금 부과대상이 되는 경우: 해당 약제에 대한 요양급여비용 총액의 100분의 100을 넘지 아니하는 범위

◆ 업무정지 처분이 이용자에게 심한 불편을 주는 요양기관은 입원실, 응급실, 집중치료실, 수술실, 인공신장투석실, 장애인재활치료센터 같은 특수진료시설을 갖춘 의료기관을 말한다.

한편, 제82조에서 나왔던 분할납부는 체납보험료에 관한 것이고, 제99조는 과징금의 분할납부이다. 체납보험료에서는 '3회'와 '5회' 키워드를 기억해 두고, 과징금에서는 '12개월' 키워드를 기억해 두어야 한다.

mini 문제

보건복지부장관이 약제의 요양급여 적용 정지에 갈음하여 과징금을 부과·징수하는 경우 분할납부하게 할 수 있는 범위는?

① 6개월
② 12개월
③ 2년
④ 5년

정답 ②
해설 과징금은 12개월의 범위에서 분할납부를 하게 할 수 있다.

제8장 보칙

④ 제2항 및 제3항에 따라 대통령령으로 해당 약제에 대한 요양급여비용 총액을 정할 때에는 그 약제의 과거 요양급여 실적 등을 고려하여 1년간의 요양급여 총액을 넘지 않는 범위에서 정하여야 한다.

⑤ 보건복지부장관은 제1항에 따른 과징금을 납부하여야 할 자가 납부기한까지 이를 내지 아니하면 대통령령으로 정하는 절차에 따라 그 과징금 부과 처분을 취소하고 제98조 제1항에 따른 업무정지 처분을 하거나 국세 체납처분의 예에 따라 이를 징수한다. 다만, 요양기관의 폐업 등으로 제98조 제1항에 따른 업무정지 처분을 할 수 없으면 국세 체납처분의 예에 따라 징수한다.

⑥ 보건복지부장관은 제2항 또는 제3항에 따른 과징금을 납부하여야 할 자가 납부기한까지 이를 내지 아니하면 국세 체납처분의 예에 따라 징수한다.

⑦ 보건복지부장관은 과징금을 징수하기 위하여 필요하면 다음 각 호의 사항을 적은 문서로 관할 세무관서의 장 또는 지방자치단체의 장에게 과세정보의 제공을 요청할 수 있다.

1. 납세자의 인적사항
2. 사용 목적
3. 과징금 부과 사유 및 부과 기준

⑧ 제1항부터 제3항까지의 규정에 따라 징수한 과징금은 다음 각 호 외의 용도로는 사용할 수 없다. 이 경우 제2항 제1호 및 제3항 제1호에 따라 징수한 과징금은 제3호의 용도로 사용하여야 한다.

1. 제47조 제3항에 따라 공단이 요양급여비용으로 지급하는 자금
2. 「응급의료에 관한 법률」에 따른 응급의료기금의 지원
3. 「재난적의료비 지원에 관한 법률」에 따른 재난적의료비 지원사업에 대한 지원

⑨ 제1항부터 제3항까지의 규정에 따른 과징금의 금액과 그 납부에 필요한 사항 및 제8항에 따른 과징금의 용도별 지원 규모, 사용 절차 등에 필요한 사항은 대통령령으로 정한다.

사례형 OX

과징금을 납부하지 아니한 요양기관 A가 폐업을 하여 업무정지 처분을 할 수 없는 경우, 보건복지부장관은 과징금의 결손처분을 한다. **정답 X**

해설 결손처분은 징수할 가능성이 없을 때 하는 것이다. 이때에는 국세 체납처분의 예에 따라 압류와 공매 절차에 들어가게 된다.

지식형 OX

「국민건강보험법」 제99조 제2항 제1호에 따라 징수한 과징금은 응급의료기금을 지원하는 용도로 사용할 수 없다. **정답 O**

해설 제2항 제1호, 제3항 제1호에 따라 징수한 과징금은 재난적의료비 지원사업에 대한 지원 용도로 사용하여야 한다.

제100조(위반사실의 공표)

① 보건복지부장관은 관련 서류의 위조·변조로 요양급여비용을 거짓으로 청구하여 제98조 또는 제99조에 따른 행정처분을 받은 요양기관이 다음 각 호의 어느 하나에 해당하면 그 위반 행위, 처분 내용, 해당 요양기관의 명칭·주소 및 대표자 성명, 그 밖에 다른 요양기관과의 구별에 필요한 사항으로서 대통령령으로 정하는 사항을 공표할 수 있다. 이 경우 공표 여부를 결정할 때에는 그 위반행위의 동기, 정도, 횟수 및 결과 등을 고려하여야 한다.

1. 거짓으로 청구한 금액이 1천500만 원 이상인 경우
2. 요양급여비용 총액 중 거짓으로 청구한 금액의 비율이 100분의 20 이상인 경우

② 보건복지부장관은 제1항에 따른 공표 여부 등을 심의하기 위하여 건강보험공표심의위원회(이하 이 조에서 "공표심의위원회"라 한다)를 설치·운영한다.

③ 보건복지부장관은 공표심의위원회의 심의를 거친 공표대상자에게 공표대상자인 사실을 알려 소명자료를 제출하거나 출석하여 의견을 진술할 기회를 주어야 한다.

④ 보건복지부장관은 공표심의위원회가 제3항에 따라 제출된 소명자료 또는 진술된 의견을 고려하여 공표대상자를 재심의한 후 공표대상자를 선정한다.

⑤ 제1항부터 제4항까지에서 규정한 사항 외에 공표의 절차·방법, 공표심의위원회의 구성·운영 등에 필요한 사항은 대통령령으로 정한다.

TIP 「국민건강보험법」상 위원회

「국민건강보험법」에 등장하는 위원회들을 그 소속이나 설치·운영 주체에 따라 구분하여 정리해 보면 다음과 같다.

소속 (설치·운영 주체)	위원회
보건복지부	건강보험분쟁조정위원회(제89조)
보건복지부장관	• 건강보험정책심의위원회(제4조) • 건강보험공표심의위원회(제100조)

◆ 요양기관별 요양급여비용 총액과 거짓으로 청구한 금액을 제시하고, 위반사실이 공표될 수 있는 요양기관을 고르는 문제가 출제될 수 있다. '거짓 청구 금액 1,500만 원 이상'과 '거짓 청구 금액 비율 20% 이상' 중에서 하나에 해당하면 된다.

◆ 인적사항등의 공개(제57조의2, 제83조)에서는 공개대상자에게 통지한 뒤 6개월이 경과한 후에 공개대상자를 선정한다는 규정이 있지만, 위반사실 공표에서는 공표대상자에게 통지하고 얼마 뒤에 공표대상자를 선정한다는 규정이 없다. 단, 대통령령에 통지를 받은 날부터 20일 동안 소명자료를 제출하거나 출석하여 의견을 진술할 기회를 주어야 한다는 내용이 있지만, 시행령은 시험 범위가 아니므로, 참고로 알아 두기만 하면 된다.

제8장 보칙

국민건강보험공단	• 징수이사추천위원회(제21조) • 재정운영위원회(제33조) • 부당이득징수금체납정보공개심의위원회(제57조의2) • 보험료정보공개심의위원회(제83조)
건강보험심사평가원	진료심사평가위원회(제66조)

관련 기사 & 자료

건강보험 거짓청구 요양기관 17개소 명단 공표
보건복지부 보도자료, 2024. 10. 23.

보건복지부는 10월 22일(화)부터 6개월간 건강보험 요양급여비용을 거짓으로 청구한 요양기관의 명단을 보건복지부 누리집 등을 통해 공표한다고 밝혔다.

이번에 거짓청구로 공표되는 요양기관은 17개 기관으로 의원 8개소, 치과의원 3개소, 한의원 6개소이다. 명단공표는 매년 2회(상·하반기)에 걸쳐 실시하고 있다.

공표 대상 요양기관은 「국민건강보험법」 제100조에 따라 요양급여비용을 거짓 청구하여 행정처분을 받은 기관 중 거짓청구 금액이 1,500만 원 이상이거나 요양급여비용 총액 대비 거짓청구 금액의 비율이 20% 이상인 기관을 대상으로 건강보험공표심의위원회의 심의를 거쳐 결정한다.

대상자에게 명단공표 대상임을 사전 통지하여 20일 동안 소명 기회를 부여하고, 진술된 의견 및 자료에 대한 재심의를 거쳐 최종 확정한다.

공표는 「국민건강보험법 시행령」 제72조에 따른 요양기관 명칭·주소·종별, 대표자 성명·면허번호, 위반행위, 행정처분 내용이 된다.

해당 요양기관의 명단은 2024년 10월 22일(화)부터 2025년 4월 21일(월)까지 6개월 동안 보건복지부, 건강보험심사평가원, 국민건강보험공단, 관할 특별시·광역시·특별자치시·도와 시·군·구 및 보건소 누리집에 공고한다. (후략)

→ 요양급여비용을 거짓으로 청구한 요양기관의 명단 공표에 관한 보도자료이다. 공표 기준, 건강보험공표심의위원회의 심의 및 재심의, 공표 내용, 공표 기간 및 방법 등을 확인할 수 있다.

제101조(제조업자 등의 금지행위 등)

① 「약사법」에 따른 의약품의 제조업자·위탁제조판매업자·수입자·판매업자 및 「의료기기법」에 따른 의료기기 제조업자·수입업자·수리업자·판매업자·임대업자(이하 "제조업자등"이라 한다)는 약제·치료재료와 관련하여 제41조의3에 따라 요양급여대상 여부를 결정하거나 제46조에 따라 요양급여비용을 산정할 때에 다음 각 호의 행위를 하여 보험자·가입자 및 피부양자에게 손실을 주어서는 아니 된다.

1. 제98조 제1항 제1호에 해당하는 요양기관의 행위에 개입
2. 보건복지부, 공단 또는 심사평가원에 거짓 자료의 제출
3. 그 밖에 속임수나 보건복지부령으로 정하는 부당한 방법으로 요양급여대상 여부의 결정과 요양급여비용의 산정에 영향을 미치는 행위

② 보건복지부장관은 제조업자등이 제1항에 위반한 사실이 있는지 여부를 확인하기 위하여 그 제조업자등에게 관련 서류의 제출을 명하거나, 소속 공무원이 관계인에게 질문을 하게 하거나 관계 서류를 검사하게 하는 등 필요한 조사를 할 수 있다. 이 경우 소속 공무원은 그 권한을 표시하는 증표를 지니고 이를 관계인에게 보여주어야 한다.

③ 공단은 제1항을 위반하여 보험자·가입자 및 피부양자에게 손실을 주는 행위를 한 제조업자등에 대하여 손실에 상당하는 금액(이하 이 조에서 "손실 상당액"이라 한다)을 징수한다.

④ 공단은 제3항에 따라 징수한 손실 상당액 중 가입자 및 피부양자의 손실에 해당되는 금액을 그 가입자나 피부양자에게 지급하여야 한다. 이 경우 공단은 가입자나 피부양자에게 지급하여야 하는 금액을 그 가입자 및 피부양자가 내야 하는 보험료등과 상계할 수 있다.

⑤ 제3항에 따른 손실 상당액의 산정, 부과·징수절차 및 납부방법 등에 관하여 필요한 사항은 대통령령으로 정한다.

◆ 제조업자등이 요양급여대상 결정과 요양급여비용 산정 시 하지 말아야 할 일을 규정하고 있다. 판매를 촉진하기 위하여 다양한 속임수와 부당한 방법들이 이용될 수 있으므로 이로 인한 국민 피해를 막기 위해 규정된 조문이다.

지식형 OX

보건복지부장관은 제101조 제1항을 위반하여 보험자·가입자 및 피부양자에게 손실을 주는 행위를 한 제조업자등에 대하여 손실에 상당하는 금액을 징수한다.

정답 X

해설 보건복지부장관이 아닌 공단이 하는 일이다.

제8장 보칙

제101조의2(약제에 대한 쟁송 시 손실상당액의 징수 및 지급)

① 공단은 제41조의2에 따른 요양급여비용 상한금액의 감액 및 요양급여의 적용 정지 또는 제41조의3에 따른 조정(이하 이 조에서 "조정등"이라 한다)에 대하여 약제의 제조업자등이 청구 또는 제기한 「행정심판법」에 따른 행정심판 또는 「행정소송법」에 따른 행정소송에 대하여 행정심판위원회 또는 법원의 결정이나 재결, 판결이 다음 각 호의 요건을 모두 충족하는 경우에는 조정등이 집행정지된 기간 동안 공단에 발생한 손실에 상당하는 금액을 약제의 제조업자등에게서 징수할 수 있다.

1. 행정심판위원회 또는 법원이 집행정지 결정을 한 경우
2. 행정심판이나 행정소송에 대한 각하 또는 기각(일부 기각을 포함한다) 재결 또는 판결이 확정되거나 청구취하 또는 소취하로 심판 또는 소송이 종결된 경우

② 공단은 제1항의 심판 또는 소송에 대한 결정이나 재결, 판결이 다음 각 호의 요건을 모두 충족하는 경우에는 조정등으로 인하여 약제의 제조업자등에게 발생한 손실에 상당하는 금액을 지급하여야 한다.

1. 행정심판위원회 또는 법원의 집행정지 결정이 없거나 집행정지 결정이 취소된 경우
2. 행정심판이나 행정소송에 대한 인용(일부 인용을 포함한다) 재결 또는 판결이 확정된 경우

③ 제1항에 따른 손실에 상당하는 금액은 집행정지 기간 동안 공단이 지급한 요양급여비용과 집행정지가 결정되지 않았다면 공단이 지급하여야 할 요양급여비용의 차액으로 산정한다. 다만, 요양급여대상에서 제외되거나 요양급여의 적용을 정지하는 내용의 조정등의 경우에는 요양급여비용 차액의 100분의 40을 초과할 수 없다.

④ 제2항에 따른 손실에 상당하는 금액은 해당 조정등이 없었다면 공단이 지급하여야 할 요양급여비용과 조정등에 따라 공단이 지급한 요양급여비용의 차액으로 산정한다. 다만, 요양급여대상에서 제외되거나 요양급여의 적용을 정지하는 내용의 조정등의 경우에는 요양급여비용 차액의 100분의 40을 초과할 수 없다.

◆ 제101조의2는 2023년 5월 19일 신설된 조항이다. 약제의 제조업자 등이 요양급여의 적용 정지 등의 처분에 행정쟁송을 청구 또는 제기하면서 집행정지를 신청하였을 때 집행정지 결정 등에 따라 얻는 경제적 이익·손실을 환수·환급할 수 있는 근거를 마련하는 등 현행 제도의 운영상 나타난 일부 미비점을 개선·보완하기 위해 제정되었다.

⑤ 공단은 제1항 또는 제2항에 따라 손실에 상당하는 금액을 징수 또는 지급하는 경우 대통령령으로 정하는 이자를 가산하여야 한다.

⑥ 그 밖에 제1항에 따른 징수절차, 제2항에 따른 지급절차, 제3항 및 제4항에 따른 손실에 상당하는 금액의 산정기준 및 기간, 제5항에 따른 가산금 등 징수 및 지급에 필요한 세부사항은 보건복지부령으로 정한다.

제102조(정보의 유지 등)

공단, 심사평가원 및 대행청구단체에 종사하였던 사람 또는 종사하는 사람은 다음 각 호의 행위를 하여서는 아니 된다.

1. 가입자 및 피부양자의 개인정보(「개인정보 보호법」 제2조 제1호의 개인정보를 말한다. 이하 "개인정보"라 한다)를 누설하거나 직무상 목적 외의 용도로 이용 또는 정당한 사유 없이 제3자에게 제공하는 행위

2. 업무를 수행하면서 알게 된 정보(제1호의 개인정보는 제외한다)를 누설하거나 직무상 목적 외의 용도로 이용 또는 제3자에게 제공하는 행위

◆ 공단과 심평원 외에 대행청구단체 종사자도 정보의 유지 의무가 있다. 벌칙 중에서도 가장 무거운 형을 받게 되므로 반드시 기억해 두자. 제1호는 5년 이하의 징역 또는 5천만 원 이하의 벌금, 제2호는 3년 이하의 징역 또는 3천만 원 이하의 벌금에 처한다.

제103조(공단 등에 대한 감독 등)

① 보건복지부장관은 공단과 심사평가원의 경영목표를 달성하기 위하여 다음 각 호의 사업이나 업무에 대하여 보고를 명하거나 그 사업이나 업무 또는 재산상황을 검사하는 등 감독을 할 수 있다.

1. 제14조 제1항 제1호부터 제13호까지의 규정에 따른 공단의 업무 및 제63조 제1항 제1호부터 제8호까지의 규정에 따른 심사평가원의 업무

2. 「공공기관의 운영에 관한 법률」 제50조에 따른 경영지침의 이행과 관련된 사업

3. 이 법 또는 다른 법령에서 공단과 심사평가원이 위탁받은 업무

4. 그 밖에 관계 법령에서 정하는 사항과 관련된 사업

② 보건복지부장관은 제1항에 따른 감독상 필요한 경우에는 정관이나 규정의 변경 또는 그 밖에 필요한 처분을 명할 수 있다.

◆ 보건복지부장관의 명을 위반한 임원은 제24조 제2항 제5호에 따라 해임될 수 있다.

제8장 보칙

제104조(포상금 등의 지급)

① 공단은 다음 각 호의 어느 하나에 해당하는 자 또는 재산을 신고한 사람에 대하여 포상금을 지급할 수 있다. 다만, 공무원이 그 직무와 관련하여 제4호에 따른 은닉재산을 신고한 경우에는 그러하지 아니한다.

1. 속임수나 그 밖의 부당한 방법으로 보험급여를 받은 사람
2. 속임수나 그 밖의 부당한 방법으로 다른 사람이 보험급여를 받도록 한 자
3. 속임수나 그 밖의 부당한 방법으로 보험급여 비용을 받은 요양기관 또는 보험급여를 받은 준요양기관 및 보조기기 판매업자
4. 제57조에 따라 징수금을 납부하여야 하는 자의 은닉재산

② 공단은 건강보험 재정을 효율적으로 운영하는 데에 이바지한 요양기관에 대하여 장려금을 지급할 수 있다.

③ 제1항 제4호의 "은닉재산"이란 징수금을 납부하여야 하는 자가 은닉한 현금, 예금, 주식, 그 밖에 재산적 가치가 있는 유형·무형의 재산을 말한다. 다만, 다음 각 호의 어느 하나에 해당하는 재산은 제외한다.

1. 「민법」 제406조 등 관계 법령에 따라 사해행위(詐害行爲) 취소소송의 대상이 되어 있는 재산
2. 공단이 은닉사실을 알고 조사 또는 강제징수 절차에 착수한 재산
3. 그 밖에 은닉재산 신고를 받을 필요가 없다고 인정되어 대통령령으로 정하는 재산

④ 제1항 및 제2항에 따른 포상금 및 장려금의 지급 기준과 범위, 절차 및 방법 등에 필요한 사항은 대통령령으로 정한다.

사례형 OX

공무원 갑이 본인의 직무와 관련하여 부당이득 징수금을 납부해야 하는 을의 은닉재산을 신고한 경우에는 포상금을 지급받을 수 없다. **정답** O

해설 공무원이 그 직무와 관련하여 은닉재산을 신고한 경우는 포상금 지급에서 제외된다.

지식형 OX

공단은 건강보험 재정을 효율적으로 운영하는 데에 이바지한 요양기관에 대하여 포상금을 지급할 수 있다. **정답** X

해설 장려금을 지급할 수 있다.

> **관련 기사 & 자료**
>
> ### 건강보험공단, 요양급여비용 부당청구 신고인에게 1억 8천8백만 원 포상금 지급 결정
>
> 국민건강보험공단 보도자료, 2024. 9. 2.
>
> □ 국민건강보험공단은 지난 8월 30일 '2024년도 제2차 부당청구 요양기관 신고 포상심의위원회'를 개최하고, 요양급여비용을 거짓·부당하게 청구한 9개 요양기관을 신고한 8명(중복 신고인 1명)에게 총 1억 8천8백만 원의 포상금을 지급하기로 의결하였다.
> - 내부종사자 등의 제보로 9개 기관에서 거짓·부당청구로 적발된 금액은 총 21억 2백만 원이며, 이날 지급 의결된 건 중 징수율에 따라 지급하게 될 최고 포상금은 1천3백만 원이다.
> - 포상금 최고액을 지급받게 될 신고인은 요양기관 관련자로서 비의료인이 의료인을 고용하여 운영하는 사실을 확인하고 불법개설기관, 속칭 사무장병원을 제보하였다.
>
> □ 부당청구 요양기관 신고 포상금 제도는 건강보험 재정누수를 예방하자는 목적으로 2005년도부터 도입하여 시행하고 있으며, (중략)
> - 부당청구 요양기관 신고는 공단 누리집(www.nhis.or.kr), 모바일 앱(The건강보험), '재정지킴이 제안/신고센터' 또는 직접 방문과 우편을 통해서도 신고가 가능하며, 신고인의 신분은 「공익신고자보호법」에 의하여 철저하게 보장된다. (후략)
>
> → 속임수나 그 밖의 부당한 방법으로 보험급여 비용을 받은 요양기관(제104조 제1항 제3호)을 신고한 사람에 대한 포상금 지급 관련 자료이다. 포상금 최고액을 받게 되는 신고인은 이른바 '사무장병원'을 제보하였는데, 사무장병원은 불법 요양기관이므로 사무장병원이 청구하여 받은 보험급여 비용은 모두 부당한 방법에 의한 보험급여 비용에 해당한다.

제105조(유사명칭의 사용금지)

① 공단이나 심사평가원이 아닌 자는 국민건강보험공단, 건강보험심사평가원 또는 이와 유사한 명칭을 사용하지 못한다.

② 이 법으로 정하는 건강보험사업을 수행하는 자가 아닌 자는 보험계약 또는 보험계약의 명칭에 국민건강보험이라는 용어를 사용하지 못한다.◆

◆ 민간보험에서 보험상품에 국민건강보험이라는 명칭을 사용함으로써 마치 국가 또는 공단이 그 보험상품을 취급하는 것으로 국민을 호도하는 것을 방지하기 위한 규정이다.

제8장 보칙

제106조(소액 처리)

공단은 징수하여야 할 금액이나 반환하여야 할 금액이 1건당 2천 원 미만인 경우(제47조 제5항, 제57조 제5항 후단 및 제101조 제4항 후단에 따라 각각 상계 처리할 수 있는 본인일부부담금 환급금 및 가입자나 피부양자에게 지급하여야 하는 금액은 제외한다)에는 징수 또는 반환하지 아니한다.

◆ 1건당 2천 원 미만이다. '월 2천 원 미만'이나 '1건당 2천 원 이하'로 출제될 수 있으니 주의해야 한다.

제107조(끝수 처리)

보험료등과 보험급여에 관한 비용을 계산할 때 「국고금관리법」 제47조에 따른 끝수는 계산하지 아니한다.

◆ 「국고금관리법」 제47조에서는 10원 미만 끝수가 있을 때 이를 계산하지 않는다고 규정하고 있다.

제108조(보험재정에 대한 정부지원)

삭제

제108조의2(보험재정에 대한 정부지원)

① 국가는 매년 예산의 범위에서 해당 연도 보험료 예상 수입액의 100분의 14에 상당하는 금액을 국고에서 공단에 지원한다.

② 공단은 「국민건강증진법」에서 정하는 바에 따라 같은 법에 따른 국민건강증진기금에서 자금을 지원받을 수 있다.

③ 공단은 제1항에 따라 지원된 재원을 다음 각 호의 사업에 사용한다.
 1. 가입자 및 피부양자에 대한 보험급여
 2. 건강보험사업에 대한 운영비
 3. 제75조 및 제110조 제4항에 따른 보험료 경감에 대한 지원

④ 공단은 제2항에 따라 지원된 재원을 다음 각 호의 사업에 사용한다.
 1. 건강검진 등 건강증진에 관한 사업
 2. 가입자와 피부양자의 흡연으로 인한 질병에 대한 보험급여
 3. 가입자와 피부양자 중 65세 이상 노인에 대한 보험급여

◆ 건강보험 재정에 대한 국고 지원 내용을 담고 있는 제108조의2는 2027년 12월 31일까지 유효한 이른바 '일몰 조항'이다.

◆ 국민건강증진기금에서 자금을 지원받았기 때문에 건강증진 사업을 대상으로 하는 것이다.

제109조(외국인 등에 대한 특례)

① 정부는 외국 정부가 사용자인 사업장의 근로자의 건강보험에 관하여는 외국 정부와 한 합의에 따라 이를 따로 정할 수 있다.

② 국내에 체류하는 재외국민 또는 외국인(이하 "국내체류 외국인등"이라 한다)이 적용대상사업장의 근로자, 공무원 또는 교직원이고 제6조 제2항 각 호의 어느 하나에 해당하지 아니하면서 다음 각 호의 어느 하나에 해당하는 경우에는 제5조에도 불구하고 직장가입자가 된다.

1. 「주민등록법」 제6조 제1항 제3호에 따라 등록한 사람
2. 「재외동포의 출입국과 법적 지위에 관한 법률」 제6조에 따라 국내거소신고를 한 사람
3. 「출입국관리법」 제31조에 따라 외국인등록을 한 사람

③ 제2항에 따른 직장가입자에 해당하지 아니하는 국내체류 외국인등이 다음 각 호의 요건을 모두 갖춘 경우에는 제5조에도 불구하고 지역가입자가 된다.

1. 보건복지부령으로 정하는 기간 동안 국내에 거주하였거나 해당 기간 동안 국내에 지속적으로 거주할 것으로 예상할 수 있는 사유로서 보건복지부령으로 정하는 사유에 해당될 것
2. 다음 각 목의 어느 하나에 해당할 것
   가. 제2항 제1호 또는 제2호에 해당하는 사람
   나. 「출입국관리법」 제31조에 따라 외국인등록을 한 사람으로서 보건복지부령으로 정하는 체류자격이 있는 사람

④ 제2항 각 호의 어느 하나에 해당하는 국내체류 외국인등이 다음 각 호의 요건을 모두 갖춘 경우에는 제5조에도 불구하고 공단에 신청하면 피부양자가 될 수 있다.

1. 직장가입자와의 관계가 제5조 제2항 각 호의 어느 하나에 해당할 것
2. 제5조 제3항에 따른 피부양자 자격의 인정 기준에 해당할 것
3. 국내 거주기간 또는 거주사유가 제3항 제1호에 따른 기준에 해당할 것. 다만, 직장가입자의 배우자 및 19세 미만 자녀(배우자의 자녀를 포함한다)에 대해서는 그러하지 아니하다.

◆ 재외국민은 대한민국의 국민으로서 외국의 영주권을 취득한 자 또는 영주할 목적으로 외국에 거주하고 있는 자(「재외동포의 출입국과 법적 지위에 관한 법률」 제2조)를 말한다.

◆ 제1호에서 보건복지부령으로 정하는 기간은 6개월 이상이다. 기존에 3개월 이상 체류한 외국인에 한해 임의로 가입하던 것을 6개월 이상 체류 시 의무화한 것이다. 이를 통해 내·외국인 간 형평성을 높이고, 도덕적 해이를 방지할 수 있을 것으로 예상된다.

◆ 내국인은 우리나라에 기여하지 않은 외국인에게까지 피부양자 혜택을 주는 것이 과도하다는 입장이며, 외국인은 지역가입자의 최소 보험료가 높아 체납자를 양산할 수 있다는 입장이다.

제8장 보칙

⑤ 제2항부터 제4항까지의 규정에도 불구하고 다음 각 호에 해당되는 경우에는 가입자 및 피부양자가 될 수 없다.
 1. 국내체류가 법률에 위반되는 경우로서 대통령령으로 정하는 사유가 있는 경우
 2. 국내체류 외국인등이 외국의 법령, 외국의 보험 또는 사용자와의 계약 등에 따라 제41조에 따른 요양급여에 상당하는 의료보장을 받을 수 있어 사용자 또는 가입자가 보건복지부령으로 정하는 바에 따라 가입 제외를 신청한 경우

⑥ 제2항부터 제5항까지의 규정에서 정한 사항 외에 국내체류 외국인등의 가입자 또는 피부양자 자격의 취득 및 상실에 관한 시기·절차 등에 필요한 사항은 제5조부터 제11조까지의 규정을 준용한다. 다만, 국내체류 외국인등의 특성을 고려하여 특별히 규정해야 할 사항은 대통령령으로 다르게 정할 수 있다.

⑦ 가입자인 국내체류 외국인등이 매월 2일 이후 지역가입자의 자격을 취득하고 그 자격을 취득한 날이 속하는 달에 보건복지부장관이 고시하는 사유로 해당 자격을 상실한 경우에는 제69조 제2항 본문에도 불구하고 그 자격을 취득한 날이 속하는 달의 보험료를 부과하여 징수한다.

⑧ 국내체류 외국인등(제9항 단서의 적용을 받는 사람에 한정한다)에 해당하는 지역가입자의 보험료는 제78조 제1항 본문에도 불구하고 그 직전 월 25일까지 납부하여야 한다. 다만, 다음 각 호에 해당되는 경우에는 공단이 정하는 바에 따라 납부하여야 한다.
 1. 자격을 취득한 날이 속하는 달의 보험료를 징수하는 경우
 2. 매월 26일 이후부터 말일까지의 기간에 자격을 취득한 경우

⑨ 제7항과 제8항에서 정한 사항 외에 가입자인 국내체류 외국인등의 보험료 부과·징수에 관한 사항은 제69조부터 제86조까지의 규정을 준용한다. 다만, 대통령령으로 정하는 국내체류 외국인등의 보험료 부과·징수에 관한 사항은 그 특성을 고려하여 보건복지부장관이 다르게 정하여 고시할 수 있다.

⑩ 공단은 지역가입자인 국내체류 외국인등(제9항 단서의 적용을 받는 사람에 한정한다)이 보험료를 대통령령으로 정하는 기간 이상 체납한 경우에는 제53조 제3항에도 불구하고 체납일부터 체납한 보험

◆ 제2항은 직장가입자, 제3항은 지역가입자, 제4항은 피부양자 요건을 규정하고 있다.

◆ 외국인의 건강보험 적용과 관련하여 이른바 '먹튀 논란'이 예전부터 있어 왔다. 제7항은 이러한 문제에 대응하기 위한 규정이다.

◆ 지역가입자 자격을 1~25일에 취득하였다면 그 직전 월 25일까지 납부하고, 26~말일에 취득하였다면 공단이 정하는 바에 따라 납부한다는 의미이다. 예를 들어, 지역가입자 자격을 1월 10일에 취득하였고 2월 보험료로 3만 원이 부과된다면, 2월 보험료 3만 원은 1월 25일까지 납부하여야 한다.

료를 완납할 때까지 보험급여를 하지 아니한다. 이 경우 제53조 제3항 각 호 외의 부분 단서 및 같은 조 제5항·제6항은 적용하지 아니한다.

⑪ 제10항에도 불구하고 체류자격 및 체류기간 등 국내체류 외국인 등의 특성을 고려하여 특별히 규정하여야 할 사항은 대통령령으로 다르게 정할 수 있다.

제110조(실업자에 대한 특례)

① 사용관계가 끝난 사람 중 직장가입자로서의 자격을 유지한 기간이 보건복지부령으로 정하는 기간 동안 통산 1년 이상인 사람은 지역가입자가 된 이후 최초로 제79조에 따라 지역가입자 보험료를 고지받은 날부터 그 납부기한에서 2개월이 지나기 이전까지 공단에 직장가입자로서의 자격을 유지할 것을 신청할 수 있다.

◆ 직장가입자에서 지역가입자가 되면 보험료 전액을 본인이 부담하여야 하고, 재산도 보험료 산정 기준에 포함되므로 보험료가 상승하는 경우가 많다. 따라서 일정 기간 직장가입자 자격을 유지할 수 있는 제도를 마련한 것이다.

② 제1항에 따라 공단에 신청한 가입자(이하 "임의계속가입자"라 한다)는 제9조에도 불구하고 대통령령으로 정하는 기간 동안 직장가입자의 자격을 유지한다. 다만, 제1항에 따른 신청 후 최초로 내야 할 직장가입자 보험료를 그 납부기한부터 2개월이 지난 날까지 내지 아니한 경우에는 그 자격을 유지할 수 없다.

③ 임의계속가입자의 보수월액은 보수월액보험료가 산정된 최근 12개월 간의 보수월액을 평균한 금액으로 한다.

④ 임의계속가입자의 보험료는 보건복지부장관이 정하여 고시하는 바에 따라 그 일부를 경감할 수 있다.

⑤ 임의계속가입자의 보수월액보험료는 제76조 제1항 및 제77조 제1항 제1호에도 불구하고 그 임의계속가입자가 전액을 부담하고 납부한다.

⑥ 임의계속가입자가 보험료를 납부기한까지 내지 아니하는 경우 그 급여제한에 관하여는 제53조 제3항·제5항 및 제6항을 준용한다. 이 경우 "제69조 제5항에 따른 세대단위의 보험료"는 "제110조 제5항에 따른 보험료"로 본다.

◆ 제53조 제3항 각 호에서는 '보수 외 소득월액보험료, 세대단위의 보험료'를 열거하고 있는데, 임의계속가입자에 대해 해당 조항을 준용할 때는 이것을 '보수 외 소득월액보험료, 보수월액보험료'로 본다는 의미이다.

⑦ 임의계속가입자의 신청 방법·절차 등에 필요한 사항은 보건복지부령으로 정한다.

제8장 보칙

제111조(권한의 위임)

이 법에 따른 보건복지부장관의 권한은 대통령령으로 정하는 바에 따라 그 일부를 특별시장·광역시장·특별자치시장·도지사 또는 특별자치도지사에게 위임할 수 있다.

제112조(업무의 위탁)

① 공단은 대통령령으로 정하는 바에 따라 다음 각 호의 업무를 체신관서, 금융기관 또는 그 밖의 자에게 위탁할 수 있다.

1. 보험료의 수납 또는 보험료납부의 확인에 관한 업무
2. 보험급여비용의 지급에 관한 업무
3. 징수위탁근거법의 위탁에 따라 징수하는 연금보험료, 고용보험료, 산업재해보상보험료, 부담금 및 분담금 등(이하 "징수위탁보험료등"이라 한다)의 수납 또는 그 납부의 확인에 관한 업무

② 공단은 그 업무의 일부를 국가기관, 지방자치단체 또는 다른 법령에 따른 사회보험 업무를 수행하는 법인이나 그 밖의 자에게 위탁할 수 있다. 다만, 보험료와 징수위탁보험료등의 징수 업무는 그러하지 아니하다.◆

③ 제2항에 따라 공단이 위탁할 수 있는 업무 및 위탁받을 수 있는 자의 범위는 보건복지부령으로 정한다.

제113조(징수위탁보험료등의 배분 및 납입 등)

① 공단은 자신이 징수한 보험료와 그에 따른 징수금 또는 징수위탁보험료등의 금액이 징수하여야 할 총액에 부족한 경우에는 대통령령으로 정하는 기준, 방법에 따라 이를 배분하여 납부 처리하여야 한다. 다만, 납부의무자가 다른 의사를 표시한 때에는 그에 따른다.

② 공단은 징수위탁보험료등을 징수한 때에는 이를 지체 없이 해당 보험별 기금에 납입하여야 한다.

---

mini 문제

「국민건강보험법」에 따른 보건복지부장관의 권한을 위임할 수 없는 대상은?
① 시장
② 특별시장
③ 광역시장
④ 도지사

정답 ①

해설 광역자치단체장에게 위임할 수 있으므로 기초자치단체장은 제외된다고 기억해 둔다.

◆ 공단의 핵심 업무인 징수 업무는 위탁할 수 없다.

제114조(출연금의 용도 등)

① 공단은 「국민연금법」, 「산업재해보상보험법」, 「고용보험법」 및 「임금채권보장법」에 따라 국민연금기금, 산업재해보상보험및예방기금, 고용보험기금 및 임금채권보장기금으로부터 각각 지급받은 출연금을 제14조 제1항 제11호에 따른 업무에 소요되는 비용에 사용하여야 한다.

② 제1항에 따라 지급받은 출연금의 관리 및 운용 등에 필요한 사항은 대통령령으로 정한다.

◆ 제1항에 따라 지급받은 출연금은 징수위탁근거법에 따라 위탁받은 업무에만 사용해야 한다는 뜻이다.

제114조의2(벌칙 적용에서 공무원 의제)

제4조 제1항에 따른 심의위원회 및 제100조 제2항에 따른 건강보험공표심의위원회 위원 중 공무원이 아닌 사람은 「형법」 제127조 및 제129조부터 제132조까지의 규정을 적용할 때에는 공무원으로 본다.

◆ 공무원은 아니지만 공무상 비밀 누설, 수뢰행위에 관련됐을 때에는 공무원의 신분을 적용한다는 뜻이다.

요점 정리

1 시효와 기간 계산

시효	• 3년간 불행사 시 소멸시효 완성 • 보험료·연체금·가산금을 징수할 권리, 보험료·연체금·가산금으로 과오납부한 금액을 환급받을 권리, 보험급여를 받을 권리, 보험급여 비용을 받을 권리, 과다납부된 본인일부부담금을 돌려받을 권리, 근로복지공단의 권리
기간 계산	따로 정한 바가 없다면 「민법」의 규정 준용

2 자료의 제공 등

자료의 송부	• 공단은 소득 축소 신고나 탈루 인정 시 보건복지부장관을 거쳐 국세청장에게 문서로 송부할 수 있음 • 국세청장은 세무조사를 하면 보수·소득에 관한 사항을 공단으로 다시 송부함
자료의 제공	• 자격 관리, 보험료 부과·징수, 보험급여의 관리 등 건강보험사업 수행과 제14조 제1항 제11호 업무 수행에 필요한 자료를 공단이 요청 가능 • 요양급여비용 심사, 적정성 평가를 위하여 심사평가원이 요청 가능 • 약제에 대한 요양급여비용 상한금액의 감액, 요양급여 적용 정지를 위하여 보건복지부장관이 요청 가능
금융정보등의 제공	• 지역가입자의 재산보험료부과점수 산정을 위해 공단이 금융기관등의 장에게 금융정보등의 제공 요청 가능 • 금융정보등을 제공한 금융기관등의 장은 제공 사실을 명의인에게 통보하여야 함
서류의 보존	• 요양기관: 요양급여가 끝난 날부터 5년간 요양급여비용 청구에 관한 서류 보존 • 약국 등 보건복지부령으로 정하는 요양기관: 요양급여비용을 청구한 날부터 3년간 처방전 보존 • 사용자: 3년간 자격 관리 및 보험료 산정 등 건강보험에 관한 서류 보존 • 준요양기관: 요양비를 지급받은 날부터 3년간 요양비 청구에 관한 서류 보존 • 보조기기에 대한 보험급여를 청구한 자: 보험급여를 지급받은 날부터 3년간 보험급여 청구에 관한 서류 보존

3 업무정지, 과징금, 위반사실의 공표

업무정지	• 1년의 범위 내에서 기간을 정하여 업무정지 명령 가능 • 속임수 등 부당한 방법으로 보험자·가입자·피부양자에게 요양급여비용을 부담시킨 경우, 보건복지부장관의 보험급여에 관한 명령에 위반·거짓 보고·거짓 서류 제출을 하거나, 소속 공무원의 검사나 질문을 거부·방해·기피한 경우, 정당한 사유 없이 부당한 방법으로 요양급여대상 여부 결정의 신청 없이 행위·치료재료의 비용을 가입자·피부양자에게 부담시킨 경우 • 알지 못하였음을 증명한 경우를 제외하고는 양수, 합병 등을 하더라도 효과와 절차가 승계됨

과징금	• 제98조 제1항 제1호 또는 제3호로서, 업무정지 처분이 힘들 경우 부당한 방법으로 타인에게 부담하게 한 금액의 5배 이하 범위 과징금을 부과·징수할 수 있음(12개월 범위에서 분할납부 가능)
	• 약제를 요양급여에서 적용 정지하는 경우(12개월 범위에서 분할납부 가능)
	  – 공공복리에 지장 예상 시: 해당 약제 요양급여비용 총액의 100분의 200 범위
	  – 국민 건강에 심각한 위험 초래 예상 등 특별한 사유 시: 해당 약제 요양급여비용 총액의 100분의 60 범위
	• 앞선 과징금 부과일부터 5년 범위에서 대통령령으로 정하는 기간 내에 동일한 일이 반복될 경우
	  – 공공복리에 지장 예상 시: 해당 약제 요양급여비용 총액의 100분의 350 범위
	  – 국민 건강에 심각한 위험 초래 예상 등 특별한 사유 시: 해당 약제 요양급여비용 총액의 100분의 100 범위
	• 제98조 제1항 제1호 또는 제3호를 어긴 자가 과징금을 납부기한까지 내지 않을 경우: 과징금 부과 처분을 취소하고 업무정지 처분, 혹은 국세 체납처분 예에 따라 징수(단, 요양기관 폐업 등 업무정지 처분 불가 시 국세 체납처분 예에 따라 징수)
	• 제41조의2 제3항 해당자가 과징금을 납부기한까지 내지 않을 경우: 국세 체납처분 예에 따라 징수

위반사실의 공표	• 요양급여비용을 거짓으로 청구하여 행정처분을 받은 요양기관 • 거짓청구 금액이 1,500만 원 이상인 경우, 총액 중 거짓청구 금액이 100분의 20 이상인 경우 • 건강보험공표심의위원회의 심의를 거쳐 공표 • 소명자료 제출이나 의견 진술 기회를 주어야 함

4 제조업자등의 금지행위와 약제에 대한 쟁송

제조업자등의 금지행위	• 제101조 제1항을 위반하여 보험자, 가입자, 피부양자에게 손실을 준 제조업자등에 대하여 손실 상당액을 징수 • 징수한 손실 상당액 중 가입자, 피부양자의 손실 해당액은 당사자에게 지급하여야 함

약제에 대한 쟁송 시	• 약제의 제조업자등이 청구·제기한 행정심판 또는 행정소송에 대하여 결정, 재결, 판결이 다음 요건을 모두 갖춘 경우 손실상당액을 약제의 제조업자등에게서 징수할 수 있음
	  - 행정심판위원회 또는 법원이 집행정지 결정을 한 경우
	  - 행정심판이나 행정소송에 대한 각하 또는 기각 재결 또는 판결이 확정되거나 청구취하 또는 소취하로 심판 또는 소송이 종결된 경우
	• 공단은 결정, 재결, 판결이 다음 요건을 모두 갖춘 경우 약제의 제조업자등에게 손실상당액을 지급하여야 함
	  - 행정심판위원회 또는 법원의 집행정지 결정이 없거나 집행정지 결정이 취소된 경우
	  - 행정심판이나 행정소송에 대한 인용 재결 또는 판결이 확정된 경우

5 외국인과 실업자 특례

외국인	• 주민등록, 거소신고, 외국인등록 재외국민 또는 외국인이 근로자 등이고 예외 사유에 해당하지 않을 경우 직장가입자 자격을 얻음 • 국내에 지속적으로 거주하거나 사유가 인정되는 사람, 체류자격이 있는 사람 등은 직장가입자가 아닌 경우 지역가입자의 자격을 얻음
실업자	• 직장가입자 자격 유지 기간이 통산 1년 이상일 경우, 지역가입자 보험료 납부기한으로부터 2개월 이내에 직장가입자 자격 유지를 신청할 수 있음 • 직장가입자 보험료를 납부기한부터 2개월이 지날 때까지 내지 않은 경우를 제외하면, 대통령령으로 정하는 기간 동안 자격을 유지할 수 있음 • 보수월액은 최근 12개월간 보수월액 평균으로 함

빈칸 퀴즈

- 보험료, 연체금 및 가산금을 징수할 권리는 `01` 동안 행사하지 아니하면 소멸시효가 완성된다.
- 제91조 제1항에 따른 시효는 다음 각 호의 어느 하나의 사유로 중단된다.
    1. 보험료의 `02` 또는 `03`
    2. 보험급여 또는 보험급여 비용의 `04`
- 공단은 사용자, 직장가입자 및 세대주에게 가입자의 `05` 변경, 가입자의 보수·소득, 그 밖에 `06` 을 위하여 필요한 사항을 신고하게 하거나 관계 서류(전자적 방법으로 기록된 것을 포함한다)를 제출하게 할 수 있다.
- 공단은 제94조 제1항에 따라 신고한 보수 또는 소득 등에 축소 또는 탈루(脫漏)가 있다고 인정하는 경우에는 `07` 을 거쳐 소득의 축소 또는 탈루에 관한 사항을 문서로 `08` 에게 송부할 수 있다.
- 심사평가원은 국가, 지방자치단체, 요양기관, 보험회사 및 보험료율 산출 기관, 공공기관, 그 밖의 공공단체 등에 대하여 요양급여비용을 심사하고 요양급여의 적정성을 평가하기 위하여 주민등록· `09` · `10` · `11` 등의 자료로서 `12` 으로 정하는 자료를 제공하도록 요청할 수 있다.
- 누구든지 제96조의3 제1항에 따라 `13` 하는 `14` 를 그 목적 외의 용도로 이용하거나 활용하여서는 아니 된다.
- 요양기관은 요양급여가 `15` 날부터 `16` 간 보건복지부령으로 정하는 바에 따라 요양급여비용의 청구에 관한 서류를 보존하여야 한다. 다만, 약국 등 보건복지부령으로 정하는 요양기관은 처방전을 요양급여비용을 `17` 날부터 `18` 간 보존하여야 한다.
- 요양비를 청구한 준요양기관은 요양비를 `19` 날부터 `20` 간 보건복지부령으로 정하는 바에 따라 요양비 청구에 관한 서류를 보존하여야 한다.

정답 01 3년 02 고지 03 독촉 04 청구 05 거주지 06 건강보험사업 07 보건복지부장관 08 국세청장 09 출입국관리 10 진료기록 11 의약품공급 12 대통령령 13 공동이용 14 전산정보자료 15 끝난 16 5년 17 청구한 18 3년 19 지급받은 20 3년

- 보건복지부장관은 사용자, 직장가입자 또는 [21]에게 가입자의 이동·보수·소득이나 그 밖에 필요한 사항에 관한 보고 또는 [22]을 명하거나, 소속 공무원이 관계인에게 질문하게 하거나 관계 서류를 검사하게 할 수 있다.

- 보건복지부장관은 요양기관이 제97조 제2항에 따른 보고 명령을 위반한 경우 그 요양기관에 대하여 [23]의 범위에서 기간을 정하여 [24]를 명할 수 있다.

- 보건복지부장관은 제99조 제1항에 따라 요양기관에 과징금을 부과·징수하는 경우 [25]의 범위에서 분할납부를 하게 할 수 있다.

- 보건복지부장관은 제99조 제1항에 따른 과징금을 납부하여야 할 자가 납부기한까지 이를 내지 아니하면 [26]으로 정하는 절차에 따라 그 과징금 부과 처분을 취소하고 [27] 처분을 하거나 [28]의 예에 따라 이를 징수한다.

- 보건복지부장관은 관련 서류의 [29]로 요양급여비용을 거짓으로 청구하여 제98조 또는 제99조에 따른 행정처분을 받은 요양기관이 다음 각 호의 어느 하나에 해당하면 대통령령으로 정하는 사항을 공표할 수 있다.
  1. 거짓으로 청구한 금액이 [30] 원 이상인 경우
  2. 요양급여비용 총액 중 거짓으로 청구한 금액의 비율이 [31] 이상인 경우

- 보건복지부장관은 제100조 제1항에 따른 공표 여부 등을 심의하기 위하여 [32]를 설치·운영한다.

- 공단, [33] 및 [34]에 종사하였던 사람 또는 종사하는 사람은 [35] 및 [36]의 개인정보를 누설하거나 직무상 목적 외의 용도로 이용 또는 정당한 사유 없이 제3자에게 제공하는 행위를 하여서는 아니 된다.

- [37]은 속임수나 그 밖의 부당한 방법으로 보험급여를 받은 사람을 신고한 사람에 대하여 [38]을 지급할 수 있다.

- 공단은 [39]을 효율적으로 운영하는 데에 이바지한 요양기관에 대하여 [40]을 지급할 수 있다.

정답 21 세대주 22 서류 제출 23 1년 24 업무정지 25 12개월 26 대통령령 27 업무정지 28 국세 체납처분 29 위조·변조 30 1천500만 31 100분의 20 32 건강보험공표심의위원회 33 심사평가원 34 대행청구단체 35 가입자 36 피부양자 37 공단 38 포상금 39 건강보험 재정 40 장려금

- 이 법으로 정하는 건강보험사업을 수행하는 자가 아닌 자는 보험계약 또는 보험계약의 명칭에 41 이라는 용어를 사용하지 못한다.

- 국가는 매년 예산의 범위에서 해당 연도 보험료 예상 수입액의 42 에 상당하는 금액을 43 에서 공단에 지원한다.

- 공단은 국민건강증진기금에서 지원된 재원을 다음 각 호의 사업에 사용한다.

    1. 44 등 건강증진에 관한 사업

    2. 가입자와 피부양자의 45 으로 인한 질병에 대한 보험급여

    3. 가입자와 피부양자 중 46 세 이상 노인에 대한 보험급여

- 정부는 47 인 사업장의 근로자의 건강보험에 관하여는 외국 정부와 한 합의에 따라 이를 따로 정할 수 있다.

- 가입자인 국내체류 외국인등이 매월 48 일 이후 49 의 자격을 취득하고 그 자격을 취득한 날이 속하는 달에 보건복지부장관이 고시하는 사유로 해당 자격을 상실한 경우에는 그 자격을 취득한 날이 속하는 달의 보험료를 부과하여 징수한다.

- 사용관계가 끝난 사람 중 직장가입자로서의 자격을 유지한 기간이 보건복지부령으로 정하는 기간 동안 통산 50 이상인 사람은 지역가입자가 된 이후 최초로 지역가입자 보험료를 51 날부터 그 납부기한에서 52 이 지나기 이전까지 53 에 직장가입자로서의 자격을 유지할 것을 신청할 수 있다.

- 임의계속가입자의 보수월액은 보수월액보험료가 산정된 최근 54 간의 보수월액을 55 한 금액으로 한다.

- 임의계속가입자의 보수월액보험료는 그 임의계속가입자가 56 을 부담하고 납부한다.

- 공단은 57 으로 정하는 바에 따라 보험료의 수납 또는 58 의 확인에 관한 업무, 59 의 지급에 관한 업무, 징수위탁보험료등의 수납 또는 그 납부의 확인에 관한 업무를 체신관서, 60 또는 그 밖의 자에게 위탁할 수 있다.

정답 41 국민건강보험 42 100분의 14 43 국고 44 건강검진 45 흡연 46 65 47 외국 정부가 사용자 48 2 49 지역가입자 50 1년 51 고지받은 52 2개월 53 공단 54 12개월 55 평균 56 전액 57 대통령령 58 보험료납부 59 보험급여비용 60 금융기관

O× 퀴즈

01 ☐☒ 보험료로 과오납부한 금액을 환급받을 권리는 2년 동안 행사하지 아니하면 소멸시효가 완성된다.

02 ☐☒ 보험료를 고지하는 경우 보험료를 징수할 권리에 대한 시효는 중단된다.

03 ☐☒ 공단은 사용자에게 가입자의 보수를 신고하게 하거나 관계 서류를 제출하게 할 수 있다.

04 ☐☒ 공단은 신고된 소득에 탈루가 있다고 인정하는 경우에는 심사평가원을 거쳐 소득의 탈루에 관한 사항을 문서로 국세청장에게 송부할 수 있다.

05 ☐☒ 심사평가원은 국가, 지방자치단체, 요양기관, 보험회사 및 보험료율 산출 기관, 공공기관, 그 밖의 공공단체 등에 대하여 건강보험사업의 수행을 위하여 주민등록·가족관계등록·국세·지방세·토지·건물·출입국관리 등의 자료를 제공하도록 요청할 수 있다.

06 ☐☒ 공단은 관계 행정기관의 장에게 약제에 대한 요양급여비용 상한금액의 감액 및 요양급여의 적용 정지를 위하여 필요한 자료를 제공하도록 요청할 수 있다.

07 ☐☒ 심사평가원이 요양급여비용 심사를 위해 요양기관 A에 자료를 요청한 경우, A가 심사평가원에 제공하는 자료에 대해서는 사용료와 수수료가 면제된다.

08 ☐☒ 요양기관은 요양급여가 시작된 날부터 5년간 요양급여비용의 청구에 관한 서류를 보존하여야 한다.

09 ☐☒ 약국은 요양급여비용을 청구한 날부터 5년간 처방전을 보존하여야 한다.

10 ☐☒ 사용자는 3년간 자격 관리 및 보험료 산정 등 건강보험에 관한 서류를 보존하여야 한다.

11 ☐☒ 요양비를 청구한 준요양기관은 요양비를 청구한 날부터 3년간 요양비 청구에 관한 서류를 보존하여야 한다.

12 ☐☒ 보건복지부장관은 사용자, 직장가입자 또는 피부양자에게 가입자의 이동·보수·소득이나 그 밖에 필요한 사항에 관한 보고 또는 서류 제출을 명할 수 있다.

13 ☐☒ 보건복지부장관은 보험급여를 받은 자에게 해당 보험급여의 내용에 관한 보고 또는 서류 제출을 명할 수 있다.

14 ☐☒ 보건복지부장관은 요양기관 B가 보험급여에 관한 서류 제출 명령에 대해 거짓 서류를 제출한 경우 B에 대하여 1년의 범위에서 기간을 정하여 업무정지를 명할 수 있다.

15 ☐☒ 요양기관 C에 업무정지 처분이 내려진 경우 C를 양수한 D에게는 업무정지 처분의 효과가 승계되지 않는다.

16 ☐☒ 보건복지부장관은 요양기관 E가 속임수로 가입자에게 요양급여비용을 부담하게 하여 업무정지 처분을 하려고 했지만, 그 업무정지 처분이 E를 이용하는 사람에게 심한 불편을 준다고 인정되면 속임수로 부담하게 한 금액의 5배 이하의 금액을 과징금으로 부과·징수할 수 있다.

정답 & 해설

01 ✗ 보험료, 연체금 및 가산금으로 과오납부한 금액을 환급받을 권리는 3년 동안 행사하지 아니하면 소멸시효가 완성된다.

02 ○ 제91조 제1항에 따른 시효는 보험료의 고지 또는 독촉, 보험급여 또는 보험급여 비용의 청구로 중단된다.

03 ○ 공단은 사용자, 직장가입자 및 세대주에게 가입자의 거주지 변경, 가입자의 보수·소득, 그 밖에 건강보험사업을 위하여 필요한 사항을 신고하게 하거나 관계 서류(전자적 방법으로 기록된 것 포함)를 제출하게 할 수 있다.

04 ✗ 탈루에 관한 문서는 '심사평가원'이 아니라 '보건복지부장관'을 거쳐 국세청장에게 송부할 수 있다.

05 ✗ '심사평가원'이 아니라 '공단'이 요청할 수 있는 내용이다.

06 ✗ '공단'이 아니라 '보건복지부장관'이 요청할 수 있는 내용이다.

07 ○ 제96조 제1항 및 제2항에 따라 국가, 지방자치단체, 요양기관, 보험료율 산출 기관 그 밖의 공공기관 및 공공단체가 공단 또는 심사평가원에 제공하는 자료에 대하여는 사용료와 수수료 등을 면제한다.

08 ✗ 요양급여가 '시작된 날'이 아니라 '끝난 날'부터 5년간 요양급여비용의 청구에 관한 서류를 보존하여야 한다.

09 ✗ 요양급여비용을 청구한 날부터 '5년간'이 아니라 '3년간' 처방전을 보존하여야 한다.

10 ○ 사용자가 보존하여야 하는 서류는 '자격 관리 및 보험료 산정 등'에 관한 서류이고, 보존 기간은 '3년'이다.

11 ✗ 요양비를 '청구한 날'이 아니라 '지급받은 날'부터 3년간 요양비 청구에 관한 서류를 보존하여야 한다.

12 ✗ '피부양자'가 아니라 '세대주'가 들어가야 맞다. 보건복지부장관은 사용자, 직장가입자 또는 세대주에게 가입자의 이동·보수·소득이나 그 밖에 필요한 사항에 관한 보고 또는 서류 제출을 명하거나, 소속 공무원이 관계인에게 질문하게 하거나 관계 서류를 검사하게 할 수 있다.

13 ✗ 보험급여를 받은 자에 대해서는 해당 보험급여의 내용에 관하여 '보고하게 하거나, 소속 공무원이 질문하게 할 수 있다'고만 규정하고 있다.

14 ○ 보건복지부장관은 요양기관이 제97조 제2항에 따른 명령에 위반하거나 거짓 보고를 하거나 거짓 서류를 제출하거나, 소속 공무원의 검사 또는 질문을 거부·방해 또는 기피한 경우 그 요양기관에 대하여 1년의 범위에서 기간을 정하여 업무정지를 명할 수 있다.

15 ✗ 업무정지 처분의 효과는 그 처분이 확정된 요양기관을 양수한 자 또는 합병 후 존속하는 법인이나 합병으로 설립되는 법인에 승계된다. 다만, 양수인 또는 합병 후 존속하는 법인이나 합병으로 설립되는 법인이 그 처분을 알지 못하였음을 증명하는 경우에는 예외이다.

16 ○ 제시된 사례는 제98조 제1항에 해당한다. 보건복지부장관은 요양기관이 제98조 제1항 제1호 또는 제3호에 해당하여 업무정지 처분을 하여야 하는 경우로서 그 업무정지 처분이 해당 요양기관을 이용하는 사람에게 심한 불편을 주거나 보건복지부장관이 정하는 특별한 사유가 있다고 인정되면 업무정지 처분을 갈음하여 속임수나 그 밖의 부당한 방법으로 부담하게 한 금액의 5배 이하의 금액을 과징금으로 부과·징수할 수 있다.

17 ☐☒ 보건복지부장관은 약제 F를 요양급여에서 적용 정지하는 경우 국민 건강에 심각한 위험을 초래할 것이 예상되는 때에는 요양급여의 적용 정지에 갈음하여 F에 대한 요양급여비용 총액의 100분의 60을 넘지 아니하는 범위에서 과징금을 부과·징수할 수 있다.

18 ☐☒ 보건복지부장관이 약제 G를 요양급여에서 적용 정지하는 경우 환자 진료에 불편을 초래하는 등 공공복리에 지장을 줄 것으로 예상되어 G에 대해 요양급여 적용 정지를 갈음하여 과징금을 부과·징수했다. 이때 징수한 과징금은 응급의료기금의 지원 용도로만 사용하여야 한다.

19 ☐☒ 요양기관 H는 관련 서류의 위조·변조로 요양급여비용을 거짓으로 청구하여 업무정지 처분을 받았다. H가 거짓으로 청구한 금액이 2천만 원이라면 보건복지부장관은 그 위반행위의 동기, 정도, 횟수 및 결과 등을 고려하여 H의 위반사실을 공표할 수 있다.

20 ☐☒ 대행청구단체에 종사하였던 사람은 피부양자의 개인정보를 누설하여서는 안 된다.

21 ☐☒ 보건복지부장관은 부당한 방법으로 보험급여를 받은 사람을 신고한 사람에 대하여 포상금을 지급할 수 있다.

22 ☐☒ 공단은 건강보험 재정을 효율적으로 운영하는 데에 이바지한 요양기관에 대하여 장려금을 지급하여야 한다.

23 ☐☒ 공단이나 심사평가원이 아닌 자는 국민건강보험공단, 건강보험심사평가원이라는 명칭을 사용할 수 없지만, 이와 유사한 명칭은 사용할 수 있다.

24 ☐☒ 공단은 징수하여야 할 금액이 1건당 1천 원이라면 그 금액을 징수하지 않는다.

25 ☐☒ 공단은 「국민건강증진법」에서 정하는 바에 따라 국민건강증진기금에 자금을 지원하여야 한다.

26 ☐☒ 적용대상사업장의 근로자인 국내 체류 외국인이 「출입국관리법」에 따라 외국인등록을 하였다면 고용 기간이 1개월 미만인 일용근로자라고 하더라도 직장가입자가 된다.

27 ☐☒ 임의계속가입자가 직장가입자 자격 유지 신청 후 처음으로 내야 할 직장가입자 보험료를 그 납부기한부터 2개월이 지난 날까지 내지 않았다면 직장가입자 자격을 유지할 수 없다.

28 ☐☒ 임의계속가입자의 보험료는 보건복지부장관이 정하여 고시하는 바에 따라 그 일부를 상향할 수 있다.

29 ☐☒ 공단은 보험료의 징수 업무를 국가기관, 지방자치단체 또는 다른 법령에 따른 사회보험 업무를 수행하는 법인이나 그 밖의 자에게 위탁할 수 있다.

30 ☐☒ 공단은 징수위탁보험료등을 징수한 때에는 이를 지체 없이 해당 보험별 기금에 납입하여야 한다.

17	O	약제를 요양급여에서 적용 정지하는 것이 '환자 진료에 불편을 초래하는 등 공공복리에 지장을 줄 것으로 예상되는 때'에는 해당 약제에 대한 요양급여비용 총액의 100분의 200을 넘지 아니하는 범위, '국민 건강에 심각한 위험을 초래할 것이 예상되는 등 특별한 사유가 있다고 인정되는 때'에는 해당 약제에 대한 요양급여비용 총액의 100분의 60을 넘지 아니하는 범위에서 요양급여의 적용 정지를 갈음하여 과징금을 부과·징수할 수 있다.
18	X	제시된 사례는 제99조 제2항 제1호에 해당한다. 제99조 제2항 제1호 및 제3항 제1호에 따라 징수한 과징금은 '응급의료기금의 지원'이 아니라 '재난적의료비 지원사업에 대한 지원' 용도로만 사용하여야 한다.
19	O	관련 서류의 위조·변조로 요양급여비용을 거짓으로 청구하여 행정처분을 받은 요양기관이 거짓으로 청구한 금액이 1천500만 원 이상이거나 요양급여비용 총액 중 거짓으로 청구한 금액의 비율이 100분의 20 이상인 경우에는 그 위반행위의 동기, 정도, 횟수 및 결과 등을 고려하여 위반사실을 공표할 수 있다.
20	O	공단, 심사평가원 및 대행청구단체에 종사하였던 사람 또는 종사하는 사람은 가입자 및 피부양자의 개인정보를 누설하거나 직무상 목적 외의 용도로 이용 또는 정당한 사유 없이 제3자에게 제공하는 행위를 하여서는 안 된다.
21	X	포상금을 지급할 수 있는 주체는 '보건복지부장관'이 아니라 '공단'이다.
22	X	건강보험 재정을 효율적으로 운영하는 데에 이바지한 요양기관에 대하여 장려금을 반드시 '지급하여야 하는' 것이 아니라 '지급할 수 있는' 것이다.
23	X	공단이나 심사평가원이 아닌 자는 국민건강보험공단, 건강보험심사평가원 또는 이와 유사한 명칭을 사용하지 못한다.
24	O	공단은 징수하여야 할 금액이나 반환하여야 할 금액이 1건당 2천 원 미만인 경우(상계 처리할 수 있는 본인일부부담금 환급금 및 가입자나 피부양자에게 지급하여야 하는 금액은 제외)에는 징수 또는 반환하지 아니한다.
25	X	공단이 국민건강증진기금에 자금을 '지원하여야 하는' 것이 아니라, 국민건강증진기금으로부터 자금을 '지원받을 수 있는' 것이다.
26	X	고용 기간이 1개월 미만인 일용근로자라면 직장가입자가 될 수 없다.
27	O	임의계속가입자는 대통령령으로 정하는 기간 동안 직장가입자의 자격을 유지하지만, 신청 후 최초로 내야 할 직장가입자 보험료를 그 납부기한부터 2개월이 지난 날까지 내지 아니한 경우에는 그 자격을 유지할 수 없다.
28	X	임의계속가입자의 보험료는 그 일부를 '상향'할 수 있는 것이 아니라 '경감'할 수 있다.
29	X	공단은 그 업무의 일부를 국가기관, 지방자치단체 또는 다른 법령에 따른 사회보험 업무를 수행하는 법인이나 그 밖의 자에게 위탁할 수 있지만, 보험료와 징수위탁보험료등의 징수 업무는 예외이다.
30	O	징수한 징수위탁보험료등은 '14일 이내', '15일 이내', '1개월 이내' 등이 아니라 '지체 없이' 해당 보험별 기금에 납입하여야 한다.

제9장 벌칙

제115조(벌칙)

① 제102조 제1호를 위반하여 가입자 및 피부양자의 개인정보를 누설하거나 직무상 목적 외의 용도로 이용 또는 정당한 사유 없이 제3자에게 제공한 자는 5년 이하의 징역 또는 5천만 원 이하의 벌금에 처한다.

② 다음 각 호의 어느 하나에 해당하는 자는 3년 이하의 징역 또는 3천만 원 이하의 벌금에 처한다.
 1. 대행청구단체의 종사자로서 거짓이나 그 밖의 부정한 방법으로 요양급여비용을 청구한 자
 2. 제102조 제2호를 위반하여 업무를 수행하면서 알게 된 정보를 누설하거나 직무상 목적 외의 용도로 이용 또는 제3자에게 제공한 자

③ 제96조의3 제3항을 위반하여 공동이용하는 전산정보자료를 같은 조 제1항에 따른 목적 외의 용도로 이용하거나 활용한 자는 3년 이하의 징역 또는 1천만 원 이하의 벌금에 처한다.

④ 거짓이나 그 밖의 부정한 방법으로 보험급여를 받거나 타인으로 하여금 보험급여를 받게 한 사람은 2년 이하의 징역 또는 2천만 원 이하의 벌금에 처한다.

⑤ 다음 각 호의 어느 하나에 해당하는 자는 1년 이하의 징역 또는 1천만 원 이하의 벌금에 처한다.
 1. 제42조의2 제1항 및 제3항을 위반하여 선별급여를 제공한 요양기관의 개설자
 2. 제47조 제7항을 위반하여 대행청구단체가 아닌 자로 하여금 대행하게 한 자
 3. 제93조를 위반한 사용자
 4. 제98조 제2항을 위반한 요양기관의 개설자
 5. 삭제

◆ 벌칙 중 개인정보 부분의 처벌이 가장 무겁다.

사례형 O X

공단 직원 갑이 가입자의 개인정보를 외부에 팔아넘긴 경우 갑은 3년 이하의 징역 또는 3천만 원 이하의 벌금에 처한다. **정답** X

해설 5년 이하의 징역 또는 5천만 원 이하의 벌금에 처한다.

◆ 제1항은 가입자 및 피부양자의 개인정보와 관련된 벌칙이고, 제2항 제2호는 개인정보 외 업무를 수행하면서 알게 된 정보와 관련된 벌칙이다.

제116조(벌칙)

제97조 제2항을 위반하여 보고 또는 서류 제출을 하지 아니한 자, 거짓으로 보고하거나 거짓 서류를 제출한 자, 검사나 질문을 거부·방해 또는 기피한 자는 1천만 원 이하의 벌금에 처한다.

제117조(벌칙)

제42조 제5항을 위반한 자 또는 제49조 제2항을 위반하여 요양비 명세서나 요양 명세를 적은 영수증을 내주지 아니한 자는 500만 원 이하의 벌금에 처한다.

제118조(양벌 규정)

① 법인의 대표자나 법인 또는 개인의 대리인, 사용인, 그 밖의 종사자가 그 법인 또는 개인의 업무에 관하여 제115조부터 제117조까지의 규정 중 어느 하나에 해당하는 위반행위를 하면 그 행위자를 벌하는 외에 그 법인 또는 개인에게도 해당 조문의 벌금형을 과(科)한다. 다만, 법인 또는 개인이 그 위반행위를 방지하기 위하여 해당 업무에 관하여 상당한 주의와 감독을 게을리하지 아니한 경우에는 그러하지 아니하다.

> **TIP** 양벌 규정
>
> 양벌 규정은 범죄행위를 직접 행한 당사자를 처벌할 뿐만 아니라 행위자와 일정한 관계가 있는 자에 대해서도 형을 과하도록 정한 규정을 말한다. 실제로 위반행위에 따라 이익을 받는 자는 그 법인이나 개인인 사용주이기 때문이다.
>
> 다만, 양벌 규정에 의한 법인 또는 개인에 대한 벌칙은 벌금형에 한정된다. 이는 법인에는 징역형과 같은 자유형(형을 받는 사람을 일정한 곳에 가두어 신체적 자유를 빼앗는 형벌)을 과하는 것이 불가능하고, 자연인에게는 그것이 불가능한 것은 아니지만 자유형을 과하는 것은 타당하지 않기 때문이다.

◆ 제116조에서 열거한 자는 벌금에 처한다고만 규정하고 있다. 징역에는 처할 수 없음을 알아 두자. 제117조도 마찬가지이다.

◆ 「국민건강보험법」상 벌금 중에서 가장 가벼운 처벌은 500만 원 이하이다.

지식형 OX

개인의 대리인이 제115조에 해당하는 위반행위를 하면 대리인에게만 벌금을 과하며, 개인에게는 과하지 않는다. **정답** X

해설 양벌 규정으로 개인에게도 해당 조문의 벌금형을 과한다.

제9장 벌칙

제119조(과태료)

① 삭제

② 삭제

③ 다음 각 호의 어느 하나에 해당하는 자에게는 500만 원 이하의 과태료를 부과한다.

1. 제7조를 위반하여 신고를 하지 아니하거나 거짓으로 신고한 사용자
2. 정당한 사유 없이 제94조 제1항을 위반하여 신고·서류제출을 하지 아니하거나 거짓으로 신고·서류제출을 한 자
3. 정당한 사유 없이 제97조 제1항, 제3항, 제4항, 제5항을 위반하여 보고·서류제출을 하지 아니하거나 거짓으로 보고·서류제출을 한 자
4. 제98조 제4항을 위반하여 행정처분을 받은 사실 또는 행정처분절차가 진행 중인 사실을 지체 없이 알리지 아니한 자
5. 정당한 사유 없이 제101조 제2항을 위반하여 서류를 제출하지 아니하거나 거짓으로 제출한 자

④ 다음 각 호의 어느 하나에 해당하는 자에게는 100만 원 이하의 과태료를 부과한다.

1. 삭제
2. 삭제
3. 제12조 제4항을 위반하여 정당한 사유 없이 건강보험증이나 신분증명서로 가입자 또는 피부양자의 본인 여부 및 그 자격을 확인하지 아니하고 요양급여를 실시한 자
4. 제96조의4를 위반하여 서류를 보존하지 아니한 자
5. 제103조에 따른 명령을 위반한 자
6. 제105조를 위반한 자

⑤ 제3항 및 제4항에 따른 과태료는 대통령령으로 정하는 바에 따라 보건복지부장관이 부과·징수한다.

◆ 제115조~제117조에서 규정하고 있는 벌칙은 그 종류가 다양한데, 과태료는 '500만 원 이하'와 '100만 원 이하'밖에 없다.

◆ 과태료를 부과·징수하는 주체는 보건복지부장관이다. 대통령이나 공단이 아니라는 점에 유의하자.

TIP 벌금과 과태료

벌금과 과태료는 둘 다 돈을 내야 한다는 점에서 혼동하기 쉬운 개념인데, 벌금은 사법상의 형벌이고, 과태료는 행정상의 처분이다.
- 벌금: 범죄에 대한 처벌로 부과하는 돈이며, 재산형(財産刑)의 하나이다. 이를 내지 못했을 때는 노역으로 대신한다. "정보를 공개한 경우 1년 이하의 징역이나 1천만 원 이하의 벌금에 처한다" 등으로 사용된다.
- 과태료: 의무 이행을 태만히 한 사람에게 벌로 물게 하는 돈을 말하며, 벌금과는 달리 형벌의 성격이 아니다. "어제 주차 위반으로 과태료를 물었다"처럼 사용된다.

관련 기사 & 자료

국민건강보험공단 부산울산경남지역본부,
"미가입사업장 가입 강조기간 운영"

부산일보, 2022. 11. 14.

국민건강보험공단 부산울산경남지역본부는 근로자의 권익보호를 위하여 '건강보험 미가입사업장 가입 강조기간'을 운영한다고 밝혔다. (중략)

건강보험 가입대상은 근로자(법인의 이사와 그 밖의 임원을 포함) 1인 이상을 고용한 사업장이며 △건강보험 상용근로자 △1개월간 60시간 이상 단시간 근로자(장기요양기관 상근 근로자, 요양보호사 등) △1개월 이상 근로하면서 월 8일 이상 근로하는 일용근로자를 고용한 사업장은 「국민건강보험법」에 따라 의무적으로 건강보험에 가입해야 한다.

사업장 적용일은 사용자와 근로자 간 고용관계 성립일이며, 근로자 자격취득일은 사업장에 사용(고용)된 날로 한다. 사업주는 근로자를 고용한 날로부터 14일 이내에 건강보험 사업장 적용 신고 및 직장가입자 자격취득신고를 해야 한다.

정당한 사유 없이 건강보험 가입신고를 하지 아니하는 경우에는 직권가입과 「국민건강보험법」 제115조(벌칙), 제119조(과태료) 규정에 따라 불이익을 받을 수 있다. (후략)

→ 국민건강보험공단은 매년 11월을 미가입사업장 가입 강조기간으로 운영하고 있다. 신고를 하지 않은 사업장은 제119조 제3항 제1호에 의해 과태료를 부과받게 된다.

요점 정리

1 벌칙

5년 이하의 징역 또는 5천만 원 이하의 벌금	제102조(정보의 유지 등) 제1호를 위반하여 가입자 및 피부양자의 개인정보를 누설하거나 직무상 목적 외의 용도로 이용 또는 정당한 사유 없이 제3자에게 제공한 자
3년 이하의 징역 또는 3천만 원 이하의 벌금	• 거짓이나 그 밖의 부정한 방법으로 요양급여비용을 청구한 대행청구단체 종사자 • 제102조(정보의 유지 등) 제2호를 위반하여 업무를 수행하면서 알게 된 정보를 누설하거나 직무상 목적 외의 용도로 이용 또는 제3자에게 제공한 자
3년 이하의 징역 또는 1천만 원 이하의 벌금	제96조의3(가족관계등록 전산정보의 공동이용) 제3항을 위반하여 공동이용하는 전산정보자료를 같은 조 제1항에 따른 목적 외의 용도로 이용하거나 활용한 자
2년 이하의 징역 또는 2천만 원 이하의 벌금	거짓이나 그 밖의 부정한 방법으로 보험급여를 받거나 타인으로 하여금 보험급여를 받게 한 사람
1년 이하의 징역 또는 1천만 원 이하의 벌금	• 제42조의2(요양기관의 선별급여 실시에 대한 관리) 제1항 및 제3항을 위반하여 선별급여를 제공한 요양기관의 개설자 • 제47조(요양급여비용의 청구와 지급 등) 제7항을 위반하여 대행청구단체가 아닌 자로 하여금 대행하게 한 자 • 제93조(근로자의 권익 보호)를 위반한 사용자 • 제98조(업무정지) 제2항을 위반한 요양기관의 개설자
1천만 원 이하의 벌금	제97조(보고와 검사) 제2항을 위반하여 보고 또는 서류 제출을 하지 아니한 자, 거짓으로 보고하거나 거짓 서류를 제출한 자, 검사나 질문을 거부·방해 또는 기피한 자
500만 원 이하의 벌금	제42조(요양기관) 제5항을 위반한 자 또는 제49조(요양비) 제2항을 위반하여 요양비 명세서나 요양 명세를 적은 영수증을 내주지 아니한 자

2 과태료

500만 원 이하의 과태료	• 제7조(사업장의 신고)를 위반하여 신고를 하지 아니하거나 거짓으로 신고한 사용자 • 정당한 사유 없이 제94조(신고 등) 제1항을 위반하여 신고·서류제출을 하지 아니하거나 거짓으로 신고·서류제출을 한 자 • 정당한 사유 없이 제97조(보고와 검사) 제1항, 제3항, 제4항, 제5항을 위반하여 보고·서류제출을 하지 아니하거나 거짓으로 보고·서류제출을 한 자 • 제98조(업무정지) 제4항을 위반하여 행정처분을 받은 사실 또는 행정처분절차가 진행 중인 사실을 지체 없이 알리지 아니한 자 • 정당한 사유 없이 제101조(제조업자 등의 금지행위 등) 제2항을 위반하여 서류를 제출하지 아니하거나 거짓으로 제출한 자
100만 원 이하의 과태료	• 제12조(건강보험증) 제4항을 위반하여 정당한 사유 없이 건강보험증이나 신분증명서로 본인 여부 및 그 자격을 확인하지 아니하고 요양급여를 실시한 자 • 제96조의4(서류의 보존)를 위반하여 서류를 보존하지 아니한 자 • 제103조(공단 등에 대한 감독 등)에 따른 명령을 위반한 자 • 제105조(유사명칭의 사용금지)를 위반한 자

빈칸 퀴즈

- 제102조 제1호를 위반하여 가입자 및 피부양자의 개인정보를 누설하거나 직무상 목적 외의 용도로 이용 또는 정당한 사유 없이 제3자에게 제공한 자는 [01] 이하의 징역 또는 [02] 원 이하의 벌금에 처한다.

- 거짓이나 그 밖의 부정한 방법으로 보험급여를 받거나 타인으로 하여금 보험급여를 받게 한 사람은 [03] 이하의 징역 또는 [04] 원 이하의 벌금에 처한다.

- 다음 각 호의 어느 하나에 해당하는 자는 1년 이하의 징역 또는 [05] 원 이하의 벌금에 처한다.
  1. 제42조의2 제1항 및 제3항을 위반하여 [06] 를 제공한 요양기관의 개설자
  2. 제47조 제7항을 위반하여 [07] 가 아닌 자로 하여금 대행하게 한 자
  3. 제93조를 위반한 [08]
  4. 제98조 제2항을 위반한 요양기관의 개설자

- 제97조 제2항을 위반하여 보고 또는 서류 제출을 하지 아니한 자, 거짓으로 보고하거나 거짓 서류를 제출한 자, 검사나 질문을 [09] · [10] 또는 [11] 한 자는 1천만 원 이하의 벌금에 처한다.

- 법인의 대표자나 법인 또는 개인의 [12] , [13] , 그 밖의 종사자가 그 법인 또는 개인의 업무에 관하여 제115조부터 제117조까지의 규정 중 어느 하나에 해당하는 위반행위를 하면 그 행위자를 벌하는 외에 그 법인 또는 개인에게도 해당 조문의 [14] 을 과(科)한다. 다만, 법인 또는 개인이 그 위반행위를 방지하기 위하여 해당 업무에 관하여 상당한 [15] 와 [16] 을 게을리하지 아니한 경우에는 그러하지 아니하다.

- 제7조를 위반하여 신고를 하지 아니하거나 거짓으로 신고한 [17] 에게는 500만 원 이하의 과태료를 부과한다.

- 제98조 제4항을 위반하여 행정처분을 받은 사실 또는 행정처분절차가 진행 중인 사실을 [18] 알리지 아니한 자에게는 [19] 원 이하의 과태료를 부과한다.

- 제96조의4를 위반하여 서류를 보존하지 아니한 자에게는 [20] 원 이하의 과태료를 부과한다.

정답 01 5년 02 5천만 03 2년 04 2천만 05 1천만 06 선별급여 07 대행청구단체 08 사용자 09 거부 10 방해 11 기피 12 대리인 13 사용인 14 벌금형 15 주의 16 감독 17 사용자 18 지체 없이 19 500만 20 100만

O/X 퀴즈

01 ○✗ 과거 심사평가원 직원이었던 A가 가입자의 개인정보를 정당한 사유 없이 제3자에게 제공한 경우 5년 이하의 징역 또는 5천만 원 이하의 벌금에 처한다.

02 ○✗ 대행청구단체 직원 B가 거짓으로 요양급여비용을 청구한 경우 3년 이하의 징역 또는 1천만 원 이하의 벌금에 처한다.

03 ○✗ 공동이용하는 전산정보자료를 목적 외의 용도로 이용한 자는 징역형에 처할 수 없다.

04 ○✗ 부정한 방법으로 보험급여를 받은 사람뿐만 아니라 부정한 방법을 사용해 타인으로 하여금 보험급여를 받게 한 사람도 징역형이나 벌금형에 처한다.

05 ○✗ 대행청구단체가 아닌 자로 하여금 대행하게 한 자에게는 500만 원 이하의 과태료를 부과한다.

06 ○✗ 자신이 고용한 근로자가 직장가입자 제외 대상이 아님에도 불구하고 직장가입자가 되는 것을 방해한 사용자는 징역형에 처할 수 있다.

07 ○✗ 제97조 제2항을 위반하여 보고를 하지 않은 자는 징역형에 처할 수 있다.

08 ○✗ 제49조 제2항을 위반하여 요양비 명세서나 요양 명세를 적은 영수증을 내주지 아니한 자에게는 500만 원 이하의 과태료를 부과한다.

09 ○✗ C의 대리인 D가 C의 업무에 관하여 제115조 제5항에 해당하는 위반행위를 하면 C에게도 원칙상 1년 이하의 징역형이 과해질 수 있다.

10 ○✗ 법인 E의 종사자 F가 E의 업무에 관하여 제115조 제5항에 해당하는 위반행위를 했지만, E가 그 위반행위를 방지하기 위하여 해당 업무에 관하여 상당한 주의와 감독을 게을리하지 않았다면 E에게는 형벌이 과해지지 않는다.

11 ○✗ 폐업이 발생하였는데도 보험자에게 신고하지 않은 사용자에게는 100만 원 이하의 과태료를 부과한다.

12 ○✗ 정당한 사유 없이 제97조 제1항을 위반하여 거짓으로 서류를 제출한 자는 500만 원 이하의 벌금에 처한다.

13 ○✗ 정당한 사유 없이 건강보험증이나 신분증명서로 가입자의 본인 여부 및 그 자격을 확인하지 않고 요양급여를 실시한 자에게는 300만 원 이하의 과태료를 부과한다.

14 ○✗ 건강보험사업을 수행하는 자가 아님에도 불구하고 보험계약의 명칭에 '국민건강보험'이라는 용어를 사용한 자에게는 100만 원 이하의 과태료를 부과한다.

15 ○✗ 제119조 제3항 및 제4항에 따른 과태료는 대통령령으로 정하는 바에 따라 보건복지부장관이 부과·징수한다.

정답 & 해설

01 ◯ 제102조 제1호를 위반한 경우로, 5년 이하의 징역 또는 5천만 원 이하의 벌금에 처한다. 심사평가원에 종사하고 있는 사람뿐만 아니라 종사하였던 사람도 해당된다는 것에 유의해야 한다.

02 ✕ 대행청구단체의 종사자로서 거짓이나 그 밖의 부정한 방법으로 요양급여비용을 청구한 자는 3년 이하의 징역 또는 3천만 원 이하의 벌금에 처한다.

03 ✕ 제96조의3 제3항을 위반하여 공동이용하는 전산정보자료를 같은 조 제1항에 따른 목적 외의 용도로 이용하거나 활용한 자는 3년 이하의 징역 또는 1천만 원 이하의 벌금에 처한다. 따라서 징역형에 처할 수도 있다.

04 ◯ 거짓이나 그 밖의 부정한 방법으로 보험급여를 받거나 타인으로 하여금 보험급여를 받게 한 사람은 2년 이하의 징역 또는 2천만 원 이하의 벌금에 처한다.

05 ✕ 제47조 제7항을 위반하여 대행청구단체가 아닌 자로 하여금 대행하게 한 자는 1년 이하의 징역 또는 1천만 원 이하의 벌금에 처한다.

06 ◯ 제93조를 위반한 사용자에 관한 내용으로, 해당 사용자는 1년 이하의 징역 또는 1천만 원 이하의 벌금에 처한다. 따라서 징역형에 처할 수 있다.

07 ✕ 제97조 제2항을 위반하여 보고 또는 서류 제출을 하지 아니한 자, 거짓으로 보고하거나 거짓 서류를 제출한 자, 검사나 질문을 거부·방해 또는 기피한 자는 1천만 원 이하의 벌금에 처한다. 따라서 벌금형만 가능하다.

08 ✕ 제49조 제2항을 위반한 경우 500만 원 이하의 '과태료'를 부과하는 것이 아니라 '벌금'에 처한다.

09 ✕ 법인의 대표자나 법인 또는 개인의 대리인, 사용인, 그 밖의 종사자가 그 법인 또는 개인의 업무에 관하여 제115조부터 제117조까지의 규정 중 어느 하나에 해당하는 위반행위를 하면 그 행위자를 벌하는 외에 그 법인 또는 개인에게도 해당 조문의 벌금형을 과한다. 즉, C에게는 징역형이 아니라 벌금형이 과해진다.

10 ◯ 법인 또는 개인이 그 위반행위를 방지하기 위하여 해당 업무에 관하여 상당한 주의와 감독을 게을리하지 아니한 경우에는 양벌 규정에 의한 벌금형에서 제외된다.

11 ✕ 제7조를 위반한 경우로, '100만 원 이하'가 아니라 '500만 원 이하'의 과태료를 부과한다.

12 ✕ 정당한 사유 없이 제97조 제1항, 제3항, 제4항, 제5항을 위반한 경우 500만 원 이하의 '벌금'에 처하는 것이 아니라 '과태료'를 부과한다.

13 ✕ 제12조 제4항을 위반한 경우로, '300만 원 이하'가 아니라 '100만 원 이하'의 과태료를 부과한다.

14 ◯ 제105조를 위반한 경우로, 100만 원 이하의 과태료를 부과한다.

15 ◯ 과태료의 부과·징수 기준은 대통령령이고, 부과·징수 주체는 보건복지부장관이다.

공알리오 국민건강보험공단 국민건강보험법

PART 2

실전 모의고사

- 본 실전모의고사는 기출복원 모의고사 1회분, 중난도 모의고사 3회분, 고난도 모의고사 3회분으로 구성되어 있습니다.

- 기출복원 모의고사를 포함하여 모든 회차의 문항은 법률 제20505호(2024. 10. 22. 일부개정)를 기준으로 출제됐습니다. 채용 공고상 출제 기준에 따른 변동 사항은 [혼JOB 홈페이지(honjob.co.kr) > 고객센터 > 정오표]를 참고하시기 바랍니다.

- 실제 국민건강보험공단 필기시험에 맞추어, 회차별 문항 수는 20문항, 시험 시간은 20분입니다.

나만의 성장 엔진, 혼JOB

제1회   기출복원 모의고사
제2회   중난도 모의고사
제3회   중난도 모의고사
제4회   중난도 모의고사
제5회   고난도 모의고사
제6회   고난도 모의고사
제7회   고난도 모의고사

제1회 기출복원 모의고사

시험 시간: 20분

01 국민건강보험종합계획에 포함되어야 하는 사항으로 옳은 것을 [보기]에서 모두 고르면 총 몇 개인가?

| 보기 |
ㄱ. 요양급여비용에 관한 사항
ㄴ. 취약계층 지원에 관한 사항
ㄷ. 재정운영위원회에 관한 사항
ㄹ. 건강보험의 단기 재정 전망 및 운영
ㅁ. 건강보험에 관한 통계 및 정보의 관리에 관한 사항
ㅂ. 가입자의 소득 파악 실태에 관한 조사 및 연구에 관한 사항

① 2개
② 3개
③ 4개
④ 5개

02 피부양자가 될 수 있는 사람을 [보기]에서 모두 고르면? (단, 보건복지부령으로 정하는 소득 및 재산 기준은 충족하는 것으로 가정하며, 그 외 제시되지 않은 내용은 고려하지 않는다)

| 보기 |
- 갑: 사립 대학에서 근무하는 교수이다.
- 을: 공무원인 남편에게 주로 생계를 의존하고 있다.
- 병: 카페 직원으로 보수를 받고 있으며, 4대 사회보험에 가입되어 있다.
- 정: 갑의 외동아들로, 직업이 없어서 갑에게 주로 생계를 의존하고 있다.

① 갑
② 갑, 병
③ 을, 정
④ 을, 병, 정

03 국민건강보험공단이 관장하는 업무로 옳지 않은 것을 [보기]에서 모두 고르면 총 몇 개인가?

| 보기 |
ㄱ. 보험급여의 관리
ㄴ. 요양기관의 운영
ㄷ. 보험급여 비용의 부과·징수
ㄹ. 심사기준 및 평가기준의 개발
ㅁ. 자산의 관리·운영 및 증식사업
ㅂ. 건강보험 보장성 강화의 추진계획 및 추진방법
ㅅ. 건강보험과 관련하여 대통령이 필요하다고 인정한 업무

① 2개
② 3개
③ 4개
④ 5개

04 재정운영위원회에 대한 설명으로 옳지 않은 것을 [보기]에서 모두 고르면?

| 보기 |
ㄱ. 요양급여비용의 계약 및 결손처분 등 보험급여에 관련된 사항을 심의·의결하기 위하여 공단에 둔다.
ㄴ. 위원장의 임기는 3년, 공무원인 위원을 제외한 위원의 임기는 2년으로 하되, 위원의 사임 등으로 새로 위촉된 위원의 임기는 전임위원 임기의 남은 기간으로 한다.
ㄷ. 지역가입자를 대표하는 위원은 대통령령으로 정하는 바에 따라 농어업인 단체·도시자영업자단체 및 시민단체에서 추천하는 사람을 공단 이사장이 임명하거나 위촉한다.

① ㄴ
② ㄱ, ㄷ
③ ㄴ, ㄷ
④ ㄱ, ㄴ, ㄷ

제1회 기출복원 모의고사

05 국민건강보험공단에 대한 설명으로 옳지 않은 것은?

① 공단은 회계연도마다 예산안을 편성하여 이사회의 의결을 거친 후 보건복지부장관의 승인을 받아야 한다.
② 공단은 회계연도마다 결산보고서와 사업보고서를 작성하여 다음해 3월 말일까지 보건복지부장관에게 보고하여야 한다.
③ 공단은 지출할 현금이 부족한 경우에는 차입할 수 있다. 다만, 1년 이상 장기로 차입하려면 보건복지부장관의 승인을 받아야 한다.
④ 공단은 건강보험사업 및 징수위탁근거법의 위탁에 따른 국민연금사업·고용보험사업·산업재해보상보험사업·임금채권보장사업에 관한 회계를 공단의 다른 회계와 구분하여 각각 회계처리하여야 한다.

06 「국민건강보험법」 제48조의 내용으로 옳지 않은 것은?

① 요양급여 대상 여부의 확인 요청의 범위, 방법, 절차, 처리기간 등 필요한 사항은 대통령령으로 정한다.
② 가입자나 피부양자는 본인일부부담금 외에 자신이 부담한 비용이 요양급여 대상에서 제외되는 비용인지 여부에 대하여 심사평가원에 확인을 요청할 수 있다.
③ 확인을 요청한 비용이 요양급여 대상에 해당되는 비용이라는 결과를 통보받은 요양기관은 과다본인부담금을 지체 없이 확인을 요청한 사람에게 지급하여야 한다.
④ 공단은 요양기관이 과다본인부담금을 지급하지 않으면 해당 요양기관에 지급할 요양급여비용에서 과다본인부담금을 공제하여 확인을 요청한 사람에게 지급할 수 있다.

07 「국민건강보험법」 제52조에 따른 건강검진에 대해 옳은 진술을 한 사람을 [보기]에서 모두 고르면?

| 보기 |
- 갑: 저는 18세인 피부양자로 일반건강검진을 받을 수 있어요.
- 을: 저는 18세인 직장가입자로 일반건강검진을 받을 수 있어요.
- 병: 저의 아들은 6세인 피부양자로 영유아건강검진을 받을 수 있어요.
- 정: 저는 60세인 직장가입자로 「암관리법」 제11조 제2항에 따라 검진주기와 연령 기준 등에 해당하는 암의 종류에 대해서 암검진을 받을 수 있어요.

① 갑, 을
② 갑, 병
③ 을, 정
④ 병, 정

08 보험급여가 제한될 수 있는 사람을 [보기]에서 모두 고르면? (단, 제시된 내용 외에는 고려하지 않는다)

| 보기 |
- 갑: 보수 외 소득월액보험료를 대통령령으로 정하는 기간 이상 체납한 직장가입자이다.
- 을: 세대단위의 보험료를 대통령령으로 정하는 기간 이상 체납한 지역가입자로, 소득·재산 등이 대통령령으로 정하는 기준 미만이다.
- 병: 직장가입자인 아내의 피부양자로, 아내의 보수월액보험료가 대통령령으로 정하는 기간 이상 체납되었는데, 보험료 체납의 귀책사유가 아내 본인에게 있다.
- 정: 세대단위의 보험료를 대통령령으로 정하는 기간 이상 체납한 지역가입자로, 이미 납부된 체납보험료를 제외한 월별 보험료의 총체납횟수가 대통령령으로 정하는 횟수 이상이다.

① 갑
② 을, 병
③ 을, 정
④ 갑, 병, 정

제1회 기출복원 모의고사

09 부당이득의 징수에 대한 설명으로 옳지 않은 것을 [보기]에서 모두 고르면?

| 보기 |
ㄱ. 직장가입자 A가 혼자서 속임수를 사용하여 보험급여를 받은 경우, 공단은 A의 사용자에게 A와 연대하여 부당이득 징수금을 납부하게 할 수 없다.
ㄴ. 준요양기관 B의 부당한 방법으로 보험급여가 실시된 경우, 공단은 B에게 보험급여를 받은 사람과 연대하여 부당이득 징수금을 납부하게 할 수 있다.
ㄷ. 「약사법」 제6조 제3항·제4항을 위반하여 면허를 대여받아 개설·운영하는 약국 C가 속임수로 보험급여 비용을 받은 경우, 공단은 C의 개설자에게 C와 연대하여 부당이득 징수금을 납부하게 할 수 없다.
ㄹ. 요양기관 D가 가입자나 피부양자로부터 부당한 방법으로 요양급여비용을 받은 경우, 공단은 D로부터 이를 징수하여 가입자나 피부양자에게 지체 없이 지급하여야 하며, 이 경우 공단은 가입자나 피부양자에게 지급하여야 하는 금액을 그 가입자 및 피부양자가 내야 하는 보험료등과 상계할 수 있다.

① ㄷ ② ㄱ, ㄷ ③ ㄴ, ㄹ ④ ㄱ, ㄴ, ㄹ

10 다음 사례에 따를 때 갑이 부담하는 202X년 7월분 보수월액보험료는? (단, 직장가입자의 보험료율은 7.09%이며, 보험료 산정 시 10원 미만의 끝수는 절사한다)

갑은 반도체 회사에서 근무하는 직장가입자로, 일신상의 이유로 202X년 7월에 휴직을 하여, 7월에는 보수의 일부가 지급되지 않았다. 갑의 보수월액은 다음과 같다.

구분	보수월액	비고
202X년 6월	2,650,000원	—
202X년 7월	1,000,000원	휴직 중

① 35,450원 ② 70,900원
③ 93,940원 ④ 187,880원

11 「국민건강보험법」 제79조 제1항 각 호에서 보험료등의 납입 고지 문서에 적어야 하는 사항으로 명시한 것을 [보기]에서 모두 고르면?

| 보기 |
ㄱ. 납부기한 또는 장소
ㄴ. 납부해야 하는 금액
ㄷ. 분할납부 신청 방법
ㄹ. 징수하려는 보험료등의 종류

① ㄱ, ㄷ
② ㄴ, ㄷ
③ ㄴ, ㄹ
④ ㄱ, ㄴ, ㄹ

12 다음은 「국민건강보험법」의 일부이다. 조문의 ㉠~㉢에 들어갈 숫자를 모두 더하면?

제82조(체납보험료의 분할납부) ① 공단은 보험료를 (㉠)회 이상 체납한 자가 신청하는 경우 보건복지부령으로 정하는 바에 따라 분할납부를 승인할 수 있다.
(중략)
③ 공단은 제1항에 따라 분할납부 승인을 받은 자가 정당한 사유 없이 (㉡)회(제1항에 따라 승인받은 분할납부 횟수가 (㉢)회 미만인 경우에는 해당 분할납부 횟수를 말한다) 이상 그 승인된 보험료를 납부하지 아니하면 그 분할납부의 승인을 취소한다.

① 7
② 9
③ 11
④ 13

제1회 기출복원 모의고사

13 다음 사례에 따를 때 인적사항등을 공개할 수 있는 사람으로 옳은 것은? (단, 제시된 내용 외에는 고려하지 않는다)

> - 사례 1: 갑은 면허를 대여받아 약국을 개설·운영하면서 부당한 방법으로 보험급여 비용을 받아 부당이득 징수금 1억 5천만 원을 2023년 9월 10일까지 납부하여야 했으나 2024년 9월 10일 현재까지 체납한 상태이다.
> - 사례 2: 을은 납부능력이 있음에도 불구하고 납부기한의 다음 날부터 1년이 경과한 보험료, 연체금과 체납처분비 총 2,500만 원을 체납하였다. 체납액 중 2천만 원은 결손처분되었지만 징수권 소멸시효는 완성되지 않은 상태이다.
> - 사례 3: 병은 납부능력이 있음에도 불구하고 납부기한의 다음 날부터 1년이 경과한 보험료, 연체금과 체납처분비 총 3천만 원을 체납하였다. 하지만 병은 자신에게 부과된 보험료에 문제가 있다고 생각하고 이의신청을 제기한 상태이다.
> - 사례 4: 정은 납부능력이 있음에도 불구하고 납부기한의 다음 날부터 1년이 경과한 보험료, 연체금과 체납처분비 총 980만 원을 체납하였다. 그러던 중 정은 공단으로부터 분할납부 승인을 받고 체납된 보험료의 일부를 납부한 상태이다.

① 갑 ② 을
③ 병 ④ 정

14 보험료등을 결손처분할 수 있는 사유로 옳지 않은 것은?

① 해당 권리에 대한 소멸시효가 완성된 경우
② 징수할 가능성이 없다고 인정되는 경우로서 대통령령으로 정하는 경우
③ 결손처분을 한 후에 압류할 수 있는 다른 재산이 있는 것을 발견한 경우
④ 체납처분이 끝나고 체납액에 충당될 배분금액이 그 체납액에 미치지 못하는 경우

15 다음 사례에 따를 때 갑은 언제까지 이의신청을 제기할 수 있는가? (단, 기간 계산 시 초일은 불산입하며, 갑에게 이의신청을 할 수 없는 정당한 사유는 없다)

> 국민건강보험공단은 2024년 2월 14일에 갑에 대해 보험료 독촉 처분을 하였고, 갑은 이 처분 사실을 2024년 2월 16일에 알게 되었다. 갑에게 발부된 독촉장에는 보험료 납부기한이 2024년 2월 29일로 명시되어 있었다.

① 2024년 5월 14일　　② 2024년 5월 16일
③ 2024년 5월 29일　　④ 2024년 9월 1일

16 건강보험분쟁조정위원회에 대한 설명으로 옳지 않은 것은?

① 분쟁조정위원회는 위원장을 포함하여 60명 이내의 위원으로 구성한다.
② 분쟁조정위원회는 공무원이 아닌 위원이 전체 위원의 과반수가 되어야 한다.
③ 분쟁조정위원회는 회의 구성원 과반수의 출석과 출석위원 과반수의 찬성으로 의결한다.
④ 분쟁조정위원회의 회의는 위원장, 당연직위원 및 위원장이 매 회의마다 지정하는 위원을 포함하여 총 7명으로 구성한다.

17 서류의 보존에 대한 내용으로 옳지 않은 것은?

구분	보존 의무자	보존 기간 산정 기준일	보존 기간	보존 서류
①	요양기관	요양급여가 시작된 날	5년	요양급여비용의 청구에 관한 서류
②	약국	요양급여비용을 청구한 날	3년	처방전
③	요양비를 청구한 준요양기관	요양비를 지급받은 날	3년	요양비 청구에 관한 서류
④	보조기기에 대한 보험급여를 청구한 자	보험급여를 지급받은 날	3년	보험급여 청구에 관한 서류

18 다음 갑~정은 「출입국관리법」에 따라 외국인등록을 한 사람들이다. 이들 중 국민건강보험공단에 신청하면 피부양자가 될 수 있는 사람을 [보기]에서 모두 고르면? (단, 제109조 제3항 제1호의 '보건복지부령으로 정하는 기간'이란 6개월 이상의 기간을 말하며, 같은 조 제4항 제2호를 비롯한 제시되지 않은 요건은 모두 충족하는 것으로 본다)

| 보기 |
- 갑: 스페인 국적의 53세 외국인으로 직장가입자의 장모이다. 국내에 거주한 기간은 7개월이다.
- 을: 이탈리아 국적의 62세 외국인으로 직장가입자의 고모이다. 국내에 거주한 기간은 18개월이다.
- 병: 폴란드 국적의 11세 외국인으로 직장가입자의 아들이다. 국내에 거주한 기간은 3개월이며, 국내에 지속적으로 거주할 것으로 예상할 수 있는 사유로서 보건복지부령으로 정하는 사유에 해당하지 않는다.
- 정: 아일랜드 국적의 29세 외국인으로 직장가입자의 동생이다. 국내에 거주한 기간은 2개월이며, 국내에 지속적으로 거주할 것으로 예상할 수 있는 사유로서 보건복지부령으로 정하는 사유에 해당하지 않는다.

① 병
② 갑, 을
③ 갑, 병
④ 을, 병, 정

19 다음은 국민건강보험공단 직원 갑과 가입자 을의 대화이다. 대화의 ㉠~㉣ 중 옳지 않은 것을 모두 고르면?

- 갑: 안녕하세요. 무엇을 도와드릴까요?
- 을: 직장에서 퇴사하여도 직장가입자 자격을 유지할 수 있는 제도가 있다고 들었습니다. 신청 자격이 어떻게 되나요?
- 갑: 임의계속가입자 제도를 말씀하시는군요. 해당 제도는 ㉠ 사용관계가 끝난 사람 중 직장가입자로서의 자격을 유지한 기간이 보건복지부령으로 정하는 기간 동안 통산 1년 이상인 사람이어야 신청할 수 있습니다.
- 을: 그렇다면 저는 조건에 해당되는데, 신청 기간이 따로 있을까요?
- 갑: 네, ㉡ 지역가입자가 된 이후 최초로 지역가입자 보험료를 고지받은 날부터 그 납부기한에서 2개월이 지나기 이전까지 신청하셔야 합니다.
- 을: 이런, 신청할 수 있는 기간이 얼마 남지 않아서 서둘러야겠군요. 그런데 임의계속가입자도 보수월액보험료를 내야 하는 건가요?
- 갑: 그렇습니다. 임의계속가입자의 경우 ㉢ 보수월액보험료가 산정된 최근 3개월간의 보수월액을 평균한 금액을 보수월액으로 하여 보수월액보험료를 산정합니다.
- 을: 예전에 직장에 다닐 때는 보수월액보험료의 절반을 사업주가 부담해 줬는데, 이제는 국가에서 부담해 주는 거겠죠?
- 갑: 아닙니다. 임의계속가입자의 보수월액보험료는 ㉣ 그 임의계속가입자가 전액을 부담하고 납부하도록 되어 있습니다.
- 을: 네, 안내해 주셔서 감사합니다.

① ㉠   ② ㉢   ③ ㉡, ㉢   ④ ㉠, ㉢, ㉣

20 100만 원 이하의 과태료 부과 대상으로 옳은 것을 [보기]에서 모두 고르면?

| 보기 |
ㄱ. 업무정지기간 중에 요양급여를 한 요양기관의 개설자
ㄴ. 폐업을 하게 되었음에도 14일 이내에 보험자에게 신고하지 않은 사용자
ㄷ. 자격 관리 및 보험료 산정 등 건강보험에 관한 서류를 보존하지 않고 폐기한 사용자
ㄹ. 건강보험사업을 수행하지 않음에도 보험계약에 국민건강보험이라는 용어를 사용한 자

① ㄱ, ㄴ   ② ㄱ, ㄹ   ③ ㄴ, ㄷ   ④ ㄷ, ㄹ

제2회 중난도 모의고사

시험 시간: 20분

01 건강보험의 가입자에 대한 설명으로 옳지 않은 것은?

① 유공자등 의료보호대상자는 가입자가 될 수 없다.
② 가입자의 종류로는 직장가입자와 지역가입자가 있다.
③ 전환복무된 사람 및 군간부후보생은 직장가입자에서 제외한다.
④ 지역가입자는 직장가입자와 그 피부양자를 제외한 가입자를 말한다.

02 「국민건강보험법」 제12조 제3항에서 건강보험증을 대신하여 가입자 또는 피부양자 자격을 확인할 수 있는 신분증명서로 명시한 것을 [보기]에서 모두 고르면?

| 보기 |
ㄱ. 여권
ㄴ. 학생증
ㄷ. 운전면허증
ㄹ. 주민등록표 등본
ㅁ. 모바일 주민등록증

① ㄷ
② ㄹ, ㅁ
③ ㄱ, ㄷ, ㅁ
④ ㄱ, ㄴ, ㄷ, ㅁ

03 다음 [보기]의 갑~정은 국민건강보험공단의 임원이다. 진술 내용에 따를 때 그 직책을 옳게 연결한 것은?

| 보기 |
- 갑: 저는 이사장의 명을 받아 공단의 업무를 집행합니다.
- 을: 공단의 이익과 이사장의 이익이 상반되는 사항에 대하여는 제가 공단을 대표합니다.
- 병: 제가 고의나 중대한 과실로 공단에 손실이 생기게 한 경우 보건복지부장관이 저를 해임할 수 있습니다.
- 정: 제가 부득이한 사유로 직무를 수행할 수 없을 때에는 정관으로 정하는 바에 따라 상임이사 중 1명이 그 직무를 대행하고, 상임이사가 없거나 그 직무를 대행할 수 없을 때에는 정관으로 정하는 임원이 그 직무를 대행합니다.

① 갑 – 상임이사
② 을 – 비상임이사
③ 병 – 이사장
④ 정 – 감사

04 다음은 국민건강보험공단 직원 갑과 고객 을의 대화이다. 대화의 ㉠과 ㉡에 들어갈 말을 옳게 짝지은 것은?

- 갑: 고객님, 안녕하세요? 무엇을 도와드릴까요?
- 을: 약제 A와 치료재료 B가 요양급여대상인지 궁금합니다.
- 갑: 확인해 본 결과, A는 보건복지부장관이 (㉠) 것으로 요양급여대상에 해당합니다. B 역시 보건복지부장관이 (㉡) 것으로 요양급여대상에 해당합니다.
- 을: 네, 확인해 주셔서 감사합니다.

	㉠	㉡
①	요양급여대상으로 결정하여 고시한	요양급여대상으로 결정하여 고시한
②	요양급여대상으로 결정하여 고시한	비급여대상으로 정한 것을 제외한 일체의
③	비급여대상으로 정한 것을 제외한 일체의	요양급여대상으로 결정하여 고시한
④	비급여대상으로 정한 것을 제외한 일체의	비급여대상으로 정한 것을 제외한 일체의

제2회 중난도 모의고사

05 다음은 「국민건강보험법」의 일부이다. 조문의 ㉠~㉤에 들어갈 숫자를 모두 더하면?

> 제45조(요양급여비용의 산정 등) ① 요양급여비용은 공단의 이사장과 대통령령으로 정하는 의약계를 대표하는 사람들의 계약으로 정한다. 이 경우 계약기간은 (㉠)년으로 한다.
> ② 제1항에 따라 계약이 체결되면 그 계약은 공단과 각 요양기관 사이에 체결된 것으로 본다.
> ③ 제1항에 따른 계약은 그 직전 계약기간 만료일이 속하는 연도의 (㉡)월 (㉢)일까지 체결하여야 하며, 그 기한까지 계약이 체결되지 아니하는 경우 보건복지부장관이 그 직전 계약기간 만료일이 속하는 연도의 (㉣)월 (㉤)일까지 심의위원회의 의결을 거쳐 요양급여비용을 정한다. 이 경우 보건복지부장관이 정하는 요양급여비용은 제1항 및 제2항에 따라 계약으로 정한 요양급여비용으로 본다.

① 42 ② 43
③ 72 ④ 73

06 요양급여의 적정성 평가에 대한 설명으로 옳지 않은 것을 [보기]에서 모두 고르면?

| 보기 |
> ㄱ. 심사평가원은 요양급여에 대한 의료의 질을 향상시키기 위하여 요양급여의 적정성 평가를 실시할 수 있다.
> ㄴ. 심사평가원은 요양급여의 적정성 평가 결과에 따라 요양급여비용을 가산할 수는 있지만 감산하여서는 안 된다.
> ㄷ. 심사평가원은 요양기관의 인력·시설·장비, 환자안전 등 요양급여와 관련된 사항을 포함하여 요양급여의 적정성 평가를 할 수 있다.

① ㄴ ② ㄱ, ㄷ
③ ㄴ, ㄷ ④ ㄱ, ㄴ, ㄷ

07 다음 사례에 따를 때 이후에 가능한 상황으로 가장 적절한 것은?

> 가입자 갑은 다리에 장애가 있는 장애인으로, 보조기기 판매업자 을에게서 다리 보조기를 구입하였다. 갑은 당초에 보조기기 구입비 전부를 을에게 지급하고 본인이 직접 국민건강보험공단에 보험급여를 청구할 계획이었다. 그러나 보조기기의 가격이 너무 고가였기 때문에 보험급여분을 제외한 비용만 을에게 지급한 후, 보조기기에 대한 보험급여의 청구를 을에게 위임하였다. 이에 을은 갑을 대신하여 공단에 보험급여를 청구하였다.

① 보조기기는 보험급여 대상이 아니므로 을의 보험급여 청구는 인정되지 않는다.
② 공단은 지급이 청구된 내용의 적정성을 심사하여 을에게 보조기기에 대한 보험급여를 지급할 수 있다.
③ 심사평가원은 지급이 청구된 내용의 적정성을 심사하여 을에게 보조기기에 대한 보험급여를 지급할 수 있다.
④ 보조기기에 대한 보험급여 청구는 보조기기를 판매한 자에게 위임할 수 없으므로 을의 보험급여 청구는 인정되지 않는다.

08 건강보험심사평가원에 대한 설명으로 옳지 않은 것을 [보기]에서 모두 고르면?

| 보기 |
ㄱ. 주된 사무소의 소재지에서 설립등기를 함으로써 성립한다.
ㄴ. 임원으로서 원장, 이사 15명 및 감사 1명을 두며, 원장, 이사 중 5명 및 감사는 상임으로 한다.
ㄷ. 보건복지부장관이 요양급여비용의 계약을 체결하기 위하여 필요한 자료를 요청하면 그 요청에 성실히 따라야 한다.
ㄹ. 급여비용의 심사 또는 의료의 적정성 평가에 관한 업무를 위탁받은 경우에는 위탁자로부터 수수료를 받을 수 있다.

① ㄱ, ㄴ
② ㄱ, ㄹ
③ ㄴ, ㄷ
④ ㄷ, ㄹ

제2회 중난도 모의고사

09 다음 사례에 따를 때 국민건강보험공단이 갑에게 보험료를 징수하는 달로 옳은 것은?

> 직장가입자인 아버지의 피부양자로 있던 갑은 건축회사에 취업을 하면서, 202✕년 4월 14일에 가입자 자격을 취득하였다. 하지만 건강이 급격하게 나빠진 갑은 다니던 회사를 그만두게 되었고, 202✕년 9월 1일에 가입자 자격을 상실하였다.

① 202✕년 4월 ~ 202✕년 8월
② 202✕년 4월 ~ 202✕년 9월
③ 202✕년 5월 ~ 202✕년 8월
④ 202✕년 5월 ~ 202✕년 9월

10 다음 사례에 따를 때 갑이 부담하게 되는 월 보험료액은 얼마인가? (단, 지역가입자의 보험료율은 7.09%이고, 재산보험료부과점수당 금액은 208.4원이며, 소득월액 산정 시 보건복지부령으로 정하는 바에 따른 평가는 생략한다)

> 갑은 프리랜서로 일하고 있는 지역가입자로, 갑이 속한 세대의 지역가입자는 갑 1명뿐이다. 갑의 연간 소득으로는 사업소득 2,400만 원만 있으며, 갑의 재산보험료부과점수는 100점이다.

① 44,470원
② 81,320원
③ 91,740원
④ 162,640원

11 보건복지부장관이 보험료 부과제도에 대한 적정성을 평가하는 경우 고려하여야 하는 사항에 포함되는 것을 [보기]에서 모두 고르면 총 몇 개인가?

― | 보기 | ―
ㄱ. 국세청의 소득 관련 자료 보유 현황
ㄴ. 인정기준 및 산정기준의 조정으로 인한 보험료 변동
ㄷ. 국민건강보험종합계획 및 연도별 시행계획에 관한 사항
ㄹ. 건강보험정책심의위원회가 심의한 가입자의 소득 파악 현황 및 개선방안
ㅁ. 직장가입자에게 부과되는 보험료와 지역가입자에게 부과되는 보험료 간 차별성

① 2개 ② 3개
③ 4개 ④ 5개

12 보건복지부령으로 정하는 바에 따라 분기별로 납부할 수 있다고 명시된 보험료를 [보기]에서 모두 고르면?

― | 보기 | ―
ㄱ. 지역가입자의 보험료
ㄴ. 직장가입자의 보수월액보험료
ㄷ. 직장가입자의 보수 외 소득월액보험료

① ㄱ ② ㄴ
③ ㄱ, ㄷ ④ ㄱ, ㄴ, ㄷ

제2회 중난도 모의고사

13 공단이 보험료 및 부당이득금의 징수 또는 공익목적을 위하여 필요한 경우에 종합신용정보집중기관에 체납등 자료를 제공할 수 있는 사람을 [보기]에서 모두 고르면? (단, 제시된 내용 외에는 고려하지 않는다)

| 보기 |
- 갑: 결손처분한 금액의 총액이 600만 원이다.
- 을: 납부기한의 다음 날부터 1년이 지난 보험료 및 그에 따른 연체금과 체납처분비의 총액이 900만 원이다.
- 병: 납부기한의 다음 날부터 1년이 지난 부당이득금 및 그에 따른 연체금과 체납처분비의 총액이 1억 원이다.
- 정: 납부기한의 다음 날부터 2개월이 지난 부당이득금 및 그에 따른 연체금과 체납처분비의 총액이 1억 5천만 원이다.

① 갑
② 갑, 을
③ 병, 정
④ 갑, 을, 병

14 납입 고지에 대한 설명으로 옳지 않은 것은?

① 휴직자등의 보험료는 휴직 등의 사유가 끝날 때까지 보건복지부령으로 정하는 바에 따라 납입 고지를 유예하여야 한다.
② 공단은 제2차 납부의무자에게 납입의 고지를 한 경우에는 해당 법인인 사용자 및 사업양도인에게 그 사실을 통지하여야 한다.
③ 납부의무자가 독촉을 전자문서교환방식 등에 의한 전자문서로 해 줄 것을 신청하는 경우에는 공단은 전자문서로 독촉할 수 있다.
④ 납부의무자가 보험료등의 납입 고지를 전자문서교환방식 등에 의한 전자문서로 해 줄 것을 신청하는 경우에는 공단은 전자문서로 고지할 수 있다.

15 다음 사례에 대한 설명으로 옳은 것을 [보기]에서 모두 고르면?

> 가입자 갑은 요양기관 A에서 본인일부부담금 외에 자신이 부담한 비용이 요양급여 대상에서 제외되는 비용인지 여부에 대하여 건강보험심사평가원에 확인을 요청하였다. 심사평가원은 갑이 확인을 요청한 비용이 요양급여 대상에 해당되는 비용임을 확인하고 이 내용을 갑과 국민건강보험공단 그리고 A에 알렸다. 해당 내용을 통보받은 A는 이 확인 결과에 문제가 있다고 판단하고 이의신청을 하려고 한다.

| 보기 |
ㄱ. A는 전자문서로 이의신청을 할 수 있다.
ㄴ. A는 국민건강보험공단에 이의신청을 할 수 있다.
ㄷ. A는 통보받은 날부터 30일 이내에 이의신청을 하여야 한다.
ㄹ. A는 이의신청을 하기 전에 건강보험분쟁조정위원회에 심판청구를 하여야 한다.

① ㄱ, ㄴ
② ㄱ, ㄷ
③ ㄴ, ㄹ
④ ㄷ, ㄹ

16 「국민건강보험법」 제97조의 내용으로 옳지 않은 것은?

① 보건복지부장관은 보험급여를 받은 자에게 해당 보험급여의 내용에 관하여 보고하게 하거나, 소속 공무원이 질문하게 할 수 있다.
② 보건복지부장관은 대행청구단체에 필요한 자료의 제출을 명하거나, 소속 공무원이 대행청구에 관한 자료 등을 조사·확인하게 할 수 있다.
③ 보건복지부장관은 요양급여를 받은 자 대하여 요양·약제의 지급 등 보험급여에 관한 보고 또는 서류 제출을 명하거나, 소속 공무원이 관계인에게 질문하게 하거나 관계 서류를 검사하게 할 수 있다.
④ 보건복지부장관은 사용자, 직장가입자 또는 세대주에게 가입자의 이동·보수·소득이나 그 밖에 필요한 사항에 관한 보고 또는 서류 제출을 명하거나, 소속 공무원이 관계인에게 질문하게 하거나 관계 서류를 검사하게 할 수 있다.

제2회 중난도 모의고사

17 포상금을 지급할 수 있는 경우로 옳지 않은 것을 [보기]에서 모두 고르면?

―| 보기 |―
ㄱ. 속임수로 다른 사람이 보험급여를 받도록 한 자를 신고한 경우
ㄴ. 부당한 방법으로 보험급여 비용을 받은 요양기관을 신고한 경우
ㄷ. 요양기관이 건강보험 재정을 효율적으로 운영하는 데에 이바지한 경우
ㄹ. 공무원이 그 직무와 관련하여 제57조에 따라 징수금을 납부하여야 하는 자의 은닉재산을 신고한 경우

① ㄷ
② ㄱ, ㄴ
③ ㄷ, ㄹ
④ ㄱ, ㄴ, ㄹ

18 국민건강보험공단이 국민건강증진기금에서 지원받은 자금을 사용할 수 있는 사업으로 명시된 것을 [보기]에서 모두 고르면 총 몇 개인가?

―| 보기 |―
ㄱ. 건강검진 등 건강증진에 관한 사업
ㄴ. 가입자와 피부양자 중 75세 이상 노인에 대한 보험급여
ㄷ. 제75조 및 제110조 제4항에 따른 보험료 경감에 대한 지원
ㄹ. 가입자와 피부양자의 음주 또는 흡연으로 인한 질병에 대한 보험급여

① 1개　　　　　　　　② 2개
③ 3개　　　　　　　　④ 없음

19 다음 [보기]의 갑~정 중에서 직장가입자로 옳지 않은 사람을 모두 고르면? (단, 갑~정은 국내체류 외국인등이며, 제시된 내용 외에는 고려하지 않는다)

| 보기 |
- 갑: 「주민등록법」 제6조 제1항 제3호에 따라 등록을 하였고, 적용대상사업장의 교직원이다.
- 을: 「출입국관리법」 제31조에 따라 외국인등록을 하였고, 적용대상사업장에 2주간 고용된 일용근로자이다.
- 병: 「재외동포의 출입국과 법적 지위에 관한 법률」 제6조에 따라 국내거소신고를 하였고, 적용대상사업장의 공무원이다.
- 정: 「주민등록법」 제6조 제1항 제3호에 따라 등록을 하였고, 적용대상사업장의 근로자이며, 국내체류가 법률에 위반되는 경우로서 대통령령으로 정하는 사유에 해당한다.

① 갑, 을
② 갑, 병
③ 을, 정
④ 병, 정

20 징역형이 가능한 사람을 [보기]에서 모두 고르면?

| 보기 |
- 갑: 부정한 방법을 사용하여 보험급여를 받았다.
- 을: 대행청구단체의 종사자로, 거짓으로 요양급여비용을 청구하였다.
- 병: 건강보험심사평가원의 종사자로, 가입자 및 피부양자의 개인정보를 직무상 목적 외의 용도로 이용하였다.
- 정: 요양기관의 대표자로, 보건복지부장관의 보험급여에 관한 서류 제출 명령에도 불구하고 서류 제출을 하지 않았다.

① 병
② 갑, 정
③ 을, 정
④ 갑, 을, 병

제3회 중난도 모의고사

시험 시간: 20분

01 「국민건강보험법」상 건강보험사업을 맡아 주관하는 주체로 옳은 것은?

① 대통령
② 보건복지부장관
③ 국민건강보험공단
④ 건강보험정책심의위원회

02 건강보험정책심의위원회에 대한 설명으로 옳지 않은 것을 [보기]에서 모두 고르면?

| 보기 |
ㄱ. 위원장은 보건복지부차관이다.
ㄴ. 공무원을 제외한 위원의 임기는 원칙상 3년이다.
ㄷ. 위원에는 농어업인단체가 추천하는 2명이 포함된다.
ㄹ. 부위원장은 의료계를 대표하는 단체 및 약업계를 대표하는 단체가 추천하는 사람 중 1명이 된다.

① ㄱ, ㄴ
② ㄱ, ㄹ
③ ㄴ, ㄷ
④ ㄷ, ㄹ

03 「국민건강보험법」상 직장가입자로 분류되지 않는 사람을 [보기]에서 모두 고르면? (단, 제시된 내용 외에는 고려하지 않는다)

| 보기 |
- 갑: 사업장 A에서 일하는 근로자로, 고용 기간이 3개월이다.
- 을: 법인 B의 임원으로 근무하다 그만두고 선거에 당선되어 취임한 공무원으로, 매월 보수나 보수에 준하는 급료를 받지 않고 있다.
- 병: 직장가입자 C의 아버지로, 직업이 없이 C에게 주로 생계를 의존하고 있으며 소득 및 재산이 보건복지부령으로 정하는 기준 이하이다.
- 정: 직장가입자로 건강보험을 적용받고 있던 중 유공자등 의료보호대상자가 되었고, 공단에 건강보험의 적용배제신청은 따로 하지 않은 상태이다.

① 갑, 을
② 갑, 정
③ 을, 병
④ 병, 정

04 가입자 자격의 취득·변동·상실 시기가 202X년 2월 2일인 사람을 [보기]에서 모두 고르면?

| 보기 |
- 갑: 202X년 2월 1일에 국적을 잃었다.
- 을: 202X년 2월 1일에 사업장에서 해고되었다.
- 병: 202X년 2월 1일에 국내에 거주하게 되었다.
- 정: 지역가입자이며, 202X년 2월 2일에 다른 세대로 전입하였다.

① 갑, 을
② 갑, 병
③ 갑, 을, 정
④ 을, 병, 정

제3회 중난도 모의고사

05 다음은 「국민건강보험법」의 일부이다. 이 법상 조문의 ㉠에 공통으로 들어갈 용어에 적어야 한다고 명시된 것을 [보기]에서 모두 고르면 총 몇 개인가?

> 제16조(사무소) ① 공단의 주된 사무소의 소재지는 (㉠)(으)로 정한다.
> ② 공단은 필요하면 (㉠)(으)로 정하는 바에 따라 분사무소를 둘 수 있다.

| 보기 |
ㄱ. 목적
ㄴ. 명칭
ㄷ. 업무와 그 집행
ㄹ. 자산 및 회계에 관한 사항
ㅁ. 재정운영위원회에 관한 사항
ㅂ. 이사장의 성명·주소 및 주민등록번호

① 2개 ② 3개
③ 4개 ④ 5개

06 국민건강보험공단 임원에 대한 설명으로 옳지 않은 것을 [보기]에서 모두 고르면?

| 보기 |
ㄱ. 이사장, 이사, 감사는 공단 이사회를 구성한다.
ㄴ. 대한민국 국민이 아니면 공단의 임원이 될 수 없다.
ㄷ. 감사는 공단의 업무, 회계 및 재산 상황을 감사한다.
ㄹ. 상임이사는 대통령령으로 정하는 추천 절차를 거쳐 이사장이 임명한다.

① ㄱ
② ㄱ, ㄹ
③ ㄴ, ㄷ
④ ㄴ, ㄷ, ㄹ

07 국민건강보험공단의 예산과 회계에 대한 설명으로 옳은 것은?

① 공단의 회계연도는 정부의 회계연도에 따른다.
② 공단은 직장가입자와 지역가입자의 재정을 구분하여 운영한다.
③ 공단은 예산을 변경할 때에 재정운영위원회의 의결을 거친 후 보건복지부장관의 승인을 받아야 한다.
④ 공단은 건강보험사업 및 국민연금사업, 고용보험사업, 산업재해보상보험사업, 임금채권보장사업에 관한 회계를 공단의 다른 회계와 통합하여 회계처리하여야 한다.

08 다음 [보기]를 「국민건강보험법」상 요양급여와 부가급여로 옳게 분류한 것은?

| 보기 |
ㄱ. 이송
ㄴ. 장제비
ㄷ. 상병수당
ㄹ. 예방·재활
ㅁ. 임신·출산 진료비
ㅂ. 처치·수술 및 그 밖의 치료

	요양급여	부가급여
①	ㄱ, ㄹ, ㅂ	ㄴ, ㄷ, ㅁ
②	ㄹ, ㅁ, ㅂ	ㄱ, ㄴ, ㄷ
③	ㄱ, ㄴ, ㄷ, ㅂ	ㄹ, ㅁ
④	ㄱ, ㄴ, ㄹ, ㅁ, ㅂ	ㄷ

제3회 중난도 모의고사

09 다음 사례에서 갑이 A에 대해 하여야 할 일로 가장 적절한 것은?

> 최근 해외에서 효능이 좋고 가격도 저렴한 새로운 치료재료 A가 개발되었다. 치료재료 수입업자인 갑은 A를 수입하여 요양기관에 판매하려고 한다. 그러나 A는 아직 요양급여대상 또는 비급여대상으로 결정되지 않은 상태이다.

① 국민건강보험공단에 치료효과성 입증 자료를 제출한다.
② 보건복지부장관에게 선별급여 기준의 조정을 신청한다.
③ 국민건강보험공단에 요양급여대상 여부의 결정을 신청한다.
④ 보건복지부장관에게 요양급여대상 여부의 결정을 신청한다.

10 다음은 요양기관 A의 직원 간 대화이다. 대화의 ㉠~㉣ 중 옳지 않은 것은?

> - 갑: 이번에 우리 요양기관이 처음으로 요양급여비용을 청구하는 것이죠?
> - 을: 네, 그래서 ㉠ 시설, 장비, 인력 등에 대한 현황을 신고하려고 합니다.
> - 갑: 그렇군요. 현황 신고는 어디에 하는 것인가요?
> - 을: ㉡ 건강보험심사평가원에 하여야 합니다.
> - 갑: 만약 요양급여비용의 계약에 따른 요양급여비용의 증감에 관련된 사항이 신고한 내용과 달라지면 어떻게 해야 하나요?
> - 을: ㉢ 신고한 내용이 변경된 날부터 14일 이내에 신고하여야 합니다.
> - 갑: 이때는 어디에 신고를 해야 하죠?
> - 을: ㉣ 이 경우에도 역시 건강보험심사평가원에 신고하면 됩니다.

① ㉠
② ㉡
③ ㉢
④ ㉣

11 요양기관의 심사평가원에 대한 요양급여비용 심사청구를 대행할 수 있는 단체로 옳은 것을 [보기]에서 모두 고르면?

| 보기 |
ㄱ. 「약사법」 제11조에 따른 약사회
ㄴ. 「의료법」 제52조에 따른 의료기관 단체
ㄷ. 「약사법」 제14조에 따라 신고한 약사회의 지부 및 분회
ㄹ. 「의료법」 제28조 제1항에 따른 의사회·치과의사회·한의사회·간호사회
ㅁ. 「의료법」 제28조 제6항에 따라 신고한 의사회·치과의사회·한의사회·간호사회의 지부 및 분회

① ㄱ, ㄹ
② ㄱ, ㄴ, ㄷ
③ ㄴ, ㄹ, ㅁ
④ ㄱ, ㄴ, ㄷ, ㄹ, ㅁ

12 국민건강보험공단이 가입자와 피부양자에 대한 질병의 조기 발견과 그에 따른 요양급여를 하기 위하여 실시하는 건강검진에 대한 설명으로 옳은 것을 [보기]에서 모두 고르면?

| 보기 |
ㄱ. 영유아건강검진의 대상은 6세 이하의 가입자 및 피부양자이다.
ㄴ. 암검진의 대상은 「암관리법」 제11조 제2항에 따른 암의 종류별 검진주기와 연령 기준 등에 해당하는 사람이다.
ㄷ. 일반건강검진의 대상은 직장가입자, 20세 이상 세대주인 지역가입자, 20세 이상인 지역가입자 및 20세 이상인 피부양자이다.
ㄹ. 건강검진의 검진항목은 성별, 직업 등의 특성 및 생애 주기에 맞게 설계되어야 하며, 건강검진의 횟수·절차와 그 밖에 필요한 사항은 대통령령으로 정한다.

① ㄴ
② ㄱ, ㄷ
③ ㄴ, ㄹ
④ ㄱ, ㄴ, ㄹ

제3회 중난도 모의고사

13 건강보험심사평가원이 관장하는 업무로 옳지 않은 것은?

① 요양급여비용의 심사
② 보험급여 비용의 지급
③ 요양급여의 적정성 평가
④ 심사기준 및 평가기준의 개발

14 다음 [보기]에 제시된 직장가입자 갑~병을 월별 보험료액 중 본인이 부담해야 하는 금액이 많은 순서대로 옳게 나열한 것은? (단, 직장가입자의 보험료율은 7.09%이고, 보수 외 소득월액 산정 시 대통령령으로 정하는 금액은 2,000만 원이며, 보건복지부령으로 정하는 바에 따른 평가는 생략한다)

| 보기 |
- 갑: 직업은 공무원으로, 보수월액은 400만 원이고, 연간 보수 외 소득은 없다.
- 을: 직업은 일반 회사원으로, 보수월액은 300만 원이고, 연간 보수 외 소득은 1,500만 원이다.
- 병: 직업은 사립학교 교원으로, 보수월액은 200만 원이고, 연간 보수 외 소득은 4,400만 원이다.

① 갑>을>병
② 갑>병>을
③ 을>병>갑
④ 병>갑>을

15 다음 사례의 ㉠, ㉡에 들어갈 말을 옳게 짝지은 것은?

> 사업장 A의 사용자 갑은 직장가입자가 될 수 없는 을을 직장가입자라고 거짓으로 신고한 뒤 금전상 이득을 취했다. 원래 지역가입자였던 을이 부담하여야 했던 월 보험료액은 10만 원인데, 직장가입자로 신고되면서 월 6만 원의 보험료가 부과되었다. 을이 직장가입자로 처리된 지 10개월 뒤에 이 사실을 알게 된 국민건강보험공단 직원은 갑에게 (㉠)에 상당하는 금액을 (㉡)으로 부과했다.

	㉠	㉡
①	4만 원	가산금
②	4만 원	과징금
③	6만 원	가산금
④	6만 원	과징금

16 다음 사례에 따를 때 갑으로부터 징수하여야 할 연체금은 얼마인가? (단, 재산보험료부과점수당 금액은 208.4원이고, 연체금에서 10원 미만의 끝수는 버린다)

> 건강보험 지역가입자인 갑의 재산보험료부과점수는 2,000점이고, 연간 소득은 전혀 없으며, 갑이 속한 세대에서 지역가입자는 갑 1명뿐이다. 갑은 이에 따라 산정된 건강보험료를 납부기한이 지난 날부터 30일간 연체하였다.

① 2,080원
② 4,160원
③ 8,330원
④ 12,500원

17 다음 사례의 ㉠~㉣ 중 옳지 않은 것은? (단, 제시된 내용 외에는 고려하지 않는다)

> 국민건강보험공단은 얼마 전 가입자 갑에게 보험료 체납을 이유로 보험급여를 실시하지 않기로 결정하였다. ㉠ 가입자 갑이 보수 외 소득월액보험료를 대통령령으로 정하는 기간 이상 체납하자, 갑에 대해 보험급여를 제한한 것이다. ㉡ 체납 횟수가 6회였던 갑은 체납 보험료 분할납부 신청을 한 뒤, 보건복지부령으로 정하는 바에 따라 공단으로부터 분할납부 승인을 받았고, 승인받은 분할납부 횟수는 5회였다. ㉢ 갑이 분할납부된 보험료를 1회 납부하자, 공단은 다시 보험급여를 할 수 있다고 판단하였다. 하지만 ㉣ 갑은 그 이후로 3회 이상 정당한 사유 없이 분할 보험료를 내지 않아 분할납부 승인이 취소되었다.

① ㉠
② ㉡
③ ㉢
④ ㉣

18 인적사항등의 공개에 대한 설명으로 옳지 않은 것은?

① 고액·상습체납자의 인적사항등에 대한 공개 여부를 심의하는 곳은 보험료정보공개심의위원회이다.
② 부당이득 징수금 체납자의 인적사항등에 대한 공개 여부를 심의하는 곳은 부당이득징수금체납정보공개심의위원회이다.
③ 납부기한의 다음 날부터 1년이 경과한 보험료, 연체금, 체납처분비의 총액이 1천만 원 이상인 경우에는 체납자의 납부능력과 관계없이 인적사항등이 공개될 수 있다.
④ 제57조 제2항 각 호의 어느 하나에 해당하여 부당이득 징수금을 납부할 의무가 있는 요양기관 개설자가 납부기한의 다음 날부터 1년이 경과한 징수금을 1억 원 이상 체납한 경우에는 인적사항등이 공개될 수 있다.

19 다음 사례에서 갑이 취할 수 있는 행동으로 가장 적절한 것은?

> 최근 갑은 피부양자 자격에서 탈락하였다. 갑은 자신의 아내가 직장가입자이고, 자신의 소득과 재산이 피부양자 조건을 충족한다고 확신하기 대문에 결과에 대해 불만을 품었다. 갑은 여러 차례 국민건강보험공단 고객센터로 문의하였지만, 상담원은 해당 처분에 문제가 없다고 답변하였다. 이에 갑은 좀 더 적극적으로 대처하기로 결정하였다.

① 국민건강보험공단에 이의신청을 한다.
② 건강보험분쟁조정위원회에 심판청구서를 제출한다.
③ 보건복지부장관에게 피부양자 자격의 적정성 평가를 신청한다.
④ 건강보험심사평가원에 피부양자 자격의 적정성 평가를 신청한다.

20 「국민건강보험법」상 가장 무거운 벌칙을 받을 수 있는 자는?

① 거짓으로 보험급여를 받은 자
② 근로자의 권익 보호 규정을 위반한 사용자
③ 가입자의 개인정보를 직무상 목적 외의 용도로 이용한 대행청구단체 종사자
④ 보건복지부장관의 지시에 따른 보험급여에 관한 소속 공무원의 질문을 거부한 요양기관의 대표

제4회 중난도 모의고사

시험 시간: 20분

01 「국민건강보험법」상 정의에 따를 때 옳지 않은 진술을 한 사람을 [보기]에서 모두 고르면?

― | 보기 | ―
- 갑: 저는 사립학교 A의 경영기관에서 근무하는 직원으로, 근로자에 해당합니다.
- 을: 저는 지방자치단체 B에서 상시 공무에 종사하는 사람으로, 공무원에 해당합니다.
- 병: 저는 10명의 근로자가 소속되어 있는 사업장 C의 사업주로, 사용자에 해당합니다.
- 정: 저는 법인 D에서 근로의 대가로 보수를 받아 생활하는 임원으로, 사용자에 해당합니다.

① 갑, 정
② 을, 병
③ 을, 정
④ 갑, 병, 정

02 보건복지부장관이 국민건강보험종합계획 및 시행계획과 관련하여 보고서를 작성하여 지체 없이 국회 소관 상임위원회에 보고하여야 하는 경우로 옳은 것을 [보기]에서 모두 고르면?

― | 보기 | ―
ㄱ. 종합계획의 수립
ㄴ. 종합계획의 변경
ㄷ. 시행계획의 수립
ㄹ. 시행계획의 변경
ㅁ. 종합계획에 따른 추진실적의 평가

① ㄱ, ㄷ
② ㄱ, ㄴ, ㄷ
③ ㄴ, ㄹ, ㅁ
④ ㄱ, ㄴ, ㄷ, ㅁ

03 국민건강보험공단이 관장하는 업무로 옳은 것을 [보기]에서 모두 고르면?

| 보기 |
ㄱ. 의료시설의 운영
ㄴ. 요양급여의 적정성 평가
ㄷ. 가입자 및 피부양자의 자격 관리
ㄹ. 직장가입자의 보험료율 심의·의결
ㅁ. 건강보험에 관한 교육훈련 및 홍보

① ㄱ, ㄴ
② ㄴ, ㄷ
③ ㄱ, ㄷ, ㅁ
④ ㄷ, ㄹ, ㅁ

04 다음 사례의 갑~정 중에서 「국민건강보험법」상 임원의 겸직 금지 규정을 위반한 사람은 모두 몇 명인가?

국민건강보험공단의 상임이사인 갑은 최근 직무와 관련 없는 영리 사업체를 설립하여 일하고 있고, 비상임이사인 을은 어느 기업의 임원으로 큰 보수를 받았다. 또한 직원인 병은 이사장의 허가를 얻어 비영리단체의 업무를 하였으며, 감사인 정 역시 이사장의 허가를 얻어 병과 동일한 단체의 임원 업무를 겸직하였다.

① 1명
② 2명
③ 3명
④ 4명

05 재정운영위원회에 대한 설명으로 옳은 것은?

① 보건복지부장관 소속이다.
② 모든 위원의 임기는 2년이다.
③ 위원의 인원수는 총 33명이다.
④ 위원장은 공익을 대표하는 위원 중에서 호선한다.

제4회 중난도 모의고사

06 다음은 「국민건강보험법」의 일부이다. 조문의 ㉠~㉢에 들어갈 말을 옳게 짝지은 것은?

> 제38조(준비금) ① 공단은 회계연도마다 결산상의 (㉠) 중에서 그 연도의 보험급여에 든 비용의 (㉡) 이상에 상당하는 금액을 그 연도에 든 비용의 (㉢)에 이를 때까지 준비금으로 적립하여야 한다.

	㉠	㉡	㉢
①	수입액	100분의 5	100분의 10
②	수입액	100분의 10	100분의 50
③	잉여금	100분의 5	100분의 50
④	잉여금	100분의 10	100분의 100

07 다음 사례에서 약제 A에 대한 제재 수단으로 가능한 것은?

> 의약품 판촉영업자 갑은 약제 A의 판매량을 늘리기 위하여 의료기관과 약국 등에 경제적 혜택을 주다가 「약사법」 제47조 제2항을 위반하였다. 과거에도 A는 「약사법」 제47조 제2항 위반과 관련된 적이 한 차례 있어서, 이 일로 요양급여비용 상한금액의 일부가 감액되었다. 감액 시점은 최근 위반으로부터 6년 5개월 전이다.

① 1년의 범위 내에서 기간을 정하여 요양급여의 적용을 정지한다.
② 요양급여비용 상한금액의 20%를 넘지 않는 범위에서 그 금액의 일부를 감액한다.
③ 요양급여비용 상한금액의 30%를 넘지 않는 범위에서 그 금액의 일부를 감액한다.
④ 요양급여비용 상한금액의 40%를 넘지 않는 범위에서 그 금액의 일부를 감액한다.

08 요양기관에 대한 설명으로 옳은 것을 [보기]에서 모두 고르면?

― | 보기 | ―
ㄱ. 선별급여는 일부 요양기관에서만 실시될 수도 있다.
ㄴ. 전문요양기관이 인정서를 반납할 경우 요양기관에서 제외된다.
ㄷ. 요양기관은 정당한 이유가 있어야만 요양급여를 거부할 수 있다.
ㄹ. 상급종합병원에 대하여는 요양급여의 절차 및 요양급여비용을 다른 요양기관과 달리할 수 있다.

① ㄱ
② ㄴ, ㄷ
③ ㄴ, ㄹ
④ ㄱ, ㄷ, ㄹ

09 요양급여비용에 대한 설명으로 옳은 것을 [보기]에서 모두 고르면?

― | 보기 | ―
ㄱ. 공단의 이사장은 재정운영위원회의 심의·의결을 거쳐 요양급여비용의 계약을 체결하여야 한다.
ㄴ. 보건복지부장관은 요양급여대상으로 결정하여 고시한 약제에 대하여 보건복지부령으로 정하는 바에 따라 요양급여비용 상한금액을 직권으로 조정할 수 있다.
ㄷ. 요양급여비용의 계약이 기한까지 체결되지 않은 경우 보건복지부장관이 그 직전 계약기간 만료일이 속하는 연도의 5월 31일까지 심의위원회의 의결을 거쳐 요양급여비용을 정한다.
ㄹ. 약제·치료재료에 대한 요양급여비용은 요양급여비용의 계약에도 불구하고 요양기관의 약제·치료재료 구입금액 등을 고려하여 보건복지부령으로 정하는 바에 따라 달리 산정할 수 있다.

① ㄱ, ㄴ
② ㄱ, ㄷ
③ ㄴ, ㄹ
④ ㄷ, ㄹ

제4회 중난도 모의고사

10 다음 사례의 이후에 이루어질 절차로 가장 적절한 것은?

> 요양기관 A는 최근 가입자 B에게 요양급여를 제공하고 건강보험심사평가원에 요양급여비용의 심사청구를 하였다. 심사평가원은 이를 심사한 후 그 내용을 국민건강보험공단과 A에 알렸다. 이후 A에 요양급여비용을 지급하려던 공단은 B가 A에 낸 본인일부부담금이 심사평가원으로부터 통보받은 금액보다 더 많다는 사실을 알게 되었다.

① 공단이 A에 대한 요양급여비용 지급을 중지한다.
② A가 B로부터 더 많이 받은 금액을 B에게 직접 돌려준다.
③ B가 자신이 더 많이 낸 금액에 대해 공단에 이의신청을 한다.
④ 공단이 A에 지급할 금액에서 B가 더 많이 낸 금액을 공제하여 B에게 지급한다.

11 보험급여의 제한 대상이 되는 사람을 [보기]에서 모두 고르면?

| 보기 |
- 갑: 고의로 교통사고를 일으켰다.
- 을: 업무로 생긴 부상에 대해 다른 법령에 따라 보험급여를 받게 되었다.
- 병: 본인의 경미한 과실로 요양기관의 요양에 관한 지시를 미처 따르지 못하였다.
- 정: 본인의 보험급여에 필요해서 공단이 요구한 문서에 대하여 고의로 제출을 거부하였다.

① 갑
② 갑, 정
③ 갑, 을, 정
④ 을, 병, 정

12 다음 사례에서 갑~정에 대한 처분 또는 벌칙으로 옳은 것은?

> 요양기관 갑은 속임수를 사용하여 가입자 을로부터 요양급여비용 1천만 원을 받아 냈으며, 가입자 병에게는 거짓 진단을 하여 병이 보험급여를 받을 수 있도록 하였다. 한편, 병은 자신의 친구인 정에게 건강보험증을 대여하여 이를 통해 정이 보험급여를 받을 수 있게 하였다.

① 갑에게 1억 원의 범위 내에서 과징금을 부과한다.
② 을에게 갑으로부터 징수한 요양급여비용을 지급한다.
③ 병을 5년 이하의 징역 또는 5천만 원 이하의 벌금에 처한다.
④ 정을 위반사실 공표대상자로 선정한다.

13 다음 [보기]의 갑~정은 건강보험심사평가원의 임원들이다. 이들 중 상임임원에 해당하는 사람은 모두 몇 명인가?

| 보기 |
- 갑: 저는 을을 제청한 분으로부터 임명을 받았습니다.
- 을: 저는 정을 임명한 분으로부터 임명을 받았습니다.
- 병: 저는 보건복지부령으로 정하는 추천 절차를 거쳐 을로부터 임명을 받았습니다.
- 정: 저는 임원추천위원회의 추천을 받은 뒤 기획재정부장관의 제청으로 대통령으로부터 임명을 받았습니다.

① 1명
② 2명
③ 3명
④ 4명

제4회 중난도 모의고사

14 진료심사평가위원회에 대한 설명으로 옳지 않은 것은?

① 요양기관의 종류별로 분과위원회를 둘 수 있다.
② 상근 심사위원은 위원장을 포함하여 90명 이내이다.
③ 직무 여부와 상관없이 품위를 손상하는 행위를 한 경우 해임 또는 해촉될 수 있다.
④ 고의나 중대한 과실로 건강보험심사평가원에 손실이 생기게 한 경우 해임 또는 해촉될 수 있다.

15 「국민건강보험법」 제75조 제1항 각 호에서 보건복지부령으로 정하는 가입자에 해당할 경우 그 가입자 또는 그 가입자가 속한 세대의 보험료를 일부 경감받을 수 있다고 명시한 사람을 [보기]에서 모두 고르면 총 몇 개인가?

| 보기 |
ㄱ. 「병역법」에 따른 현역병
ㄴ. 「장애인복지법」에 따라 등록한 장애인
ㄷ. 섬·벽지(僻地)·농어촌 등 대통령령으로 정하는 지역에 거주하는 사람
ㄹ. 「국가유공자 등 예우 및 지원에 관한 법률」 제4조 제1항 제4호, 제6호, 제12호, 제15호 및 제17호에 따른 국가유공자
ㅁ. 생활이 어렵거나 천재지변 등의 사유로 보험료를 경감할 필요가 있다고 보건복지부장관이 정하여 고시하는 사람

① 2개　　　　② 3개
③ 4개　　　　④ 5개

16 다음 사례에 따를 때 갑이 부담해야 하는 202X년 5월분 보험료액은 얼마인가? (단, 직장가입자와 지역가입자의 보험료율은 7.09%이고, 재산보험료부과점수당 금액은 208.4원이다)

> 지역가입자였던 갑은 식품제조업체에 취직하여 202X년 5월 1일 직장가입자가 되었다. 202X년 5월을 기준으로 갑의 재산보험료부과점수를 산정해 보면 150점이고, 회사에서 받는 월급은 300만 원인데, 이 월급은 곧 갑의 보수월액과 동일하다. 갑은 보수 외에 다른 소득은 없는 상황이며, 갑의 세대는 갑 외에 다른 세대 구성원이 없다.

① 31,260원
② 106,350원
③ 137,610원
④ 212,700원

17 「국민건강보험법」상 보험료등의 납입 고지 및 납부에 대한 설명으로 옳지 않은 것을 [보기]에서 모두 고르면?

| 보기 |
ㄱ. 휴직자등의 보험료는 휴직 등의 사유가 끝날 때까지 보건복지부령으로 정하는 바에 따라 납입 고지를 유예하여야 한다.
ㄴ. 공단이 제2차 납부의무자에게 납입의 고지를 한 경우에는 해당 법인인 사용자 및 사업양도인에게도 그 사실을 통지한 것으로 본다.
ㄷ. 공단은 보험료등을 징수하려면 그 금액을 결정하여 납부의무자에게 징수하려는 보험료등의 종류, 납부해야 하는 금액, 납부기한 및 장소를 적은 문서로 납입 고지를 하여야 한다.
ㄹ. 공단이 납입 고지한 보험료등을 납부하는 자는 보험료등납부대행기관을 통하여 신용카드등으로 납부할 수 있으며, 보험료등납부대행기관은 공단으로부터 보험료등의 납부를 대행하는 대가로 수수료를 받을 수 있다.

① ㄷ
② ㄱ, ㄴ
③ ㄷ, ㄹ
④ ㄱ, ㄴ, ㄹ

제4회 중난도 모의고사

18 다음 사례에 대한 설명으로 옳지 않은 것은?

> 국민건강보험공단은 직장가입자 갑이 자신의 보수 외 소득월액보험료를 내지 않자, 독촉을 하기로 결정하였다. 이에 공단은 납부기한을 정하여 갑에게 독촉장을 발부하였지만, 갑은 독촉을 받은 뒤에도 독촉장에 기재된 납부기한까지 보수 외 소득월액보험료를 내지 않았다. 결국 공단은 국세 체납처분의 예에 따라 갑의 체납된 보수 외 소득월액보험료를 징수하려고 한다.

① 갑이 공단으로부터 받았던 독촉장에 기재된 보수 외 소득월액보험료의 납부기한은 10일 이상 15일 이내였을 것이다.

② 공단은 갑이 보수 외 소득월액보험료를 1회 이상 체납하였다면, 체납처분을 하기 전에 분할납부를 신청할 수 있음을 알리고, 분할납부 신청의 절차·방법 등에 관한 사항을 안내하여야 한다.

③ 공단은 긴급히 체납처분을 할 필요가 있는 경우로서 대통령령으로 정하는 경우가 아니라면, 체납처분을 하기 전에 갑에게 보험료의 체납 내역, 압류 가능한 재산의 종류, 압류 예정 사실 및 소액금융재산에 대한 압류금지 사실 등이 포함된 통보서를 발송하여야 한다.

④ 공단이 국세 체납처분의 예에 따라 갑의 재산을 압류한 경우, 압류한 재산의 공매에 대하여 전문지식이 필요하거나 그 밖에 특수한 사정으로 직접 공매하는 것이 적당하지 않다고 인정된다면 한국자산관리공사에 공매를 대행하게 할 수 있으며, 이 경우 공매는 공단이 한 것으로 본다.

19 다음 각 행위의 기한으로 옳지 않은 것은? (단, 제시된 내용 외에는 고려하지 않는다)

① 요양기관의 현황 변경 신고: 변경된 날부터 15일 이내
② 공단의 처분에 대한 이의신청: 처분이 있음을 안 날로부터 90일 이내
③ 피부양자였던 사람이 직장가입자가 된 경우의 신고: 직장가입자 자격을 취득한 날부터 14일 이내
④ 직장가입자가 되는 근로자를 사용하는 사업장이 된 경우의 신고: 해당 사업장이 된 때부터 15일 이내

20 「국민건강보험법」 제91조 제1항 각 호에서 3년 동안 행사하지 않으면 소멸시효가 완성된다고 명시한 권리로 옳은 것을 [보기]에서 모두 고르면?

| 보기 |
ㄱ. 보험급여를 받을 권리
ㄴ. 보험급여 비용을 받을 권리
ㄷ. 제61조에 따른 근로복지공단의 권리
ㄹ. 제58조 제1항에 따라 손해배상을 청구할 권리
ㅁ. 제47조 제3항 후단에 따라 과다납부된 본인일부부담금을 돌려받을 권리
ㅂ. 보험료, 연체금 및 부당이득 징수금으로 과오납부한 금액을 환급받을 권리

① ㄱ, ㄴ
② ㄱ, ㄹ, ㅂ
③ ㄱ, ㄴ, ㄷ, ㅁ
④ ㄴ, ㄷ, ㄹ, ㅁ, ㅂ

제5회 고난도 모의고사

시험 시간: 20분

01 다음은 「국민건강보험법」의 일부이다. 조문의 ㉠~㉦ 중에서 그 안에 들어갈 숫자가 짝수인 것을 모두 고르면?

> 제4조(건강보험정책심의위원회) ④ 심의위원회의 위원은 다음 각 호에 해당하는 사람을 보건복지부장관이 임명 또는 위촉한다.
> 1. 근로자단체 및 사용자단체가 추천하는 각 (㉠)명
> 2. 시민단체(「비영리민간단체지원법」 제2조에 따른 비영리민간단체를 말한다. 이하 같다), 소비자단체, 농어업인단체 및 자영업자단체가 추천하는 각 (㉡)명
> 3. 의료계를 대표하는 단체 및 약업계를 대표하는 단체가 추천하는 (㉢)명
> 4. 다음 각 목에 해당하는 (㉣)명
>   가. 대통령령으로 정하는 중앙행정기관 소속 공무원 (㉤)명
>   나. 국민건강보험공단의 이사장 및 건강보험심사평가원의 원장이 추천하는 각 (㉥)명
>   다. 건강보험에 관한 학식과 경험이 풍부한 (㉦)명

① ㉠, ㉡
② ㉡, ㉢, ㉤
③ ㉠, ㉣, ㉥, ㉦
④ ㉠, ㉢, ㉣, ㉤, ㉦

02 가입자 자격의 변동에 대한 설명으로 옳지 않은 것은?

① 직장가입자가 다른 적용대상사업장의 근로자등으로 사용된 경우에는 그 사용된 날에 자격이 변동된다.
② 지역가입자가 다른 세대로 전입하여 자격이 변동된 경우 지역가입자의 세대주는 그 명세를 보건복지부령으로 정하는 바에 따라 자격이 변동된 날부터 14일 이내에 보험자에게 신고하여야 한다.
③ 법무부장관 및 국방부장관은 직장가입자나 지역가입자가 제54조 제3호 또는 제4호에 해당하면 보건복지부령으로 정하는 바에 따라 그 사유에 해당된 날부터 14일 이내에 보험자에게 알려야 한다.
④ 공단은 제96조 제1항에 따라 제공받은 자료를 통하여 가입자 자격의 변동 여부를 확인하는 경우에는 자격 변동 후 최초로 제79조에 따른 납부의무자에게 보험료 납입 고지를 할 때 보건복지부령으로 정하는 바에 따라 자격 변동에 관한 사항을 알려야 한다.

03 다음은 요양기관 직원 갑과 직장가입자 을의 대화이다. ㉠에 들어갈 수 있는 말을 [보기]에서 모두 고르면 총 몇 개인가?

- 갑: 안녕하세요, ○○내과입니다. 어디가 불편해서 오셨나요?
- 을: 어제부터 복통이 있어서 진찰을 받으려고 합니다.
- 갑: 그러시군요. 접수를 위해 건강보험증 제출 부탁드립니다.
- 을: 제가 며칠 전에 건강보험증을 분실했는데요. 건강보험증 없이 진찰을 받을 수 있는 방법이 있을까요?
- 갑: 네, 환자분의 건강보험증 대신 (㉠)을/를 보여 주시면 진찰을 받으실 수 있습니다.

| 보기 |
ㄱ. 여권
ㄴ. 가족관계증명서
ㄷ. 모바일 주민등록증
ㄹ. 배우자에게 양도받은 건강보험증
ㅁ. 직계존속 또는 직계비속에게 대여받은 건강보험증
ㅂ. 대통령령으로 정하는 본인 여부를 확인할 수 있는 신분증명서

① 2개　　　　② 3개
③ 4개　　　　④ 5개

제5회 고난도 모의고사

04 다음은 현재 국민건강보험공단 임원들의 진술이다. 진술에 따를 때 옳은 것을 [보기]에서 모두 고르면?

- 갑: 저는 상임임원입니다.
- 을: 저는 노동조합의 추천을 받아 임명되었습니다.
- 병: 저는 대통령의 임명을 받았고 임기는 2년입니다.
- 정: 저는 임기 중 공단의 경영성과에 대하여 책임을 집니다.

| 보기 |
ㄱ. 갑은 공단 이사장의 허가를 받아 비영리 목적의 업무를 겸할 수 있다.
ㄴ. 을은 공단의 업무, 회계 및 재산 상황을 감사한다.
ㄷ. 병은 이사회에 출석하여 발언할 수 있다.
ㄹ. 정은 정관으로 정하는 바에 따라 직원을 임면한다.

① ㄹ
② ㄱ, ㄷ
③ ㄴ, ㄹ
④ ㄱ, ㄷ, ㄹ

05 「국민건강보험법」 제42조에 따를 때 요양급여(간호와 이송 제외)를 실시하는 요양기관으로 옳은 것을 [보기]에서 모두 고르면 총 몇 개인가?

| 보기 |
ㄱ. 「약사법」에 따라 등록된 약국
ㄴ. 「지역보건법」에 따른 보건지소
ㄷ. 「의료법」에 따라 개설된 의료기관
ㄹ. 「의료법」 제35조에 따라 개설된 부속 의료기관
ㅁ. 「지역보건법」에 따라 설치된 건강생활지원센터
ㅂ. 「농어촌 등 보건의료를 위한 특별조치법」에 따라 설치된 보건진료소

① 2개
② 3개
③ 4개
④ 5개

06 다음 사례에 대한 설명으로 옳지 않은 것을 [보기]에서 모두 고르면?

약제 A는 경제성이 낮지만 가입자와 피부양자의 건강회복에 잠재적 이득이 있다고 인정되어 예비적인 요양급여인 선별급여로 지정되었다. 보건복지부장관은 의료 이용의 관리를 위하여 A의 실시 조건을 사전에 정하고 이를 충족하는 요양기관만이 A를 실시할 수 있도록 하였다.

| 보기 |
ㄱ. A에 대해서는 다른 요양급여에 비하여 본인일부부담금을 하향 조정할 수 있다.
ㄴ. A의 급여를 실시하는 요양기관은 A의 평가를 위하여 필요한 자료를 제출하여야 한다.
ㄷ. 보건복지부장관은 요양기관이 A의 실시 조건을 충족하지 못하는 경우 A의 실시를 제한할 수 있다.
ㄹ. 보건복지부장관은 A에 대하여 주기적으로 요양급여의 경제성을 평가하여 요양급여 여부를 다시 결정하고 요양급여의 기준을 조정하여야 한다.

① ㄱ, ㄴ
② ㄱ, ㄹ
③ ㄴ, ㄷ
④ ㄷ, ㄹ

07 다음 사례에 대한 설명으로 옳지 않은 것을 [보기]에서 모두 고르면?

> 요양기관 A는 얼마 전 국민건강보험공단에 요양급여비용의 지급을 청구하였다. 그런데 A가 「의료법」 제33조 제10항을 위반하여 개설·운영되었다는 사실이 수사기관의 수사 결과로 확인되어 공단은 A가 청구한 요양급여비용의 지급을 보류하였다.

| 보기 |
ㄱ. 공단은 요양급여비용의 지급을 보류한 뒤 해당 요양기관에 의견 제출의 기회를 주어야 한다.
ㄴ. 요양급여비용 지급 보류 처분의 효력은 A가 그 처분 이후 청구하는 요양급여비용에 대해서도 미친다.
ㄷ. A가 「의료법」 제33조 제10항을 위반하여 개설·운영된 혐의에 대하여 법원의 무죄 판결이 확정된 경우 공단은 그 판결 이후 실시한 요양급여에 한정하여 A가 청구하는 요양급여비용을 지급할 수 있다.
ㄹ. A가 「의료법」 제33조 제10항을 위반하여 개설·운영된 혐의에 대하여 법원에서 무죄 판결이 선고된 경우 공단은 지급 보류 처분을 취소하고, 지급 보류된 요양급여비용에 지급 보류된 기간 동안의 이자를 가산하여 A에 지급하여야 한다.

① ㄱ
② ㄱ, ㄷ
③ ㄴ, ㄹ
④ ㄱ, ㄷ, ㄹ

08 다음 사례에서 갑이 급여제한기간에 받은 보험급여가 보험급여로 인정되는 경우를 [보기]에서 모두 고르면? (단, 제시된 내용 외에는 고려하지 않는다)

> 직장가입자 갑이 대통령령으로 정하는 기간 이상 보수 외 소득월액보험료를 체납하자, 국민건강보험공단은 갑이 체납한 보험료를 완납할 때까지 갑과 갑의 피부양자 을에 대하여 보험급여를 실시하지 않기로 결정하고, 이 사실을 202X년 10월 1일에 갑에게 통보하였다. 그런데 갑은 급여제한기간에 병원을 방문하여 보험급여를 받았고, 공단은 이 사실을 202X년 12월 1일에 갑에게 통지하였다.

| 보기 |
ㄱ. 202X년 10월 1일부터 2개월이 지난 날이 속한 달의 납부기한 이내에 분할납부 승인을 받은 경우
ㄴ. 202X년 12월 1일부터 2개월이 지난 날이 속한 달의 납부기한 이내에 체납된 보험료를 완납한 경우
ㄷ. 202X년 12월 1일부터 5개월이 지난 날이 속한 달의 납부기한 이내에 분할납부 승인을 받은 체납보험료를 1회 이상 낸 경우

① ㄱ
② ㄴ
③ ㄱ, ㄷ
④ ㄱ, ㄴ, ㄷ

09 요양비등수급계좌에 대한 설명으로 옳은 것은?

① 요양비등수급계좌에 입금된 요양비등은 양도하거나 압류할 수 없다.
② 공단은 요양비등수급계좌에 요양비등만이 입금되도록 하고, 이를 관리하여야 한다.
③ 공단은 요양비등을 수급자 명의의 지정된 계좌인 요양비등수급계좌로 입금하여야 한다.
④ 정보통신장애로 요양비등수급계좌로 이체할 수 없을 때에는 요양비등을 직접 현금으로 지급할 수 있다.

제5회 고난도 모의고사

10 다음 [보기]의 갑~정은 진료심사평가위원회의 심사위원이다. 이들 중 옳지 않은 진술을 한 사람을 모두 고르면?

> ─| 보기 |─
> - 갑: 저는 상근 심사위원으로 심사평가원의 원장에게 임명받았습니다.
> - 을: 저는 비상근 심사위원으로 진료심사평가위원회의 위원장에게 위촉받았습니다.
> - 병: 저는 상근 심사위원으로 제가 직무를 게을리한 경우 심사평가원의 원장은 저를 해임할 수 있습니다.
> - 정: 저는 사립대학의 부교수로 교육부장관의 허가를 받아 진료심사평가위원회 위원의 직무를 겸하고 있습니다.

① 갑, 을
② 을, 병
③ 을, 정
④ 갑, 병, 정

11 다음 사례에서 '갑이 속한 세대의 보험료를 산정할 때 갑의 소득월액과 재산보험료부과점수가 제외되는 기간'(㉠)과 '을의 보험료가 면제되는 기간'(㉡)을 옳게 짝지은 것은?

> - 사례 1: 지역가입자 갑은 범죄를 저질러 실형을 선고받고 202X년 3월 15일에 교도소에 수용되어 202X년 9월 15일에 출소하였다.
> - 사례 2: 직장가입자 을의 피부양자로는 아내 병과 아들 정이 있다. 을, 병, 정은 202X년 3월 1일부터 대통령령으로 정하는 시간 이상 국외에 체류하다가 202X년 7월 1일에 정이 먼저 국내에 입국하였고, 202X년 12월 1일에 을과 병도 국내에 입국하였다.

	㉠	㉡
①	202X년 3월 ~ 202X년 9월	202X년 3월 ~ 202X년 11월
②	202X년 3월 ~ 202X년 9월	202X년 3월 ~ 202X년 12월
③	202X년 4월 ~ 202X년 9월	202X년 4월 ~ 202X년 6월
④	202X년 4월 ~ 202X년 9월	202X년 4월 ~ 202X년 7월

12 다음 사례에 따를 때 [보기]의 갑~무 중에서 옳지 않은 진술을 한 사람을 모두 고르면?

> A 세대에는 아버지 갑, 어머니 을, 아들 병, 딸 정이 살고 있다. 갑은 건설 회사인 B 법인에서 근무하고 있는 직장가입자로, 이 법인의 사업주는 무이다. 한편, 을은 몇 년 전부터 개인 사업체를 운영하고 있는 지역가입자이며, 병은 군더를 전역한 뒤 프리랜서 작가로 일하고 있는 지역가입자이다. 정은 취업 준비생으로 아버지 갑의 피부양자이다.

| 보기 |
- 갑: 저의 보수월액보험료에 대한 납부의무는 저와 사업주 무가 연대하여 집니다.
- 을: A 세대에 부과되는 지역가입자 보험료는 저와 아들 병이 연대하여 부담하고 납부합니다.
- 병: 저의 소득월액은 저의 연간 소득을 12개월로 나눈 값을 보건복지부령으로 정하는 바에 따라 평가하여 산정합니다.
- 정: 저의 보수 외 소득월액보험료에 대한 납부의무는 아버지 갑이 집니다.
- 무: 근로자 갑의 보수월액보험료액 중에서 100분의 50은 제가 부담합니다.

① 갑, 정
② 을, 병
③ 갑, 을, 무
④ 병, 정, 무

제5회 고난도 모의고사

13 다음은 「국민건강보험법」의 일부이다. 조문의 ㉠~㉤에 들어갈 숫자를 모두 더하면?

> 제80조(연체금) ① 공단은 보험료등의 납부의무자가 납부기한까지 보험료등을 내지 아니하면 그 납부기한이 지난 날부터 매 1일이 경과할 때마다 다음 각 호에 해당하는 연체금을 징수한다.
>   1. 제69조에 따른 보험료 또는 제53조 제3항에 따른 보험급여 제한 기간 중 받은 보험급여에 대한 징수금을 체납한 경우: 해당 체납금액의 1천500분의 1에 해당하는 금액. 이 경우 연체금은 해당 체납금액의 1천분의 (㉠)을 넘지 못한다.
>   2. 제1호 외에 이 법에 따른 징수금을 체납한 경우: 해당 체납금액의 1천분의 1에 해당하는 금액. 이 경우 연체금은 해당 체납금액의 1천분의 (㉡)을 넘지 못한다.
> ② 공단은 보험료등의 납부의무자가 체납된 보험료등을 내지 아니하면 납부기한 후 (㉢)일이 지난 날부터 매 1일이 경과할 때마다 다음 각 호에 해당하는 연체금을 제1항에 따른 연체금에 더하여 징수한다.
>   1. 제69조에 따른 보험료 또는 제53조 제3항에 따른 보험급여 제한 기간 중 받은 보험급여에 대한 징수금을 체납한 경우: 해당 체납금액의 6천분의 1에 해당하는 금액. 이 경우 연체금(제1항 제1호의 연체금을 포함한 금액을 말한다)은 해당 체납금액의 1천분의 (㉣)을 넘지 못한다.
>   2. 제1호 외에 이 법에 따른 징수금을 체납한 경우: 해당 체납금액의 3천분의 1에 해당하는 금액. 이 경우 연체금(제1항 제2호의 연체금을 포함한 금액을 말한다)은 해당 체납금액의 1천분의 (㉤)을 넘지 못한다.
> ③ 공단은 제1항 및 제2항에도 불구하고 천재지변이나 그 밖에 보건복지부령으로 정하는 부득이한 사유가 있으면 제1항 및 제2항에 따른 연체금을 징수하지 아니할 수 있다.

① 200
② 220
③ 240
④ 260

14 다음 사례에서 국민건강보험공단이 A의 재산 압류를 즉시 해제하여야 하는 경우로 옳은 것을 [보기]에서 모두 고르면?

> 국민건강보험공단은 보험급여 비용을 받은 약국 A가 「약사법」 제20조 제1항을 위반하였다는 사실로 기소된 데다가 대통령령으로 정하는 사유가 있어 그 재산을 압류할 필요가 있다고 판단하였다. 이에 공단은 보건복지부장관의 승인을 받아 제57조 제1항에 따른 징수금의 한도에서 A의 재산을 압류하고 그 압류 사실을 A에 통지하였다.

| 보기 |
ㄱ. 공단이 압류한 A의 재산을 직접 공매하는 것이 적당하지 않다고 인정하는 경우
ㄴ. A가 징수금에 상당하는 다른 재산을 담보로 제공하고 압류 해제를 요구하는 경우
ㄷ. A의 압류 재산을 처분하여도 징수금에 충당될 배분금액이 징수금에 미치지 못하는 경우
ㄹ. A가 「약사법」 제20조 제1항을 위반한 혐의에 대하여 법원의 무죄 판결이 확정되는 경우

① ㄱ, ㄴ ② ㄱ, ㄷ
③ ㄴ, ㄹ ④ ㄷ, ㄹ

15 보험료의 납부의무자가 보험료와 그에 따르는 연체금 및 체납처분비의 납부사실을 증명하여야 하는 경우로 옳은 것을 [보기]에서 모두 고르면 총 몇 개인가? (단, 제시된 내용 외에는 고려하지 않는다)

| 보기 |
ㄱ. 공공기관에 구매 계약의 대가를 지급하는 경우
ㄴ. 국가로부터 공사 계약의 대가를 지급받는 경우
ㄷ. 금융기관으로부터 제조 계약의 대가를 지급받는 경우
ㄹ. 지방자치단체로부터 구매 계약의 대가를 지급받는 경우
ㅁ. 종합신용정보집중기관에 용역 계약의 대가를 지급하는 경우

① 2개 ② 3개
③ 4개 ④ 5개

제5회 고난도 모의고사

16 다음은 「국민건강보험법」의 일부이다. 조문의 ㉠에 공통으로 들어가는 권리를 [보기]에서 모두 고르면?

> 제85조(보험료등의 징수 순위) 보험료등은 국세와 지방세를 제외한 다른 채권에 우선하여 징수한다. 다만, 보험료등의 납부기한 전에 (㉠)의 설정을 등기 또는 등록한 사실이 증명되는 재산을 매각할 때에 그 매각대금 중에서 보험료등을 징수하는 경우 그 (㉠)으로 담보된 채권에 대하여는 그러하지 아니하다.

| 보기 |
ㄱ. 질권
ㄴ. 유치권
ㄷ. 저당권
ㄹ. 전세권
ㅁ. 지상권
ㅂ. 지역권
ㅅ. 「동산·채권 등의 담보에 관한 법률」에 따른 담보권

① ㄱ, ㅅ
② ㄴ, ㅁ, ㅂ
③ ㄷ, ㄹ, ㅂ
④ ㄱ, ㄷ, ㄹ, ㅅ

17 다음 사례에 대한 설명으로 옳은 것은?

> 국민건강보험공단은 사용자 갑에게 해당 사업장 소속 직장가입자 을의 보수를 신고하게 하였고, 을에게는 자신의 보수 외 소득을 신고하게 하였다. 그런데 공단은 신고된 을의 보수와 소득이 국세청에 신고된 것과 다르다는 점을 발견하고 조사를 하였고, 그 결과 신고된 을의 보수와 소득에 축소가 있음을 확인하였다.

① 공단은 기획재정부장관을 거쳐 소득의 축소에 관한 사항을 문서로 국세청장에게 송부할 수 있으며, 국세청장은 송부받은 사항에 대하여 「국세기본법」 등 관련 법률에 따른 세무조사를 하면 그 조사 결과 중 보수·소득에 관한 사항을 공단에 송부하여야 한다.
② 공단은 보건복지부장관을 거쳐 소득의 축소에 관한 사항을 문서로 국세청장에게 송부할 수 있으며, 국세청장은 송부받은 사항에 대하여 「국세기본법」 등 관련 법률에 따른 세무조사를 하면 그 조사 결과 중 보수·소득에 관한 사항을 공단에 송부하여야 한다.
③ 공단은 기획재정부장관을 거쳐 소득의 축소에 관한 사항을 문서로 국세청장에게 송부할 수 있으며, 국세청장은 송부받은 사항에 대하여 「국세기본법」 등 관련 법률에 따른 세무조사를 하면 그 조사 결과 중 보수·소득에 관한 사항을 보건복지부장관에게 송부하여야 한다.
④ 공단은 보건복지부장관을 거쳐 소득의 축소에 관한 사항을 문서로 국세청장에게 송부할 수 있으며, 국세청장은 송부받은 사항에 대하여 「국세기본법」 등 관련 법률에 따른 세무조사를 하면 그 조사 결과 중 보수·소득에 관한 사항을 기획재정부장관에게 송부하여야 한다.

제5회 고난도 모의고사

18 「국민건강보험법」 제99조 제7항 각 호에서 과징금을 징수하기 위하여 관할 세무관서의 장 또는 지방자치단체의 장에게 과세정보의 제공을 요청하는 문서에 적어야 하는 사항으로 명시한 것을 [보기]에서 모두 고르면?

| 보기 |
ㄱ. 사용 목적
ㄴ. 과징금 납부기한
ㄷ. 납세자의 인적사항
ㄹ. 과징금 부과 사유 또는 부과 기준

① ㄱ, ㄷ
② ㄷ, ㄹ
③ ㄱ, ㄴ, ㄹ
④ ㄱ, ㄴ, ㄷ, ㄹ

19 국민건강보험공단에 대한 설명으로 옳지 않은 것은?

① 공단은 특정인을 위하여 업무를 제공하거나 공단 시설을 이용하게 할 경우 공단의 정관으로 정하는 바에 따라 그 업무의 제공 또는 시설의 이용에 대한 수수료와 사용료를 징수할 수 있다.
② 공단은 제3자의 행위로 보험급여사유가 생겨 가입자 또는 피부양자에게 보험급여를 한 경우에는 그 급여에 들어간 비용의 2배를 넘지 않는 범위에서 그 제3자에게 손해배상을 청구할 권리를 얻는다.
③ 공단은 「재난적의료비 지원에 관한 법률」에 따른 재난적의료비 지원사업에 사용되는 비용에 충당하기 위하여 매년 예산의 범위에서 출연할 수 있다. 이 경우 출연 금액의 상한 등에 필요한 사항은 대통령령으로 정한다.
④ 공단은 자신이 징수한 보험료와 그에 따른 징수금 또는 징수위탁보험료등의 금액이 징수하여야 할 총액에 부족한 경우에는 대통령령으로 정하는 기준, 방법에 따라 이를 배분하여 납부 처리하여야 한다. 다만, 납부의무자가 다른 의사를 표시한 때에는 그에 따른다.

20 다음 사례에 대한 설명으로 옳은 것은?

> - 사례 1: 보건복지부장관은 사용자 갑에게 해당 사업장에서 근무하고 있는 직장가입자의 보수에 관하여 보고하도록 명하였지만, 갑은 정당한 사유 없이 이에 대하여 거짓으로 보고하였다.
> - 사례 2: 정규직 근로자 10명을 고용하고 있는 사용자 을은 자신이 부담하는 부담금이 증가되는 것을 피할 목적으로 정당한 사유 없이 수년째 근로자들의 승급과 임금 인상을 하지 않고 있다.

① 갑은 2년 이하의 징역에 처할 수 있다.
② 을은 1천만 원 이하의 벌금에 처할 수 있다.
③ 갑에게 처하는 형벌이 을에게 처하는 형벌보다 무겁다.
④ 갑은 징역에 처할 수 있지만, 을은 징역에 처할 수 없다.

제6회 고난도 모의고사

시험 시간: 20분

01 직장가입자에 해당하지 않는 사람을 [보기]에서 모두 고르면?

| 보기 |
ㄱ. 수급권자
ㄴ. 고용 기간이 40일인 일용근로자
ㄷ. 지원에 의하지 않고 임용된 하사
ㄹ. 지방자치단체에서 상시 공무에 종사하는 사람
ㅁ. 교직원이 소속되어 있는 사립학교를 설립·운영하는 사람
ㅂ. 건강보험 적용 신청을 하지 않은 유공자등 의료보호대상자

① ㄱ, ㄴ, ㄷ
② ㄱ, ㄷ, ㅂ
③ ㄱ, ㄹ, ㅁ, ㅂ
④ ㄴ, ㄷ, ㄹ, ㅁ, ㅂ

02 다음 사례의 갑~무 중 건강보험 가입자 자격의 취득·변동·상실일이 6월에 속하는 사람은 모두 몇 명인가? (단, 제시된 내용 외에는 고려하지 않는다)

갑의 가족은 최근 신변에 많은 변동이 생겼다. 갑은 외국에서 거주하다가 5월 31일에 입국하여 국내에서 거주하게 되었고, 갑의 아내인 을은 갑이 입국한 날에 직장을 퇴사하였다. 갑의 고모인 병은 수급권자로 살다가 5월 31일에 비로소 수급권자 대상에서 제외된 반면, 갑의 삼촌인 정은 같은 날 수급권자가 되었다. 한편, 갑의 동생 무는 지역가입자였는데, 5월 31일에 다른 세대로 전입하였다.

① 1명
② 2명
③ 3명
④ 4명

03 국민건강보험공단의 징수이사에 대한 설명으로 옳은 것을 [보기]에서 모두 고르면?

| 보기 |
ㄱ. 징수이사는 보험료와 그 밖에 「국민건강보험법」에 다른 징수금의 부과·징수, 징수위탁 근거법에 따라 위탁받은 업무를 담당하는 비상임이사이다.
ㄴ. 징수이사는 경영, 경제 및 사회보험에 관한 학식과 경험이 풍부한 사람으로서 보건복지부령으로 정하는 자격을 갖춘 사람 중에서 선임한다.
ㄷ. 징수이사추천위원회는 주요 일간신문에 징수이사 후보의 모집 공고를 하여야 하며, 이와 별도로 적임자로 판단되는 징수이사 후보를 조사하거나 전문단체에 조사를 의뢰할 수 있다.
ㄹ. 징수이사추천위원회는 규정된 모집 절차에 따라 모집한 사람을 보건복지부령으로 정하는 징수이사 후보 심사기준에 따라 심사하여야 하며, 공단 이사장은 징수이사 후보로 추천될 사람과 계약 조건에 관하여 협의하여야 한다.

① ㄱ, ㄹ ② ㄴ, ㄷ ③ ㄷ, ㄹ ④ ㄱ, ㄴ, ㄷ

04 다음 사례의 경우 내릴 수 있는 처분으로 가장 적절한 것은? (단, 제시된 내용 외에는 고려하지 않는다)

제약회사 대표 갑은 약제 A에 대하여 「약사법」 제47조 제2항을 위반하여 불법적인 리베이트를 제공하다가 적발되었다. 당시 보건복지부장관은 A에 대하여 요양급여비용 상한금액의 일부를 감액하였다. 감액 후 3년이 지난 뒤, 갑은 약제 B에 대하여 「약사법」 제47조 제2항을 위반하였고, 보건복지부장관은 B에 대하여 요양급여비용 상한금액의 일부를 감액하였다. 그러나 갑은 또다시 약제 A에 대하여 「약사법」 제47조 제2항을 위반하였고, 이는 B에 대한 감액 이후 4년이 지난 때였다. 보건복지부장관은 다시 A에 대해 처분을 내리려고 한다.

① 1년의 범위에서 기간을 정하여 요양급여의 적용을 정지한다.
② 2년의 범위에서 기간을 정하여 요양급여의 적용을 정지한다.
③ 100분의 20을 넘지 않은 범위에서 요양급여비용 상한금액을 감액한다.
④ 100분의 40을 넘지 않은 범위에서 요양급여비용 상한금액을 감액한다.

제6회 고난도 모의고사

05 요양급여비용에 대한 설명으로 옳지 않은 것을 [보기]에서 모두 고르면?

| 보기 |
ㄱ. 요양급여비용은 보건복지부장관과 대통령령으로 정하는 의약계를 대표하는 사람들의 계약으로 정한다.
ㄴ. 지역별 의료자원의 불균형 및 의료서비스 격차의 해소 등을 위하여 지역별로 요양급여비용을 달리 정하여 지급할 수 있다.
ㄷ. 요양기관이 가입자로부터 부당한 방법으로 요양급여비용을 받은 경우 공단은 해당 요양기관으로부터 이를 징수하여 가입자에게 지체 없이 지급하여야 한다.
ㄹ. 요양급여비용을 청구하려는 요양기관은 심사평가원에 요양급여비용의 심사청구를 하여야 하며, 심사청구를 받은 심사평가원은 이를 심사한 후 지체 없이 그 내용을 공단과 요양기관에 알려야 한다.

① ㄱ
② ㄱ, ㄹ
③ ㄴ, ㄷ
④ ㄴ, ㄷ, ㄹ

06 부당이득의 징수에 대한 설명으로 옳지 않은 것은?

① 요양기관의 거짓 진단으로 보험급여가 실시된 경우, 공단은 해당 요양기관에 보험급여를 받은 사람과 연대하여 부당이득 징수금을 납부하게 할 수 있다.
② 보조기기 판매자의 부당한 방법으로 보험급여가 실시된 경우, 공단은 해당 판매자에게 보험급여를 받은 사람과 연대하여 부당이득 징수금을 납부하게 할 수 있다.
③ 피부양자가 속임수로 보험급여를 받은 경우, 공단은 해당 피부양자와 같은 세대에 속한 다른 피부양자에게 그 피부양자와 연대하여 부당이득 징수금을 납부하게 할 수 있다.
④ 의료기관을 개설할 수 없는 자가 의료인의 면허를 대여받아 개설·운영하는 의료기관이 부당한 방법으로 보험급여 비용을 받은 경우, 공단은 해당 의료기관 개설자에게 의료기관과 연대하여 부당이득 징수금을 납부하게 할 수 있다.

07 다음은 「국민건강보험법」의 일부이다. 조문의 ㉠에 들어갈 수 있는 말로 옳은 것을 [보기]에서 모두 고르면 총 몇 개인가?

> 제60조(현역병 등에 대한 요양급여비용 등의 지급) ① 공단은 제54조 제3호 및 제4호에 해당하는 사람이 요양기관에서 대통령령으로 정하는 치료 등(이하 이 조에서 "요양급여"라 한다)을 받은 경우 그에 따라 공단이 부담하는 비용(이하 이 조에서 "요양급여비용"이라 한다)과 제49조에 따른 요양비를 (㉠)으로부터 예탁 받아 지급할 수 있다. 이 경우 (㉠)은 예산상 불가피한 경우 외에는 연간(年間) 들어갈 것으로 예상되는 요양급여비용과 요양비를 대통령령으로 정하는 바에 따라 미리 공단에 예탁하여야 한다.

| 보기 |
ㄱ. 국방부장관
ㄴ. 법무부장관
ㄷ. 기획재정부장관
ㄹ. 보건복지부장관
ㅁ. 병무청장
ㅂ. 소방청장
ㅅ. 해양경찰청장

① 3개
② 4개
③ 5개
④ 6개

제6회 고난도 모의고사

08 다음 갑~무의 임기를 모두 더하면 몇 년인가? (단, 정과 무는 사임 등의 이유로 새로 위촉된 위원이 아니다)

- 갑: 국민건강보험공단 이사장
- 을: 건강보험심사평가원 원장
- 병: 건강보험심사평가원 감사
- 정: 공무원이 아닌 재정운영위원회 위원
- 무: 시민단체가 추천한 건강보험정책심의위원회 위원

① 10년
② 11년
③ 12년
④ 13년

09 다음 사례의 갑~병의 건강보험료에 대한 설명으로 옳지 않은 것은? (단, 직장가입자의 보험료율은 7.09%이고, 보수 외 소득월액 산정 시 대통령령으로 정하는 금액은 2,000만 원이며, 보건복지부령으로 정하는 바에 따른 평가는 생략한다)

- 갑: 사립학교 직원으로, 보수월액은 300만 원이고 보수 외 소득은 없다.
- 을: 국립대학교 소속 공무원으로, 보수월액은 200만 원이고 보수 외 소득은 없다.
- 병: 자동차 부품 생산업체의 근로자로, 보수월액은 500만 원이고 보수 외 소득은 연 3,200만 원이다.

① 갑이 부담하여야 하는 월 보험료액은 20만 원 이상이다.
② 을의 보수월액보험료는 15만 원 이하이다.
③ 을이 부담하여야 하는 월 보험료액과 병의 보수 외 소득월액보험료는 같다.
④ 병이 부담하여야 하는 월 보험료액은 갑과 을이 부담하여야 하는 월 보험료액을 합친 것보다 많다.

10 다음 사례에 따를 때 갑으로부터 징수하여야 할 연체금은 총 얼마인가?

> 건강보험 직장가입자인 갑은 보수 외 소득월액보험료 60만 원을 납부기한이 지난 날부터 50일간 체납하였고, 보험급여 제한 기간 중 받은 보험급여에 대한 징수금 30만 원을 납부기한이 지난 날부터 10일간 체납하였다.

① 16,000원
② 17,000원
③ 20,000원
④ 24,000원

11 다음은 「국민건강보험법」의 일부이다. 조문의 ㉠~㉣에 들어갈 숫자를 모두 더하면?

> 제81조의3(체납 또는 결손처분 자료의 제공) ① 공단은 보험료 징수 및 제57조에 따른 징수금(같은 조 제2항 각 호의 어느 하나에 해당하여 같은 조 제1항 및 제2항에 따라 징수하는 금액에 한정한다. 이하 이 조에서 "부당이득금"이라 한다)의 징수 또는 공익목적을 위하여 필요한 경우에 「신용정보의 이용 및 보호에 관한 법률」 제25조 제2항 제1호의 종합신용정보집중기관에 다음 각 호의 어느 하나에 해당하는 체납자 또는 결손처분자의 인적사항·체납액 또는 결손처분액에 관한 자료(이하 이 조에서 "체납등 자료"라 한다)를 제공할 수 있다. 다만, 체납된 보험료나 부당이득금과 관련하여 행정심판 또는 행정소송이 계류 중인 경우, 제82조 제1항에 따라 분할납부를 승인받은 경우 중 대통령령으로 정하는 경우, 그 밖에 대통령령으로 정하는 사유가 있을 때에는 그러하지 아니하다.
> 1. 이 법에 따른 납부기한의 다음 날부터 (㉠)년이 지난 보험료 및 그에 따른 연체금과 체납처분비의 총액이 (㉡)만 원 이상인 자
> 2. 이 법에 따른 납부기한의 다음 날부터 (㉢)년이 지난 부당이득금 및 그에 따른 연체금과 체납처분비의 총액이 (㉣)억 원 이상인 자
> 3. 제84조에 따라 결손처분한 금액의 총액이 (㉤)만 원 이상인 자

① 803
② 807
③ 1,003
④ 1,007

제6회 고난도 모의고사

12 다음 사례의 ㉠~㉣ 중 옳지 않은 것은 모두 몇 개인가?

> 국민건강보험공단은 납부의무자 갑으로부터 보험료등을 징수하고자 한다. ㉠ 공단에서는 갑에게 징수하려는 보험료등의 종류, 납부 금액, 기한 및 장소를 적은 문서로 납입 고지를 하려고 한다. 그런데 갑이 납입 고지를 전자문서로 받고 싶다고 신청을 하자, 공단은 갑에게 전자문서로 고지하기로 하였고, ㉡ 대통령령으로 정한 바에 따라 전자문서 고지 절차를 진행하였다. ㉢ 공단은 갑이 지정한 전자우편주소에 전자문서를 입력한 뒤, 그것을 갑이 열어 보았을 때 납입 고지가 도달된 것으로 보았다. 한편, 갑은 지역가입자로서 갑이 속한 세대는 갑을 포함하여 3명의 지역가입자로 구성되어 있는데, ㉣ 갑에게 한 납입 고지는 세대 구성원인 다른 지역가입자 모두에게 효력이 있다.

① 1개
② 2개
③ 3개
④ 4개

13 보건복지부장관의 승인이 필요한 경우로 옳은 것을 [보기]에서 모두 고르면?

| 보기 |

ㄱ. 보험료를 3회 이상 체납한 자가 분할납부를 하려는 경우
ㄴ. 공단의 조직, 인사, 보수 및 회계에 관한 규정을 정하는 경우
ㄷ. 공단이 회계연도마다 예산안을 편성하여 의사회의 의결을 거치는 경우
ㄹ. 공단이 지출할 현금이 부족하여 1년 이상 장기로 현금을 차입하려는 경우
ㅁ. 보험료의 독촉을 받은 자가 그 납부기한까지 보험료를 내지 않아 국세 체납처분의 예에 따라 이를 징수하려는 경우
ㅂ. 「고등교육법」 제14조 제2항에 따른 교원 중 교수·부교수 및 조교수가 진료심사평가위원회 위원의 직무를 겸하려는 경우

① ㄱ, ㅁ
② ㄴ, ㄷ, ㅂ
③ ㄱ, ㄴ, ㄹ, ㅂ
④ ㄴ, ㄷ, ㄹ, ㅁ

14 다음 사례에 대한 설명으로 옳지 않은 것을 [보기]에서 모두 고르면?

> 건강보험심사평가원은 요양급여에 대한 의료의 질을 향상시키기 위하여 요양급여의 적정성 평가를 실시하였다. 평가 결과 요양기관 A의 요양급여비용을 감산하기로 결정하였고, 이 사실을 A와 공단에 통보하였다. A는 적정성 평가 결과가 부당하다고 여기고, 이의신청을 하기로 하였다.

| 보기 |
ㄱ. A가 이의신청을 하여야 하는 대상은 심사평가원이다.
ㄴ. A는 문서로 이의신청을 하여야 하며, 전자문서로 신청하는 것도 가능하다.
ㄷ. A는 이의신청을 위해 건강보험분쟁조정위원회에 심판청구서를 제출하여야 한다.
ㄹ. A는 정당한 사유가 없는 한 처분이 있는 날부터 90일 이내에 이의신청을 하여야 한다.

① ㄷ
② ㄱ, ㄴ
③ ㄷ, ㄹ
④ ㄴ, ㄷ, ㄹ

15 서류의 보존에 대한 내용으로 옳지 않은 것을 [보기]에서 모두 고르면?

| 보기 |
ㄱ. 사용자는 5년간 자격 관리 및 보험료 산정 등 건강보험에 관한 서류를 보존하여야 한다.
ㄴ. 요양기관은 요양급여가 끝난 날부터 5년간 요양급여 제공에 관한 서류를 보존하여야 한다.
ㄷ. 약국 등 보건복지부령으로 정하는 요양기관은 요양급여비용을 청구한 날부터 3년간 처방전을 보존하여야 한다.
ㄹ. 보조기기에 대한 보험급여를 청구한 자는 보험급여를 지급받은 날부터 3년간 보험급여 청구에 관한 서류를 보존하여야 한다.

① ㄱ, ㄴ
② ㄴ, ㄷ
③ ㄱ, ㄴ, ㄹ
④ ㄱ, ㄷ, ㄹ

16 다음 사례에 대한 설명으로 옳지 않은 것은?

> - 사례 1: 지역가입자인 갑이 납부기한까지 보험료를 내지 않자 공단은 갑에게 연체금을 부과하였다. 하지만 갑은 이 연체금마저도 납부하지 않아 납부기한의 다음 날부터 1년이 경과한 보험료와 연체금 총액이 1천만 원을 넘어섰다. 갑은 수백억 원대의 자산가로 납부능력이 있음에도 불구하고 보험료와 연체금을 체납한 것이 밝혀지자 공단은 갑의 인적사항과 체납액 등을 공개하려고 한다.
> - 사례 2: 요양기관 을은 관련 서류를 위조·변조하여 요양급여비용을 거짓으로 청구하여 보건복지부장관으로부터 1년의 업무정지 명령을 받았다. 을의 요양급여비용 총액은 5,000만 원이고 이 중 거짓으로 청구한 금액은 1,200만 원으로, 보건복지부장관은 을의 위반 행위, 처분 내용, 명칭, 주소 및 대표자 성명 등을 공표하려고 한다.

① 갑의 인적사항등에 대한 공개 여부를 심의하는 곳은 보험료정보공개심의위원회이고, 을의 위반사실에 대한 공표 여부를 심의하는 곳은 건강보험공표심의위원회이다.
② 공단은 관련 위원회의 심의를 거친 후 갑에게 공개대상자임을 서면으로 통지하여 소명의 기회를 부여하여야 하며, 보건복지부장관은 관련 위원회의 심의를 거친 후 을에게 공표대상자인 사실을 알려 소명자료를 제출하거나 출석하여 의견을 진술할 기회를 주어야 한다.
③ 공단은 갑에게 공개대상자임을 통지한 날부터 6개월이 경과한 후 체납액의 납부이행 등을 감안하여 갑의 인적사항등 공개 여부를 결정하고, 보건복지부장관은 관련 위원회가 을이 제출한 소명자료 또는 진술한 의견을 고려하여 공표대상자를 재심의한 후 을의 위반사실 공표 여부를 결정한다.
④ 갑이 인적사항등 공개대상자로 최종 선정된 경우에 갑의 인적사항등 공개는 관보에 게재하거나 공단 인터넷 홈페이지에 게시하는 방법에 따르고, 을이 위반사실 공표대상자로 최종 선정된 경우에 을의 위반사실 공표는 관보에 게재하거나 을의 인터넷 홈페이지에 게시하는 방법에 따른다.

17 다음 사례에 대한 설명으로 옳지 않은 것을 [보기]에서 모두 고르면? (단, 갑과 을은 「국민건강보험법」 제109조 제9항 단서의 적용을 받으며, 제시된 내용 외에는 고려하지 않는다)

- 사례 1: 갑은 한국에 체류하고 있는 독일 국적의 지역가입자로, 202X년 1월 15일에 지역가입자 자격을 취득하였다. 갑에게 202X년 4월 보험료로 31,000원이 부과되었고, 202X년 5월 보험료로 32,000원이 부과되었다.
- 사례 2: 을은 한국에 체류하고 있는 아르헨티나 국적의 지역가입자로, 202X년 3월 28일에 지역가입자 자격을 취득하였다. 을에게 202X년 4월 보험료로 23,000원이 부과되었고, 202X년 5월 보험료로 22,000원이 부과되었다.
- 사례 3: 병은 한국 국적의 지역가입자로, 피부양자였다가 202X년 2월 1일에 지역가입자 자격을 취득하였다. 병에게 202X년 4월 보험료로 56,000원이 부과되었고, 202X년 5월 보험료로 58,000원이 부과되었다.

| 보기 |

ㄱ. 갑은 202X년 4월 보험료 31,000원을 202X년 3월 25일까지 납부하여야 한다.
ㄴ. 을은 202X년 4월 보험료 23,000원을 공단이 정하는 바에 따라 납부하여야 한다.
ㄷ. 병은 202X년 5월 보험료 58,000원을 202X년 5월 25일까지 납부하여야 한다.
ㄹ. 갑과 병이 납부기한의 마지막 날에 보험료를 납부한다고 하면, 갑과 병이 202X년 4월에 납부하는 보험료의 합은 88,000원이다.

① ㄱ
② ㄴ, ㄷ
③ ㄷ, ㄹ
④ ㄱ, ㄷ, ㄹ

제6회 고난도 모의고사

18 다음 사례의 ㉠~㉢에 들어갈 말을 옳게 짝지은 것은?

> 의류 수입업체에서 근무하던 갑은 얼마 전 해고를 당하였다. 그는 보건복지부령으로 정하는 기간 동안 직장가입자로 가입해 있던 기간이 통산 (㉠) 이상이었기 때문에, 국민건강보험공단에 직장가입자로서의 자격 유지를 신청할 수 있었다. 그는 이 제도를 늦게 알아서, 지역가입자 보험료를 처음 고지받은 날부터 그 납부기한에서 (㉡)이 지나기 이전까지 신청해야 한다는 사실을 알고 놀랐다. 그의 최근 3개월간 보수월액 평균은 300만 원이었고, 최근 12개월간 보수월액 평균은 250만 원이었기에 이 제도에서 그의 보수월액은 (㉢)으로 한다.

	㉠	㉡	㉢
①	1년	2개월	250만 원
②	1년	3개월	300만 원
③	3년	2개월	300만 원
④	3년	3개월	250만 원

19 「국민건강보험법」상 국민건강보험공단이 출연금을 지급받는 대상으로 명시되지 않은 것을 [보기]에서 모두 고르면?

| 보기 |
ㄱ. 고용보험기금
ㄴ. 국민연금기금
ㄷ. 응급의료기금
ㄹ. 임금채권보장기금
ㅁ. 재난적의료비 지원금
ㅂ. 산업재해보상보험 및 예방기금

① ㄱ, ㄴ
② ㄷ, ㅁ
③ ㄷ, ㄹ, ㅁ
④ ㄱ, ㄴ, ㄹ, ㅂ

20 「국민건강보험법」상 금액 규정으로 옳지 않은 것은? (단, 제시된 내용 외에는 고려하지 않는다)

① 공단이 징수하거나 반환하여야 할 금액이 1건당 3천 원 미만일 경우 징수나 반환을 하지 않는다.
② 준요양기관이 요양비 명세서나 요양 명세를 적은 영수증을 요양을 받은 사람에게 내주지 않은 경우 500만 원 이하의 벌금에 처한다.
③ 건강보험사업을 수행하는 자가 아닌 사람이 보험계약 명칭에 국민건강보험이라는 용어를 사용할 경우 100만 원 이하의 과태료가 부과된다.
④ 체납자가 납부능력이 있음에도 불구하고 납부기한 다음 날부터 1년이 경과한 보험료, 연체금, 체납처분비의 총액이 1천만 원 이상이면 인적사항등이 공개될 수 있다.

제7회 고난도 모의고사

시험 시간: 20분

01 다음은 「국민건강보험법」의 일부이다. 조문의 ㉠~㉣에 들어갈 말을 옳게 짝지은 것은?

> 제1조(목적) 이 법은 국민의 질병·부상에 대한 예방·(㉠)·치료·재활과 (㉡) 및 건강증진에 대하여 (㉢)를 실시함으로써 (㉣) 향상과 사회보장 증진에 이바지함을 목적으로 한다.

	㉠	㉡	㉢	㉣
①	진단	출생·사망	요양급여	국민복지
②	진단	출산·사망	보험급여	국민보건
③	진찰	출산·사망	요양급여	국민보건
④	진찰	출생·사망	보험급여	국민복지

02 건강보험정책심의위원회의 의결 사항으로 옳지 않은 것을 [보기]에서 모두 고르면?

| 보기 |
ㄱ. 요양급여의 기준
ㄴ. 결손처분에 관한 사항
ㄷ. 직장가입자의 보험료율
ㄹ. 요양급여비용에 관한 사항
ㅁ. 재정운영위원회에 관한 사항
ㅂ. 종합계획 및 시행계획에 관한 사항

① ㄱ, ㄴ
② ㄷ, ㅁ
③ ㄴ, ㅁ, ㅂ
④ ㄱ, ㄷ, ㄹ, ㅂ

03 가입자 또는 피부양자 요건이 되는 사람을 [보기]에서 모두 고르면? (단, 제시된 내용 외에는 고려하지 않는다)

| 보기 |
- 갑: 「의료급여법」에 따라 의료급여를 받고 있다.
- 을: 본인은 소득 및 재산이 전혀 없어 직장가입자인 아내에게 생계를 의존하고 있다.
- 병: 본인과 아내가 소득 및 재산이 전혀 없어 직장가입자인 장인에게 생계를 의존하고 있다.
- 정: 지역가입자였다가 「독립유공자예우에 관한 법률」에 따라 의료보호를 받게 되었지만 국민건강보험공단에 건강보험의 적용배제신청을 하지 않았다.

① 을
② 갑, 을
③ 갑, 병
④ 을, 병, 정

04 국민건강보험공단이 자산의 관리·운영 및 증식사업을 위해 따라야 하는 방법으로 옳지 않은 것을 [보기]에서 모두 고르면 총 몇 개인가?

| 보기 |
ㄱ. 공단의 업무에 사용되는 부동산의 취득 및 전부 임대
ㄴ. 특별법에 따라 설립된 법인이 발행하는 유가증권의 매입
ㄷ. 체신관서 또는 「은행법」에 따른 은행에의 예입 또는 신탁
ㄹ. 국가·지방자치단체 또는 「은행법」에 따른 은행이 직접 발행하거나 채무이행을 보증하는 유가증권의 매입
ㅁ. 「자본시장과 금융투자업에 관한 법률」에 따른 신탁업자가 발행하거나 같은 법에 따른 집합투자업자가 발행하는 유가증권의 매입

① 2개
② 3개
③ 4개
④ 5개

제7회 고난도 모의고사

05 다음은 국민건강보험공단 임원인 갑~정의 대화이다. 대화에 따를 때, 갑~정 중 이사장과 감사를 옳게 짝지은 것은?

- 갑: 안녕하세요. 저는 이번에 노인단체의 추천을 받아 임명된 임원입니다.
- 을: 반갑습니다. 저는 정부 부처 장관의 제청을 거쳐 임명된 임원입니다.
- 병: 그렇습니까? 저 역시 정부 부처 장관의 제청을 거쳐 임명되었습니다. 제가 상임이사로 임명한 임원이 얼마 전 병원에 입원하여 병문안을 다녀오는 길입니다.
- 정: 저는 보험료와 징수금의 부과·징수, 징수위탁근거법에 따라 위탁받은 업무를 담당하느라 너무 바빠서 병문안을 다녀올 겨를도 없습니다.

	이사장	감사		이사장	감사
①	을	갑	②	을	정
③	병	을	④	병	갑

06 다음은 「국민건강보험법」의 일부이다. 조문의 ㉠~㉣에 들어갈 말 중 그 용어가 다른 하나는?

제41조(요양급여) ④ 보건복지부장관은 제3항에 따라 요양급여의 기준을 정할 때 업무나 일상생활에 지장이 없는 질환에 대한 치료 등 (㉠)으로 정하는 사항은 요양급여대상에서 제외되는 사항(이하 "비급여대상"이라 한다)으로 정할 수 있다.

제41조의4(선별급여) ① 요양급여를 결정함에 있어 경제성 또는 치료효과성 등이 불확실하여 그 검증을 위하여 추가적인 근거가 필요하거나, 경제성이 낮아도 가입자와 피부양자의 건강회복에 잠재적 이득이 있는 등 (㉡)으로 정하는 경우에는 예비적인 요양급여인 선별급여로 지정하여 실시할 수 있다.

제41조의5(방문요양급여) 가입자 또는 피부양자가 질병이나 부상으로 거동이 불편한 경우 등 (㉢)으로 정하는 사유에 해당하는 경우에는 가입자 또는 피부양자를 직접 방문하여 제41조에 따른 요양급여를 실시할 수 있다.

제47조(요양급여비용의 청구와 지급 등) ⑥ 공단은 심사평가원이 제47조의4에 따라 요양급여의 적정성을 평가하여 공단에 통보하면 그 평가 결과에 따라 요양급여비용을 가산하거나 감액 조정하여 지급한다. 이 경우 평가 결과에 따라 요양급여비용을 가산하거나 감액하여 지급하는 기준은 (㉣)으로 정한다.

① ㉠ ② ㉡ ③ ㉢ ④ ㉣

07 다음 사례에 대한 설명으로 옳은 것은? (단, 제시된 내용 외에는 고려하지 않는다)

> 사업장 A의 사용자 갑은 A의 직원 을의 보수월액보험료를 대통령령으로 정하는 기간 이상 체납하였다. 갑이 을의 보수월액보험료를 체납한 것에 대해서는 을에게 귀책사유가 있는 것으로 밝혀졌다. 현재 을의 월별 보수월액보험료의 총체납횟수는 대통령령으로 정하는 횟수 이상이다. 을의 피부양자로는 아내 병이 있는데, 을과 병의 소득·재산 등은 모두 대통령령으로 정하는 기준 이상이다.

① 공단은 을의 보수월액보험료가 완납될 때까지 갑에 대해서만 보험급여를 실시하지 않을 수 있다.
② 공단은 을의 보수월액보험료가 완납될 때까지 을에 대해서만 보험급여를 실시하지 않을 수 있다.
③ 공단은 을의 보수월액보험료가 완납될 때까지 을과 병에 대해서만 보험급여를 실시하지 않을 수 있다.
④ 공단은 을의 보수월액보험료가 완납될 때까지 갑, 을, 병에 대해서 보험급여를 실시하지 않을 수 있다.

08 다음 사례에 대한 설명으로 옳지 않은 것을 [보기]에서 모두 고르면?

> 갑은 의료기관을 개설할 수 없음에도 의료인의 면허를 대여받아 의료기관 A를 개설하여 운영하였다. 이에 공단은 A가 부당한 방법으로 보험급여 비용을 받아 온 것에 대하여 보험급여 비용에 상당하는 금액을 징수하기로 하였다. 이때, 공단은 갑에게 A와 연대하여 해당 징수금을 납부하게 하였는데, 갑은 이 징수금마저도 전액 체납한 상태이다. 갑이 납입 고지 문서에 기재된 다음 날부터 1년을 경과하여 체납한 징수금은 1억 원 이상이다. 현재 갑이 체납한 징수금과 관련하여 이의신청이나 심판청구는 제기되지 않았고, 행정소송이 계류 중이거나 그 밖에 대통령령으로 정하는 사유가 있는 것도 아니다. 이에 공단은 갑이 체납한 징수금과 관련하여 인적사항등을 공개하고자 한다.

─| 보기 |─
ㄱ. 갑의 인적사항등의 공개 여부를 심의하는 곳은 공단에 설치된 부당이득징수금체납정보공개심의위원회로, 부당이득징수금체납정보공개심의위원회의 구성·운영 등에 필요한 사항은 보건복지부령으로 정한다.
ㄴ. 부당이득징수금체납정보공개심의위원회의 심의 후 공단은 갑에게 인적사항등의 공개 대상자임을 서면으로 통지하여야 하며, 이때 공단은 필요에 따라 갑에게 소명의 기회를 부여할 수 있다.
ㄷ. 공단은 갑에게 인적사항등의 공개대상자임을 통지한 날부터 6개월이 경과한 후 갑의 납부이행 등을 고려하여 공개대상 여부를 결정한다.
ㄹ. 갑의 인적사항등을 공개하기로 최종 결정한 경우, 갑의 인적사항등의 공개는 관보에 게재하거나 공단 인터넷 홈페이지에 게시하는 방법으로 한다.

① ㄱ, ㄴ
② ㄴ, ㄷ
③ ㄷ, ㄹ
④ ㄱ, ㄴ, ㄹ

09 「국민건강보험법」상 심사평가원에서 관하여 준용되는 조문으로 옳은 것을 [보기]에서 모두 고르면? (단, 준용 시 '공단'은 '심사평가원'으로, '이사장'은 '원장'으로 본다)

| 보기 |
ㄱ. 공단은 회계연도마다 결산보고서와 사업보고서를 작성하여 다음해 2월 말일까지 보건복지부장관에게 보고하여야 한다.
ㄴ. 공단에 관하여 이 법과 「공공기관의 운영에 관한 법률」에서 정한 사항 외에는 「민법」 중 재단법인에 관한 규정을 준용한다.
ㄷ. 공단은 특정인을 위하여 업무를 제공하거나 공단 시설을 이용하게 할 경우 공단의 정관으로 정하는 바에 따라 그 업무의 제공 또는 시설의 이용에 대한 수수료와 사용료를 징수할 수 있다.
ㄹ. 공단은 「재난적의료비 지원에 관한 법률」에 따른 재난적의료비 지원사업에 사용되는 비용에 충당하기 위하여 매년 예산의 범위에서 출연할 수 있다. 이 경우 출연 금액의 상한 등에 필요한 사항은 대통령령으로 정한다.
ㅁ. 이사장이 부득이한 사유로 그 직무를 수행할 수 없을 때에는 정관으로 정하는 바에 따라 상임이사 중 1명이 그 직무를 대행하고, 상임이사가 없거나 그 직무를 대행할 수 없을 때에는 정관으로 정하는 임원이 그 직무를 대행한다.

① ㄱ, ㄴ   ② ㄷ, ㄹ   ③ ㄱ, ㄹ, ㅁ   ④ ㄱ, ㄴ, ㄷ, ㅁ

10 가입자가 부담하는 월 보험료액이 가장 큰 사람을 [보기]에서 고르면? (단, 직장가입자와 지역가입자의 보험료율은 7.09%, 재산보험료부과점수당 금액은 208.4원이고, 보수 외 소득월액 산정 시 대통령령으로 정하는 금액은 2,000만 원이다)

| 보기 |
- 갑: 1인으로 구성된 세대의 지역가입자로, 재산보험료부과점수는 300점이고, 소득은 따로 없다.
- 을: 공무원으로, 보수월액은 200만 원이고, 보수 외 소득은 없다.
- 병: 근로자로, 보수월액은 140만 원이고, 보수 외 소득은 연 1,000만 원이다.
- 정: 사립학교 직원으로, 보수월액은 100만 원이고, 보수 외 소득은 월 140만 원이다.

① 갑   ② 을   ③ 병   ④ 정

제7회 고난도 모의고사

11 다음은 국민건강보험공단 직원 간의 대화이다. 대화의 ㉠~㉣ 중 옳지 않은 것은 총 몇 개인가?

> - 갑: 납입 고지를 하였음에도 홍길동 씨의 보수월액보험료가 납부되지 않고 있어서 독촉 절차를 진행하려고 합니다.
> - 을: 그렇다면 ㉠ <u>15일 이상의 납부기한을 정해서 독촉장을 발부하여야겠군요.</u>
> - 갑: 홍길동 씨는 직장가입자인데 사업장의 사용자가 3명이라고 합니다.
> - 을: 그런 경우에는 ㉡ <u>1명에게만 독촉하여도 나머지 2명에게까지 효력이 미칩니다.</u>
> - 갑: 만약 독촉을 하여도 납부기한까지 보험료를 내지 않으면 어떻게 하나요?
> - 을: ㉢ <u>국세 체납처분의 예에 따라 징수할 수 있습니다.</u>
> - 갑: 이때 따로 승인이 필요한가요?
> - 을: 네, ㉣ <u>보건복지부장관의 승인을 받아야 합니다.</u>

① 1개　　　② 2개　　　③ 3개　　　④ 4개

12 다음 사례에 대한 설명으로 옳은 것은?

> 의료기기업체 A의 사용자인 갑은 대통령령으로 정하는 사유에 해당되어 직장가입자가 될 수 없는 을을 국민건강보험공단에 직장가입자라고 거짓으로 신고하였다. 원래 지역가입자였던 을은 월 5만 원의 건강보험료를 부담하여야 했는데, 직장가입자로 신고된 이후 을에게 부과된 월 보험료액은 4만 원으로 내려갔다. 을이 직장가입자로 처리되기 시작한 지 2개월 뒤 공단은 이 사실을 알고 갑에 대한 가산금 부과·징수를 검토 중이다.

① 갑에게 가산금을 부과하게 된다면 그 액수는 1천 원에 상당하는 금액이다.
② 공단이 갑에게 가산금을 징수할 권리를 1년 동안 행사하지 않으면 그 권리는 소멸한다.
③ 갑에게 가산금이 부과되었지만 납부 능력이 없는 경우 A의 무한책임사원이나 과점주주가 납부의무를 진다.
④ 갑에게 부과되는 가산금이 대통령령에 따라 소액이라고 인정되는 경우 공단은 갑으로부터 가산금을 징수하지 않을 수 있다.

13 다음 사례에 대한 설명으로 옳지 않은 것은?

> - 사례 1: 치료재료 수입업자 갑은 최근 치료재료 A를 수입하게 되었다. A는 요양급여대상 또는 비급여대상으로 결정되지 않은 상태인데, 갑은 보건복지부장관에게 A에 대하여 요양급여대상 여부의 결정을 신청하여야 할지 고민 중이다.
> - 사례 2: 약제 제조업자 을은 최근 약제 B를 제조하게 되었다. B는 요양급여대상에 포함되지 않은 상태였기 때문에 을은 보건복지부장관에게 B에 대하여 요양급여대상 여부의 결정을 신청하려고 준비하고 있다.

① 갑이 A에 대한 요양급여대상 여부의 결정을 신청한다면, 보건복지부장관은 정당한 사유가 없는 경우 보건복지부령으로 정하는 기간 이내에 A의 요양급여대상 또는 비급여대상의 여부를 결정하여 갑에게 통보하여야 한다.
② 갑이 A에 대한 요양급여대상 여부의 결정을 신청하지 않기로 하고, A가 요양급여대상 또는 비급여대상으로 결정되지 않은 상태에서 요양기관이 속임수로 A를 가입자에게 사용하고 비용을 부담시켰다면, 보건복지부장관은 그 요양기관에 대하여 1년의 범위에서 기간을 정하여 업무정지를 명할 수 있다.
③ 보건복지부장관은 B가 환자의 진료상 반드시 필요하다고 보건복지부령으로 정하는 경우 해당한다면, 을이 B에 대한 요양급여대상 여부의 결정을 신청하기 전이라도 직권으로 B를 요양급여대상으로 결정할 수 있다.
④ 을이 B에 대한 요양급여대상 여부의 결정을 신청하고 보건복지부장관이 B를 요양급여대상으로 결정하여 고시하였다면, 을은 B에 대하여 보건복지부령으로 정하는 바에 따라 요양급여대상 여부, 범위, 요양급여비용 상한금액 등을 조정할 수 있다.

14 「국민건강보험법」상 자료의 제공에 대한 설명으로 옳지 않은 것을 [보기]에서 모두 고르면?

| 보기 |
ㄱ. 심사평가원은 요양급여비용의 심사를 위하여 요양기관에 진료기록을 제공하도록 요청할 수 있다.
ㄴ. 공단은 징수위탁근거법에 따라 위탁받은 업무 수행에 한해 타 기관에 자료를 제공하도록 요청할 수 있다.
ㄷ. 공단 또는 심사평가원은 국가, 지방자치단체에 자료의 제공을 요청하는 경우 자료제공 요청서를 발송하여야 한다.
ㄹ. 보건복지부장관은 관계 행정기관의 장에게 약제에 대한 요양급여비용 상한금액의 감액 및 요양급여의 적용 정지를 위하여 필요한 자료를 제공하도록 요청할 수 있다.

① ㄱ, ㄴ
② ㄴ, ㄷ
③ ㄴ, ㄹ
④ ㄷ, ㄹ

15 다음 사례에 따를 때 옳지 않은 것은?

> 보건복지부장관은 「약사법」 제47조 제2항 위반에 두 번이나 관련된 약제 A에 대하여 요양급여비용 상한금액의 일부를 두 차례 감액하였다. 그런데 마지막으로 감액된 날부터 5년의 범위에서 대통령령으로 정하는 기간 내에 또다시 A가 「약사법」 제47조 제2항 위반과 관련된 사실이 드러났다. 이에 보건복지부장관은 A에 대하여 요양급여의 적용을 정지하려고 하였으나, 이에 갈음하여 과징금을 부과하기로 결정하였다. 이에 과징금 액수를 산정하던 중 A에 대한 요양급여비용 총액이 2,000만 원이라는 내용을 보고받았다.

① A에 대한 요양급여 적용 정지가 환자 진료에 불편을 초래하는 등 공공복리에 지장을 줄 것으로 예상되는 때에는 4,000만 원을 넘지 않는 범위에서 과징금을 부과할 수 있다.

② A에 대한 요양급여 적용 정지가 국민 건강에 심각한 위험을 초래할 것이 예상되는 등 특별한 사유가 있다고 인정되는 때에는 1,200만 원을 넘지 않는 범위에서 과징금을 부과할 수 있다.

③ A에 대한 요양급여 적용 정지가 환자 진료에 불편을 초래하는 등 공공복리에 지장을 줄 것으로 예상되어 과징금을 부과하였으나, 5년의 범위에서 대통령령으로 정한 기간 내에 다시 동일한 사유로 과징금 부과 대상이 되고 요양급여비용 총액도 이전과 동일한 경우, 7,000만 원을 넘지 않는 범위에서 과징금을 부과할 수 있다.

④ A에 대한 요양급여 적용 정지가 국민 건강에 심각한 위험을 초래할 것이 예상되는 등 특별한 사유가 있다고 인정되어 과징금을 부과하였으나, 5년의 범위에서 대통령령으로 정한 기간 내에 다시 동일한 사유로 과징금 부과 대상이 되고 요양급여비용 총액도 이전과 동일한 경우, 3,000만 원을 넘지 않는 범위에서 과징금을 부과할 수 있다.

제7회 고난도 모의고사

16 다음 사례에서 위반사실 공표 대상에 해당할 수 있는 요양기관을 모두 고르면?

최근 요양기관들의 법 위반 사례가 자주 적발되어 이들 기관에서 도덕적 해이가 일어난 것은 아닌지 논란이 일고 있다. 올해 서류의 위조 혹은 변조 등을 통하여 요양급여비용을 거짓으로 청구하여 업무정지 처분을 받은 요양기관은 갑~정으로, 그 위반행위의 동기, 정도, 횟수, 결과 등을 고려하였을 때도 사회적으로 심각한 수준인 것으로 나타났다. 이들 요양기관의 거짓청구금액과 요양급여비용 총액은 다음과 같다.

구분	갑	을	병	정
거짓청구금액	1,500만 원	1,000만 원	1,200만 원	2,400만 원
요양급여비용 총액	1억 5,000만 원	5,000만 원	7,000만 원	3억 6,000만 원

① 정
② 갑, 정
③ 을, 병
④ 갑, 을, 정

17 「국민건강보험법」상 제조업자등에 대한 설명으로 옳지 않은 것을 [보기]에서 모두 고르면?

| 보기 |
ㄱ. 제조업자등은 약제·치료재료와 관련하여 요양급여대상 여부를 결정하거나 요양급여비용을 산정할 때에 보건복지부, 공단 또는 심사평가원에 거짓 자료를 제출하여 보험자·가입자 및 피부양자에게 손실을 주어서는 안 된다.
ㄴ. 공단은 제조업자등으로부터 징수한 손실 상당액 중 가입자 및 피부양자의 손실에 해당되는 금액을 그 가입자나 피부양자에게 지급하여야 하며, 이 경우 공단은 가입자나 피부양자에게 지급하여야 하는 금액을 그 가입자 및 피부양자가 내야 하는 보험료등과 상계하여서는 안 된다.
ㄷ. 공단은 제조업자등이 속임수나 보건복지부령으로 정하는 부당한 방법으로 요양급여대상 여부의 결정과 요양급여비용의 산정에 영향을 미치는 행위를 하여 보험자·가입자 및 피부양자에게 손실을 준 사실이 있는지 여부를 확인하기 위하여 그 제조업자등에게 관련 서류의 제출을 명할 수 있다.
ㄹ. 제조업자등이 약제·치료재료의 요양급여비용을 산정할 때에 속임수나 그 밖의 부당한 방법으로 보험자·가입자 및 피부양자에게 요양급여비용을 부담하게 한 요양기관의 행위에 개입하여 보험자·가입자 및 피부양자에게 손실을 준 경우 공단은 그 제조업자등에 대하여 손실 상당액을 징수한다.

① ㄴ
② ㄱ, ㄹ
③ ㄴ, ㄷ
④ ㄴ, ㄷ, ㄹ

제7회 고난도 모의고사

18 「국민건강보험법」의 외국인 등에 대한 특례상 옳지 않은 것을 [보기]에서 모두 고르면?

| 보기 |
ㄱ. 일본 정부가 사용자인 사업장에서 근로자로 일하고 있는 갑의 건강보험에 관하여는 일본 정부와 한 합의에 따라 따로 정할 수 있다.
ㄴ. 국내체류 재외국민 을이 202X년 3월 5일에 지역가입자 자격을 취득하고 202X년 3월 25일에 보건복지부장관이 고시하는 사유로 지역가입자 자격을 상실한 경우, 을에게는 202X년 3월의 보험료를 부과할 수 없다.
ㄷ. 국내체류 미국인 병이 미국의 보험에 따라 요양급여에 상당하는 의료보장을 받을 수 있다는 사실을 알게 된 병의 사용자 정이 보건복지부령으로 정하는 바에 따라 병에 대해 가입 제외 신청을 한 경우 병은 가입자가 될 수 없다.

① ㄱ
② ㄴ
③ ㄱ, ㄷ
④ ㄴ, ㄷ

19 국민건강보험공단의 업무 위탁에 대한 설명으로 옳은 것은?

① 공단은 보험급여비용의 지급에 관한 업무를 체신관서, 금융기관 또는 그 밖의 자에게 위탁할 수 있다.
② 공단은 징수위탁보험료등의 수납 또는 그 납부의 확인에 관한 업무를 체신관서, 금융기관 또는 그 밖의 자에게 위탁할 수 없다.
③ 공단은 보험료 징수 업무를 국가기관, 지방자치단체 또는 다른 법령에 따른 사회보험 업무를 수행하는 법인이나 그 밖의 자에게 위탁할 수 있다.
④ 공단은 대통령령으로 정한 업무의 일부를 국가기관, 지방자치단체 또는 다른 법령에 따른 사회보험 업무를 수행하는 법인이나 그 밖의 자에게 위탁할 수 있다.

20 다음 사례에서 법인 A가 처해질 벌칙으로 옳은 것은?

> 대행청구단체 법인 A의 종사자인 갑은 최근 부정한 방법으로 요양급여비용을 청구하였다. 법인 A에서는 몇 년 전부터 직원들의 해당 위반행위를 방지하기 위하여 감독 시스템을 구축해야 하는 것이 아니냐는 의견이 종종 제기되었지만, 실제로 직원들의 업무에 관하여 주의를 기울이거나 감독을 하지는 못해 왔다.

① 3년 이하의 징역
② 2천만 원 이하의 벌금
③ 3천만 원 이하의 벌금
④ 1년 이하의 징역 또는 1천만 원 이하의 벌금

공알리오 국민건강보험공단 국민건강보험법

부록 1
헷갈림 방지 노트

1. 직장가입자와 지역가입자
2. 가입자 자격의 취득·변동·상실 시기
3. 국민건강보험공단과 건강보험심사평가원
4. 국민건강보험공단의 정관과 설립등기
5. 위원회
6. 가산금과 연체금
7. 분할납부
8. 인적사항등 공개와 위반사실 공표
9. 벌칙
10. 과태료
11. 기간과 기한
12. 금액과 비율

1 직장가입자와 지역가입자

구분	직장가입자	지역가입자
대상	• 사업장의 근로자와 사용자 • 공무원 • 교직원	직장가입자와 피부양자를 제외한 자
보험료 산정 및 부담	• 보수월액보험료와 보수 외 소득월액보험료로 구성 • 보수월액보험료는 가입자가 50%만 부담 • 보수 외 소득월액보험료는 가입자가 100% 부담	• 소득과 재산을 구분하여 산정한 금액을 합산 • 세대 단위로 산정 • 가입자가 속한 세대의 지역가입자 전원이 연대하여 부담
보험료 계산	• 보수월액보험료＝보수월액×보험료율 • 보수 외 소득월액보험료＝보수 외 소득월액×보험료율	• 소득: 소득월액×보험료율 • 재산: 재산보험료부과점수×재산보험료부과점수당 금액

※ 피부양자는 직장가입자에게 주로 생계를 의존하는 자 중 일정 요건에 부합하는 자

2 가입자 자격의 취득·변동·상실 시기

구분	당일	다음 날
취득	• 국내 거주 • 수급권자 대상자에서 제외 • 피부양자 자격 잃음 • 유공자등 의료보호대상자에서 제외 • 유공자등 의료보호대상자가 건강보험 적용 신청	—
변동	• 지역가입자가 사용자, 근로자, 공무원, 교직원이 됨 • 직장가입자가 다른 사업장의 사용자, 근로자가 됨 • 지역가입자가 다른 세대로 전입	• 근로자, 공무원, 교직원이 사용관계가 끝남 • 사업장에 휴업, 폐업 등의 사유가 발생함
상실	• 피부양자가 됨 • 수급권자가 됨 • 유공자등 의료보호대상자가 되어 건강보험 적용배제 신청	• 사망 • 국적 잃음 • 국내에 거주하지 않게 됨

3 국민건강보험공단과 건강보험심사평가원

구분	공단	심사평가원
주요 업무	• 가입자 및 피부양자의 자격 관리 • 보험료와 그 밖에 이 법에 따른 징수금의 부과·징수 • 보험급여의 관리 • 가입자 및 피부양자의 질병의 조기발견·예방 및 건강관리를 위하여 요양급여 실시 현황과 건강검진 결과 등을 활용하여 실시하는 예방사업으로서 대통령령으로 정하는 사업 • 보험급여 비용의 지급 등	• 요양급여비용의 심사 • 요양급여의 적정성 평가 • 심사기준 및 평가기준의 개발 • 위 3개 업무 관련 조사연구 및 국제협력 • 다른 법률에 따라 지급되는 급여비용의 심사 또는 의료의 적정성 평가에 관하여 위탁받은 업무 등
임원 구성	• 이사장 1명, 이사 14명, 감사 1명 • 이사장, 이사 중 5명, 감사는 상임	• 원장, 이사 15명, 감사 1명 • 원장, 이사 중 4명, 감사는 상임
임원 임기	• 이사장 3년 • 이사(공무원 이사 제외)와 감사는 각각 2년	• 원장 3년 • 이사(공무원 이사 제외)와 감사는 각각 2년
성립 및 해산	• 주된 사무소의 소재지에서 설립등기를 함으로써 성립 • 해산은 법률로 정함	

4 국민건강보험공단의 정관과 설립등기

구분	정관	설립등기
필수 기재 사항	• 목적, 명칭, 사무소의 소재지 • 임직원, 이사회 운영 • 재정운영위원회 • 보험료 및 보험급여 • 예산 및 결산, 자산 및 회계 • 업무와 그 집행 • 정관 변경, 공고	• 목적, 명칭, 주된 사무소 및 분사무소의 소재지 • 이사장의 성명·주소·주민등록번호
변경 시	보건복지부장관의 인가 필요	—

5 위원회

구분	소속 (설치·운영 주체)	위원 구성	위원 임기
건강보험정책심의위원회	보건복지부장관	위원장 1명, 부위원장 1명 포함 총 25명	원칙상 3년 (공무원 위원 제외)
징수이사추천위원회	공단	• 위원은 공단 이사 • 위원장은 공단 이사장 지명 이사	—
재정운영위원회	공단	• 직장가입자 대표 10명 • 지역가입자 대표 10명 • 공익 대표 10명	원칙상 2년 (공무원 위원 제외)
부당이득징수금체납정보공개심의위원회	공단	—	—
진료심사평가위원회	심사평가원	• 위원장 포함 90명 이내 상근 심사위원 • 1천 명 이내 비상근 심사위원	—
보험료정보공개심의위원회	공단	—	—
건강보험분쟁조정위원회	보건복지부	• 위원장 포함 60명 이내 • 위원장을 제외한 위원 중 1명은 당연직위원 • 공무원이 아닌 위원이 전체 위원의 과반수	—
건강보험공표심의위원회	보건복지부장관	—	—

6 가산금과 연체금

구분	가산금	연체금
개념	사용자가 직장가입자가 될 수 없는 자를 거짓으로 보험자에게 직장가입자로 신고한 경우 공단이 사용자에게 부과·징수하는 것	납부의무자가 납부기한까지 보험료등을 내지 아니하면 그 납부기한이 지난 날부터 매 1일 단위로 계산하여 부과·징수하는 것
금액 계산	가산금＝{(직장가입자로 처리된 기간 동안 원래 부담해야 했던 보험료 총액) －(같은 기간 동안 직장가입자로 부과된 보험료 총액)} $\times \frac{10}{100}$에 상당하는 금액	• 보험료 또는 보험급여 제한 기간 중 받은 보험급여에 대한 징수금 체납 시 연체금 – 1~30일: 체납금액$\times \frac{1}{1,500} \times$체납일 – 31~210일: 체납금액$\times \frac{1}{6,000} \times$30일을 초과한 체납일 • 그 외 징수금 체납 시 연체금 – 1~30일: 체납금액$\times \frac{1}{1,000} \times$체납일 – 31~210일: 체납금액$\times \frac{1}{3,000} \times$30일을 초과한 체납일

7 분할납부

구분	내용
보험료 분할납부	• 공단은 보험료를 3회 이상 체납한 자의 신청 시 분할납부 승인 가능 • 단, 분할납부 보험료를 5회(분할납부 횟수가 5회 미만인 경우는 해당 분할납부 횟수) 이상 체납하면 분할납부 승인 취소 • 체납 보험료의 분할납부 승인을 받고 1회 이상 냈다면 보험급여를 할 수 있지만, 5회(분할납부 횟수가 5회 미만인 경우는 해당 분할납부 횟수) 이상 내지 않은 경우에는 그렇지 않음
과징금 분할납부	• 업무정지 처분을 갈음하는 과징금의 경우 보건복지부장관이 12개월의 범위 안에서 분할납부를 하게 할 수 있음 • 요양급여 적용 정지를 갈음하는 과징금의 경우 보건복지부장관이 12개월의 범위 안에서 분할납부를 하게 할 수 있음

8 인적사항등 공개와 위반사실 공표

구분	인적사항등 공개		위반사실 공표
	부당이득 징수금 체납자	고액·상습 체납자	
적용 가능 대상	제57조 제2항 각 호의 어느 하나에 해당하는 자가 납부기한의 다음 날부터 1년이 경과한 징수금을 1억 원 이상 체납한 경우	납부기한의 다음 날부터 1년이 경과한 보험료, 연체금, 체납처분비 총액이 1,000만 원 이상인 체납자가 납부능력이 있음에도 체납한 경우	요양급여비용을 거짓으로 청구하여 업무정지 또는 과징금 처분을 받은 요양기관의 요양급여비용 거짓 청구 금액이 1,500만 원 이상이거나, 요양급여비용 총액 중 거짓 청구 금액이 20% 이상인 경우
적용 예외 대상	• 체납과 관련하여 이의신청, 심판청구가 제기되거나 행정소송이 계류 중인 경우 • 체납된 금액의 일부 납부 등 대통령령으로 정하는 사유		—
심의위원회	부당이득징수금체납정보 공개심의위원회	보험료정보공개 심의위원회	건강보험공표심의위원회
과정	심의 → 서면 통지, 소명기회 부여 → 6개월 경과 → 공개대상자 선정 → 관보 게재나 공단 홈페이지 게시		심의 → 소명자료 제출이나 의견 진술 기회 부여 → 재심의 → 공표대상자 선정

9 벌칙

구분	대상
5년 이하의 징역 또는 5천만 원 이하의 벌금	제102조 제1호를 위반하여 가입자 및 피부양자의 개인정보를 누설하거나 직무상 목적 외의 용도로 이용 또는 정당한 사유 없이 제3자에게 제공한 자
3년 이하의 징역 또는 3천만 원 이하의 벌금	• 대행청구단체의 종사자로서 거짓이나 그 밖의 부정한 방법으로 요양급여비용을 청구한 자 • 제102조 제2호를 위반하여 업무를 수행하면서 알게 된 정보를 누설하거나 직무상 목적 외의 용도로 이용 또는 제3자에게 제공한 자
3년 이하의 징역 또는 1천만 원 이하의 벌금	제96조의3 제3항을 위반하여 공동이용하는 전산정보자료를 같은 조 제1항에 따른 목적 외의 용도로 이용하거나 활용한 자
2년 이하의 징역 또는 2천만 원 이하의 벌금	거짓이나 그 밖의 부정한 방법으로 보험급여를 받거나 타인으로 하여금 보험급여를 받게 한 사람
1년 이하의 징역 또는 1천만 원 이하의 벌금	• 제42조의2 제1항 및 제3항을 위반하여 선별급여를 제공한 요양기관의 개설자 • 제47조 제7항을 위반하여 대행청구단체가 아닌 자로 하여금 대행하게 한 자 • 제93조를 위반한 사용자 • 제98조 제2항을 위반한 요양기관의 개설자
1천만 원 이하의 벌금	제97조 제2항을 위반하여 보고 또는 서류 제출을 하지 아니한 자, 거짓으로 보고하거나 거짓 서류를 제출한 자, 검사나 질문을 거부·방해 또는 기피한 자
500만 원 이하의 벌금	• 제42조 제5항을 위반한 자 • 제49조 제2항을 위반하여 요양비 명세서나 요양 명세를 적은 영수증을 내주지 아니한 자

10 과태료

구분	대상
500만 원 이하	• 제7조를 위반하여 신고를 하지 아니하거나 거짓으로 신고한 사용자 • 정당한 사유 없이 제94조 제1항을 위반하여 신고·서류제출을 하지 아니하거나 거짓으로 신고·서류제출을 한 자 • 정당한 사유 없이 제97조 제1항, 제3항, 제4항, 제5항을 위반하여 보고·서류제출을 하지 아니하거나 거짓으로 보고·서류제출을 한 자 • 제98조 제4항을 위반하여 행정처분을 받은 사실 또는 행정처분절차가 진행 중인 사실을 지체 없이 알리지 아니한 자 • 정당한 사유 없이 제101조 제2항을 위반하여 서류를 제출하지 아니하거나 거짓으로 제출한 자
100만 원 이하	• 제12조 제4항을 위반하여 정당한 사유 없이 건강보험증이나 신분증명서로 가입자 또는 피부양자의 본인 여부 및 그 자격을 확인하지 아니하고 요양급여를 실시한 자 • 제96조의4를 위반하여 서류를 보존하지 아니한 자 • 제103조에 따른 명령을 위반한 자 • 제105조를 위반한 자

11 기간과 기한

- **5년**마다 국민건강보험종합계획 수립, **매년** 그에 따른 시행계획 수립
- 고용기간이 **1개월 미만**인 일용근로자는 직장가입자에서 제외함
- 사업장의 휴업·폐업이나 가입자 자격 취득·변동·상실의 신고는 **14일** 이내에 해야 함
- 요양기관은 신고한 현황(요양급여비용의 증감에 관련된 사항만 해당)에 변경사항 발생 시 **15일** 이내에 심사평가원에 신고해야 함
- 요양급여비용에 관한 공단의 이사장과 의약계 대표자들의 계약은 **1년**을 계약기간으로 함
- 제57조 제2항 각 호의 어느 하나에 해당하여 징수금을 납부할 의무가 있는 자가 납부기한의 다음 날부터 **1년**이 경과한 징수금을 1억 원 이상 체납한 경우 인적사항등의 공개가 가능함
- 부당이득 징수금 체납 관련 인적사항등의 공개대상자에게 서면 통지를 보낸 후 **6개월**이 지난 후에 공개대상자를 선정함
- 보험료는 **다음 달 10일**까지 납부하여야 함
- 독촉할 때에는 **10~15일** 이내의 납부기한을 정하여 독촉장을 발부함
- 이의신청은 처분이 있음을 안 날로부터 **90일** 이내, 처분이 있은 날로부터 **180일** 이내에 해야 함
- 요양기관이 제48조에 따른 심사평가원의 확인에 대하여 이의신청을 하려면 통보받은 날부터 **30일** 이내에 해야 함
- 보험료·연체금·가산금을 징수할 권리, 보험료·연체금·가산금으로 과오납부한 금액을 환급받을 권리, 보험급여를 받을 권리, 보험급여 비용을 받을 권리, 과다납부된 본인일부부담금을 돌려받을 권리, 제61조에 따른 근로복지공단의 권리는 **3년** 동안 행사하지 아니하면 소멸시효가 완성됨
- 요양기관은 **5년**, 약국 등은 **3년**, 사용자는 **3년**, 준요양기관은 **3년**, 보조기기에 대한 요양급여를 청구한 자는 **3년** 동안 서류를 보존해야 함
- 임의계속가입자 자격은 최초로 지역가입자 보험료를 고지받은 날부터 그 납부기한에서 **2개월**이 지나기 이전까지 공단에 신청할 수 있음

12 금액과 비율

- 공단은 회계연도마다 결산상의 잉여금 중에서 그 연도의 보험급여에 든 비용의 100분의 5 이상에 상당하는 금액을 그 비용의 100분의 50에 이를 때까지 준비금으로 적립
- 「약사법」 제47조 제2항 위반 관련 약제에 대하여, 요양급여비용 상한금액의 100분의 20을 넘지 않는 범위에서 감액 가능
- 위 약제가 5년의 범위에서 대통령령으로 정하는 기간 내 다시 위반과 관련되면 요양급여비용 상한금액의 100분의 40을 넘지 않는 범위에서 감액 가능(대통령령으로 정하는 기간 내 또다시 위반과 관련되면 1년 범위에서 요양급여 적용 정지 가능)
- 직장가입자 보험료율은 1천분의 80 범위에서 심의위원회 의결을 거쳐 대통령령으로 정함
- 거짓으로 직장가입자 신고 시 사용자에게 '지역가입자로 부담해야 했던 보험료 총액 – 직장가입자로 부과된 보험료 총액'의 100분의 10에 상당하는 가산금 부과
- 공단은 납부기한의 다음 날부터 1년이 지난 보험료 및 그에 따른 연체금과 체납처분비의 총액이 500만 원 이상인 자, 납부기한의 다음 날부터 1년이 지난 부당이득금 및 그에 따른 연체금과 체납처분비의 총액이 1억 원 이상인 자, 결손처분한 금액의 총액이 500만 원 이상인 자에 관한 자료를 종합신용정보집중기관에 제공할 수 있음
- 납부능력이 있음에도 납부기한의 다음 날부터 1년이 경과한 보험료 등의 총액이 1천만 원 이상이면 고액·상습 체납자 인적사항 공개 대상자가 될 수 있음
- 보건복지부장관은 제98조 제1항 제1호 또는 제3호에 대하여 업무정지 처분에 갈음하여 속임수나 그 밖의 부당한 방법으로 부담하게 한 금액의 5배 이하를 요양기관에 과징금으로 부과·징수할 수 있음
- 보건복지부장관은 약제에 대한 요양급여 적용 정지 처분에 갈음하여 상황에 따라 요양급여비용 총액의 100분의 200 또는 100분의 60을 넘지 않는 범위에서 과징금을 부과·징수할 수 있음
- 위 약제가 5년의 범위에서 대통령령으로 정하는 기간 내 또 부과 대상이 된 경우 100분의 350 또는 100분의 100을 넘지 않는 범위에서 부과·징수 가능
- 요양기관이 거짓 청구한 요양급여비용이 1,500만 원 이상이거나 총액의 100분의 20 이상인 경우 위반사실 공표 대상이 될 수 있음
- 징수금이나 반환금이 1건당 2천 원 미만일 경우 징수나 반환을 하지 않음
- 매년 보험료 예상 수입의 100분의 14에 상당하는 금액을 국고에서 공단에 지원
- 요양비 명세서나 영수증을 주지 않으면 500만 원 이하의 벌금에 처함

공알리오 국민건강보험공단 국민건강보험법

부록 2
사례형 풀이 훈련

1 자격의 취득·변동·상실 시기
2 약제에 대한 요양급여비용 상한금액의 감액 등
3 보험료액
4 가산금
5 연체금
6 이의신청 및 심판청구 등
7 업무정지와 과징금
8 위반사실의 공표
9 국내체류 외국인등의 보험료
10 벌칙과 과태료

1 자격의 취득·변동·상실 시기

관련 조항
- ✓ 제8조(자격의 취득 시기 등)
- ✓ 제9조(자격의 변동 시기 등)
- ✓ 제10조(자격의 상실 시기 등)

예상 질문
- ✓ A의 가입자 자격의 취득/변동/상실 날짜는?
- ✓ A~D 중 가입자 자격의 취득/변동/상실 날짜가 다른 한 사람은?

체크 요소
- ✓ 변경 전 신분과 변경 후 신분이 무엇인지
- ✓ 자격의 취득, 변동, 상실 중 어디에 해당하는지
- ✓ 취득/변동/상실하는 날이 당일인지, 다음 날인지

풀이 훈련

01
직장가입자의 피부양자였던 A는 4월 1일 그 자격을 잃었다.

- 피부양자에서 가입자로 신분이 변경되었고, 자격의 취득에 해당한다.
- 직장가입자의 피부양자이었던 사람은 그 자격을 잃은 당일에 자격을 취득한다.
- A가 자격을 취득한 날은 4월 1일이다.

02
직장가입자였던 B는 4월 1일 퇴사를 하여 지역가입자가 되었다.

- 직장가입자에서 지역가입자로 신분이 변경되었고, 자격의 변동에 해당한다.
- 직장가입자인 근로자는 그 사용관계가 끝난 날의 다음 날에 자격이 변동된다.
- B의 자격이 변동된 날은 4월 2일이다.

03
지역가입자였던 C는 유공자등 의료보호대상자가 되어 4월 1일 건강보험의 적용배제신청을 하였다.

- 가입자에서 유공자등 의료보호대상자로 신분이 변경되었고, 자격의 상실에 해당한다.
- 건강보험을 적용받고 있던 사람이 유공자등 의료보호대상자가 되면 건강보험의 적용배제신청을 한 당일에 자격을 상실한다.
- C가 자격을 상실한 날은 4월 1일이다.

2 약제에 대한 요양급여비용 상한금액의 감액 등

관련 조항 ✓ 제41조의2(약제에 대한 요양급여비용 상한금액의 감액 등)

예상 질문 ✓ 「약사법」제47조 제2항의 위반과 관련된 약제 A에 대하여 취할 수 있는 제재는?
✓ 「약사법」제47조 제2항의 위반과 관련된 약제 A에 대하여 요양급여비용 상한금액을 감액할 수 있는 액수는?

체크 요소 ✓ 「약사법」제47조 제2항의 위반이 몇 번째인지
✓ 「약사법」제47조 제2항의 위반이 두 번째 이상이라면 그 직전 위반에 따라 감액된 날부터 시간이 얼마나 지났는지
✓ 제시된 조건에서 적용할 수 있는 조항은 무엇인지

풀이 훈련

01

2018년 1월 의약품공급자 갑이 약제 A의 판매촉진을 목적으로 약사에게 경제적 이익을 제공하여 「약사법」제47조 제2항을 위반함에 따라 약제 A에 대한 요양급여비용 상한금액이 감액되었다. 2022년 1월 의약품공급자 갑은 다시 약제 A의 판매촉진을 목적으로 의료인에게 경제적 이익을 제공하여 「약사법」제47조 제2항을 위반하였다. 이 두 번째 위반 직전 약제 A의 요양급여비용 상한금액은 1,000원이었다.

※ 5년의 범위에서 대통령령으로 정하는 기간은 5년으로 봄

- 「약사법」제47조 제2항 위반이 두 번째이고, 첫 번째로 요양급여비용 상한금액이 감액된 지 5년 이내이므로, 제41조의2 제2항을 적용할 수 있다.
- 요양급여비용 상한금액의 100분의 40을 넘지 않는 범위에서 요양급여비용 상한금액의 일부를 감액할 수 있으므로, 약제 A의 요양급여비용 상한금액을 600원까지 감액할 수 있다.

02

2018년 1월 약제 B는 「약사법」제47조 제2항 위반과 관련되어 요양급여비용 상한금액이 1,000원에서 800원으로 감액되었고, 2022년 1월 다시 「약사법」제47조 제2항 위반과 관련되어 요양급여비용 상한금액이 800원에서 480원으로 감액되었다. 그런데 2024년 1월 또다시 「약사법」제47조 제2항 위반과 관련되었다.

※ 5년의 범위에서 대통령령으로 정하는 기간은 5년으로 봄

- 「약사법」제47조 제2항 위반이 세 번째이고, 두 번째로 요양급여비용 상한금액이 감액된 지 5년 이내이므로, 제41조의2 제3항을 적용할 수 있다.
- 약제 B에 대하여 1년의 범위에서 기간을 정하여 요양급여의 적용을 정지할 수 있다.

3 보험료액

관련 조항
- ✓ 제69조(보험료)
- ✓ 제71조(소득월액)
- ✓ 제73조(보험료율 등)
- ✓ 제76조(보험료의 부담)

예상 질문
- ✓ A가 부담하는 월 보험료액은 얼마인가?
- ✓ A와 B가 부담하는 보수월액보험료의 합은 얼마인가?

체크 요소
- ✓ 직장가입자인지, 지역가입자인지
- ✓ 직장가입자라면 국외에서 업무에 종사하고 있는지
- ✓ 직장가입자라면 보수월액보험료와 보수 외 소득월액보험료가 얼마인지

📝 풀이 훈련

01
서울의 사립학교에서 직원으로 근무하는 A의 보수월액은 200만 원이고, 보수 외 소득은 연 3,200만 원이다.
※ 직장가입자의 보험료율은 7.09%이고, 보수 외 소득월액 산정 시 대통령령으로 정하는 금액은 2,000만 원이며, 보건복지부령으로 정하는 바에 따른 평가는 생략함

- A는 사립학교 직원이므로 직장가입자에 해당한다.
- 보수월액보험료는 2,000,000원×7.09%=141,800원인데, 이 중 50%는 사용자가 부담하므로 A가 부담하는 금액은 70,900원이다.
- 보수 외 소득월액은 (32,000,000원−20,000,000원)×1/12=1,000,000원이므로, 보수 외 소득월액보험료는 1,000,000원×7.09%=70,900원이다(엄밀히 말하면 보수 외 소득월액은 70,900원을 보건복지부령으로 정하는 바에 따라 평가하여 산정한 값임).
- A가 부담하는 월 보험료액은 70,900원+70,900원=141,800원이다.

02
국내 무역업체의 미국지사에서 근무하는 근로자 B의 보수월액은 400만 원이다.
※ 직장가입자의 보험료율은 7.09%임

- B는 근로자이므로 직장가입자에 해당한다.
- B는 국외에서 업무에 종사하고 있으므로 B에게 적용되는 보험료율은 7.09%의 절반인 3.545%이다.
- B의 보수월액보험료는 4,000,000원×3.545%=141,800원이고, 이 중 B가 부담하는 금액은 70,900원이다.

4 가산금

관련 조항 ✓ 제78조의2(가산금)

예상 질문 ✓ 공단이 사용자 A에게 부과하여 징수할 수 있는 가산금은 얼마에 상당하는 금액인가?

체크 요소 ✓ 직장가입자로 신고한 사람이 직장가입자로 처리된 기간 동안 원래 부담하여야 하는 보험료의 총액이 얼마인지
✓ 직장가입자로 처리된 기간 동안 공단이 해당 가입자에게 부과한 보험료의 총액이 얼마인지

📝 풀이 훈련

01

사용자 A는 대통령령으로 정하는 사유에 해당되어 직장가입자가 될 수 없는 B를 직장가입자라고 거짓으로 신고하였다. 기존에 지역가입자였던 B가 부담하여야 하는 월 보험료액은 10만 원인데, 직장가입자로 신고되면서 월 5만 원이 부과되었다. B가 직장가입자로 처리된 지 10개월 뒤에 이 사실을 알게 된 공단은 A에게 가산금을 부과하려고 한다.

- B가 직장가입자로 처리된 기간 동안 원래 부담하여야 하는 보험료 총액은 10만 원×10개월=100만 원이다.
- B가 직장가입자로 처리된 기간 동안 공단이 B에게 부과한 보험료 총액은 5만 원×10개월=50만 원이다.
- 사용자 A에게 부과되는 가산금은 (100만 원−50만 원)×$\frac{10}{100}$=5만 원에 상당하는 금액이다.

02

사용자 C는 대통령령으로 정하는 사유에 해당되어 직장가입자가 될 수 없는 D를 직장가입자라고 거짓으로 신고하였다. 기존에 지역가입자였던 D가 부담하여야 하는 월 보험료액은 20만 원인데, 직장가입자로 신고되면서 월 10만 원이 부과되었다. D가 직장가입자로 처리된 지 1년 3개월 뒤에 이 사실을 알게 된 공단은 C에게 가산금을 부과하려고 한다.

- D가 직장가입자로 처리된 기간 동안 원래 부담하여야 하는 보험료 총액은 20만 원×15개월=300만 원이다.
- D가 직장가입자로 처리된 기간 동안 공단이 D에게 부과한 보험료 총액은 10만 원×15개월=150만 원이다.
- 사용자 C에게 부과되는 가산금은 (300만 원−150만 원)×$\frac{10}{100}$=15만 원에 상당하는 금액이다.

5 연체금

관련 조항 ✓ 제80조(연체금)

예상 질문 ✓ 공단이 A에게 징수할 연체금은 얼마인가?

체크 요소 ✓ 제69조에 따른 보험료 또는 제53조 제3항에 따른 보험급여 제한 기간 중 받은 보험급여에 대한 징수금을 체납한 경우인지
✓ 보험료등의 체납 금액이 얼마인지
✓ 보험료등의 체납 기간이 얼마인지

풀이 훈련

01
지역가입자 A는 보험료 50만 원을 납부기한이 지난 날부터 60일간 체납하였다.

- 제69조에 따른 보험료를 체납한 경우로, 제80조 제1항 제1호와 같은 조 제2항 제1호를 적용하여 계산한다.
- 납부기한 경과 후 30일까지의 연체금은 $500,000원 \times \frac{1}{1,500} \times 30일 = 10,000원$이다.
- 납부기한 경과 후 31일부터 60일까지의 연체금은 $500,000원 \times \frac{1}{6,000} \times 30일 = 2,500원$이다.
- 공단이 A에게 징수할 연체금은 10,000원 + 2,500원 = 12,500원이다.

02
속임수로 보험급여를 받은 B는 공단으로부터 60만 원의 부당이득 징수금을 부과받았지만, 납부기한이 지난 날부터 50일간 체납하였다.

- 제57조 제1항에 따른 부당이득 징수금을 체납한 경우로, 제80조 제1항 제2호와 같은 조 제2항 제2호를 적용하여 계산한다.
- 납부기한 경과 후 30일까지의 연체금은 $600,000원 \times \frac{1}{1,000} \times 30일 = 18,000원$이다.
- 납부기한 경과 후 31일부터 50일까지의 연체금은 $600,000원 \times \frac{1}{3,000} \times 20일 = 4,000원$이다.
- 공단이 B에게 징수할 연체금은 18,000원 + 4,000원 = 22,000원이다.

6 이의신청 및 심판청구 등

관련 조항
- ✓ 제87조(이의신청)
- ✓ 제88조(심판청구)

예상 질문
- ✓ A가 이의신청을 할 수 있는 대상은?
- ✓ A가 이의신청을 할 수 있는 기한은?
- ✓ A의 구제 방법으로 적절한 것은?

체크 요소
- ✓ 이의신청을 해야 하는지, 심판청구를 해야 하는지
- ✓ 처분을 한 곳이 공단인지, 심사평가원인지(제48조에 따른 심사평가원의 확인에 대한 이의신청인지)
- ✓ 처분이 있은 날과 처분이 있음을 안 날이 언제인지

📝 풀이 훈련

01

2025년 1월 10일 A의 피부양자 자격에 대한 처분이 내려졌고, A는 2025년 1월 12일에 처분 내용을 알게 되었다. A는 이 처분 결과에 대해 이의신청을 하려고 한다.

- 피부양자의 자격에 대한 처분을 한 곳은 공단이므로, A는 공단에 이의신청을 할 수 있다.
- A는 처분이 있음을 안 날인 2025년 1월 12일부터 90일인 2025년 4월 12일 이내에 이의신청을 하여야 한다.
- 만약 A가 처분 내용을 나중에 알게 되었다고 하더라도 처분이 있은 날인 2025년 1월 10일부터 180일인 2025년 7월 9일이 지나면 이의를 제기하지 못한다.

02

요양기관 B는 요양급여의 적정성 평가에 관한 처분에 이의신청을 하였다. 2025년 1월 10일에 이의신청에 대한 결정이 내려졌고, B는 2025년 1월 12일에 결정 결과를 알게 되었다. B는 이 결정에 불복하여 다른 구제 절차를 진행하려고 한다.

- 이의신청에 대한 결정에 불복하는 경우이므로 심판청구를 할 수 있다.
- B는 심판청구서를 요양급여의 적정성 평가에 관한 처분을 한 심사평가원에 제출하거나 건강보험분쟁조정위원회에 제출하여야 한다.
- B는 이의신청에 대한 결정이 있음을 안 날인 2025년 1월 12일부터 90일인 2025년 4월 12일 이내에 심판청구를 하여야 한다.
- 만약 B가 결정 결과를 나중에 알게 되었다고 하더라도 이의신청에 대한 결정이 있은 날인 2025년 1월 10일부터 180일인 2025년 7월 9일이 지나면 심판을 청구하지 못한다.

7 업무정지와 과징금

관련 조항
- ✓ 제98조(업무정지)
- ✓ 제99조(과징금)

예상 질문
- ✓ 업무정지 처분을 갈음하여 과징금을 부과·징수할 수 있는 경우는?
- ✓ 제41조의2 제3항에 따른 약제의 요양급여 적용 정지를 갈음하여 과징금을 부과·징수하는 경우 과징금 금액의 범위는?

체크 요소
- ✓ 업무정지 처분의 근거 조항이 제98조 제1항 제1호, 제2호, 제3호 중 몇 호인지
- ✓ 과징금 부과·징수가 제98조 제1항 제1호 또는 제3호에 해당하는 업무정지 처분에 대한 갈음인지, 제41조의2 제3항에 따른 약제의 요양급여 적용 정지에 대한 갈음인지
- ✓ 제41조의2 제3항에 따른 약제의 요양급여 적용 정지에 대한 갈음인 경우 갈음하는 사유가 무엇인지

📝 풀이 훈련

01
요양기관 A가 부당한 방법으로 보험자·가입자 및 피부양자에게 요양급여비용을 부담하게 하였다.

- 제98조 제1항 제1호에 해당하므로, 보건복지부장관은 A에 대하여 1년의 범위에서 기간을 정하여 업무정지를 명할 수 있다.
- 만약 A에 대한 업무정지 처분이 A를 이용하는 사람에게 심한 불편을 주거나 보건복지부장관이 정하는 특별한 사유가 있다고 인정되면 업무정지 처분을 갈음하여 부당한 방법으로 부담하게 한 금액의 5배 이하의 금액을 과징금으로 부과·징수할 수 있다.

02
의약품공급자 갑은 약제 B에 대하여 「약사법」 제47조 제2항을 수차례 위반하여, 보건복지부장관은 「국민건강보험법」 제41조의2 제3항에 따라 약제 B를 요양급여에서 적용 정지하려고 한다. 약제 B에 대한 요양급여비용 총액은 1,000만 원이다.

- B를 요양급여에서 적용 정지하는 것이 환자 진료에 불편을 초래하는 등 공공복리에 지장을 줄 것으로 예상되는 때에는 요양급여비용 총액의 100분의 200인 2,000만 원을 넘지 않는 범위에서 요양급여의 적용 정지에 갈음하여 과징금을 부과·징수할 수 있다.
- B를 요양급여에서 적용 정지하는 것이 국민 건강에 심각한 위협을 초래할 것이 예상되는 등 특별한 사유가 있다고 인정되는 때에는 요양급여비용 총액의 100분의 60인 600만 원을 넘지 않는 범위에서 요양급여의 적용 정지에 갈음하여 과징금을 부과·징수할 수 있다.

8 위반사실의 공표

관련 조항
- ✓ 제100조(위반사실의 공표)

예상 질문
- ✓ 요양기관 A의 위반사실이 공표된 경우 A의 요양급여비용 총액 또는 A가 거짓으로 청구한 금액으로 가능한 것은?
- ✓ 위반사실 공표대상자를 선정하기까지 거쳐야 하는 절차는?

체크 요소
- ✓ 요양급여비용 총액 또는 거짓으로 청구한 금액이 얼마인지
- ✓ 건강보험공표심의위원회의 심의를 거쳤는지
- ✓ 공표대상자에게 공표대상자인 사실을 알려 소명자료를 제출하거나 출석하여 의견을 진술할 기회를 주었는지

풀이 훈련

01
요양기관 A는 관련 서류의 위조·변조로 요양급여비용 1,000만 원을 거짓으로 청구하여 업무정지 처분을 받고, 그 위반 행위, 처분 내용, 명칭·주소 및 대표자 성명, 그 밖에 다른 요양기관과의 구별에 필요한 사항으로서 대통령령으로 정하는 사항이 공표되었다.

- 위반사실의 공표대상이 되기 위해서는 거짓으로 청구한 금액이 1,500만 원 이상인 경우이거나 요양급여비용 총액 중 거짓으로 청구한 금액의 비율이 100분의 20 이상인 경우이어야 한다.
- A가 거짓으로 청구한 금액은 1,000만 원으로 1,500만 원 미만이므로, 요양급여비용 총액 중 거짓으로 청구한 금액의 비율이 100분의 20 이상일 것이다.
- A의 요양급여비용 총액은 $1,000$만 원 $\times \dfrac{100}{20} = 5,000$만 원 이하이다.

02
요양기관 B는 관련 서류의 위조·변조로 요양급여비용 2,000만 원을 거짓으로 청구하여 과징금 처분을 받았는데, 보건복지부장관은 B의 이러한 위반사실을 공표하려고 한다.

- 보건복지부장관은 건강보험공표심의위원회의 심의를 거친 B에게 공표대상자인 사실을 알려 소명자료를 제출하거나 출석하여 의견을 진술할 기회를 주어야 한다.
- 보건복지부장관은 공표심의위원회가 B에 의해 제출된 소명자료 또는 진술된 의견을 고려하여 공표대상자를 재심의한 후 공표대상자를 선정한다.

9 국내체류 외국인등의 보험료

관련 조항	✓ 제109조(외국인 등에 대한 특례)
예상 질문	✓ 국내체류 외국인 A가 X월에 지역가입자 자격을 취득하고 X월에 그 자격을 상실한 경우 해당 월의 보험료 부과·징수 여부는? ✓ 제109조 제9항 단서의 적용을 받는 국내체류 외국인 지역가입자 A의 보험료 납부기한은?
체크 요소	✓ 국내체류 외국인등이 취득하려는 자격이 직장가입자인지, 지역가입자인지 ✓ 국내체류 외국인등이 직장가입자/지역가입자/피부양자 요건을 갖추고 있는지 ✓ 국내체류 외국인등이 가입자 자격을 취득한 날이 언제인지

풀이 훈련

01
국내에 체류하고 있는 중국인 A는 202X년 3월 10일에 지역가입자 자격을 취득하고 202X년 3월 20일에 보건복지부장관이 고시하는 사유로 지역가입자 자격을 상실하였다.

- 가입자인 국내체류 외국인등이 매월 2일 이후 지역가입자의 자격을 취득하고 그 달에 보건복지부장관이 고시하는 사유로 자격을 상실한 경우에는 그 달의 보험료를 부과·징수한다.
- A는 202X년 3월에 지역가입자 자격을 취득하고 그 달에 바로 지역가입자 자격을 상실하였지만, 202X년 3월분 보험료를 부과받게 된다.

02
국내에 체류하고 있는 일본인 B는 202X년 3월 15일에 지역가입자 자격을 취득하였고, 202X년 4월 보험료로 5만 원을 부과받았다.
※ B는 제9항 단서의 적용을 받음

- 국내체류 외국인등(제109조 제9항 단서의 적용을 받는 사람에 한정)에 해당하는 지역가입자의 보험료는 그 직전 월 25일까지 납부하여야 한다.
- B의 202X년 4월 보험료 5만 원은 202X년 3월 25일까지 납부하여야 한다.
- 만약 B가 지역가입자 자격을 취득한 날이 202X년 3월 26~31일이라면 공단이 정하는 바에 따라 납부하여야 한다.

10 벌칙과 과태료

관련 조항
- ✓ 제115조(벌칙)
- ✓ 제117조(벌칙)
- ✓ 제119조(과태료)
- ✓ 제116조(벌칙)
- ✓ 제118조(양벌 규정)

예상 질문
- ✓ A~D 중 가장 무거운 벌칙을 받는 자는?
- ✓ A~D 중 벌금/과태료 금액이 다른 한 명은?

체크 요소
- ✓ 위반행위가 벌칙 규정에 해당하는지, 과태료 규정에 해당하는지
- ✓ 벌금/과태료 최대 액수가 얼마인지

📝 풀이 훈련

01
- 공단 직원 A는 가입자 및 피부양자의 개인정보를 누설하였다.
- 심사평가원 직원 B는 업무를 수행하면서 알게 된 가입자 및 피부양자의 개인정보 외 정보를 누설하였다.
- 대행청구단체 종사자 C는 거짓으로 요양급여비용을 청구하였다.
- 가입자 D는 부정한 방법을 사용하여 타인으로 하여금 보험급여를 받게 하였다.

- A는 5년 이하의 징역 또는 5천만 원 이하의 벌금에 처한다.
- B와 C는 3년 이하의 징역 또는 3천만 원 이하의 벌금에 처한다.
- D는 2년 이하의 징역 또는 2천만 원 이하의 벌금에 처한다.
- A~D 중에서 가장 무거운 벌칙을 받는 자는 A이다.

02
요양기관인 법인 A의 종사자 B는 제47조 제7항을 위반하여 대행청구단체가 아닌 자로 하여금 심사청구를 대행하게 하였다. A는 종사자들이 제47조 제7항을 위반하지 않도록 주의를 기울이거나 감독을 하는 등의 노력을 전혀 하지 않았다.

- B는 제115조 제5항 제2호에 해당하여 1년 이하의 징역 또는 1천만 원 이하의 벌금에 처한다.
- 법인의 대표자나 법인 또는 개인의 대리인, 사용인, 그 밖의 종사자가 그 법인 또는 개인의 업무에 관하여 위반행위를 하면 그 행위자를 벌하는 외에 그 법인 또는 개인에게도 해당 조문의 벌금형을 과한다(단, 상당한 주의와 감독을 게을리하지 않은 경우 예외).
- 법인 A에는 제115조 제5항 제2호의 벌금형인 1천만 원 이하의 벌금을 과한다.

03
- 사용자 A는 제7조를 위반하여 거짓으로 신고를 하였다.
- 직장가입자 B는 정당한 사유 없이 제94조 제1항을 위반하여 서류제출을 하지 않았다.
- 요양기관 양도인 C는 제98조 제4항을 위반하여 행정처분을 받은 사실을 양수인에게 지체 없이 알리지 않았다.
- 약국 D는 처방전을 요양급여비용을 청구한 날부터 1개월만 보존하고 폐기하였다.

- A, B, C에 대해서는 500만 원 이하의 과태료를 부과한다.
- D에 대해서는 100만 원 이하의 과태료를 부과한다.
- 규정에 따른 범위 내에서 최대 금액의 과태료를 부과받는다고 할 때, 부과받는 과태료가 다른 자는 D이다.

공알리오 국민건강보험공단 국민건강보험법

정답 및 해설

[정답 및 해설] PDF 제공
수험생 여러분의 편리하고 스마트한 학습을 위해 교재 내 [정답 및 해설]을 PDF 파일로도 무료 제공해 드립니다.

다운로드 바로가기
혼JOB 홈페이지(honjob.co.kr)
→ 자료실 → 학습자료실

제1회 기출복원 모의고사

 정답표

01	02	03	04	05	06	07	08	09	10
②	③	④	④	②	①	③	④	①	③
11	12	13	14	15	16	17	18	19	20
③	④	②	③	②	④	①	③	②	④

01

정답 ②

풀이 조문

제3조의2(국민건강보험종합계획의 수립 등) ② 종합계획에는 다음 각 호의 사항이 포함되어야 한다.
1. 건강보험정책의 기본목표 및 추진방향
2. 건강보험 보장성 강화의 추진계획 및 추진방법
3. 건강보험의 중장기 재정 전망 및 운영
4. 보험료 부과체계에 관한 사항
5. 요양급여비용에 관한 사항
6. 건강증진 사업에 관한 사항
7. 취약계층 지원에 관한 사항
8. 건강보험에 관한 통계 및 정보의 관리에 관한 사항
9. 그 밖에 건강보험의 개선을 위하여 필요한 사항으로 대통령령으로 정하는 사항

제4조(건강보험정책심의위원회) ① 건강보험정책에 관한 다음 각 호의 사항을 심의·의결하기 위하여 보건복지부장관 소속으로 건강보험정책심의위원회(이하 "심의위원회"라 한다)를 둔다.
5의2. 보험료 부과 관련 제도 개선에 관한 다음 각 목의 사항(의결은 제외한다)
  가. 건강보험 가입자(이하 "가입자"라 한다)의 소득 파악 실태에 관한 조사 및 연구에 관한 사항

제17조(정관) ① 공단의 정관에는 다음 각 호의 사항을 적어야 한다.
6. 재정운영위원회에 관한 사항

오답 풀이

ㄷ. 재정운영위원회에 관한 사항은 공단의 정관에 적어야 하는 사항이다.
ㄹ. 국민건강보험종합계획에 포함되어야 하는 사항은 건강보험의 '중장기' 재정 전망 및 운영으로 명시되어 있다.
ㅂ. 가입자의 소득 파악 실태에 관한 조사 및 연구에 관한 사항은 건강보험정책심의위원회가 심의하는 사항이다.

02 정답 ③

풀이 조문

제3조(정의) 이 법에서 사용하는 용어의 뜻은 다음과 같다.
  1. "근로자"란 직업의 종류와 관계없이 근로의 대가로 보수를 받아 생활하는 사람(법인의 이사와 그 밖의 임원을 포함한다)으로서 공무원 및 교직원을 제외한 사람을 말한다.
  5. "교직원"이란 사립학교나 사립학교의 경영기관에서 근무하는 교원과 직원을 말한다.

제5조(적용 대상 등) ② 제1항의 피부양자는 다음 각 호의 어느 하나에 해당하는 사람 중 직장가입자에게 주로 생계를 의존하는 사람으로서 소득 및 재산이 보건복지부령으로 정하는 기준 이하에 해당하는 사람을 말한다.
  1. 직장가입자의 배우자
  2. 직장가입자의 직계존속(배우자의 직계존속을 포함한다)
  3. 직장가입자의 직계비속(배우자의 직계비속을 포함한다)과 그 배우자
  4. 직장가입자의 형제·자매

제6조(가입자의 종류) ② 모든 사업장의 근로자 및 사용자와 공무원 및 교직원은 직장가입자가 된다.

정답 풀이

- 을: 직장가입자인 공무원의 배우자이고, 이 직장가입자에게 생계를 의존하고 있으므로 피부양자가 될 수 있다.
- 정: 직장가입자인 교직원의 직계비속이고, 이 직장가입자에게 생계를 의존하고 있으므로 피부양자가 될 수 있다.

오답 풀이

- 갑: 사립학교에서 근무하는 교원이므로 교직원에 해당한다. 교직원은 직장가입자가 되므로 피부양자가 될 수 없다.
- 병: 근로의 대가로 보수를 받아 생활하고 있으므로 근로자에 해당한다. 근로자는 직장가입자가 되므로 피부양자가 될 수 없다. 한편, 4대 사회보험에 가입되어 있다는 점을 통해서도 직장가입자임을 확인할 수 있다. 4대 사회보험은 국민연금, 건강보험, 고용보험, 산재보험을 의미한다는 것을 참고삼아 알아두면 좋다.

03 정답 ④

풀이 조문

제3조의2(국민건강보험종합계획의 수립 등) ② 종합계획에는 다음 각 호의 사항이 포함되어야 한다.
  2. 건강보험 보장성 강화의 추진계획 및 추진방법

제14조(업무 등) ① 공단은 다음 각 호의 업무를 관장한다.
  1. 가입자 및 피부양자의 자격 관리
  2. 보험료와 그 밖에 이 법에 따른 징수금의 부과·징수
  3. 보험급여의 관리
  4. 가입자 및 피부양자의 질병의 조기발견·예방 및 건강관리를 위하여 요양급여 실시 현황과 건강검진 결과 등을 활용하여 실시하는 예방사업으로서 대통령령으로 정하는 사업

5. 보험급여 비용의 지급
6. 자산의 관리·운영 및 증식사업
7. 의료시설의 운영
8. 건강보험에 관한 교육훈련 및 홍보
9. 건강보험에 관한 조사연구 및 국제협력
10. 이 법에서 공단의 업무로 정하고 있는 사항
11. 「국민연금법」, 「고용보험 및 산업재해보상보험의 보험료징수 등에 관한 법률」, 「임금채권보장법」 및 「석면피해구제법」(이하 "징수위탁근거법"이라 한다)에 따라 위탁받은 업무
12. 그 밖에 이 법 또는 다른 법령에 따라 위탁받은 업무
13. 그 밖에 건강보험과 관련하여 보건복지부장관이 필요하다고 인정한 업무

제63조(업무 등) ① 심사평가원은 다음 각 호의 업무를 관장한다.
  3. 심사기준 및 평가기준의 개발

정답 풀이

ㄴ. 공단이 관장하는 업무는 '의료시설'의 운영으로 명시되어 있다.
ㄷ. 공단이 관장하는 업무는 보험급여 비용의 '지급'으로 명시되어 있다.
ㄹ. 심사기준 및 평가기준의 개발은 심사평가원이 관장하는 업두이다.
ㅂ. 건강보험 보장성 강화의 추진계획 및 추진방법은 국민건강보험종합계획에 포함되어야 하는 사항이다.
ㅅ. 공단이 관장하는 업무는 건강보험과 관련하여 '보건복지부장관'이 필요하다고 인정한 업무로 명시되어 있다.

04 정답 ④

제33조(재정운영위원회) ① 제45조 제1항에 따른 요양급여비용의 계약 및 제84조에 따른 결손처분 등 보험재정에 관련된 사항을 심의·의결하기 위하여 공단에 재정운영위원회를 둔다.
  ② 재정운영위원회의 위원장은 제34조 제1항 제3호에 따른 위원 중에서 호선(互選)한다.

제34조(재정운영위원회의 구성 등) ① 재정운영위원회는 다음 각 호의 위원으로 구성한다.
  1. 직장가입자를 대표하는 위원 10명
  2. 지역가입자를 대표하는 위원 10명
  3. 공익을 대표하는 위원 10명
  ② 제1항에 따른 위원은 다음 각 호의 사람을 보건복지부장관이 임명하거나 위촉한다.
  1. 제1항 제1호의 위원은 노동조합과 사용자단체에서 추천하는 각 5명
  2. 제1항 제2호의 위원은 대통령령으로 정하는 바에 따라 농어업인 단체·도시자영업자단체 및 시민단체에서 추천하는 사람
  3. 제1항 제3호의 위원은 대통령령으로 정하는 관계 공무원 및 건강보험에 관한 학식과 경험이 풍부한 사람
  ③ 재정운영위원회 위원(공무원인 위원은 제외한다)의 임기는 2년으로 한다. 다만, 위원의 사임 등으로 새로 위촉된 위원의 임기는 전임위원 임기의 남은 기간으로 한다.

정답 풀이

ㄱ. 재정운영위원회는 '보험재정'에 관련된 사항을 심의·의결하기 위한 위원회이다.
ㄴ. 위원장의 임기를 별도로 규정하고 있지 않으므로, 다른 위원들과 동일하게 원칙상 2년이다.
ㄷ. 지역가입자를 대표하는 위원뿐만 아니라 직장가입자를 대표하는 위원, 공익을 대표하는 위원 모두 보건복지부장관이 임명하거나 위촉한다.

05 정답 ②

 풀이 조문

제35조(회계) ③ 공단은 건강보험사업 및 징수위탁근거법의 위탁에 따른 국민연금사업·고용보험사업·산업재해보상보험사업·임금채권보장사업에 관한 회계를 공단의 다른 회계와 구분하여 각각 회계처리하여야 한다.
제36조(예산) 공단은 회계연도마다 예산안을 편성하여 이사회의 의결을 거친 후 보건복지부장관의 승인을 받아야 한다.
제37조(차입금) 공단은 지출할 현금이 부족한 경우에는 차입할 수 있다. 다만, 1년 이상 장기로 차입하려면 보건복지부장관의 승인을 받아야 한다.
제39조(결산) ① 공단은 회계연도마다 결산보고서와 사업보고서를 작성하여 다음해 2월 말일까지 보건복지부장관에게 보고하여야 한다.

정답 풀이

공단은 회계연도마다 결산보고서와 사업보고서를 작성하여 다음해 '2월' 말일까지 보건복지부장관에게 보고하여야 한다.

06 정답 ①

 풀이 조문

제48조(요양급여 대상 여부의 확인 등) ① 가입자나 피부양자는 본인일부부담금 외에 자신이 부담한 비용이 제41조 제4항에 따라 요양급여 대상에서 제외되는 비용인지 여부에 대하여 심사평가원에 확인을 요청할 수 있다.
② 제1항에 따른 확인 요청을 받은 심사평가원은 그 결과를 요청한 사람에게 알려야 한다. 이 경우 확인을 요청한 비용이 요양급여 대상에 해당되는 비용으로 확인되면 그 내용을 공단 및 관련 요양기관에 알려야 한다.
③ 제2항 후단에 따라 통보받은 요양기관은 받아야 할 금액보다 더 많이 징수한 금액(이하 "과다본인부담금"이라 한다)을 지체 없이 확인을 요청한 사람에게 지급하여야 한다. 다만, 공단은 해당 요양기관이 과다본인부담금을 지급하지 아니하면 해당 요양기관에 지급할 요양급여비용에서 과다본인부담금을 공제하여 확인을 요청한 사람에게 지급할 수 있다.
④ 제1항부터 제3항까지에 따른 확인 요청의 범위, 방법, 절차, 처리기간 등 필요한 사항은 보건복지부령으로 정한다.

정답 풀이

요양급여 대상 여부의 확인 요청의 범위, 방법, 절차, 처리기간 등 필요한 사항은 '보건복지부령'으로 정한다.

07 정답 ③

제52조(건강검진) ② 제1항에 따른 건강검진의 종류 및 대상은 다음 각 호와 같다.
1. 일반건강검진: 직장가입자, 세대주인 지역가입자, 20세 이상인 지역가입자 및 20세 이상인 피부양자
2. 암검진: 「암관리법」 제11조 제2항에 따른 암의 종류별 검진주기와 연령 기준 등에 해당하는 사람
3. 영유아건강검진: 6세 미만의 가입자 및 피부양자

오답 풀이

- 갑: 피부양자는 20세 이상인 경우에 일반건강검진의 대상이 된다.
- 병: 영유아건강검진의 대상은 6세 미만의 가입자 및 피부양자이다.

08 정답 ④

제53조(급여의 제한) ③ 공단은 가입자가 대통령령으로 정하는 기간 이상 다음 각 호의 보험료를 체납한 경우 그 체납한 보험료를 완납할 때까지 그 가입자 및 피부양자에 대하여 보험급여를 실시하지 아니할 수 있다. 다만, 월별 보험료의 총체납횟수(이미 납부된 체납보험료는 총체납횟수에서 제외하며, 보험료의 체납기간은 고려하지 아니한다)가 대통령령으로 정하는 횟수 미만이거나 가입자 및 피부양자의 소득·재산 등이 대통령령으로 정하는 기준 미만인 경우에는 그러하지 아니하다.
1. 제69조 제4항 제2호에 따른 보수 외 소득월액보험료
2. 제69조 제5항에 따른 세대단위의 보험료

④ 공단은 제77조 제1항 제1호에 따라 납부의무를 부담하는 사용자가 제69조 제4항 제1호에 따른 보수월액보험료를 체납한 경우에는 그 체납에 대하여 직장가입자 본인에게 귀책사유가 있는 경우에 한하여 제3항의 규정을 적용한다. 이 경우 해당 직장가입자의 피부양자에게도 제3항의 규정을 적용한다.

정답 풀이

- 갑: 보수 외 소득월액보험료를 대통령령으로 정하는 기간 이상 체납한 경우 그 가입자 및 피부양자에 대하여 보험급여를 실시하지 않을 수 있다.
- 병: 보수월액보험료 체납의 귀책사유가 직장가입자 본인에게 있으므로, 그 가입자 및 피부양자에 대하여 보험급여를 실시하지 않을 수 있다.
- 정: 세대단위의 보험료를 대통령령으로 정하는 기간 이상 체납한 경우 그 가입자에 대하여 보험급여를 실시하지 않을 수 있다. 이때 이미 납부된 체납보험료를 제외한 월별 보험료의 총체납횟수가 대통령령으로 정하는 횟수 '미만'이면 예외에 해당하지만, 정의 경우에는 그 횟수가 대통령령으로 정하는 횟수 '이상'이므로, 예외 규정의 적용을 받지 않는다.

오답 풀이

- 을: 세대단위의 보험료를 대통령령으로 정하는 기간 이상 체납한 경우 그 가입자에 대하여 보험급여를 실시하지 않을 수 있지만, 해당 지역가입자의 소득·재산 등이 대통령령으로 정하는 기준 미만인 경우에는 예외이다.

09 정답 ①

풀이 조문

제57조(부당이득의 징수) ① 공단은 속임수나 그 밖의 부당한 방법으로 보험급여를 받은 사람·준요양기관 및 보조기기 판매업자나 보험급여 비용을 받은 요양기관에 대하여 그 보험급여나 보험급여 비용에 상당하는 금액을 징수한다.

② 공단은 제1항에 따라 속임수나 그 밖의 부당한 방법으로 보험급여 비용을 받은 요양기관이 다음 각 호의 어느 하나에 해당하는 경우에는 해당 요양기관을 개설한 자에게 그 요양기관과 연대하여 같은 항에 따른 징수금을 납부하게 할 수 있다.

5. 「약사법」 제6조 제3항·제4항을 위반하여 면허를 대여받아 개설·운영하는 약국

③ 사용자나 가입자의 거짓 보고나 거짓 증명(제12조 제6항을 위반하여 건강보험증이나 신분증명서를 양도·대여하여 다른 사람이 보험급여를 받게 하는 것을 포함한다), 요양기관의 거짓 진단이나 거짓 확인(제12조 제4항을 위반하여 건강보험증이나 신분증명서로 가입자 또는 피부양자의 본인 여부 및 그 자격을 확인하지 아니한 것을 포함한다) 또는 준요양기관이나 보조기기를 판매한 자의 속임수 및 그 밖의 부당한 방법으로 보험급여가 실시된 경우 공단은 이들에게 보험급여를 받은 사람과 연대하여 제1항에 따른 징수금을 내게 할 수 있다.

⑤ 요양기관이 가입자나 피부양자로부터 속임수나 그 밖의 부당한 방법으로 요양급여비용을 받은 경우 공단은 해당 요양기관으로부터 이를 징수하여 가입자나 피부양자에게 지체 없이 지급하여야 한다. 이 경우 공단은 가입자나 피부양자에게 지급하여야 하는 금액을 그 가입자 및 피부양자가 내야 하는 보험료등과 상계할 수 있다.

정답 풀이

ㄷ. 공단은 속임수나 그 밖의 부당한 방법으로 보험급여 비용을 받은 약국이 「약사법」 제6조 제3항·제4항을 위반하여 면허를 대여받아 개설·운영하는 약국인 경우에 해당 약국을 개설한 자에게 그 약국과 연대하여 부당이득 징수금을 납부하게 할 수 있다.

10 정답 ③

풀이 조문

제69조(보험료) ④ 직장가입자의 월별 보험료액은 다음 각 호에 따라 산정한 금액으로 한다.
1. 보수월액보험료: 제70조에 따라 산정한 보수월액에 제73조 제1항 또는 제2항에 따른 보험료율을 곱하여 얻은 금액
2. 보수 외 소득월액보험료: 제71조에 따라 산정한 보수 외 소득월액에 제73조 제1항 또는 제2항에 따른 보험료율을 곱하여 얻은 금액

제70조(보수월액) ② 휴직이나 그 밖의 사유로 보수의 전부 또는 일부가 지급되지 아니하는 가입자(이하 "휴직자등"이라 한다)의 보수월액보험료는 해당 사유가 생기기 전 달의 보수월액을 기준으로 산정한다.

제76조(보험료의 부담) ① 직장가입자의 보수월액보험료는 직장가입자와 다음 각 호의 구분에 따른 자가 각각 보험료액의 100분의 50씩 부담한다.
 1. 직장가입자가 근로자인 경우에는 제3조 제2호 가목에 해당하는 사업주

정답 풀이

직장가입자의 보수월액보험료는 보수월액에 보험료율을 곱한 금액인데, 휴직으로 보수의 전부 또는 일부가 지급되지 않는 경우 해당 사유가 생기기 전 달의 보수월액을 기준으로 산정한다. 따라서 갑의 202X년 7월분 보수월액보험료는 6월 보수월액을 기준으로 산정하여야 하고, 계산해 보면 2,650,000원 × 7.09% = 187,885원인데, 10원 미만의 끝수를 절사한다고 하였으므로 187,880원이다. 이때 보수월액보험료 중 직장가입자가 부담하는 금액은 50%이므로 갑이 부담하는 202X년 7월분 보수월액보험료는 93,940원이다.

11 정답 ③

제79조(보험료등의 납입 고지) ① 공단은 보험료등을 징수하려면 그 금액을 결정하여 납부의무자에게 다음 각 호의 사항을 적은 문서로 납입 고지를 하여야 한다.
 1. 징수하려는 보험료등의 종류
 2. 납부해야 하는 금액
 3. 납부기한 및 장소

오답 풀이

ㄱ. 제79조 제1항 제3호에는 납부기한 '및' 장소를 명시하고 있다. 참고로 실제 시험에서 '및'과 '또는'을 서로 바꾸어 매력적인 오답으로 출제하는 경우가 있으니, 명확하게 구분해 두어야 한다.
ㄷ. 분할납부 신청 방법은 제79조 제1항 각 호에 명시되어 있지 않다. 참고로, 공단은 보험료를 3회 이상 체납한 자에 대하여 체납처분을 하기 전에 분할납부를 신청할 수 있음을 알리고, 보건복지부령으로 정하는 바에 따라 분할납부 신청의 절차·방법 등에 관한 사항을 안내하여야 한다(제82조 제2항).

12 정답 ④

제82조(체납보험료의 분할납부) ① 공단은 보험료를 3회 이상 체납한 자가 신청하는 경우 보건복지부령으로 정하는 바에 따라 분할납부를 승인할 수 있다.
 ③ 공단은 제1항에 따라 분할납부 승인을 받은 자가 정당한 사유 없이 5회(제1항에 따라 승인받은 분할납부 횟수가 5회 미만인 경우에는 해당 분할납부 횟수를 말한다) 이상 그 승인된 보험료를 납부하지 아니하면 그 분할납부의 승인을 취소한다.

정답 풀이

㉠에 들어갈 숫자는 3, ㉡에 들어갈 숫자는 5, ㉢에 들어갈 숫자는 5이다. 따라서 ㉠~㉢에 들어갈 숫자를 모두 더하면 3+5+5=13이다.

13

정답 ②

제57조의2(부당이득 징수금 체납자의 인적사항등 공개) ① 공단은 제57조 제2항 각 호의 어느 하나에 해당하여 같은 조 제1항 및 제2항에 따라 징수금을 납부할 의무가 있는 요양기관 또는 요양기관을 개설한 자가 제79조 제1항에 따라 납입 고지 문서에 기재된 납부기한의 다음 날부터 1년이 경과한 징수금을 1억 원 이상 체납한 경우 징수금 발생의 원인이 되는 위반행위, 체납자의 인적사항 및 체납액 등 대통령령으로 정하는 사항(이하 이 조에서 "인적사항등"이라 한다)을 공개할 수 있다. 다만, 체납된 징수금과 관련하여 제87조에 따른 이의신청, 제88조에 따른 심판청구가 제기되거나 행정소송이 계류 중인 경우 또는 그 밖에 체납된 금액의 일부 납부 등 대통령령으로 정하는 사유가 있는 경우에는 그러하지 아니하다.

제83조(고액·상습체납자의 인적사항 공개) ① 공단은 이 법에 따른 납부기한의 다음 날부터 1년이 경과한 보험료, 연체금과 체납처분비(제84조에 따라 결손처분한 보험료, 연체금과 체납처분비로서 징수권 소멸시효가 완성되지 아니한 것을 포함한다)의 총액이 1천만 원 이상인 체납자가 납부능력이 있음에도 불구하고 체납한 경우 그 인적사항·체납액 등(이하 이 조에서 "인적사항등"이라 한다)을 공개할 수 있다. 다만, 체납된 보험료, 연체금과 체납처분비와 관련하여 제87조에 따른 이의신청, 제88조에 따른 심판청구가 제기되거나 행정소송이 계류 중인 경우 또는 그 밖에 체납된 금액의 일부 납부 등 대통령령으로 정하는 사유가 있는 경우에는 그러하지 아니하다.

정답 풀이

- 을: 고액·상습체납자의 인적사항 공개 여부의 기준이 되는 보험료, 연체금과 체납처분비에는 결손처분한 보험료, 연체금과 체납처분비로서 징수권 소멸시효가 완성되지 않은 것도 포함된다. 을은 체납 기간, 체납 금액, 납부능력 등의 요건을 모두 충족하므로 고액·상습체납자로 인적사항등이 공개될 수 있다.

오답 풀이

- 갑: 부당이득 징수금 체납자의 인적사항등 공개 여부의 기준이 되는 체납 기간은 '납부기한의 다음 날부터 1년 경과'이다. 따라서 2023년 9월 11일부터 1년이 경과한 시점이어야 하는데, 아직 2024년 9월 10일이므로 체납 기간 요건을 충족하지 못한다.
- 병: 고액·상습체납자 인적사항 공개 요건을 충족하더라도, 이의신청을 제기한 경우에는 예외에 해당한다.
- 정: 체납된 금액의 일부 납부를 따지기 전에, 1천만 원 이상이라는 체납 금액 요건을 충족하지 못한다.

14

정답 ③

제84조(결손처분) ① 공단은 다음 각 호의 어느 하나에 해당하는 사유가 있으면 재정운영위원회의 의결을 받아 보험료등을 결손처분할 수 있다.

1. 체납처분이 끝나고 체납액에 충당될 배분금액이 그 체납액에 미치지 못하는 경우
2. 해당 권리에 대한 소멸시효가 완성된 경우
3. 그 밖에 징수할 가능성이 없다고 인정되는 경우로서 대통령령으로 정하는 경우

② 공단은 제1항 제3호에 따라 결손처분을 한 후 압류할 수 있는 다른 재산이 있는 것을 발견한 때에는 지체 없이 그 처분을 취소하고 체납처분을 하여야 한다.

정답 풀이

결손처분을 한 후 압류할 수 있는 다른 재산이 있는 것을 발견한 경우에는 지체 없이 그 결손처분을 취소하고 체납처분을 하여야 한다. 즉, 결손처분이 아니라 체납처분을 할 수 있는 사유에 해당한다.

15 정답 ②

풀이 조문

제87조(이의신청) ③ 제1항 및 제2항에 따른 이의신청(이하 "이의신청"이라 한다)은 처분이 있음을 안 날부터 90일 이내에 문서(전자문서를 포함한다)로 하여야 하며 처분이 있은 날부터 180일을 지나면 제기하지 못한다. 다만, 정당한 사유로 그 기간에 이의신청을 할 수 없었음을 소명한 경우에는 그러하지 아니하다.

정답 풀이

이의신청은 처분이 있음을 안 날부터 90일 이내에 하여야 한다. 사례에서 갑이 처분이 있음을 안 날은 2024년 2월 16일이다. 따라서 갑은 이날부터 90일 뒤인 2024년 5월 16일까지 이의신청을 하여야 한다. 한편, 처분이 있은 날부터 180일을 지나면 제기하지 못한다는 규정을 처분이 있은 날부터 180일 이내에는 제기할 수 있다고 잘못 해석하여서는 안 된다. 이 규정은 아두리 처분이 있음을 안 날부터 90일 이내라고 하더라도, 처분이 있은 날부터 180일이 지났다면 이의신청을 할 수 없다는 의미이다.

16 정답 ④

풀이 조문

제89조(건강보험분쟁조정위원회) ② 분쟁조정위원회는 위원장을 포함하여 60명 이내의 위원으로 구성하고, 위원장을 제외한 위원 중 1명은 당연직위원으로 한다. 이 경우 공무원이 아닌 위원이 전체 위원의 과반수가 되도록 하여야 한다.
③ 분쟁조정위원회의 회의는 위원장, 당연직위원 및 위원장이 매 회의마다 지정하는 7명의 위원을 포함하여 총 9명으로 구성하되, 공무원이 아닌 위원이 과반수가 되도록 하여야 한다.
④ 분쟁조정위원회는 제3항에 따른 구성원 과반수의 출석과 출석위원 과반수의 찬성으로 의결한다.

정답 풀이

분쟁조정위원회의 회의는 위원장, 당연직위원 및 위원장이 매 회의마다 지정하는 7명의 위원을 포함하여 총 9명으로 구성한다.

17 정답 ①

풀이 조문

제96조의4(서류의 보존) ① 요양기관은 요양급여가 끝난 날부터 5년간 보건복지부령으로 정하는 바에 따라 제47조에 따른 요양급여비용의 청구에 관한 서류를 보존하여야 한다. 다만, 약국 등 보건복지부령으로 정하는 요양기관은 처방전을 요양급여비용을 청구한 날부터 3년간 보존하여야 한다.

③ 제49조 제3항에 따라 요양비를 청구한 준요양기관은 요양비를 지급받은 날부터 3년간 보건복지부령으로 정하는 바에 따라 요양비 청구에 관한 서류를 보존하여야 한다.

④ 제51조 제2항에 따라 보조기기에 대한 보험급여를 청구한 자는 보험급여를 지급받은 날부터 3년간 보건복지부령으로 정하는 바에 따라 보험급여 청구에 관한 서류를 보존하여야 한다.

정답 풀이

요양기관은 요양급여가 '끝난' 날부터 5년간 요양급여비용의 청구에 관한 서류를 보존하여야 한다.

18 정답 ③

제5조(적용 대상 등) ② 제1항의 피부양자는 다음 각 호의 어느 하나에 해당하는 사람 중 직장가입자에게 주로 생계를 의존하는 사람으로서 소득 및 재산이 보건복지부령으로 정하는 기준 이하에 해당하는 사람을 말한다.

1. 직장가입자의 배우자
2. 직장가입자의 직계존속(배우자의 직계존속을 포함한다)
3. 직장가입자의 직계비속(배우자의 직계비속을 포함한다)과 그 배우자
4. 직장가입자의 형제·자매

제109조(외국인 등에 대한 특례) ③ 제2항에 따른 직장가입자에 해당하지 아니하는 국내체류 외국인등이 다음 각 호의 요건을 모두 갖춘 경우에는 제5조에도 불구하고 지역가입자가 된다.

1. 보건복지부령으로 정하는 기간 동안 국내에 거주하였거나 해당 기간 동안 국내에 지속적으로 거주할 것으로 예상할 수 있는 사유로서 보건복지부령으로 정하는 사유에 해당될 것

④ 제2항 각 호의 어느 하나에 해당하는 국내체류 외국인등이 다음 각 호의 요건을 모두 갖춘 경우에는 제5조에도 불구하고 공단에 신청하면 피부양자가 될 수 있다.

1. 직장가입자와의 관계가 제5조 제2항 각 호의 어느 하나에 해당할 것
2. 제5조 제3항에 따른 피부양자 자격의 인정 기준에 해당할 것
3. 국내 거주기간 또는 거주사유가 제3항 제1호에 따른 기준에 해당할 것. 다만, 직장가입자의 배우자 및 19세 미만 자녀(배우자의 자녀를 포함한다)에 대해서는 그러하지 아니하다.

정답 풀이

- 갑: 직장가입자와의 관계, 국내 거주기간 요건을 충족하므로 피부양자가 될 수 있다.
- 병: 직장가입자와의 관계 요건은 충족하지만, 국내 거주기간 또는 거주사유 요건은 충족하지 못한다. 하지만 19세 미만 자녀의 경우 국내 거주기간 또는 거주사유 요건을 충족하지 않아도 되므로 피부양자가 될 수 있다.

오답 풀이

- 을: 고모는 직장가입자의 직계존속의 형제·자매로, 직장가입자와의 관계 요건을 충족하지 못한다.
- 정: 보건복지부령으로 정하는 기간인 6개월 이상에 미치지 못하고 보건복지부령으로 정하는 사유에도 해당하지 않으므로, 국내 거주기간 또는 거주사유 요건을 충족하지 못한다.

19

정답 ②

제110조(실업자에 대한 특례) ① 사용관계가 끝난 사람 중 직장가입자로서의 자격을 유지한 기간이 보건복지부령으로 정하는 기간 동안 통산 1년 이상인 사람은 지역가입자가 된 이후 최초로 제79조에 따라 지역가입자 보험료를 고지받은 날부터 그 납부기한에서 2개월이 지나기 이전까지 공단에 직장가입자로서의 자격을 유지할 것을 신청할 수 있다.
③ 임의계속가입자의 보수월액은 보수월액보험료가 산정된 최근 12개월간의 보수월액을 평균한 금액으로 한다.
⑤ 임의계속가입자의 보수월액보험료는 제76조 제1항 및 제77조 제1항 제1호에도 불구하고 그 임의계속가입자가 전액을 부담하고 납부한다.

정답 풀이

ⓒ 임의계속가입자의 보수월액은 보수월액보험료가 산정된 최근 '12개월'간의 보수월액을 평균한 금액으로 한다.

20

정답 ④

제115조(벌칙) ⑤ 다음 각 호의 어느 하나에 해당하는 자는 1년 이하의 징역 또는 1천만 원 이하의 벌금에 처한다.
    4. 제98조 제2항을 위반한 요양기관의 개설자
제119조(과태료) ③ 다음 각 호의 어느 하나에 해당하는 자에게는 500만 원 이하의 과태료를 부과한다.
    1. 제7조를 위반하여 신고를 하지 아니하거나 거짓으로 신고한 사용자
④ 다음 각 호의 어느 하나에 해당하는 자에게는 100만 원 이하의 과태료를 부과한다.
    4. 제96조의4를 위반하여 서류를 보존하지 아니한 자
    6. 제105조를 위반한 자

정답 풀이

ㄷ. 제96조의4를 위반하여 서류를 보존하지 아니한 자로 100만 원 이하의 과태료를 부과한다.
ㄹ. 제105조를 위반한 자로 100만 원 이하의 과태료를 부과한다.

오답 풀이

ㄱ. 제98조 제2항을 위반한 요양기관의 개설자로 1년 이하의 징역 또는 1천만 원 이하의 벌금에 처한다.
ㄴ. 제7조를 위반하여 신고를 하지 않은 사용자로 500만 원 이하의 과태료를 부과한다.

제2회 중난도 모의고사

✎ 정답표

01	02	03	04	05	06	07	08	09	10
①	③	①	②	④	①	②	③	③	④
11	12	13	14	15	16	17	18	19	20
①	③	④	①	②	③	③	①	③	④

01
정답 ①

제5조(적용 대상 등) ① 국내에 거주하는 국민은 건강보험의 가입자 또는 피부양자가 된다. 다만, 다음 각 호의 어느 하나에 해당하는 사람은 제외한다.

2. 「독립유공자예우에 관한 법률」 및 「국가유공자 등 예우 및 지원에 관한 법률」에 따라 의료보호를 받는 사람(이하 "유공자등 의료보호대상자"라 한다). 다만, 다음 각 목의 어느 하나에 해당하는 사람은 가입자 또는 피부양자가 된다.
    가. 유공자등 의료보호대상자 중 건강보험의 적용을 보험자에게 신청한 사람
    나. 건강보험을 적용받고 있던 사람이 유공자등 의료보호대상자로 되었으나 건강보험의 적용배제신청을 보험자에게 하지 아니한 사람

제6조(가입자의 종류) ① 가입자는 직장가입자와 지역가입자로 구분한다.
    ② 모든 사업장의 근로자 및 사용자와 공무원 및 교직원은 직장가입자가 된다. 다만, 다음 각 호의 어느 하나에 해당하는 사람은 제외한다.
    2. 「병역법」에 따른 현역병(지원에 의하지 아니하고 임용된 하사를 포함한다), 전환복무된 사람 및 군간부후보생
    ③ 지역가입자는 직장가입자와 그 피부양자를 제외한 가입자를 말한다.

정답 풀이

유공자등 의료보호대상자는 원칙적으로 가입자 또는 피부양자에서 제외하지만, 건강보험의 적용을 보험자에게 신청한 경우, 건강보험의 적용을 받고 있던 중 유공자등 의료보호대상자가 되었으나 건강보험의 적용배제신청을 보험자에게 하지 않은 경우에는 가입자 또는 피부양자가 된다.

02
정답 ③

제12조(건강보험증) ③ 가입자 또는 피부양자는 제2항 본문에도 불구하고 주민등록증(모바일 주민등록증을 포함한다), 운전면허증, 여권, 그 밖에 보건복지부령으로 정하는 본인 여부를 확인할 수 있는 신분증명서(이하 "신분증명서"라 한다)로 요양기관이 그 자격을 확인할 수 있으면 건강보험증을 제출하지 아니할 수 있다.

정답 풀이

ㄱ, ㄷ, ㅁ. 제12조 제3항에서 건강보험증을 대신할 수 있는 신분증명서로 명시하고 있는 것은 주민등록증(모바일 주민등록증 포함), 운전면허증, 여권, 그 밖에 보건복지부령으로 정하는 본인 여부를 확인할 수 있는 신분증명서이다.

03 정답 ①

 풀이 조문

제20조(임원) ④ 비상임이사는 다음 각 호의 사람을 보건복지부장관이 임명한다.

제22조(임원의 직무) ② 상임이사는 이사장의 명을 받아 공단의 업무를 집행한다.

③ 이사장이 부득이한 사유로 그 직무를 수행할 수 없을 때에는 정관으로 정하는 바에 따라 상임이사 중 1명이 그 직무를 대행하고, 상임이사가 없거나 그 직무를 대행할 수 없을 때에는 정관으로 정하는 임원이 그 직무를 대행한다.

제24조(임원의 당연퇴임 및 해임) ② 임명권자는 임원이 다음 각 호의 어느 하나에 해당하면 그 임원을 해임할 수 있다.

3. 고의나 중대한 과실로 공단에 손실이 생기게 한 경우

제31조(대표권의 제한) ① 이사장은 공단의 이익과 자기의 이익이 상반되는 사항에 대하여는 공단을 대표하지 못한다. 이 경우 감사가 공단을 대표한다.

정답 풀이

- 갑: 이사장의 명을 받아 공단의 업무를 집행하는 임원은 '상임이사'이다.

오답 풀이

- 을: 공단의 이익과 이사장의 이익이 상반되는 사항에 대하여 공단을 대표하는 임원은 '감사'이다.
- 병: 고의나 중대한 과실로 공단에 손실이 생기게 한 경우 임명권자는 그 임원을 해임할 수 있는데, 보건복지부장관이 해임할 수 있다는 내용에 따를 때 임명권자는 보건복지부장관이다. 보건복지부장관의 임명을 받는 임원은 '비상임이사'이다.
- 정: 부득이한 사유로 직무를 수행할 수 없을 때에 상임이사가 그 직무를 대행하고, 그것도 불가능한 경우에 정관으로 정하는 임원이 그 직무를 대행하는 직책은 '이사장'이다.

04 정답 ②

 풀이 조문

제41조(요양급여) ② 제1항에 따른 요양급여(이하 "요양급여"라 한다)의 범위(이하 "요양급여대상"이라 한다)는 다음 각 호와 같다.

1. 제1항 각 호의 요양급여(제1항 제2호의 약제는 제외한다): 제4항에 따라 보건복지부장관이 비급여대상으로 정한 것을 제외한 일체의 것
2. 제1항 제2호의 약제: 제41조의3에 따라 요양급여대상으로 보건복지부장관이 결정하여 고시한 것

정답 풀이

㉠ 약제의 경우 요양급여대상은 보건복지부장관이 '요양급여대상으로 결정하여 고시한 것'으로 한다.
㉡ 약제를 제외한 요양급여의 경우 요양급여대상은 보건복지부장관이 '비급여대상으로 정한 것을 제외한 일체의 것'으로 한다.

05   정답 ④

제45조(요양급여비용의 산정 등) ① 요양급여비용은 공단의 이사장과 대통령령으로 정하는 의약계를 대표하는 사람들의 계약으로 정한다. 이 경우 계약기간은 1년으로 한다.
② 제1항에 따라 계약이 체결되면 그 계약은 공단과 각 요양기관 사이에 체결된 것으로 본다.
③ 제1항에 따른 계약은 그 직전 계약기간 만료일이 속하는 연도의 5월 31일까지 체결하여야 하며, 그 기한까지 계약이 체결되지 아니하는 경우 보건복지부장관이 그 직전 계약기간 만료일이 속하는 연도의 6월 30일까지 심의위원회의 의결을 거쳐 요양급여비용을 정한다. 이 경우 보건복지부장관이 정하는 요양급여비용은 제1항 및 제2항에 따라 계약으로 정한 요양급여비용으로 본다.

정답 풀이

㉠에 들어갈 숫자는 1, ㉡에 들어갈 숫자는 5, ㉢에 들어갈 숫자는 31, ㉣에 들어갈 숫자는 6, ㉤에 들어갈 숫자는 30이다. 따라서 ㉠~㉤에 들어갈 숫자를 모두 더하면 1+5+31+6+30=73이다.

06   정답 ①

제47조의4(요양급여의 적정성 평가) ① 심사평가원은 요양급여에 대한 의료의 질을 향상시키기 위하여 요양급여의 적정성 평가(이하 이 조에서 "평가"라 한다)를 실시할 수 있다.
② 심사평가원은 요양기관의 인력·시설·장비, 환자안전 등 요양급여와 관련된 사항을 포함하여 평가할 수 있다.
③ 심사평가원은 평가 결과를 평가대상 요양기관에 통보하여야 하며, 평가 결과에 따라 요양급여비용을 가산 또는 감산할 경우에는 그 결정사항이 포함된 평가 결과를 가감대상 요양기관 및 공단에 통보하여야 한다.

정답 풀이

ㄴ. 요양급여의 적정성 평가 결과에 따라 요양급여비용을 가산하는 것뿐만 아니라 감산하는 것도 가능하다. 이 경우 그 결정사항이 포함된 평가 결과를 가감대상 요양기관 및 공단에 통보하여야 한다.

07   정답 ②

제51조(장애인에 대한 특례) ① 공단은 「장애인복지법」에 따라 등록한 장애인인 가입자 및 피부양자에게는 「장애인·노인 등을 위한 보조기기 지원 및 활용촉진에 관한 법률」 제3조 제2호에 따른 보조기기(이하 이 조에서 "보조기기"라 한다)에 대하여 보험급여를 할 수 있다.

② 장애인인 가입자 또는 피부양자에게 보조기기를 판매한 자는 가입자나 피부양자의 위임이 있는 경우 공단에 보험급여를 직접 청구할 수 있다. 이 경우 공단은 지급이 청구된 내용의 적정성을 심사하여 보조기기를 판매한 자에게 보조기기에 대한 보험급여를 지급할 수 있다.

정답 풀이

보조기기를 구입한 가입자나 피부양자의 위임에 따라 보조기기를 판매한 자가 공단에 보험급여를 직접 청구하는 경우, 공단은 지급이 청구된 내용의 적정성을 심사하여 보조기기를 판매한 자에게 보조기기에 대한 보험급여를 지급할 수 있다.

오답 풀이

① 공단은 장애인인 가입자 및 피부양자에게 보조기기에 대하여 보험급여를 할 수 있다.
③ 지급이 청구된 내용의 적정성을 심사하고 보조기기에 대한 보험급여를 지급하는 주체는 '공단'이다.
④ 보조기기를 구입한 가입자나 피부양자는 보조기기에 대한 보험급여의 청구를 보조기기를 판매한 자에게 위임할 수 있다.

08 정답 ③

풀이 조문

제45조(요양급여비용의 산정 등) ⑥ 심사평가원은 공단의 이사장이 제1항에 따른 계약을 체결하기 위하여 필요한 자료를 요청하면 그 요청에 성실히 따라야 한다.

제64조(법인격 등) ② 심사평가원은 주된 사무소의 소재지에서 설립등기를 함으로써 성립한다.

제65조(임원) ① 심사평가원에 임원으로서 원장, 이사 15명 및 감사 1명을 둔다. 이 경우 원장, 이사 중 4명 및 감사는 상임으로 한다.

제67조(자금의 조달 등) ② 심사평가원은 제63조 제1항 제5호에 따라 급여비용의 심사 또는 의료의 적정성 평가에 관한 업무를 위탁받은 경우에는 위탁자로부터 수수료를 받을 수 있다.

정답 풀이

ㄴ. 심사평가원의 임원 중에서 상임으로 하는 임원은 원장, 이사 중 4명, 감사이다.
ㄷ. 심사평가원은 '공단의 이사장'이 요양급여비용의 계약을 체결하기 위하여 필요한 자료를 요청하면 그 요청에 성실히 따라야 한다.

09 정답 ③

풀이 조문

제69조(보험료) ② 제1항에 따른 보험료는 가입자의 자격을 취득한 날이 속하는 달의 다음 달부터 가입자의 자격을 잃은 날의 전날이 속하는 달까지 징수한다. 다만, 가입자의 자격을 매월 1일에 취득한 경우 또는 제5조 제1항 제2호 가목에 따른 건강보험 적용 신청으로 가입자의 자격을 취득하는 경우에는 그 달부터 징수한다.

정답 풀이

갑에 대한 보험료 징수가 시작되는 달은 갑이 가입자 자격을 취득한 4월 14일이 속하는 달의 다음 달인 5월이다. 또한 갑에 대한 보험료 징수가 끝나는 달은 갑이 가입자 자격을 잃은 9월 1일의 전날, 즉 8월 31일이 속하는 달인 8월이다.

참고로, 갑이 가입자 자격을 취득한 날은 1일이 아니므로 예외 규정에 해당하지 않는다.

10 정답 ④

풀이 조문

제69조(보험료) ⑤ 지역가입자의 월별 보험료액은 다음 각 호의 구분에 따라 산정한 금액을 합산한 금액으로 한다. 이 경우 보험료액은 세대 단위로 산정한다.
  1. 소득: 제71조 제2항에 따라 산정한 지역가입자의 소득월액에 제73조 제3항에 따른 보험료율을 곱하여 얻은 금액
  2. 재산: 제72조에 따라 산정한 재산보험료부과점수에 제73조 제3항에 따른 재산보험료부과점수당 금액을 곱하여 얻은 금액

제71조(소득월액) ② 지역가입자의 소득월액은 지역가입자의 연간 소득을 12개월로 나눈 값을 보건복지부령으로 정하는 바에 따라 평가하여 산정한다.

정답 풀이

갑은 지역가입자이므로, 갑의 월 보험료액은 소득에 따라 산정한 금액과 재산에 따라 산정한 금액을 합산한 것이다.

먼저, 소득에 관한 보험료는 소득월액에 보험료율을 곱한 값이므로, 갑의 소득월액을 계산하여야 한다. 지역가입자의 소득월액은 연간 소득을 12개월로 나눈 값을 보건복지부령으로 정하는 바에 따라 평가하여 산정한 값인데, 질문지의 단서에서 보건복지부령으로 정하는 바에 따른 평가는 생략한다고 하였으므로, 연간 소득을 12개월로만 나누어 주면 된다. 그러므로 갑의 소득월액은 2,400만 원÷12개월=200만 원이고, 소득에 관한 보험료는 200만 원×7.09%=141,800원이다.

다음으로, 재산에 관한 보험료는 재산보험료부과점수에 재산보험료부과점수당 금액을 곱한 값이므로, 100점×208.4원=20,840원이다.

따라서 갑이 부담하는 월 보험료액은 141,800원+20,840원=162,640원이다.

참고로, 소득월액 산정 시 생략한 '보건복지부령으로 정하는 평가'는 연간 소득 중 이자·배당·사업·기타소득에 대해서는 해당 소득 전액을 반영하고, 근로·연금소득에 대해서는 해당 소득의 100분의 50만 반영하는 것이다. 보건복지부령은 시행규칙이기 때문에 시험 범위에 포함되지 않고, 시험에 나오더라도 관련 내용을 설명해 줄 것이기 때문에 외울 필요는 없다.

11 정답 ①

풀이 조문

제4조(건강보험정책심의위원회) ① 건강보험정책에 관한 다음 각 호의 사항을 심의·의결하기 위하여 보건복지부장관 소속으로 건강보험정책심의위원회(이하 "심의위원회"라 한다)를 둔다.
  1. 제3조의2 제1항 및 제3항에 따른 종합계획 및 시행계획에 관한 사항(의결은 제외한다)

제72조의3(보험료 부과제도에 대한 적정성 평가) ② 보건복지부장관은 제1항에 따른 적정성 평가를 하는 경우에는 다음 각 호를 종합적으로 고려하여야 한다.
1. 제4조 제1항 제5호의2 나목에 따라 심의위원회가 심의한 가입자의 소득 파악 현황 및 개선방안
2. 공단의 소득 관련 자료 보유 현황
3. 「소득세법」 제4조에 따른 종합소득(종합과세되는 종합소득과 분리과세되는 종합소득을 포함한다) 과세 현황
4. 직장가입자에게 부과되는 보험료와 지역가입자에게 부과되는 보험료 간 형평성
5. 제1항에 따른 인정기준 및 산정기준의 조정으로 인한 보험료 변동
6. 그 밖에 적정성 평가 대상이 될 수 있는 사항으로서 보건복지부장관이 정하는 사항

오답 풀이

ㄱ. 보험료 부과제도에 대한 적정성을 평가하는 경우 고려하여야 할 사항에는 '공단'의 소득 관련 자료 보유 현황이 포함된다.
ㄷ. 국민건강보험종합계획 및 연도별 시행계획에 관한 사항은 건강보험정책심의위원회가 심의하는 사항으로, 보험료 부과제도에 대한 적정성을 평가하는 경우 고려하여야 할 사항에는 포함되지 않는다.
ㅁ. 보험료 부과제도에 대한 적정성을 평가하는 경우 고려하여야 할 사항에는 직장가입자에게 부과되는 보험료와 지역가입자에게 부과되는 보험료 간 '형평성'이 포함된다.

12   정답 ③

제78조(보험료의 납부기한) ① 제77조 제1항 및 제2항에 따라 보험료 납부의무가 있는 자는 가입자에 대한 그 달의 보험료를 그 다음 달 10일까지 납부하여야 한다. 다만, 직장가입자의 보수 외 소득월액보험료 및 지역가입자의 보험료는 보건복지부령으로 정하는 바에 따라 분기별로 납부할 수 있다.

오답 풀이

ㄴ. 직장가입자의 보수월액보험료는 그 다음 달 10일까지 납부하여야 하며, 분기별로 납부할 수 있는 보험료에 해당하지 않는다.

13   정답 ④

제81조의3(체납 또는 결손처분 자료의 제공) ① 공단은 보험료 징수 및 제57조에 따른 징수금(같은 조 제2항 각 호의 어느 하나에 해당하여 같은 조 제1항 및 제2항에 따라 징수하는 금액에 한정한다. 이하 이 조에서 "부당이득금"이라 한다)의 징수 또는 공익목적을 위하여 필요한 경우에 「신용정보의 이용 및 보호에 관한 법률」 제25조 제2항 제1호의 종합신용정보집중기관에 다음 각 호의 어느 하나에 해당하는 체납자 또는 결손처분자의 인적사항·체납액 또는 결손처분액에 관한 자료(이하 이 조에서 "체납등 자료"라 한다)를 제공할 수 있다. 다만, 체납된 보험료나 부당이득금과 관련하여 행정심판 또는 행정소송이 계류 중인 경우, 제82조 제1항에 따라 분할납부를 승인받은 경우 중 대통령령으로 정하는 경우, 그 밖에 대통령령으로 정하는 사유가 있을 때에는 그러하지 아니하다.

1. 이 법에 따른 납부기한의 다음 날부터 1년이 지난 보험료 및 그에 따른 연체금과 체납처분비의 총액이 500만 원 이상인 자
2. 이 법에 따른 납부기한의 다음 날부터 1년이 지난 부당이득금 및 그에 따른 연체금과 체납처분비의 총액이 1억 원 이상인 자
3. 제84조에 따라 결손처분한 금액의 총액이 500만 원 이상인 자

오답 풀이

- 정: 제시된 부당이득금 및 그에 따른 연체금과 체납처분비의 총액 1억 5천만 원은 납부기한의 다음 날부터 1년이 아니라 2개월이 지난 금액이므로, 종합신용정보집중기관에 체납등 자료가 제공될 수 있는 사람에 해당하지 않는다.

14

정답 ①

풀이 조문

제79조(보험료등의 납입 고지) ⑤ 휴직자등의 보험료는 휴직 등의 사유가 끝날 때까지 보건복지부령으로 정하는 바에 따라 납입 고지를 유예할 수 있다.

⑥ 공단은 제77조의2에 따른 제2차 납부의무자에게 납입의 고지를 한 경우에는 해당 법인인 사용자 및 사업 양도인에게 그 사실을 통지하여야 한다.

제81조의6(전자문서에 의한 납입 고지 등) ① 납부의무자가 제79조 제1항에 따른 납입 고지 또는 제81조 제1항에 따른 독촉을 전자문서교환방식 등에 의한 전자문서로 해줄 것을 신청하는 경우에는 공단은 전자문서로 고지 또는 독촉할 수 있다. 이 경우 전자문서 고지 및 독촉에 대한 신청 방법·절차 등에 필요한 사항은 보건복지부령으로 정한다.

정답 풀이

휴직자등의 보험료는 휴직 등의 사유가 끝날 때까지 보건복지부령으로 정하는 바에 따라 납입 고지를 반드시 '유예하여야 하는' 것이 아니라 '유예할 수 있는' 것이다.

15

정답 ②

풀이 조문

제87조(이의신청) ② 요양급여비용 및 요양급여의 적정성 평가 등에 관한 심사평가원의 처분에 이의가 있는 공단, 요양기관 또는 그 밖의 자는 심사평가원에 이의신청을 할 수 있다.

③ 제1항 및 제2항에 따른 이의신청(이하 "이의신청"이라 한다)은 처분이 있음을 안 날부터 90일 이내에 문서(전자문서를 포함한다)로 하여야 하며 처분이 있은 날부터 180일을 지나면 제기하지 못한다. 다만, 정당한 사유로 그 기간에 이의신청을 할 수 없었음을 소명한 경우에는 그러하지 아니하다.

④ 제3항 본문에도 불구하고 요양기관이 제48조에 따른 심사평가원의 확인에 대하여 이의신청을 하려면 같은 조 제2항에 따라 통보받은 날부터 30일 이내에 하여야 한다.

제88조(심판청구) ① 이의신청에 대한 결정에 불복하는 자는 제89조에 따른 건강보험분쟁조정위원회에 심판청구를 할 수 있다. 이 경우 심판청구의 제기기간 및 제기방법에 관하여는 제87조 제3항을 준용한다.

정답 풀이

ㄱ. 이의신청은 문서로 하여야 하는데, 여기에는 전자문서도 포함된다.
ㄷ. 이의신청은 처분이 있음을 안 날부터 90일 이내에 하여야 하며 처분이 있는 날부터 180일을 지나면 제기하지 못하는 것이 원칙이다. 하지만 제시된 사례는 제48조에 따른 심사평가원의 확인에 대하여 이의신청을 하려는 경우로서 통보받은 날부터 30일 이내에 하여야 한다.

오답 풀이

ㄴ. 제시된 사례는 심사평가원의 처분에 이의가 있는 경우로서 심사평가원에 이의신청을 할 수 있다.
ㄹ. 건강보험분쟁조정위원회에 대한 심판청구는 이의신청에 대한 결정에 불복하는 경우에 하는 것이다.

16 정답 ③

제97조(보고와 검사) ① 보건복지부장관은 사용자, 직장가입자 또는 세대주에게 가입자의 이동·보수·소득이나 그 밖에 필요한 사항에 관한 보고 또는 서류 제출을 명하거나, 소속 공무원이 관계인에게 질문하게 하거나 관계 서류를 검사하게 할 수 있다.
② 보건복지부장관은 요양기관(제49조에 따라 요양을 실시한 기관을 포함한다)에 대하여 요양·약제의 지급 등 보험급여에 관한 보고 또는 서류 제출을 명하거나, 소속 공무원이 관계인에게 질문하게 하거나 관계 서류를 검사하게 할 수 있다.
③ 보건복지부장관은 보험급여를 받은 자에게 해당 보험급여의 내용에 관하여 보고하게 하거나, 소속 공무원이 질문하게 할 수 있다.
④ 보건복지부장관은 제47조 제7항에 따라 요양급여비용의 심사청구를 대행하는 단체(이하 "대행청구단체"라 한다)에 필요한 자료의 제출을 명하거나, 소속 공무원이 대행청구에 관한 자료 등을 조사·확인하게 할 수 있다.

정답 풀이

보건복지부장관은 '요양기관'에 대하여 요양·약제의 지급 등 보험급여에 관한 보고 또는 서류 제출을 명하거나, 소속 공무원이 관계인에게 질문하게 하거나 관계 서류를 검사하게 할 수 있다.

17 정답 ③

제104조(포상금 등의 지급) ① 공단은 다음 각 호의 어느 하나에 해당하는 자 또는 재산을 신고한 사람에 대하여 포상금을 지급할 수 있다. 다만, 공무원이 그 직무와 관련하여 제4호에 따른 은닉재산을 신고한 경우에는 그러하지 아니한다.
 1. 속임수나 그 밖의 부당한 방법으로 보험급여를 받은 사람
 2. 속임수나 그 밖의 부당한 방법으로 다른 사람이 보험급여를 받도록 한 자
 3. 속임수나 그 밖의 부당한 방법으로 보험급여 비용을 받은 요양기관 또는 보험급여를 받은 준요양기관 및 보조기기 판매업자
 4. 제57조에 따라 징수금을 납부하여야 하는 자의 은닉재산

② 공단은 건강보험 재정을 효율적으로 운영하는 데에 이바지한 요양기관에 대하여 장려금을 지급할 수 있다.

정답 풀이

ㄷ. 건강보험 재정을 효율적으로 운영하는 데에 이바지한 요양기관에 대하여는 '장려금'을 지급할 수 있다.
ㄹ. 제57조에 따라 징수금을 납부하여야 하는 자의 은닉재산을 신고한 사람에 대하여 포상금을 지급할 수 있지만, 신고를 한 사람이 그 직무과 관련된 공무원인 경우에는 포상금 지급 대상에서 제외된다.

18 정답 ①

풀이 조문 제108조의2(보험재정에 대한 정부지원) ① 국가는 매년 예산의 범위에서 해당 연도 보험료 예상 수입액의 100분의 14에 상당하는 금액을 국고에서 공단에 지원한다.
② 공단은 「국민건강증진법」에서 정하는 바에 따라 같은 법에 따른 국민건강증진기금에서 자금을 지원받을 수 있다.
③ 공단은 제1항에 따라 지원된 재원을 다음 각 호의 사업에 사용한다.
 1. 가입자 및 피부양자에 대한 보험급여
 2. 건강보험사업에 대한 운영비
 3. 제75조 및 제110조 제4항에 따른 보험료 경감에 대한 지원
④ 공단은 제2항에 따라 지원된 재원을 다음 각 호의 사업에 사용한다.
 1. 건강검진 등 건강증진에 관한 사업
 2. 가입자와 피부양자의 흡연으로 인한 질병에 대한 보험급여
 3. 가입자와 피부양자 중 65세 이상 노인에 대한 보험급여

오답 풀이

ㄴ. 국민건강증진기금에서 지원받은 자금을 사용하는 사업 가운데 하나는 가입자와 피부양자 중 '65세' 이상 노인에 대한 보험급여이다.
ㄷ. 제75조 및 제110조 제4항에 따른 보험료 경감에 대한 지원은 국고에서 지원된 재원을 사용하는 사업이다.
ㄹ. 국민건강증진기금에서 지원받은 자금을 사용하는 사업 가운데 하나는 가입자와 피부양자의 '흡연'으로 인한 질병에 대한 보험급여이다. 즉, 음주로 인한 질병에 대한 보험급여는 해당하지 않는다.

19 정답 ③

풀이 조문 제6조(가입자의 종류) ② 모든 사업장의 근로자 및 사용자와 공무원 및 교직원은 직장가입자가 된다. 다만, 다음 각 호의 어느 하나에 해당하는 사람은 제외한다.
 1. 고용 기간이 1개월 미만인 일용근로자
제109조(외국인 등에 대한 특례) ② 국내에 체류하는 재외국민 또는 외국인(이하 "국내체류 외국인등"이라 한다)이 적용대상사업장의 근로자, 공무원 또는 교직원이고 제6조 제2항 각 호의 어느 하나에 해

당하지 아니하면서 다음 각 호의 어느 하나에 해당하는 경우에는 제5조에도 불구하고 직장가입자가 된다.
  1. 「주민등록법」 제6조 제1항 제3호에 따라 등록한 사람
  2. 「재외동포의 출입국과 법적 지위에 관한 법률」 제6조에 따라 국내거소신고를 한 사람
  3. 「출입국관리법」 제31조에 따라 외국인등록을 한 사람
⑤ 제2항부터 제4항까지의 규정에도 불구하고 다음 각 호에 해당되는 경우에는 가입자 및 피부양자가 될 수 없다.
  1. 국내체류가 법률에 위반되는 경우로서 대통령령으로 정하는 사유가 있는 경우

정답 풀이

- 을: 고용 기간이 1개월 미만인 일용근로자이므로, 즉 제6조 제2항 각 호의 어느 하나에 해당하므로 직장가입자에 해당하지 않는다.
- 정: 국내체류가 법률에 위반되는 경우로서 대통령령으로 정하는 사유가 있는 국내체류 외국인등은 직장가입자가 될 수 없다.

20 정답 ④

제115조(벌칙) ① 제102조 제1호를 위반하여 가입자 및 피부양자의 개인정보를 누설하거나 직무상 목적 외의 용도로 이용 또는 정당한 사유 없이 제3자에게 제공한 자는 5년 이하의 징역 또는 5천만 원 이하의 벌금에 처한다.
② 다음 각 호의 어느 하나에 해당하는 자는 3년 이하의 징역 또는 3천만 원 이하의 벌금에 처한다.
  1. 대행청구단체의 종사자로서 거짓이나 그 밖의 부정한 방법으로 요양급여비용을 청구한 자
④ 거짓이나 그 밖의 부정한 방법으로 보험급여를 받거나 타인으로 하여금 보험급여를 받게 한 사람은 2년 이하의 징역 또는 2천만 원 이하의 벌금에 처한다.
제116조(벌칙) 제97조 제2항을 위반하여 보고 또는 서류 제출을 하지 아니한 자, 거짓으로 보고하거나 거짓 서류를 제출한 자, 검사나 질문을 거부·방해 또는 기피한 자는 1천만 원 이하의 벌금에 처한다.

정답 풀이

- 갑: 2년 이하의 징역 또는 2천만 원 이하의 벌금에 처한다.
- 을: 3년 이하의 징역 또는 3천만 원 이하의 벌금에 처한다.
- 병: 제102조 제1호를 위반한 경우로, 5년 이하의 징역 또는 5천만 원 이하의 벌금에 처한다.

오답 풀이

- 정: 제97조 제2항을 위반한 경우로, 1천만 원 이하의 벌금에 처한다. 즉, 벌금형만 가능하다.

제3회 중난도 모의고사

✏️ 정답표

01	02	03	04	05	06	07	08	09	10
②	④	③	③	④	②	①	①	④	③
11	12	13	14	15	16	17	18	19	20
②	①	②	④	①	③	④	③	①	③

01

정답 ②

 풀이 조문 제2조(관장) 이 법에 따른 건강보험사업은 보건복지부장관이 맡아 주관한다.

정답 풀이
「국민건강보험법」에 따른 건강보험사업은 보건복지부장관이 맡아 주관한다.

오답 풀이
① 대통령은 국민건강보험공단의 이사장과 감사, 건강보험심사평가원의 원장과 감사를 임명한다.
③ 국민건강보험공단은 건강보험의 보험자로서, 가입자 및 피부양자의 자격 관리, 보험료와 그 밖에 「국민건강보험법」에 따른 징수금의 부과·징수, 보험급여의 관리 등의 업무를 관장한다.
④ 건강보험정책심의위원회는 건강보험정책에 관한 여러 사항을 심의·의결하기 위한 보건복지부장관 소속 위원회이다.

02

정답 ④

 풀이 조문 제4조(건강보험정책심의위원회) ③ 심의위원회의 위원장은 보건복지부차관이 되고, 부위원장은 제4항 제4호의 위원 중에서 위원장이 지명하는 사람이 된다.
④ 심의위원회의 위원은 다음 각 호에 해당하는 사람을 보건복지부장관이 임명 또는 위촉한다.
  1. 근로자단체 및 사용자단체가 추천하는 각 2명
  2. 시민단체(「비영리민간단체지원법」 제2조에 따른 비영리민간단체를 말한다. 이하 같다), 소비자단체, 농어업인단체 및 자영업자단체가 추천하는 각 1명
  3. 의료계를 대표하는 단체 및 약업계를 대표하는 단체가 추천하는 8명
  4. 다음 각 목에 해당하는 8명
    가. 대통령령으로 정하는 중앙행정기관 소속 공무원 2명
    나. 국민건강보험공단의 이사장 및 건강보험심사평가원의 원장이 추천하는 각 1명
    다. 건강보험에 관한 학식과 경험이 풍부한 4명
⑤ 심의위원회 위원(제4항 제4호 가목에 따른 위원은 제외한다)의 임기는 3년으로 한다. 다만, 위원의

사임 등으로 새로 위촉된 위원의 임기는 전임위원 임기의 남은 기간으로 한다.

정답 풀이

ㄷ. 건강보험정책심의위원회 위원 중에서 농어업인단체가 추천하는 위원은 1명이다.
ㄹ. 건강보험정책심의위원회의 부위원장은 제4조 제4항 제4호의 대통령령으로 정하는 중앙행정기관 소속 공무원 2명, 국민건강보험공단의 이사장 및 건강보험심사평가원 원장이 추천하는 각 1명, 건강보험에 관한 학식과 경험이 풍부한 4명 중 위원장이 지명하는 사람이 된다.

03

정답 ③

제5조(적용 대상 등) ① 국내에 거주하는 국민은 건강보험의 가입자(이하 "가입자"라 한다) 또는 피부양자가 된다. 다만, 다음 각 호의 어느 하나에 해당하는 사람은 제외한다.
  2. 「독립유공자예우에 관한 법률」 및 「국가유공자 등 예우 및 지원에 관한 법률」에 따라 의료보호를 받는 사람(이하 "유공자등 의료보호대상자"라 한다). 다만, 다음 각 목의 어느 하나에 해당하는 사람은 가입자 또는 피부양자가 된다.
    가. 유공자등 의료보호대상자 중 건강보험의 적용을 보험자에게 신청한 사람
    나. 건강보험을 적용받고 있던 사람이 유공자등 의료보호대상자로 되었으나 건강보험의 적용배제신청을 보험자에게 하지 아니한 사람
② 제1항의 피부양자는 다음 각 호의 어느 하나에 해당하는 사람 중 직장가입자에게 주로 생계를 의존하는 사람으로서 소득 및 재산이 보건복지부령으로 정하는 기준 이하에 해당하는 사람을 말한다.
  2. 직장가입자의 직계존속(배우자의 직계존속을 포함한다)
제6조(가입자의 종류) ② 모든 사업장의 근로자 및 사용자와 공무원 및 교직원은 직장가입자가 된다. 다만, 다음 각 호의 어느 하나에 해당하는 사람은 제외한다.
  1. 고용 기간이 1개월 미만인 일용근로자
  3. 선거에 당선되어 취임하는 공무원으로서 매월 보수 또는 보수에 준하는 급료를 받지 아니하는 사람

정답 풀이

- 을: 선거에 당선되어 취임하는 공무원으로서 매월 보수 또는 보수에 준하는 급료를 받지 않는 사람이므로, 직장가입자에서 제외된다.
- 병: 직업이 없으므로, 즉 근로자, 사용자, 공무원, 교직원에 해당하지 않으므로 직장가입자가 될 수 없다. 단, 피부양자 조건은 충족하므로 직장가입자 C의 피부양자가 될 수 있다.

오답 풀이

- 갑: 고용 기간이 1개월 미만인 일용근로자는 직장가입자에서 제외되지만, 고용 기간이 3개월이므로 직장가입자에 해당한다.
- 정: 건강보험을 적용받고 있던 사람이 유공자등 의료보호대상자가 되더라도 건강보험의 적용배제신청을 보험자(공단)에게 하지 않으면 종전 가입자 또는 피부양자 자격을 유지하므로, 여전히 직장가입자에 해당한다.

04

정답 ③

제8조(자격의 취득 시기 등) ① 가입자는 국내에 거주하게 된 날에 직장가입자 또는 지역가입자의 자격을 얻는다.

제9조(자격의 변동 시기 등) ① 가입자는 다음 각 호의 어느 하나에 해당하게 된 날에 그 자격이 변동된다.
1. 지역가입자가 적용대상사업장의 사용자로 되거나, 근로자·공무원 또는 교직원(이하 "근로자등"이라 한다)으로 사용된 날
2. 직장가입자가 다른 적용대상사업장의 사용자로 되거나 근로자등으로 사용된 날
3. 직장가입자인 근로자등이 그 사용관계가 끝난 날의 다음 날
4. 적용대상사업장에 제7조 제2호에 따른 사유가 발생한 날의 다음 날
5. 지역가입자가 다른 세대로 전입한 날

제10조(자격의 상실 시기 등) ① 가입자는 다음 각 호의 어느 하나에 해당하게 된 날에 그 자격을 잃는다.
1. 사망한 날의 다음 날
2. 국적을 잃은 날의 다음 날
3. 국내에 거주하지 아니하게 된 날의 다음 날
4. 직장가입자의 피부양자가 된 날
5. 수급권자가 된 날
6. 건강보험을 적용받고 있던 사람이 유공자등 의료보호대상자가 되어 건강보험의 적용배제신청을 한 날

정답 풀이
- 갑: 국적을 잃은 202X년 2월 1일의 다음 날인 202X년 2월 2일에 가입자 자격을 상실한다.
- 을: 사업장에서 해고되면서 그 사용관계 끝난 202X년 2월 1일의 다음 날인 202X년 2월 2일에 가입자 자격이 변동된다.
- 정: 다른 세대로 전입한 당일인 202X년 2월 2일에 가입자 자격이 변동된다.

오답 풀이
- 병: 국내에 거주하게 된 당일인 202X년 2월 1일에 가입자 자격을 취득하게 된다.

05

정답 ④

제16조(사무소) ① 공단의 주된 사무소의 소재지는 정관으로 정한다.
② 공단은 필요하면 정관으로 정하는 바에 따라 분사무소를 둘 수 있다.

제17조(정관) ① 공단의 정관에는 다음 각 호의 사항을 적어야 한다.
1. 목적
2. 명칭
3. 사무소의 소재지
4. 임직원에 관한 사항
5. 이사회의 운영

6. 재정운영위원회에 관한 사항
7. 보험료 및 보험급여에 관한 사항
8. 예산 및 결산에 관한 사항
9. 자산 및 회계에 관한 사항
10. 업무와 그 집행
11. 정관의 변경에 관한 사항
12. 공고에 관한 사항

정답 풀이
㉠에 들어갈 말은 '정관'이다.

오답 풀이
ㅂ. 이사장의 성명·주소 및 주민등록번호는 공단의 설립등기에 포함하여야 한다고 명시된 사항이다.

06 정답 ②

풀이 조문

제20조(임원) ③ 상임이사는 보건복지부령으로 정하는 추천 절차를 거쳐 이사장이 임명한다.
제22조(임원의 직무) ④ 감사는 공단의 업무, 회계 및 재산 상황을 감사한다.
제23조(임원 결격사유) 다음 각 호의 어느 하나에 해당하는 사람은 공단의 임원이 될 수 없다.
  1. 대한민국 국민이 아닌 사람
제26조(이사회) ② 이사회는 이사장과 이사로 구성한다.

정답 풀이
ㄱ. 공단 이사회는 이사장과 이사로 구성된다. 감사는 출석하여 발언할 수 있을 뿐이다.
ㄹ. 상임이사는 보건복지부령으로 정하는 추천 절차를 거쳐 이사장이 임명한다.

07 정답 ①

풀이 조문

제35조(회계) ① 공단의 회계연도는 정부의 회계연도에 따른다.
  ② 공단은 직장가입자와 지역가입자의 재정을 통합하여 운영한다.
  ③ 공단은 건강보험사업 및 징수위탁근거법의 위탁에 따른 국민연금사업·고용보험사업·산업재해보상보험사업·임금채권보장사업에 관한 회계를 공단의 다른 회계와 구분하여 각각 회계처리하여야 한다.
제36조(예산) 공단은 회계연도마다 예산안을 편성하여 이사회의 의결을 거친 후 보건복지부장관의 승인을 받아야 한다. 예산을 변경할 때에도 또한 같다.

오답 풀이
② 공단은 직장가입자와 지역가입자의 재정을 통합하여 운영한다.
③ 공단은 예산 변경 시 이사회의 의결을 거쳐 보건복지부장관의 승인을 받아야 한다.

④ 공단은 건강보험사업 및 징수위탁근거법의 위탁에 따른 국민연금사업, 고용보험사업, 산업재해보상보험사업, 임금채권보장사업에 관한 회계를 공단의 다른 회계와 구분하여 각각 회계처리하여야 한다.

08 정답 ①

제41조(요양급여) ① 가입자와 피부양자의 질병, 부상, 출산 등에 대하여 다음 각 호의 요양급여를 실시한다.
　1. 진찰·검사
　2. 약제(藥劑)·치료재료의 지급
　3. 처치·수술 및 그 밖의 치료
　4. 예방·재활
　5. 입원
　6. 간호
　7. 이송(移送)
제50조(부가급여) 공단은 이 법에서 정한 요양급여 외에 대통령령으로 정하는 바에 따라 임신·출산 진료비, 장제비, 상병수당, 그 밖의 급여를 실시할 수 있다.

정답 풀이

이송, 예방·재활, 처치·수술 및 그 밖의 치료는 요양급여로 명시되어 있으며, 장제비, 상병수당, 임신·출산 진료비는 부가급여로 명시되어 있다.

09 정답 ④

제41조의3(행위·치료재료 및 약제에 대한 요양급여대상 여부의 결정 및 조정) ① 제42조에 따른 요양기관, 치료재료의 제조업자·수입업자 등 보건복지부령으로 정하는 자는 요양급여대상 또는 비급여대상으로 결정되지 아니한 제41조 제1항 제1호·제3호·제4호의 요양급여에 관한 행위 및 제41조 제1항 제2호의 치료재료(이하 "행위·치료재료"라 한다)에 대하여 요양급여대상 여부의 결정을 보건복지부장관에게 신청하여야 한다.

정답 풀이

요양기관, 치료재료의 제조업자·수입업자 등 보건복지부령으로 정하는 자는 요양급여대상 또는 비급여대상으로 결정되지 않은 요양급여에 관한 행위 및 치료재료에 대하여 요양급여대상 여부의 결정을 보건복지부장관에게 신청하여야 한다.

10 정답 ③

제43조(요양기관 현황에 대한 신고) ① 요양기관은 제47조에 따라 요양급여비용을 최초로 청구하는 때에 요양기관의 시설·장비 및 인력 등에 대한 현황을 제62조에 따른 건강보험심사평가원(이하 "심사평가원"이라 한다)에 신고하여야 한다.

② 요양기관은 제1항에 따라 신고한 내용(제45조에 따른 요양급여비용의 증감에 관련된 사항만 해당한다)이 변경된 경우에는 그 변경된 날부터 15일 이내에 보건복지부령으로 정하는 바에 따라 심사평가원에 신고하여야 한다.

정답 풀이

ⓒ 신고한 내용(제45조에 따른 요양급여비용의 증감에 관련된 사항만 해당)이 변경된 경우에는 그 변경된 날부터 15일 이내에 보건복지부령으로 정하는 바에 따라 심사평가원에 신고하여야 한다.

11 정답 ②

제47조(요양급여비용의 청구와 지급 등) ⑦ 요양기관은 제2항에 따른 심사청구를 다음 각 호의 단체가 대행하게 할 수 있다.
1. 「의료법」제28조 제1항에 따른 의사회·치과의사회·한의사회·조산사회 또는 같은 조 제6항에 따라 신고한 각각의 지부 및 분회
2. 「의료법」제52조에 따른 의료기관 단체
3. 「약사법」제11조에 따른 약사회 또는 같은 법 제14조에 따라 신고한 지부 및 분회

오답 풀이

ㄹ. 의사회·치과의사회·한의사회는 요양급여비용 심사청구를 대행할 수 있지만, 간호사회는 대행할 수 없다. 그 대신 조산사회가 이를 대행할 수 있다.

ㅁ. 의사회·치과의사회·한의사회의 지부 및 분회는 요양급여비용 심사청구를 대행할 수 있지만, 간호사회의 지부 및 분회는 대행할 수 없다. 그 대신 조산사회의 지부 및 분회가 이를 대행할 수 있다.

12 정답 ①

제52조(건강검진) ① 공단은 가입자와 피부양자에 대하여 질병의 조기 발견과 그에 따른 요양급여를 하기 위하여 건강검진을 실시한다.
② 제1항에 따른 건강검진의 종류 및 대상은 다음 각 호와 같다.
1. 일반건강검진: 직장가입자, 세대주인 지역가입자, 20세 이상인 지역가입자 및 20세 이상인 피부양자
2. 암검진: 「암관리법」제11조 제2항에 따른 암의 종류별 검진주기와 연령 기준 등에 해당하는 사람
3. 영유아건강검진: 6세 미만의 가입자 및 피부양자
③ 제1항에 따른 건강검진의 검진항목은 성별, 연령 등의 특성 및 생애 주기에 맞게 설계되어야 한다.
④ 제1항에 따른 건강검진의 횟수·절차와 그 밖에 필요한 사항은 대통령령으로 정한다.

오답 풀이

ㄱ. 영유아건강검진의 대상은 6세 이하가 아니라 6세 미만의 가입자 및 피부양자이다.

ㄷ. 일반건강검진의 대상은 직장가입자, 세대주인 지역가입자, 20세 이상인 지역가입자 및 20세 이상인 피부양자이다. 즉, 세대주인 지역가입자에 대해서는 연령 조건이 없다.

ㄹ. 건강검진의 검진항목은 성별, 연령 등의 특성 및 생애 주기에 맞게 설계되어야 한다.

13 정답 ②

풀이 조문

제63조(업무 등) ① 심사평가원은 다음 각 호의 업무를 관장한다.
1. 요양급여비용의 심사
2. 요양급여의 적정성 평가
3. 심사기준 및 평가기준의 개발
4. 제1호부터 제3호까지의 규정에 따른 업무와 관련된 조사연구 및 국제협력
5. 다른 법률에 따라 지급되는 급여비용의 심사 또는 의료의 적정성 평가에 관하여 위탁받은 업무
6. 그 밖에 이 법 또는 다른 법령에 따라 위탁받은 업무
7. 건강보험과 관련하여 보건복지부장관이 필요하다고 인정한 업무
8. 그 밖에 보험급여 비용의 심사와 보험급여의 적정성 평가와 관련하여 대통령령으로 정하는 업무

정답 풀이

보험급여 비용의 지급은 국민건강보험공단이 관장하는 업무이다.

14 정답 ④

풀이 조문

제69조(보험료) ④ 직장가입자의 월별 보험료액은 다음 각 호에 따라 산정한 금액으로 한다.
1. 보수월액보험료: 제70조에 따라 산정한 보수월액에 제73조 제1항 또는 제2항에 따른 보험료율을 곱하여 얻은 금액
2. 보수 외 소득월액보험료: 제71조에 따라 산정한 보수 외 소득월액에 제73조 제1항 또는 제2항에 따른 보험료율을 곱하여 얻은 금액

제71조(소득월액) ① 직장가입자의 보수 외 소득월액은 제70조에 따른 보수월액의 산정에 포함된 보수를 제외한 직장가입자의 소득(이하 "보수 외 소득"이라 한다)이 대통령령으로 정하는 금액을 초과하는 경우 다음의 계산식에 따른 값을 보건복지부령으로 정하는 바에 따라 평가하여 산정한다.

(연간 보수 외 소득 − 대통령령으로 정하는 금액) × 1/12

제76조(보험료의 부담) ① 직장가입자의 보수월액보험료는 직장가입자와 다음 각 호의 구분에 따른 자가 각각 보험료액의 100분의 50씩 부담한다. 다만, 직장가입자가 교직원으로서 사립학교에 근무하는 교원이면 보험료액은 그 직장가입자가 100분의 50을, 제3조 제2호 다목에 해당하는 사용자가 100분의 30을, 국가가 100분의 20을 각각 부담한다.
1. 직장가입자가 근로자인 경우에는 제3조 제2호 가목에 해당하는 사업주
2. 직장가입자가 공무원인 경우에는 그 공무원이 소속되어 있는 국가 또는 지방자치단체
3. 직장가입자가 교직원(사립학교에 근무하는 교원은 제외한다)인 경우에는 제3조 제2호 다목에 해당하는 사용자

정답 풀이

구분	보수월액보험료	보수 외 소득월액보험료	본인 부담액
갑	4,000,000원×7.09% =283,600원	0원	283,600원×50% =141,800원
을	3,000,000원×7.09% =212,700원	0원 (연간 보수 외 소득이 2,000만 원 이하임)	212,700원×50% =106,350원
병	2,000,000원×7.09% =141,800원	(44,000,000원−20,000,000원) $\times \frac{1}{12} \times 7.09\%$ =141,800원	(141,800원×50%)+141,800원 =212,700원

따라서 본인 부담액이 많은 순서대로 나열하면 병>갑>을이다.

15

정답 ①

풀이 조문

제78조의2(가산금) ① 사업장의 사용자가 대통령령으로 정하는 사유에 해당되어 직장가입자가 될 수 없는 자를 제8조 제2항 또는 제9조 제2항을 위반하여 거짓으로 보험자에게 직장가입자로 신고한 경우 공단은 제1호의 금액에서 제2호의 금액을 뺀 금액의 100분의 10에 상당하는 가산금을 그 사용자에게 부과하여 징수한다.

1. 사용자가 직장가입자로 신고한 사람이 직장가입자로 처리된 기간 동안 그 가입자가 제69조 제5항에 따라 부담하여야 하는 보험료의 총액
2. 제1호의 기간 동안 공단이 해당 가입자에 대하여 제69조 제4항에 따라 산정하여 부과한 보험료의 총액

정답 풀이

사업장의 사용자가 직장가입자가 될 수 없는 자를 거짓으로 보험자에게 직장가입자로 신고한 경우 공단은 '사용자가 직장가입자로 신고한 사람이 직장가입자로 처리된 기간 동안 그 가입자가 부담하여야 하는 보험료의 총액'에서 '그 기간 동안 공단이 해당 가입자에 대하여 산정하여 부과한 보험료의 총액'을 뺀 금액의 100분의 10에 상당하는 '가산금'을 그 사용자에게 부과하여 징수한다.

이에 따라 갑에게 부과되는 가산금은 (10만 원×10개월)−(6단 원×10개월)×$\frac{10}{100}$=4만 원에 상당하는 금액이다.

16

정답 ③

풀이 조문

제69조(보험료) ⑤ 지역가입자의 월별 보험료액은 다음 각 호의 구분에 따라 산정한 금액을 합산한 금액으로 한다. 이 경우 보험료액은 세대 단위로 산정한다.

1. 소득: 제71조 제2항에 따라 산정한 지역가입자의 소득월액에 제73조 제3항에 따른 보험료율을 곱하여 얻은 금액

2. 재산: 제72조에 따라 산정한 재산보험료부과점수에 제73조 제3항에 따른 재산보험료부과점수당 금액을 곱하여 얻은 금액

제80조(연체금) ① 공단은 보험료등의 납부의무자가 납부기한까지 보험료등을 내지 아니하면 그 납부기한이 지난 날부터 매 1일이 경과할 때마다 다음 각 호에 해당하는 연체금을 징수한다.

1. 제69조에 따른 보험료 또는 제53조 제3항에 따른 보험급여 제한 기간 중 받은 보험급여에 대한 징수금을 체납한 경우: 해당 체납금액의 1천500분의 1에 해당하는 금액. 이 경우 연체금은 해당 체납금액의 1천분의 20을 넘지 못한다.

정답 풀이

먼저 갑의 월 건강보험료를 계산해 보면 2,000점 × 208.4원 = 416,800원이다.

다음으로 연체금을 계산해 보면 $416,800원 \times \dfrac{1}{1,500} \times 30일 = 8,336원$이다. 이때, 10원 미만의 끝수는 버린다고 하였으므로, 연체금은 8,330원이다.

17

정답 ④

제53조(급여의 제한) ③ 공단은 가입자가 대통령령으로 정하는 기간 이상 다음 각 호의 보험료를 체납한 경우 그 체납한 보험료를 완납할 때까지 그 가입자 및 피부양자에 대하여 보험급여를 실시하지 아니할 수 있다. 다만, 월별 보험료의 총체납횟수(이미 납부된 체납보험료는 총체납횟수에서 제외하며, 보험료의 체납기간은 고려하지 아니한다)가 대통령령으로 정하는 횟수 미만이거나 가입자 및 피부양자의 소득·재산 등이 대통령령으로 정하는 기준 미만인 경우에는 그러하지 아니하다.
1. 제69조 제4항 제2호에 따른 보수 외 소득월액보험료
2. 제69조 제5항에 따른 세대단위의 보험료

⑤ 제3항 및 제4항에도 불구하고 제82조에 따라 공단으로부터 분할납부 승인을 받고 그 승인된 보험료를 1회 이상 낸 경우에는 보험급여를 할 수 있다. 다만, 제82조에 따른 분할납부 승인을 받은 사람이 정당한 사유 없이 5회(같은 조 제1항에 따라 승인받은 분할납부 횟수가 5회 미만인 경우에는 해당 분할납부 횟수를 말한다. 이하 이 조에서 같다) 이상 그 승인된 보험료를 내지 아니한 경우에는 그러하지 아니하다.

제82조(체납보험료의 분할납부) ① 공단은 보험료를 3회 이상 체납한 자가 신청하는 경우 보건복지부령으로 정하는 바에 따라 분할납부를 승인할 수 있다.

③ 공단은 제1항에 따라 분할납부 승인을 받은 자가 정당한 사유 없이 5회(제1항에 따라 승인받은 분할납부 횟수가 5회 미만인 경우에는 해당 분할납부 횟수를 말한다) 이상 그 승인된 보험료를 납부하지 아니하면 그 분할납부의 승인을 취소한다.

정답 풀이

㉣ 분할 보험료를 5회 이상 내지 않으면 분할납부 승인이 취소된다.

18

정답 ③

제57조의2(부당이득 징수금 체납자의 인적사항등 공개) ① 공단은 제57조 제2항 각 호의 어느 하나에 해당하여 같은 조 제1항 및 제2항에 따라 징수금을 납부할 의무가 있는 요양기관 또는 요양기관을 개설한 자가 제79조 제1항에 따라 납입 고지 문서에 기재된 납부기한의 다음 날부터 1년이 경과한 징수금을 1억 원 이상 체납한 경우 징수금 발생의 원인이 되는 위반행위, 체납자의 인적사항 및 체납액 등 대통령령으로 정하는 사항(이하 이 조에서 "인적사항등"이라 한다)을 공개할 수 있다. 다만, 체납된 징수금과 관련하여 제87조에 따른 이의신청, 제88조에 따른 심판청구가 제기되거나 행정소송이 계류 중인 경우 또는 그 밖에 체납된 금액의 일부 납부 등 대통령령으로 정하는 사유가 있는 경우에는 그러하지 아니하다.
② 제1항에 따른 인적사항등의 공개 여부를 심의하기 위하여 공단에 부당이득징수금체납정보공개심의위원회를 둔다.

제83조(고액·상습체납자의 인적사항 공개) ① 공단은 이 법에 따른 납부기한의 다음 날부터 1년이 경과한 보험료, 연체금과 체납처분비(제84조에 따라 결손처분한 보험료, 연체금과 체납처분비로서 징수권 소멸시효가 완성되지 아니한 것을 포함한다)의 총액이 1천만 원 이상인 체납자가 납부능력이 있음에도 불구하고 체납한 경우 그 인적사항·체납액 등(이하 이 조에서 "인적사항등"이라 한다)을 공개할 수 있다. 다만, 체납된 보험료, 연체금과 체납처분비와 관련하여 제87조에 따른 이의신청, 제88조에 따른 심판청구가 제기되거나 행정소송이 계류 중인 경우 또는 그 밖에 체납된 금액의 일부 납부 등 대통령령으로 정하는 사유가 있는 경우에는 그러하지 아니하다.
② 제1항에 따른 체납자의 인적사항등에 대한 공개 여부를 심의하기 위하여 공단에 보험료정보공개심의위원회를 둔다.

정답 풀이

공단은 납부기한의 다음 날부터 1년이 경과한 보험료, 연체금과 체납처분비의 총액이 1천만 원 이상인 체납자가 납부능력이 있음에도 불구하고 체납한 경우 그 인적사항·체납액 등을 공개할 수 있다. 즉, 체납자의 납부능력이 고려 대상이 된다.

19

정답 ①

제87조(이의신청) ① 가입자 및 피부양자의 자격, 보험료등, 보험급여, 보험급여 비용에 관한 공단의 처분에 이의가 있는 자는 공단에 이의신청을 할 수 있다.

정답 풀이

해당 사례는 개인이 피부양자 자격에 관한 공단의 처분에 대하여 이의를 가진 경우이다. 따라서 처분을 받은 개인은 공단에 대하여 이의신청을 할 수 있다. 만약 추후 이의신청에 대한 결정에도 불복한다면 건강보험분쟁조정위원회에 심판청구를 할 수 있다.

20

정답 ③

풀이 조문

제115조(벌칙) ① 제102조 제1호를 위반하여 가입자 및 피부양자의 개인정보를 누설하거나 직무상 목적 외의 용도로 이용 또는 정당한 사유 없이 제3자에게 제공한 자는 5년 이하의 징역 또는 5천만 원 이하의 벌금에 처한다.

④ 거짓이나 그 밖의 부정한 방법으로 보험급여를 받거나 타인으로 하여금 보험급여를 받게 한 사람은 2년 이하의 징역 또는 2천만 원 이하의 벌금에 처한다.

⑤ 다음 각 호의 어느 하나에 해당하는 자는 1년 이하의 징역 또는 1천만 원 이하의 벌금에 처한다.
  1. 제42조의2 제1항 및 제3항을 위반하여 선별급여를 제공한 요양기관의 개설자
  2. 제47조 제7항을 위반하여 대행청구단체가 아닌 자로 하여금 대행하게 한 자
  3. 제93조를 위반한 사용자
  4. 제98조 제2항을 위반한 요양기관의 개설자

제116조(벌칙) 제97조 제2항을 위반하여 보고 또는 서류 제출을 하지 아니한 자, 거짓으로 보고하거나 거짓 서류를 제출한 자, 검사나 질문을 거부·방해 또는 기피한 자는 1천만 원 이하의 벌금에 처한다.

정답 풀이

가입자의 개인정보를 직무상 목적 외의 용도로 이용할 경우 5년 이하의 징역 또는 5천만 원 이하의 벌금에 처한다.

오답 풀이

① 2년 이하의 징역 또는 2천만 원 이하의 벌금에 처한다.
② 1년 이하의 징역 또는 1천만 원 이하의 벌금에 처한다.
④ 1천만 원 이하의 벌금에 처한다.

공알리오 국민건강보험공단 국민건강보험법

제4회 중난도 모의고사

정답표

01	02	03	04	05	06	07	08	09	10
①	②	③	②	④	③	②	④	①	④
11	12	13	14	15	16	17	18	19	20
③	②	③	①	③	②	④	②	④	③

01

정답 ①

풀이 조문

제3조(정의) 이 법에서 사용하는 용어의 뜻은 다음과 같다.
1. "근로자"란 직업의 종류와 관계없이 근로의 대가로 보수를 받아 생활하는 사람(법인의 이사와 그 밖의 임원을 포함한다)으로서 공무원 및 교직원을 제외한 사람을 말한다.
2. "사용자"란 다음 각 목의 어느 하나에 해당하는 자를 말한다.
   가. 근로자가 소속되어 있는 사업장의 사업주
   나. 공무원이 소속되어 있는 기관의 장으로서 대통령령으로 정하는 사람
   다. 교직원이 소속되어 있는 사립학교(「사립학교교직원 연금법」 제3조에 규정된 사립학교를 말한다. 이하 이 조에서 같다)를 설립·운영하는 자
3. "사업장"이란 사업소나 사무소를 말한다.
4. "공무원"이란 국가나 지방자치단체에서 상시 공무에 종사하는 사람을 말한다.
5. "교직원"이란 사립학교나 사립학교의 경영기관에서 근무하는 교원과 직원을 말한다.

정답 풀이

- 갑: 사립학교의 경영기관에서 근무하는 직원이므로, 근로자가 아니라 교직원에 해당한다. 근로자에서 공무원과 교직원은 제외된다.
- 정: 직업의 종류와 관계없이 근로의 대가로 보수를 받아 생활하는 사람은 근로자에 해당하는데, 여기에는 법인의 이사와 그 밖의 임원도 포함되므로 사용자가 아니라 근로자에 해당한다.

02

정답 ②

제3조의2(국민건강보험종합계획의 수립 등) ⑤ 보건복지부장관은 다음 각 호의 사유가 발생한 경우 관련 사항에 대한 보고서를 작성하여 지체 없이 국회 소관 상임위원회에 보고하여야 한다.
1. 제1항에 따른 종합계획의 수립 및 변경
2. 제3항에 따른 시행계획의 수립
3. 제4항에 따른 시행계획에 따른 추진실적의 평가

오답 풀이

ㄹ. 시행계획의 수립은 보고 사항에 해당하지만, 시행계획의 변경은 보고 사항에 해당하지 않는다.

ㅁ. 종합계획에 따른 추진실적의 평가가 아니라 시행계획에 따른 추진실적의 평가가 보고 사항에 해당한다.

03 정답 ③

풀이 조문

제14조(업무 등) ① 공단은 다음 각 호의 업무를 관장한다.

1. 가입자 및 피부양자의 자격 관리
2. 보험료와 그 밖에 이 법에 따른 징수금의 부과·징수
3. 보험급여의 관리
4. 가입자 및 피부양자의 질병의 조기발견·예방 및 건강관리를 위하여 요양급여 실시 현황과 건강검진 결과 등을 활용하여 실시하는 예방사업으로서 대통령령으로 정하는 사업
5. 보험급여 비용의 지급
6. 자산의 관리·운영 및 증식사업
7. 의료시설의 운영
8. 건강보험에 관한 교육훈련 및 홍보
9. 건강보험에 관한 조사연구 및 국제협력
10. 이 법에서 공단의 업무로 정하고 있는 사항
11. 「국민연금법」, 「고용보험 및 산업재해보상보험의 보험료징수 등에 관한 법률」, 「임금채권보장법」 및 「석면피해구제법」(이하 "징수위탁근거법"이라 한다)에 따라 위탁받은 업무
12. 그 밖에 이 법 또는 다른 법령에 따라 위탁받은 업무
13. 그 밖에 건강보험과 관련하여 보건복지부장관이 필요하다고 인정한 업무

오답 풀이

ㄴ. 요양급여의 적정성 평가는 건강보험심사평가원이 관장하는 업무이다.

ㄹ. 직장가입자의 보험료율 심의·의결은 건강보험정책심의위원회의 업무이다.

04 정답 ②

풀이 조문

제25조(임원의 겸직 금지 등) ① 공단의 상임임원과 직원은 그 직무 외에 영리를 목적으로 하는 사업에 종사하지 못한다.

② 공단의 상임임원이 임명권자 또는 제청권자의 허가를 받거나 공단의 직원이 이사장의 허가를 받은 경우에는 비영리 목적의 업무를 겸할 수 있다.

정답 풀이

임원의 겸직 금지 조항에 따라 공단의 상임임원과 직원은 어떤 경우에도 직무 외 영리를 목적으로 하는 사업에는 종사하지 못한다. 또한 비영리 목적의 업무를 하려면 상임임원은 임명권자 또는 제청권자의 허가를 얻어야 하고, 직원은 이사장의 허가를 얻어야 한다.

- 갑: 상임이사이므로 영리 사업체에 종사할 수 없다.
- 정: 상임임원인 감사이므로 비영리 목적의 업무를 겸하기 위해서는 임명권자인 대통령이나 제청권자인 기획재정부장관의 허가를 얻어야 한다.

05 정답 ④

풀이 조문

제33조(재정운영위원회) ① 제45조 제1항에 따른 요양급여비용의 계약 및 제84조에 따른 결손처분 등 보험재정에 관련된 사항을 심의·의결하기 위하여 공단에 재정운영위원회를 둔다.
② 재정운영위원회의 위원장은 제34조 제1항 제3호에 따른 위원 중에서 호선(互選)한다.

제34조(재정운영위원회의 구성 등) ① 재정운영위원회는 다음 각 호의 위원으로 구성한다.
  1. 직장가입자를 대표하는 위원 10명
  2. 지역가입자를 대표하는 위원 10명
  3. 공익을 대표하는 위원 10명
③ 재정운영위원회 위원(공무원인 위원은 제외한다)의 임기는 2년으로 한다. 다만, 위원의 사임 등으로 새로 위촉된 위원의 임기는 전임위원 임기의 남은 기간으로 한다.

오답 풀이

① 국민건강보험공단 소속이다.
② 일반적인 위원의 임기는 2년이지만, 공무원인 위원은 2년 임기 규정에서 제외되며, 위원의 사임 등으로 새로 위촉된 위원의 임기는 전임위원 임기의 남은 기간으로 한다.
③ 위원의 인원수는 총 30명이다.

06 정답 ③

풀이 조문

제38조(준비금) ① 공단은 회계연도마다 결산상의 잉여금 중에서 그 연도의 보험급여에 든 비용의 100분의 5 이상에 상당하는 금액을 그 연도에 든 비용의 100분의 50에 다다를 때까지 준비금으로 적립하여야 한다.

정답 풀이

준비금에 대한 내용이다. '100분의 5'와 '100분의 50' 두 가지의 수치를 정확히 기억해야 한다.

07 정답 ②

풀이 조문

제41조의2(약제에 대한 요양급여비용 상한금액의 감액 등) ① 보건복지부장관은 「약사법」 제47조 제2항의 위반과 관련된 제41조 제1항 제2호의 약제에 대하여는 요양급여비용 상한금액(제41조 제3항에 따라 약제별 요양급여비용의 상한으로 정한 금액을 말한다. 이하 같다)의 100분의 20을 넘지 아니하는 범위에서 그 금액의 일부를 감액할 수 있다.
② 보건복지부장관은 제1항에 따라 요양급여비용의 상한금액이 감액된 약제가 감액된 날부터 5년의 범위에서 대통령령으로 정하는 기간 내에 다시 제1항에 따른 감액의 대상이 된 경우에는 요양급여비용

상한금액의 100분의 40을 넘지 아니하는 범위에서 요양급여비용 상한금액의 일부를 감액할 수 있다.

③ 보건복지부장관은 제2항에 따라 요양급여비용의 상한금액이 감액된 약제가 감액된 날부터 5년의 범위에서 대통령령으로 정하는 기간 내에 다시 「약사법」 제47조 제2항의 위반과 관련된 경우에는 해당 약제에 대하여 1년의 범위에서 기간을 정하여 요양급여의 적용을 정지할 수 있다.

정답 풀이

비록 약제 A가 「약사법」 제47조 제2항의 위반과 관련된 것은 이번이 두 번째이지만, 이에 대한 제재가 가중되기 위해서는 요양급여비용 상한금액이 감액된 날부터 5년 이내의 범위에서 대통령령으로 정하는 기간 내에 다시 위반과 관련되어야 한다. 하지만 최근의 위반은 요양급여비용 상한금액이 감액된 날부터 6년 5개월 후이므로, 실질적으로는 첫 번째 위반과 동일한 제재를 받게 된다. 따라서 요양급여비용 상한금액의 20%를 넘지 않는 범위 내에서 요양급여비용 상한금액의 일부를 감액할 수 있다.

08 정답 ④

 제42조(요양기관) ② 보건복지부장관은 효율적인 요양급여를 위하여 필요하면 보건복지부령으로 정하는 바에 따라 시설·장비·인력 및 진료과목 등 보건복지부령으로 정하는 기준에 해당하는 요양기관을 전문요양기관으로 인정할 수 있다. 이 경우 해당 전문요양기관에 인정서를 발급하여야 한다.

③ 보건복지부장관은 제2항에 따라 인정받은 요양기관이 다음 각 호의 어느 하나에 해당하는 경우에는 그 인정을 취소한다.
  1. 제2항 전단에 따른 인정기준에 미달하게 된 경우
  2. 제2항 후단에 따라 발급받은 인정서를 반납한 경우
④ 제2항에 따라 전문요양기관으로 인정된 요양기관 또는 「의료법」 제3조의4에 따른 상급종합병원에 대하여는 제41조 제3항에 따른 요양급여의 절차 및 제45조에 따른 요양급여비용을 다른 요양기관과 달리할 수 있다.
⑤ 제1항·제2항 및 제4항에 따른 요양기관은 정당한 이유 없이 요양급여를 거부하지 못한다.

제42조의2(요양기관의 선별급여 실시에 대한 관리) ① 제42조 제1항에도 불구하고, 선별급여 중 자료의 축적 또는 의료 이용의 관리가 필요한 경우에는 보건복지부장관이 해당 선별급여의 실시 조건을 사전에 정하여 이를 충족하는 요양기관만이 해당 선별급여를 실시할 수 있다.

오답 풀이

ㄴ. 전문요양기관이 인정서를 반납하는 경우 전문요양기관의 인정이 취소되는 것이지, 요양기관 그 자체에서 제외되는 것은 아니다.

09 정답 ①

 제41조의3(행위·치료재료 및 약제에 대한 요양급여대상 여부의 결정 및 조정) ⑤ 보건복지부장관은 제41조 제2항 제2호에 따라 요양급여대상으로 결정하여 고시한 약제에 대하여 보건복지부령으로 정하는 바에 따라 요양급여대상 여부, 범위, 요양급여비용 상한금액 등을 직권으로 조정할 수 있다.

제45조(요양급여비용의 산정 등) ③ 제1항에 따른 계약은 그 직전 계약기간 만료일이 속하는 연도의 5월 31일까지 체결하여야 하며, 그 기한까지 계약이 체결되지 아니하는 경우 보건복지부장관이 그 직전 계약기간 만료일이 속하는 연도의 6월 30일까지 심의위원회의 의결을 거쳐 요양급여비용을 정한다. 이 경우 보건복지부장관이 정하는 요양급여비용은 제1항 및 제2항에 따라 계약으로 정한 요양급여비용으로 본다.

⑤ 공단의 이사장은 제33조에 따른 재정운영위원회의 심의·의결을 거쳐 제1항에 따른 계약을 체결하여야 한다.

제46조(약제·치료재료에 대한 요양급여비용의 산정) 제41조 제1항 제2호의 약제·치료재료(이하 "약제·치료재료"라 한다)에 대한 요양급여비용은 제45조에도 불구하고 요양기관의 약제·치료재료 구입금액 등을 고려하여 대통령령으로 정하는 바에 따라 달리 산정할 수 있다.

오답 풀이

ㄷ. 그 직전 계약기간 만료일이 속하는 연도의 6월 30일까지 심의위원회의 의결을 거쳐 요양급여비용을 정하여야 한다. 5월 31일은 계약 체결의 기한이다.

ㄹ. 약제·치료재료에 대한 요양급여비용은 보건복지부령이 아니라 대통령령으로 정하는 바에 따라 요양급여비용의 계약에도 불구하고 달리 산정할 수 있다.

10   정답 ④

제47조(요양급여비용의 청구와 지급 등) ③ 제2항에 따라 심사 내용을 통보받은 공단은 지체 없이 그 내용에 따라 요양급여비용을 요양기관에 지급한다. 이 경우 이미 낸 본인일부부담금이 제2항에 따라 통보된 금액보다 더 많으면 요양기관에 지급할 금액에서 더 많이 낸 금액을 공제하여 해당 가입자에게 지급하여야 한다.

정답 풀이

가입자가 본인일부부담금을 통보된 금액보다 더 많이 냈다면, 공단은 요양기관에 지급할 금액에서 더 많이 낸 금액을 공제하여 해당 가입자에게 지급하여야 한다.

11   정답 ③

제53조(급여의 제한) ① 공단은 보험급여를 받을 수 있는 사람이 다음 각 호의 어느 하나에 해당하면 보험급여를 하지 아니한다.
1. 고의 또는 중대한 과실로 인한 범죄행위에 그 원인이 있거나 고의로 사고를 일으킨 경우
2. 고의 또는 중대한 과실로 공단이나 요양기관의 요양에 관한 지시에 따르지 아니한 경우
3. 고의 또는 중대한 과실로 제55조에 따른 문서와 그 밖의 물건의 제출을 거부하거나 질문 또는 진단을 기피한 경우
4. 업무 또는 공무로 생긴 질병·부상·재해로 다른 법령에 따른 보험급여나 보상(報償) 또는 보상(補償)을 받게 되는 경우

오답 풀이

- 병: 고의 또는 중대한 과실로 공단이나 요양기관의 요양에 관한 지시에 따르지 아니한 경우에 급여가 제한된다.

12 정답 ②

제57조(부당이득의 징수) ① 공단은 속임수나 그 밖의 부당한 방법으로 보험급여를 받은 사람·준요양기관 및 보조기기 판매업자나 보험급여 비용을 받은 요양기관에 대하여 그 보험급여나 보험급여 비용에 상당하는 금액을 징수한다.
③ 사용자나 가입자의 거짓 보고나 거짓 증명(제12조 제5항을 위반하여 건강보험증이나 신분증명서를 양도·대여하여 다른 사람이 보험급여를 받게 하는 것을 포함한다), 요양기관의 거짓 진단 또는 준요양기관이나 보조기기를 판매한 자의 속임수 및 그 밖의 부당한 방법으로 보험급여가 실시된 경우 공단은 이들에게 보험급여를 받은 사람과 연대하여 제1항에 따른 징수금을 내게 할 수 있다.
⑤ 요양기관이 가입자나 피부양자로부터 속임수나 그 밖의 부당한 방법으로 요양급여비용을 받은 경우 공단은 해당 요양기관으로부터 이를 징수하여 가입자나 피부양자에게 지체 없이 지급하여야 한다. 이 경우 공단은 가입자나 피부양자에게 지급하여야 하는 금액을 그 가입자 및 피부양자가 내야 하는 보험료등과 상계할 수 있다.

정답 풀이

요양기관이 가입자나 피부양자로부터 속임수나 그 밖의 부당한 방법으로 요양급여비용을 받은 경우, 공단은 해당 요양기관으로부터 이를 징수하여 가입자나 피부양자에게 지체 없이 지급하여야 한다.

오답 풀이

① 갑은 속임수로 을로부터 요양급여비용을 받은 점에 대해 부당이득 징수금을 내야 하며, 병에게 거짓 진단을 하여 보험급여를 받을 수 있게 한 점에 대해서는 병과 연대하여 부당이득 징수금을 낼 수 있다.
③ 병은 갑의 거짓 진단으로 보험급여를 받은 점에 대해서 부당이득 징수금을 내야 하며, 정에게 건강보험증을 대여하여 보험급여를 받을 수 있게 한 점에 대해서는 정과 연대하여 부당이득 징수금을 낼 수 있다.
④ 정은 병에게 건강보험증을 대여받아 보험급여를 받은 점에 대해서 부당이득 징수금을 내야 한다.

13 정답 ③

제65조(임원) ① 심사평가원에 임원으로서 원장, 이사 15명 및 감사 1명을 둔다. 이 경우 원장, 이사 중 4명 및 감사는 상임으로 한다.
② 원장은 임원추천위원회가 복수로 추천한 사람 중에서 보건복지부장관의 제청으로 대통령이 임명한다.
③ 상임이사는 보건복지부령으로 정하는 추천 절차를 거쳐 원장이 임명한다.
④ 비상임이사는 다음 각 호의 사람 중에서 10명과 대통령령으로 정하는 바에 따라 추천한 관계 공무원 1명을 보건복지부장관이 임명한다.

1. 공단이 추천하는 1명
   2. 의약관계단체가 추천하는 5명
   3. 노동조합·사용자단체·소비자단체 및 농어업인단체가 추천하는 각 1명
  ⑤ 감사는 임원추천위원회가 복수로 추천한 사람 중에서 기획재정부장관의 제청으로 대통령이 임명한다.

정답 풀이

- 정: 임원추천위원회의 추천을 받은 뒤 기획재정부장관의 제청으로 대통령으로부터 임명을 받는 사람은 감사이다. 감사는 상임에 해당한다.
- 을: 정(감사)을 임명한 사람은 대통령인데, 감사 1명 외에 대통령의 임명을 받는 사람은 원장이다. 원장은 상임에 해당한다.
- 병: 보건복지부령으로 정하는 추천 절차를 거쳐 을(원장)로부터 임명을 받는 사람은 상임이사이다.

오답 풀이

- 갑: 을(원장)을 제청한 사람은 보건복지부장관인데, 보건복지부장관으로부터 임명을 받는 사람은 비상임이사이다.

14   정답 ①

제66조(진료심사평가위원회) ② 심사위원회는 위원장을 포함하여 90명 이내의 상근 심사위원과 1천 명 이내의 비상근 심사위원으로 구성하며, 진료과목별 분과위원회를 둘 수 있다.
  ⑤ 심사평가원의 원장은 심사위원이 다음 각 호의 어느 하나에 해당하면 그 심사위원을 해임 또는 해촉할 수 있다.
   1. 신체장애나 정신장애로 직무를 수행할 수 없다고 인정되는 경우
   2. 직무상 의무를 위반하거나 직무를 게을리한 경우
   3. 고의나 중대한 과실로 심사평가원에 손실이 생기게 한 경우
   4. 직무 여부와 관계없이 품위를 손상하는 행위를 한 경우

정답 풀이

요양기관의 종류가 아니라 진료과목별로 분과위원회를 둘 수 있다.

15   정답 ③

제75조(보험료의 경감 등) ① 다음 각 호의 어느 하나에 해당하는 가입자 중 보건복지부령으로 정하는 가입자에 대하여는 그 가입자 또는 그 가입자가 속한 세대의 보험료의 일부를 경감할 수 있다.
   1. 섬·벽지(僻地)·농어촌 등 대통령령으로 정하는 지역에 거주하는 사람
   2. 65세 이상인 사람
   3. 「장애인복지법」에 따라 등록한 장애인

4. 「국가유공자 등 예우 및 지원에 관한 법률」제4조 제1항 제4호, 제6호, 제12호, 제15호 및 제17호에 따른 국가유공자
5. 휴직자
6. 그 밖에 생활이 어렵거나 천재지변 등의 사유로 보험료를 경감할 필요가 있다고 보건복지부장관이 정하여 고시하는 사람

오답 풀이

ㄱ. 「병역법」에 따른 현역병은 제6조 제2항에서 직장가입자에서 제외되는 사람으로 명시하고 있을 뿐 보험료 경감 대상과는 관련이 없다.

16

 정답 ②

풀이 조문

제69조(보험료) ③ 제1항 및 제2항에 따라 보험료를 징수할 때 가입자의 자격이 변동된 경우에는 변동된 날이 속하는 달의 보험료는 변동되기 전의 자격을 기준으로 징수한다. 다만, 가입자의 자격이 매월 1일에 변동된 경우에는 변동된 자격을 기준으로 징수한다.

④ 직장가입자의 월별 보험료액은 다음 각 호에 따라 산정한 금액으로 한다.
1. 보수월액보험료: 제70조에 따라 산정한 보수월액에 제73조 제1항 또는 제2항에 따른 보험료율을 곱하여 얻은 금액
2. 보수 외 소득월액보험료: 제71조에 따라 산정한 보수 외 소득월액에 제73조 제1항 또는 제2항에 따른 보험료율을 곱하여 얻은 금액

제76조(보험료의 부담) ① 직장가입자의 보수월액보험료는 직장가입자와 다음 각 호의 구분에 따른 자가 각각 보험료액의 100분의 50씩 부담한다. 다만, 직장가입자가 교직원으로서 사립학교에 근무하는 교원이면 보험료액은 그 직장가입자가 100분의 50을, 제3조 제2호 다목에 해당하는 사용자가 100분의 30을, 국가가 100분의 20을 각각 부담한다.
1. 직장가입자가 근로자인 경우에는 제3조 제2호 가목에 해당하는 사업주

정답 풀이

갑의 가입자 자격은 5월 1일에 변동되었으므로, 5월의 보험료는 변동된 자격, 즉 직장가입자 자격으로 납부하게 된다. 직장가입자의 보험료는 보수월액보험료에 보수 외 소득월액보험료를 더한 것인데, 갑은 보수 외에 다른 소득이 없다고 하였으므로 보수 외 소득월액보험료는 발생하지 않는다. 갑의 보수월액보험료를 계산해 보면 3,000,000원×7.09%=212,700원이다. 이때, 보수월액보험료의 절반은 사업주 부담이므로, 갑이 부담해야 하는 202X년 5월분 보험료액은 106,350원이다.

17

 정답 ④

풀이 조문

제79조(보험료등의 납입 고지) ① 공단은 보험료등을 징수하려면 그 금액을 결정하여 납부의무자에게 다음 각 호의 사항을 적은 문서로 납입 고지를 하여야 한다.
1. 징수하려는 보험료등의 종류

2. 납부해야 하는 금액

3. 납부기한 및 장소

⑤ 휴직자등의 보험료는 휴직 등의 사유가 끝날 때까지 보건복지부령으로 정하는 바에 따라 납입 고지를 유예할 수 있다.

⑥ 공단은 제77조의2에 따른 제2차 납부의무자에게 납입의 고지를 한 경우에는 해당 법인인 사용자 및 사업 양도인에게 그 사실을 통지하여야 한다.

제79조의2(신용카드등으로 하는 보험료등의 납부) ① 공단이 납입 고지한 보험료등을 납부하는 자는 보험료등의 납부를 대행할 수 있도록 대통령령으로 정하는 기관 등(이하 이 조에서 "보험료등납부대행기관"이라 한다)을 통하여 신용카드, 직불카드 등(이하 이 조에서 "신용카드등"이라 한다)으로 납부할 수 있다.

③ 보험료등납부대행기관은 보험료등의 납부자로부터 보험료등의 납부를 대행하는 대가로 수수료를 받을 수 있다.

정답 풀이

ㄱ. 휴직자등의 보험료는 휴직 등의 사유가 끝날 때까지 보건복지부령으로 정하는 바에 따라 납입 고지를 유예할 수 있다. 즉, 반드시 '유예하여야 하는' 것이 아니라 '유예할 수 있는' 것이다.

ㄴ. 공단은 제2차 납부의무자에게 납입의 고지를 한 경우에 해당 법인인 사용자 및 사업 양도인에게도 별도로 그 사실을 통지하여야 한다.

ㄹ. 보험료등납부대행기관은 '공단'이 아니라 '보험료등의 납부자'로부터 보험료등의 납부를 대행하는 대가로 수수료를 받을 수 있다.

18

정답 ②

제81조(보험료등의 독촉 및 체납처분) ① 공단은 제57조, 제77조, 제77조의2, 제78조의2, 제101조 및 제101조의2에 따라 보험료등을 내야 하는 자가 보험료등을 내지 아니하면 기한을 정하여 독촉할 수 있다. 이 경우 직장가입자의 사용자가 2명 이상인 경우 또는 지역가입자의 세대가 2명 이상으로 구성된 경우에는 그 중 1명에게 한 독촉은 해당 사업장의 다른 사용자 또는 세대 구성원인 다른 지역가입자 모두에게 효력이 있는 것으로 본다.

② 제1항에 따라 독촉할 때에는 10일 이상 15일 이내의 납부기한을 정하여 독촉장을 발부하여야 한다.

③ 공단은 제1항에 따른 독촉을 받은 자가 그 납부기한까지 보험료등을 내지 아니하면 보건복지부장관의 승인을 받아 국세 체납처분의 예에 따라 이를 징수할 수 있다.

④ 공단은 제3항에 따라 체납처분을 하기 전에 보험료등의 체납 내역, 압류 가능한 재산의 종류, 압류 예정 사실 및 「국세징수법」 제41조 제18호에 따른 소액금융재산에 대한 압류금지 사실 등이 포함된 통보서를 발송하여야 한다. 다만, 법인 해산 등 긴급히 체납처분을 할 필요가 있는 경우로서 대통령령으로 정하는 경우에는 그러하지 아니하다.

⑤ 공단은 제3항에 따른 국세 체납처분의 예에 따라 압류하거나 제81조의2 제1항에 따라 압류한 재산의 공매에 대하여 전문지식이 필요하거나 그 밖에 특수한 사정으로 직접 공매하는 것이 적당하지 아니하다고 인정하는 경우에는 「한국자산관리공사 설립 등에 관한 법률」에 따라 설립된 한국자산관리공사(이하 "한국자산관리공사"라 한다)에 공매를 대행하게 할 수 있다. 이 경우 공매는 공단이 한 것으로 본다.

제82조(체납보험료의 분할납부) ② 공단은 보험료를 3회 이상 체납한 자에 대하여 제81조 제3항에 따른 체납처분을 하기 전에 제1항에 따른 분할납부를 신청할 수 있음을 알리고, 보건복지부령으로 정하는 바에 따라 분할납부 신청의 절차·방법 등에 관한 사항을 안내하여야 한다.

> **정답 풀이**

공단은 보험료를 '1회 이상'이 아니라 '3회 이상' 체납한 자에 대하여 체납처분을 하기 전에 분할납부를 신청할 수 있음을 알리고, 보건복지부령으로 정하는 바에 따라 분할납부 신청의 절차·방법 등에 관한 사항을 안내하여야 한다.

19   정답 ④

제7조(사업장의 신고) 사업장의 사용자는 다음 각 호의 어느 하나에 해당하게 되면 그 때부터 14일 이내에 보건복지부령으로 정하는 바에 따라 보험자에게 신고하여야 한다. 제1호에 해당되어 보험자에게 신고한 내용이 변경된 경우에도 또한 같다.
  1. 제6조 제2항에 따라 직장가입자가 되는 근로자·공무원 및 교직원을 사용하는 사업장(이하 "적용대상사업장"이라 한다)이 된 경우

제8조(자격의 취득 시기 등) ① 가입자는 국내에 거주하게 된 날에 직장가입자 또는 지역가입자의 자격을 얻는다. 다만, 다음 각 호의 어느 하나에 해당하는 사람은 그 해당되는 날에 각각 자격을 얻는다.
  2. 직장가입자의 피부양자이었던 사람은 그 자격을 잃은 날
② 제1항에 따라 자격을 얻은 경우 그 직장가입자의 사용자 및 지역가입자의 세대주는 그 명세를 보건복지부령으로 정하는 바에 따라 자격을 취득한 날부터 14일 이내에 보험자에게 신고하여야 한다.

제43조(요양기관 현황에 대한 신고) ② 요양기관은 제1항에 따라 신고한 내용(제45조에 따른 요양급여비용의 증감에 관련된 사항만 해당한다)이 변경된 경우에는 그 변경된 날부터 15일 이내에 보건복지부령으로 정하는 바에 따라 심사평가원에 신고하여야 한다.

제87조(이의신청) ③ 제1항 및 제2항에 따른 이의신청(이하 "이의신청"이라 한다)은 처분이 있음을 안 날부터 90일 이내에 문서(전자문서를 포함한다)로 하여야 하며 처분이 있은 날부터 180일을 지나면 제기하지 못한다. 다만, 정당한 사유로 그 기간에 이의신청을 할 수 없었음을 소명한 경우에는 그러하지 아니하다.

> **정답 풀이**

적용대상사업장이 된 경우 그 때부터 14일 이내에 보험자에게 신고하여야 한다.

20   정답 ③

제91조(시효) ① 다음 각 호의 권리는 3년 동안 행사하지 아니하면 소멸시효가 완성된다.
  1. 보험료, 연체금 및 가산금을 징수할 권리
  2. 보험료, 연체금 및 가산금으로 과오납부한 금액을 환급받을 권리
  3. 보험급여를 받을 권리

4. 보험급여 비용을 받을 권리
5. 제47조 제3항 후단에 따라 과다납부된 본인일부부담금을 돌려받을 권리
6. 제61조에 따른 근로복지공단의 권리

오답 풀이

ㄹ. 제58조 제1항에 따라 손해배상을 청구할 권리, 즉 구상권은 제91조에 명시되어 있지 않다.

ㅂ. 보험료, 연체금으로 과오납부한 금액을 환급받을 권리는 제91조에 명시되어 있지만, 부당이득 징수금으로 과오납부한 금액을 환급받을 권리는 명시되어 있지 않다. '부당이득 징수금' 대신에 '가산금'이 들어가야 옳다.

제5회 고난도 모의고사

정답표

01	02	03	04	05	06	07	08	09	10
④	③	①	④	③	②	④	②	④	③
11	12	13	14	15	16	17	18	19	20
③	①	②	③	①	④	②	①	④	②

01
정답 ④

제4조(건강보험정책심의위원회) ④ 심의위원회의 위원은 다음 각 호에 해당하는 사람을 보건복지부장관이 임명 또는 위촉한다.
1. 근로자단체 및 사용자단체가 추천하는 각 2명
2. 시민단체(「비영리민간단체지원법」 제2조에 따른 비영리민간단체를 말한다. 이하 같다), 소비자단체, 농어업인단체 및 자영업자단체가 추천하는 각 1명
3. 의료계를 대표하는 단체 및 약업계를 대표하는 단체가 추천하는 8명
4. 다음 각 목에 해당하는 8명
    가. 대통령령으로 정하는 중앙행정기관 소속 공무원 2명
    나. 국민건강보험공단의 이사장 및 건강보험심사평가원의 원장이 추천하는 각 1명
    다. 건강보험에 관한 학식과 경험이 풍부한 4명

정답 풀이

㉠에는 2, ㉡에는 1, ㉢에는 8, ㉣에는 8, ㉤에는 2, ㉥에는 1, ㉦에는 4가 들어간다. 따라서 짝수가 들어가는 곳은 ㉠, ㉢, ㉣, ㉤, ㉦이다.

02
정답 ③

제9조(자격의 변동 시기 등) ① 가입자는 다음 각 호의 어느 하나에 해당하게 된 날에 그 자격이 변동된다.
1. 지역가입자가 적용대상사업장의 사용자로 되거나, 근로자·공무원 또는 교직원(이하 "근로자등"이라 한다)으로 사용된 날
2. 직장가입자가 다른 적용대상사업장의 사용자로 되거나 근로자등으로 사용된 날
3. 직장가입자인 근로자등이 그 사용관계가 끝난 날의 다음 날
4. 적용대상사업장에 제7조 제2호에 따른 사유가 발생한 날의 다음 날
5. 지역가입자가 다른 세대로 전입한 날

② 제1항에 따라 자격이 변동된 경우 직장가입자의 사용자와 지역가입자의 세대주는 다음 각 호의 구분에 따라 그 명세를 보건복지부령으로 정하는 바에 따라 자격이 변동된 날부터 14일 이내에 보험자에게

신고하여야 한다.
1. 제1항 제1호 및 제2호에 따라 자격이 변동된 경우: 직장가입자의 사용자
2. 제1항 제3호부터 제5호까지의 규정에 따라 자격이 변동된 경우: 지역가입자의 세대주
③ 법무부장관 및 국방부장관은 직장가입자나 지역가입자가 제54조 제3호 또는 제4호에 해당하면 보건복지부령으로 정하는 바에 따라 그 사유에 해당된 날부터 1개월 이내에 보험자에게 알려야 한다.
제9조의2(자격 취득·변동 사항의 고지) 공단은 제96조 제1항에 따라 제공받은 자료를 통하여 가입자 자격의 취득 또는 변동 여부를 확인하는 경우에는 자격 취득 또는 변동 후 최초로 제79조에 따른 납부의무자에게 보험료 납입 고지를 할 때 보건복지부령으로 정하는 바에 따라 자격 취득 또는 변동에 관한 사항을 알려야 한다.

정답 풀이

법무부장관 및 국방부장관은 직장가입자나 지역가입자가 제54조 제3호 또는 제4호에 해당하면 보건복지부령으로 정하는 바에 따라 그 사유에 해당된 날부터 '1개월' 이내에 보험자에게 알려야 한다.

03

 정답 ①

제12조(건강보험증) ③ 가입자 또는 피부양자는 제2항 본문에도 불구하고 주민등록증(모바일 주민등록증을 포함한다), 운전면허증, 여권, 그 밖에 보건복지부령으로 정하는 본인 여부를 확인할 수 있는 신분증명서(이하 "신분증명서"라 한다)로 요양기관이 그 자격을 확인할 수 있으면 건강보험증을 제출하지 아니할 수 있다.
⑦ 누구든지 건강보험증이나 신분증명서를 양도 또는 대여를 받거나 그 밖에 이를 부정하게 사용하여 보험급여를 받아서는 아니 된다.

오답 풀이

ㄴ. 가족관계증명서는 건강보험증을 대신할 수 있는 것으로 명시되어 있지 않다.
ㄹ, ㅁ. 양도 또는 대여받은 건강보험증을 사용하여 보험급여를 받아서는 안 된다.
ㅂ. '보건복지부령'으로 정하는 본인 여부를 확인할 수 있는 신분증명서로 건강보험증을 대신할 수 있다.

04

 정답 ④

제20조(임원) ① 공단은 임원으로서 이사장 1명, 이사 14명 및 감사 1명을 둔다. 이 경우 이사장, 이사 중 5명 및 감사는 상임으로 한다.
③ 상임이사는 보건복지부령으로 정하는 추천 절차를 거쳐 이사장이 임명한다.
④ 비상임이사는 다음 각 호의 사람을 보건복지부장관이 임명한다.
1. 노동조합·사용자단체·시민단체·소비자단체·농어업인단체 및 노인단체가 추천하는 각 1명
⑤ 감사는 임원추천위원회가 복수로 추천한 사람 중에서 기획재정부장관의 제청으로 대통령이 임명한다.
⑦ 이사장의 임기는 3년, 이사(공무원인 이사는 제외한다)와 감사의 임기는 각각 2년으로 한다.

제22조(임원의 직무) ① 이사장은 공단을 대표하고 업무를 총괄하며, 임기 중 공단의 경영성과에 대하여 책임을 진다.
　④ 감사는 공단의 업무, 회계 및 재산 상황을 감사한다.
제24조(임원의 당연퇴임 및 해임) ② 임명권자는 임원이 다음 각 호의 어느 하나에 해당하면 그 임원을 해임할 수 있다.
　2. 직무상 의무를 위반한 경우
제25조(임원의 겸직 금지 등) ② 공단의 상임임원이 임명권자 또는 제청권자의 허가를 받거나 공단의 직원이 이사장의 허가를 받은 경우에는 비영리 목적의 업무를 겸할 수 있다.
제26조(이사회) ③ 감사는 이사회에 출석하여 발언할 수 있다.
제27조(직원의 임면) 이사장은 정관으로 정하는 바에 따라 직원을 임면(任免)한다.

정답 풀이

- 갑: 상임임원이므로 이사장, 감사, 상임이사 중에서 하나이다.
- 을: 노동조합의 추천을 받아 임명되었으므로 비상임이사이다.
- 병: 대통령의 임명을 받는 임원은 이사장과 감사인데, 임기가 2년이라고 하였으므로 감사이다.
- 정: 임기 중 공단의 경영성과에 대하여 책임을 지므로 이사장이다. 한편, 이사장과 감사는 각각 1명씩이므로 갑은 상임이사이다.

정리해 보면, 갑은 '상임이사', 을은 '비상임이사', 병은 '감사', 정은 '이사장'이다.

오답 풀이

ㄴ. 공단의 업무, 회계 및 재산 상황을 감사하는 일은 감사의 직무이다. 따라서 비상임이사인 을에 대한 설명으로 옳지 않다.

05 정답 ③

풀이 조문

제42조(요양기관) ① 요양급여(간호와 이송은 제외한다)는 다음 각 호의 요양기관에서 실시한다. 이 경우 보건복지부장관은 공익이나 국가정책에 비추어 요양기관으로 적합하지 아니한 대통령령으로 정하는 의료기관 등은 요양기관에서 제외할 수 있다.
　1. 「의료법」에 따라 개설된 의료기관
　2. 「약사법」에 따라 등록된 약국
　3. 「약사법」 제91조에 따라 설립된 한국희귀·필수의약품센터
　4. 「지역보건법」에 따른 보건소·보건의료원 및 보건지소
　5. 「농어촌 등 보건의료를 위한 특별조치법」에 따라 설치된 보건진료소

오답 풀이

ㄹ. 「의료법」 제35조에 따라 개설된 부속 의료기관은 대통령령에 따라 요양기관에서 제외되는 곳이다. 대통령령은 시험 범위가 아니므로 외울 필요는 없고, '부속 의료기관'은 요양급여를 실시하는 요양기관으로 명시되어 있지 않다는 것을 알아 두면 된다.

ㅁ. 「지역보건법」에 따른 요양기관으로는 보건소·보건의료원 및 보건지소가 명시되어 있다. 건강생활지원센터는 해당하지 않는다.

06

정답 ②

제41조의4(선별급여) ② 보건복지부장관은 대통령령으로 정하는 절차와 방법에 따라 제1항에 따른 선별급여(이하 "선별급여"라 한다)에 대하여 주기적으로 요양급여의 적합성을 평가하여 요양급여 여부를 다시 결정하고, 제41조 제3항에 따른 요양급여의 기준을 조정하여야 한다.

제42조의2(요양기관의 선별급여 실시에 대한 관리) ① 제42조 제1항에도 불구하고, 선별급여 중 자료의 축적 또는 의료 이용의 관리가 필요한 경우에는 보건복지부장관이 해당 선별급여의 실시 조건을 사전에 정하여 이를 충족하는 요양기관만이 해당 선별급여를 실시할 수 있다.

② 제1항에 따라 선별급여를 실시하는 요양기관은 제41조의4 제2항에 따른 해당 선별급여의 평가를 위하여 필요한 자료를 제출하여야 한다.

③ 보건복지부장관은 요양기관이 제1항에 따른 선별급여의 실시 조건을 충족하지 못하거나 제2항에 따른 자료를 제출하지 아니할 경우에는 해당 선별급여의 실시를 제한할 수 있다.

제44조(비용의 일부부담) ① 요양급여를 받는 자는 대통령령으로 정하는 바에 따라 비용의 일부(이하 "본인일부부담금"이라 한다)를 본인이 부담한다. 이 경우 선별급여에 대해서는 다른 요양급여에 비하여 본인일부부담금을 상향 조정할 수 있다.

정답 풀이

ㄱ. 선별급여에 대해서는 다른 요양급여에 비하여 본인일부부담금을 '상향' 조정할 수 있다.
ㄹ. 보건복지부장관은 대통령령으로 정하는 절차와 방법에 따라 선별급여에 대하여 주기적으로 요양급여의 '적합성'을 평가하여 요양급여 여부를 다시 결정하고, 요양급여의 기준을 조정하여야 한다.

07

정답 ④

제47조의2(요양급여비용의 지급 보류) ① 제47조 제3항에도 불구하고 공단은 요양급여비용의 지급을 청구한 요양기관이 「의료법」 제4조 제2항, 제33조 제2항·제8항 또는 「약사법」 제20조 제1항, 제21조 제1항을 위반하였거나, 「의료법」 제33조 제10항 또는 「약사법」 제6조 제3항·제4항을 위반하여 개설·운영되었다는 사실을 수사기관의 수사 결과로 확인한 경우에는 해당 요양기관이 청구한 요양급여비용의 지급을 보류할 수 있다. 이 경우 요양급여비용 지급 보류 처분의 효력은 해당 요양기관이 그 처분 이후 청구하는 요양급여비용에 대해서도 미친다.

② 공단은 제1항에 따라 요양급여비용의 지급을 보류하기 전에 해당 요양기관에 의견 제출의 기회를 주어야 한다.

③ 공단은 요양기관이 「의료법」 제4조 제2항, 제33조 제2항·제8항 또는 「약사법」 제20조 제1항, 제21조 제1항을 위반한 혐의나 「의료법」 제33조 제10항 또는 「약사법」 제6조 제3항·제4항을 위반하여 개설·운영된 혐의에 대하여 법원에서 무죄 판결이 선고된 경우 그 선고 이후 실시한 요양급여에 한정하여 해당 요양기관이 청구하는 요양급여비용을 지급할 수 있다.

④ 법원의 무죄 판결이 확정되는 등 대통령령으로 정하는 사유로 제1항에 따른 요양기관이 「의료법」 제4조 제2항, 제33조 제2항·제8항 또는 「약사법」 제20조 제1항, 제21조 제1항을 위반한 혐의나 「의료법」 제33조 제10항 또는 「약사법」 제6조 제3항·제4항을 위반하여 개설·운영된 혐의가 입증되지 아니한 경우에는 공단은 지급보류 처분을 취소하고, 지급 보류된 요양급여비용에 지급 보류된 기간 동안의 이자를 가산하여 해당 요양기관에 지급하여야 한다. 이 경우 이자는 「민법」 제379조에 따른 법정이율을 적용하여 계산한다.

정답 풀이
- ㄱ. 공단은 요양급여비용의 지급을 '보류하기 전'에 해당 요양기관에 의견 제출의 기회를 주어야 한다.
- ㄷ. 위반 혐의에 대하여 무죄 판결이 '선고'된 경우에 공단은 그 선고 이후 실시한 요양급여에 한정하여 해당 요양기관이 청구하는 요양급여비용을 지급할 수 있다.
- ㄹ. 위반 혐의에 대하여 무죄 판결이 '확정'된 경우에 공단은 지급 보류 처분을 취소하고, 지급 보류된 요양급여비용에 지급 보류된 기간 동안의 이자를 가산하여 해당 요양기관에 지급하여야 한다.

08 정답 ②

풀이 조문

제53조(급여의 제한) ⑥ 제3항 및 제4항에 따라 보험급여를 하지 아니하는 기간(이하 이 항에서 "급여제한기간"이라 한다)에 받은 보험급여는 다음 각 호의 어느 하나에 해당하는 경우에만 보험급여로 인정한다.
1. 공단이 급여제한기간에 보험급여를 받은 사실이 있음을 가입자에게 통지한 날부터 2개월이 지난 날이 속한 달의 납부기한 이내에 체납된 보험료를 완납한 경우
2. 공단이 급여제한기간에 보험급여를 받은 사실이 있음을 가입자에게 통지한 날부터 2개월이 지난 날이 속한 달의 납부기한 이내에 제82조에 따라 분할납부 승인을 받은 체납보험료를 1회 이상 낸 경우. 다만, 제82조에 따른 분할납부 승인을 받은 사람이 정당한 사유 없이 5회 이상 그 승인된 보험료를 내지 아니한 경우에는 그러하지 아니하다.

오답 풀이
- ㄱ. 공단이 급여제한기간에 보험급여를 받은 사실이 있음을 가입자에게 통지한 날인 202X년 12월 1일이 기준이 되어야 하며, 분할납부 승인을 받는 데서 그치지 말고 승인을 받은 체납보험료를 1회 이상 낸 경우여야 한다.
- ㄷ. 공단이 급여제한기간에 보험급여를 받은 사실이 있음을 가입자에게 통지한 날부터 '2개월'이 지난 날이 속한 달의 납부기한 이내에 분할납부 승인을 받은 체납보험료를 1회 이상 낸 경우여야 한다.

09 정답 ④

풀이 조문

제56조의2(요양비등수급계좌) ① 공단은 이 법에 따른 보험급여로 지급되는 현금(이하 "요양비등"이라 한다)을 받는 수급자의 신청이 있는 경우에는 요양비등을 수급자 명의의 지정된 계좌(이하 "요양비등수급계좌"라 한다)로 입금하여야 한다. 다만, 정보통신장애나 그 밖에 대통령령으로 정하는 불가피한 사유로 요양비등수급계좌로 이체할 수 없을 때에는 직접 현금으로 지급하는 등 대통령령으로 정하는 바에

따라 요양비등을 지급할 수 있다.

② 요양비등수급계좌가 개설된 금융기관은 요양비등수급계좌에 요양비등만이 입금되도록 하고, 이를 관리하여야 한다.

제59조(수급권 보호) ② 제56조의2 제1항에 따라 요양비등수급계좌에 입금된 요양비등은 압류할 수 없다.

오답 풀이

① 요양비등수급계좌에 입금된 요양비등은 압류할 수 없다고만 규정하고 있을 뿐 양도까지 금지하고 있지는 않다. 참고로, '보험급여를 받을 권리'는 양도와 압류 모두 금지된다.
② 요양비등수급계좌에 요양비등만이 입금되도록 하고, 이를 관리하여야 하는 주체는 '요양비등수급계좌가 개설된 금융기관'이다.
③ 공단은 '수급자의 신청이 있는 경우'에 요양비등을 요양비등수급계좌로 입금하여야 한다.

10

정답 ③

제66조(진료심사평가위원회) ③ 제2항에 따른 상근 심사위원은 심사평가원의 원장이 보건복지부령으로 정하는 사람 중에서 임명한다.

④ 제2항에 따른 비상근 심사위원은 심사평가원의 원장이 보건복지부령으로 정하는 사람 중에서 위촉한다.

⑤ 심사평가원의 원장은 심사위원이 다음 각 호의 어느 하나에 해당하면 그 심사위원을 해임 또는 해촉할 수 있다.

2. 직무상 의무를 위반하거나 직무를 게을리한 경우

제66조의2(진료심사평가위원회 위원의 겸직) ① 「고등교육법」 제14조 제2항에 따른 교원 중 교수·부교수 및 조교수는 「국가공무원법」 제64조 및 「사립학교법」 제55조 제1항에도 불구하고 소속대학 총장의 허가를 받아 진료심사평가위원회 위원의 직무를 겸할 수 있다.

정답 풀이

- 을: 비상근 심사위원은 심사평가원의 원장에게 위촉을 받는다.
- 정: 교수, 부교수, 조교수가 진료심사평가위원회 위원의 직무를 겸하기 위해서는 소속대학 총장을 허가를 받아야 한다.

11

정답 ③

제54조(급여의 정지) 보험급여를 받을 수 있는 사람이 다음 각 호의 어느 하나에 해당하면 그 기간에는 보험급여를 하지 아니한다. 다만, 제3호 및 제4호의 경우에는 제60조에 따른 요양급여를 실시한다.

2. 국외에 체류하는 경우
4. 교도소, 그 밖에 이에 준하는 시설에 수용되어 있는 경우

제74조(보험료의 면제) ① 공단은 직장가입자가 제54조 제2호부터 제4호까지의 어느 하나에 해당하는 경우(같은 조 제2호에 해당하는 경우에는 1개월 이상의 기간으로서 대통령령으로 정하는 기간 이상 국외

에 체류하는 경우에 한정한다. 이하 이 조에서 같다) 그 가입자의 보험료를 면제한다. 다만, 제54조 제2호에 해당하는 직장가입자의 경우에는 국내에 거주하는 피부양자가 없을 때에만 보험료를 면제한다.

② 지역가입자가 제54조 제2호부터 제4호까지의 어느 하나에 해당하면 그 가입자가 속한 세대의 보험료를 산정할 때 그 가입자의 제71조 제2항에 따른 소득월액 및 제72조에 따른 재산보험료부과점수를 제외한다.

③ 제1항에 따른 보험료의 면제나 제2항에 따라 보험료의 산정에서 제외되는 소득월액 및 재산보험료부과점수에 대하여는 제54조 제2호부터 제4호까지의 어느 하나에 해당하는 급여정지 사유가 생긴 날이 속하는 달의 다음 달부터 사유가 없어진 날이 속하는 달까지 적용한다. 다만, 다음 각 호의 어느 하나에 해당하는 경우에는 그 달의 보험료를 면제하지 아니하거나 보험료의 산정에서 소득월액 및 재산보험료부과점수를 제외하지 아니한다.

1. 급여정지 사유가 매월 1일에 없어진 경우
2. 제54조 제2호에 해당하는 가입자 또는 그 피부양자가 국내에 입국하여 입국일이 속하는 달에 보험급여를 받고 그 달에 출국하는 경우

정답 풀이

갑은 제54조 제4호에 해당하는 지역가입자이므로, 갑이 속한 세대의 보험료를 산정할 때 갑의 소득월액과 재산보험료부과점수가 제외되는 기간은 급여정지 사유가 생긴 날(202X년 3월 15일)이 속하는 달(202X년 3월)의 다음 달(202X년 4월)부터 사유가 없어진 날(202X년 9월 15일)이 속하는 달(202X년 9월)까지이다.

을은 제54조 제2호에 해당하는 직장가입자인데, 이 경우 국내에 거주하는 피부양자가 없을 때에만 보험료를 면제한다. 따라서 202X년 7월 1일 피부양자 정이 국내에 입국하면서 을의 보험료 면제 사유는 없어지며, 동시에 정의 급여정지 사유도 없어진다. 급여정지 사유가 매월 1일에 없어진 경우 그 달의 보험료는 면제하지 않는다. 따라서 을의 보험료가 면제되는 기간은 급여정지 사유가 생긴 날(202X년 3월 1일)이 속하는 달(202X년 3월)의 다음 달(202X년 4월)부터 사유가 없어진 날(202X년 7월 1일)이 속하는 달의 직전 달(202X년 6월)까지이다.

12

정답 ①

제71조(소득월액) ① 직장가입자의 보수 외 소득월액은 제70조에 따른 보수월액의 산정에 포함된 보수를 제외한 직장가입자의 소득(이하 "보수 외 소득"이라 한다)이 대통령령으로 정하는 금액을 초과하는 경우 다음의 계산식에 따른 값을 보건복지부령으로 정하는 바에 따라 평가하여 산정한다.

$$(\text{연간 보수 외 소득} - \text{대통령령으로 정하는 금액}) \times 1/12$$

② 지역가입자의 소득월액은 지역가입자의 연간 소득을 12개월로 나눈 값을 보건복지부령으로 정하는 바에 따라 평가하여 산정한다.

제76조(보험료의 부담) ① 직장가입자의 보수월액보험료는 직장가입자와 다음 각 호의 구분에 따른 자가 각각 보험료액의 100분의 50씩 부담한다. 다만, 직장가입자가 교직원으로서 사립학교에 근무하는 교원이면 보험료액은 그 직장가입자가 100분의 50을, 제3조 제2호 다목에 해당하는 사용자가 100분의

30을, 국가가 100분의 20을 각각 부담한다.
1. 직장가입자가 근로자인 경우에는 제3조 제2호 가목에 해당하는 사업주
③ 지역가입자의 보험료는 그 가입자가 속한 세대의 지역가입자 전원이 연대하여 부담한다.

제77조(보험료 납부의무) ① 직장가입자의 보험료는 다음 각 호의 구분에 따라 그 각 호에서 정한 자가 납부한다.
1. 보수월액보험료: 사용자. 이 경우 사업장의 사용자가 2명 이상인 때에는 그 사업장의 사용자는 해당 직장가입자의 보험료를 연대하여 납부한다.
2. 보수 외 소득월액보험료: 직장가입자

② 지역가입자의 보험료는 그 가입자가 속한 세대의 지역가입자 전원이 연대하여 납부한다. 다만, 소득 및 재산이 없는 미성년자와 소득 및 재산 등을 고려하여 대통령령으로 정하는 기준에 해당하는 미성년자는 납부의무를 부담하지 아니한다.

정답 풀이

- 갑: 직장가입자의 보수월액보험료에 대한 납부의무는 사업주인 사용자가 진다. 직장가입자 본인은 납부의무를 지지 않는다.
- 정: 피부양자에 대해서는 보수 외 소득월액보험료를 비롯한 보험료가 발생하지 않는다. 직장가입자의 보수 외 소득월액보험료를 산정할 때에는 직장가입자의 보수 외 소득을 고려할 뿐이다.

13

정답

제80조(연체금) ① 공단은 보험료등의 납부의무자가 납부기한까지 보험료등을 내지 아니하면 그 납부기한이 지난 날부터 매 1일이 경과할 때마다 다음 각 호에 해당하는 연체금을 징수한다.
1. 제69조에 따른 보험료 또는 제53조 제3항에 따른 보험급여 제한 기간 중 받은 보험급여에 대한 징수금을 체납한 경우: 해당 체납금액의 1천500분의 1에 해당하는 금액. 이 경우 연체금은 해당 체납금액의 1천분의 20을 넘지 못한다.
2. 제1호 외에 이 법에 따른 징수금을 체납한 경우: 해당 체납금액의 1천분의 1에 해당하는 금액. 이 경우 연체금은 해당 체납금액의 1천분의 30을 넘지 못한다.

② 공단은 보험료등의 납부의무자가 체납된 보험료등을 내지 아니하면 납부기한 후 30일이 지난 날부터 매 1일이 경과할 때마다 다음 각 호에 해당하는 연체금을 제1항에 따른 연체금에 더하여 징수한다.
1. 제69조에 따른 보험료 또는 제53조 제3항에 따른 보험급여 제한 기간 중 받은 보험급여에 대한 징수금을 체납한 경우: 해당 체납금액의 6천분의 1에 해당하는 금액. 이 경우 연체금(제1항 제1호의 연체금을 포함한 금액을 말한다)은 해당 체납금액의 1천분의 50을 넘지 못한다.
2. 제1호 외에 이 법에 따른 징수금을 체납한 경우: 해당 체납금액의 3천분의 1에 해당하는 금액. 이 경우 연체금(제1항 제2호의 연체금을 포함한 금액을 말한다)은 해당 체납금액의 1천분의 90을 넘지 못한다.

③ 공단은 제1항 및 제2항에도 불구하고 천재지변이나 그 밖에 보건복지부령으로 정하는 부득이한 사유가 있으면 제1항 및 제2항에 따른 연체금을 징수하지 아니할 수 있다.

정답 풀이

㉠에는 20, ㉡에는 30, ㉢에는 30, ㉣에는 50, ㉤에는 90이 들어간다. 따라서 ㉠~㉤에 들어갈 숫자를 모두 더하면 20+30+30+50+90=220이다.

14 정답 ③

풀이 조문

제81조의2(부당이득 징수금의 압류) ① 제81조에도 불구하고 공단은 보험급여 비용을 받은 요양기관이 다음 각 호의 요건을 모두 갖춘 경우에는 제57조 제1항에 따른 징수금의 한도에서 해당 요양기관 또는 그 요양기관을 개설한 자(같은 조 제2항에 따라 해당 요양기관과 연대하여 징수금을 납부하여야 하는 자를 말한다. 이하 이 조에서 같다)의 재산을 보건복지부장관의 승인을 받아 압류할 수 있다.
  1. 「의료법」 제33조 제2항 또는 「약사법」 제20조 제1항을 위반하였다는 사실로 기소된 경우
  2. 요양기관 또는 요양기관을 개설한 자에게 강제집행, 국세 강제징수 등 대통령령으로 정하는 사유가 있어 그 재산을 압류할 필요가 있는 경우
② 공단은 제1항에 따라 재산을 압류하였을 때에는 해당 요양기관 또는 그 요양기관을 개설한 자에게 문서로 그 압류 사실을 통지하여야 한다.
③ 공단은 다음 각 호의 어느 하나에 해당할 때에는 제1항에 따른 압류를 즉시 해제하여야 한다.
  1. 제2항에 따른 통지를 받은 자가 제57조 제1항에 따른 징수금에 상당하는 다른 재산을 담보로 제공하고 압류 해제를 요구하는 경우
  2. 법원의 무죄 판결이 확정되는 등 대통령령으로 정하는 사유로 해당 요양기관이 「의료법」 제33조 제2항 또는 「약사법」 제20조 제1항을 위반한 혐의가 입증되지 아니한 경우

정답 풀이

ㄴ. 압류 통지를 받은 자가 제57조 제1항에 따른 징수금에 상당하는 다른 재산을 담보로 제공하고 압류 해제를 요구하는 경우에는 압류를 즉시 해제하여야 한다.
ㄹ. 법원의 무죄 판결이 확정되는 등 대통령령으로 정하는 사유로 해당 요양기관이 「의료법」 제33조 제2항 또는 「약사법」 제20조 제1항을 위반한 혐의가 입증되지 아니한 경우에는 압류를 즉시 해제하여야 한다.

15 정답 ①

풀이 조문

제81조의4(보험료의 납부증명) ① 제77조에 따른 보험료의 납부의무자(이하 이 조에서 "납부의무자"라 한다)는 국가, 지방자치단체 또는 「공공기관의 운영에 관한 법률」 제4조에 따른 공공기관(이하 이 조에서 "공공기관"이라 한다)으로부터 공사·제조·구매·용역 등 대통령령으로 정하는 계약의 대가를 지급받는 경우에는 보험료와 그에 따른 연체금 및 체납처분비의 납부사실을 증명하여야 한다. 다만, 납부의무자가 계약대금의 전부 또는 일부를 체납한 보험료로 납부하려는 경우 등 대통령령으로 정하는 경우에는 그러하지 아니하다.

오답 풀이

ㄱ. 공공기관으로부터 계약의 대가를 '지급받는' 경우에 보험료와 그에 따른 연체금 및 체납처분비의 납부사실을 증명하여야 한다.

ㄷ, ㅁ. 금융기관, 종합신용정보집중기관과의 계약 및 그 대가 지급은 보험료와 그에 따른 연체금 및 체납처분비의 납부사실 증명과 관련이 없다.

16

정답 ④

제85조(보험료등의 징수 순위) 보험료등은 국세와 지방세를 제외한 다른 채권에 우선하여 징수한다. 다만, 보험료등의 납부기한 전에 전세권·질권·저당권 또는 「동산·채권 등의 담보에 관한 법률」에 따른 담보권의 설정을 등기 또는 등록한 사실이 증명되는 재산을 매각할 때에 그 매각대금 중에서 보험료등을 징수하는 경우 그 전세권·질권·저당권 또는 「동산·채권 등의 담보에 관한 법률」에 따른 담보권으로 담보된 채권에 대하여는 그러하지 아니하다.

정답 풀이

ㄱ, ㄷ, ㄹ, ㅅ. 보험료등의 납부기한 전에 '전세권·질권·저당권 또는 「동산·채권 등의 담보에 관한 법률」에 따른 담보권'의 설정을 등기 또는 등록한 사실이 증명되는 재산을 매각할 때에 그 매각대금 중에서 보험료등을 징수하는 경우 그 '전세권·질권·저당권 또는 「동산·채권 등의 담보에 관한 법률」에 따른 담보권'으로 담보된 채권에 대하여는 보험료등을 우선하여 징수하지 않는다.

17

정답 ②

제95조(소득 축소·탈루 자료의 송부 등) ① 공단은 제94조 제1항에 따라 신고한 보수 또는 소득 등에 축소 또는 탈루(脫漏)가 있다고 인정하는 경우에는 보건복지부장관을 거쳐 소득의 축소 또는 탈루에 관한 사항을 문서로 국세청장에게 송부할 수 있다.

② 국세청장은 제1항에 따라 송부받은 사항에 대하여 「국세기본법」 등 관련 법률에 따른 세무조사를 하면 그 조사 결과 중 보수·소득에 관한 사항을 공단에 송부하여야 한다.

정답 풀이

공단이 소득의 축소 또는 탈루에 관한 사항을 문서로 국세청장에게 송부할 때에는 '보건복지부장관'을 거쳐야 하며, 국세청장은 세무조사 결과 중 보수·소득에 관한 사항을 '공단'에 송부하여야 한다.

18

정답 ①

제99조(과징금) ⑦ 보건복지부장관은 과징금을 징수하기 위하여 필요하면 다음 각 호의 사항을 적은 문서로 관할 세무관서의 장 또는 지방자치단체의 장에게 과세정보의 제공을 요청할 수 있다.

1. 납세자의 인적사항
2. 사용 목적
3. 과징금 부과 사유 및 부과 기준

오답 풀이

ㄴ. 제99조 제7항 각 호에 과징금 납부기한은 명시되어 있지 않다.
ㄹ. 제99조 제7항 제3호에는 과징금 부과 사유 '및' 부과 기준을 명시하고 있다. '및'과 '또는'을 구분하여야 한다.

19 정답 ②

풀이 조문

제14조(업무 등) 공단은 특정인을 위하여 업무를 제공하거나 공단 시설을 이용하게 할 경우 공단의 정관으로 정하는 바에 따라 그 업무의 제공 또는 시설의 이용에 대한 수수료와 사용료를 징수할 수 있다.

제39조의2(재난적의료비 지원사업에 대한 출연) 공단은 「재난적의료비 지원에 관한 법률」에 따른 재난적 의료비 지원사업에 사용되는 비용에 충당하기 위하여 매년 예산의 범위에서 출연할 수 있다. 이 경우 출연 금액의 상한 등에 필요한 사항은 대통령령으로 정한다.

제58조(구상권) ① 공단은 제3자의 행위로 보험급여사유가 생겨 가입자 또는 피부양자에게 보험급여를 한 경우에는 그 급여에 들어간 비용 한도에서 그 제3자에게 손해배상을 청구할 권리를 얻는다.

제113조(징수위탁보험료등의 배분 및 납입 등) ① 공단은 자신이 징수한 보험료와 그에 따른 징수금 또는 징수위탁보험료등의 금액이 징수하여야 할 총액에 부족한 경우에는 대통령령으로 정하는 기준, 방법에 따라 이를 배분하여 납부 처리하여야 한다. 다만, 납부의무자가 다른 의사를 표시한 때에는 그에 따른다.

정답 풀이

공단은 제3자의 행위로 보험급여사유가 생겨 가입자 또는 피부양자에게 보험급여를 한 경우에는 '그 급여에 들어간 비용 한도'에서 그 제3자에게 손해배상을 청구할 권리를 얻는데, 이것을 구상권이라고 한다. 참고로, 보험급여를 받은 사람이 제3자로부터 이미 손해배상을 받은 경우에는 공단은 그 배상액 한도에서 보험급여를 하지 않는다.

20 정답 ②

풀이 조문

제115조(벌칙) ⑤ 다음 각 호의 어느 하나에 해당하는 자는 1년 이하의 징역 또는 1천만 원 이하의 벌금에 처한다.
  3. 제93조를 위반한 사용자

제119조(과태료) ③ 다음 각 호의 어느 하나에 해당하는 자에게는 500만 원 이하의 과태료를 부과한다.
  3. 정당한 사유 없이 제97조 제1항, 제3항, 제4항, 제5항을 위반하여 보고·서류제출을 하지 아니하거나 거짓으로 보고·서류제출을 한 자

정답 풀이

을은 제93조를 위반한 사용자로 1년 이하의 징역 또는 1천만 원 이하의 벌금에 처한다. 따라서 1천만 원 이하의 벌금에 처하는 것이 가능하다.

오답 풀이

① 갑은 제97조 제1항을 위반한 자로 500만 원 이하의 과태료를 부과받는다.
③ 갑은 과태료를 부과받게 되는데, 과태료는 형벌이 아니라 행정 처분이다. 즉, 갑은 형벌 자체에 처하지 않으므로, 갑에게 처하는 형벌이 을에게 처하는 형벌보다 무겁다고도 할 수 없다.
④ 갑은 징역에 처하지 않지만, 을은 징역에 처할 수 있다.

제6회 고난도 모의고사

정답표

01	02	03	04	05	06	07	08	09	10
②	①	②	③	①	③	②	④	①	①
11	12	13	14	15	16	17	18	19	20
③	②	④	③	①	④	③	①	②	①

01 정답 ②

풀이 조문

제3조(정의) 이 법에서 사용하는 용어의 뜻은 다음과 같다.
  2. "사용자"란 다음 각 목의 어느 하나에 해당하는 자를 말한다.
    다. 교직원이 소속되어 있는 사립학교(「사립학교교직원 연금법」 제3조에 규정된 사립학교를 말한다. 이하 이 조에서 같다)를 설립·운영하는 자
  4. "공무원"이란 국가나 지방자치단체에서 상시 공무에 종사하는 사람을 말한다.

제5조(적용 대상 등) ① 국내에 거주하는 국민은 건강보험의 가입자 또는 피부양자가 된다. 다만, 다음 각 호의 어느 하나에 해당하는 사람은 제외한다.
  1. 「의료급여법」에 따라 의료급여를 받는 사람(이하 "수급권자"라 한다)
  2. 「독립유공자예우에 관한 법률」 및 「국가유공자 등 예우 및 지원에 관한 법률」에 따라 의료보호를 받는 사람(이하 "유공자등 의료보호대상자"라 한다). 다만, 다음 각 목의 어느 하나에 해당하는 사람은 가입자 또는 피부양자가 된다.
    가. 유공자등 의료보호대상자 중 건강보험의 적용을 보험자에게 신청한 사람

제6조(가입자의 종류) ② 모든 사업장의 근로자 및 사용자와 공무원 및 교직원은 직장가입자가 된다. 다만, 다음 각 호의 어느 하나에 해당하는 사람은 제외한다.
  1. 고용 기간이 1개월 미만인 일용근로자
  2. 「병역법」에 따른 현역병(지원에 의하지 아니하고 임용된 하사를 포함한다), 전환복무된 사람 및 군간부후보생

정답 풀이

ㄱ. 「의료급여법」에 따라 의료급여를 받는 사람인 '수급권자'는 가입자 또는 피부양자에서 제외된다.
ㄷ. 「병역법」에 따른 현역병, 전환복무된 사람 및 군간부후보생은 직장가입자에서 제외되는데, 지원에 의하지 아니하고 임용된 하사도 현역병에 포함된다.
ㅂ. 「독립유공자예우에 관한 법률」 및 「국가유공자 등 예우 및 지원에 관한 법률」에 따라 의료보호를 받는 사람인 '유공자등 의료보호대상자'는 가입자 또는 피부양자에서 제외된다. 건강보험 적용 신청을 하지 않았으므로, 예외의 경우에도 해당하지 않는다.

오답 풀이

ㄴ. 고용 기간이 1개월 미만인 일용근로자여야 직장가입자에서 제외된다.
ㄹ. 지방자치단체에서 상시 공무에 종사하는 사람은 공무원으로 직장가입자에 해당한다.
ㅁ. 교직원이 소속되어 있는 사립학교를 설립·운영하는 사람은 사용자로 직장가입자에 해당한다.

02 정답 ①

풀이 조문

제8조(자격의 취득 시기 등) ① 가입자는 국내에 거주하게 된 날에 직장가입자 또는 지역가입자의 자격을 얻는다. 다만, 다음 각 호의 어느 하나에 해당하는 사람은 그 해당되는 날에 각각 자격을 얻는다.
  1. 수급권자이었던 사람은 그 대상자에서 제외된 날
제9조(자격의 변동 시기 등) ① 가입자는 다음 각 호의 어느 하나에 해당하게 된 날에 그 자격이 변동된다.
  3. 직장가입자인 근로자등이 그 사용관계가 끝난 날의 다음 날
  5. 지역가입자가 다른 세대로 전입한 날
제10조(자격의 상실 시기 등) ① 가입자는 다음 각 호의 어느 하나에 해당하게 된 날에 그 자격을 잃는다.
  5. 수급권자가 된 날

정답 풀이
- 을: 사용관계가 끝난 날의 다음 날인 6월 1일에 자격이 변동된다.

오답 풀이
- 갑: 국내에 거주하게 된 날인 5월 31일에 자격을 취득한다.
- 병: 수급권자 대상자에서 제외된 날인 5월 31일에 자격을 취득한다.
- 정: 수급권자가 된 날인 5월 31일에 자격을 상실한다.
- 무: 다른 세대로 전입한 날인 5월 31일에 자격이 변동된다.

03 정답 ②

풀이 조문

제14조(업무 등) ① 공단은 다음 각 호의 업무를 관장한다.
  2. 보험료와 그 밖에 이 법에 따른 징수금의 부과·징수
  11. 「국민연금법」, 「고용보험 및 산업재해보상보험의 보험료징수 등에 관한 법률」, 「임금채권보장법」 및 「석면피해구제법」(이하 "징수위탁근거법"이라 한다)에 따라 위탁받은 업무
제21조(징수이사) ① 상임이사 중 제14조 제1항 제2호 및 제11호의 업무를 담당하는 이사(이하 "징수이사"라 한다)는 경영, 경제 및 사회보험에 관한 학식과 경험이 풍부한 사람으로서 보건복지부령으로 정하는 자격을 갖춘 사람 중에서 선임한다.
② 징수이사 후보를 추천하기 위하여 공단에 이사를 위원으로 하는 징수이사추천위원회(이하 "추천위원회"라 한다)를 둔다. 이 경우 추천위원회의 위원장은 이사장이 지명하는 이사로 한다.
③ 추천위원회는 주요 일간신문에 징수이사 후보의 모집 공고를 하여야 하며, 이와 별도로 적임자로 판단되는 징수이사 후보를 조사하거나 전문단체에 조사를 의뢰할 수 있다.

④ 추천위원회는 제3항에 따라 모집한 사람을 보건복지부령으로 정하는 징수이사 후보 심사기준에 따라 심사하여야 하며, 징수이사 후보로 추천될 사람과 계약 조건에 관하여 협의하여야 한다.

오답 풀이

ㄱ. 징수이사가 보험료와 그 밖에 「국민건강보험법」에 따른 징수금의 부과·징수, 징수위탁근거법에 따라 위탁받은 업무를 담당하는 것은 맞지만, 징수이사는 비상임이사가 아니라 상임이사이다.

ㄹ. 징수이사 후보로 추천될 사람과 계약 조건에 관하여 협의하는 주체는 공단 이사장이 아니라 징수이사 추천위원회이다. 참고로, 공단 이사장은 심사와 협의 결과에 따라 징수이사 후보와 계약을 체결하는 역할을 한다.

정답 ③

풀이 조문

제41조의2(약제에 대한 요양급여비용 상한금액의 감액 등) ① 보건복지부장관은 「약사법」 제47조 제2항의 위반과 관련된 제41조 제1항 제2호의 약제에 대하여는 요양급여비용 상한금액(제41조 제3항에 따라 약제별 요양급여비용의 상한으로 정한 금액을 말한다. 이하 같다)의 100분의 20을 넘지 아니하는 범위에서 그 금액의 일부를 감액할 수 있다.

② 보건복지부장관은 제1항에 따라 요양급여비용의 상한금액이 감액된 약제가 감액된 날부터 5년의 범위에서 대통령령으로 정하는 기간 내에 다시 제1항에 따른 감액의 대상이 된 경우에는 요양급여비용 상한금액의 100분의 40을 넘지 아니하는 범위에서 요양급여비용 상한금액의 일부를 감액할 수 있다.

③ 보건복지부장관은 제2항에 따라 요양급여비용의 상한금액이 감액된 약제가 감액된 날부터 5년의 범위에서 대통령령으로 정하는 기간 내에 다시 「약사법」 제47조 제2항의 위반과 관련된 경우에는 해당 약제에 대하여 1년의 범위에서 기간을 정하여 요양급여의 적용을 정지할 수 있다.

정답 풀이

제41조의2에서 규정하는 요양급여비용 상한금액 감액은 회사나 사람에 대한 것이 아니라 약제에 대한 것이다. 따라서 동일한 제약회사의 대표가 반복하여 「약사법」 제47조 제2항을 위반하여도, 약제가 다르다면 반복 위반으로 여기지 않는다. 또한 약제 A가 반복 위반으로 여겨지려면 첫 번째로 감액된 날로부터 5년의 범위에서 대통령령으로 정하는 기간 내에 다시 감액의 대상이 되어야 한다. 사례에서는 7년이 지났으므로, 해당 위반은 100분의 20을 넘지 않은 범위에서 요양급여비용 상한금액을 감액할 수 있다.

정답 ①

풀이 조문

제45조(요양급여비용의 산정 등) ① 요양급여비용은 공단의 이사장과 대통령령으로 정하는 의약계를 대표하는 사람들의 계약으로 정한다. 이 경우 계약기간은 1년으로 한다.

제47조(요양급여비용의 청구와 지급 등) ② 제1항에 따라 요양급여비용을 청구하려는 요양기관은 심사평가원에 요양급여비용의 심사청구를 하여야 하며, 심사청구를 받은 심사평가원은 이를 심사한 후 지체 없이 그 내용을 공단과 요양기관에 알려야 한다.

제47조의3(요양급여비용의 차등 지급) 지역별 의료자원의 불균형 및 의료서비스 격차의 해소 등을 위하

여 지역별로 요양급여비용을 달리 정하여 지급할 수 있다.

제57조(부당이득의 징수) ⑤ 요양기관이 가입자나 피부양자로부터 속임수나 그 밖의 부당한 방법으로 요양급여비용을 받은 경우 공단은 해당 요양기관으로부터 이를 징수하여 가입자나 피부양자에게 지체 없이 지급하여야 한다. 이 경우 공단은 가입자나 피부양자에게 지급하여야 하는 금액을 그 가입자 및 피부양자가 내야 하는 보험료등과 상계할 수 있다.

정답 풀이

ㄱ. 요양급여비용은 공단의 이사장과 대통령령으로 정하는 의약계를 대표하는 사람들의 계약으로 정하며, 계약기간은 1년으로 한다.

06 정답 ③

풀이 조문

제57조(부당이득의 징수) ② 공단은 제1항에 따라 속임수나 그 밖의 부당한 방법으로 보험급여 비용을 받은 요양기관이 다음 각 호의 어느 하나에 해당하는 경우에는 해당 요양기관을 개설한 자에게 그 요양기관과 연대하여 같은 항에 따른 징수금을 납부하게 할 수 있다.

1. 「의료법」 제33조 제2항을 위반하여 의료기관을 개설할 수 없는 자가 의료인의 면허나 의료법인 등의 명의를 대여받아 개설·운영하는 의료기관

③ 사용자나 가입자의 거짓 보고나 거짓 증명(제12조 제6항을 위반하여 건강보험증이나 신분증명서를 양도·대여하여 다른 사람이 보험급여를 받게 하는 것을 포함한다), 요양기관의 거짓 진단이나 거짓 확인(제12조 제4항을 위반하여 건강보험증이나 신분증명서로 가입자 또는 피부양자의 본인 여부 및 그 자격을 확인하지 아니한 것을 포함한다) 또는 준요양기관이나 보조기기를 판매한 자의 속임수 및 그 밖의 부당한 방법으로 보험급여가 실시된 경우 공단은 이들에게 보험급여를 받은 사람과 연대하여 제1항에 따른 징수금을 내게 할 수 있다.

④ 공단은 속임수나 그 밖의 부당한 방법으로 보험급여를 받은 사람과 같은 세대에 속한 가입자(속임수나 그 밖의 부당한 방법으로 보험급여를 받은 사람이 피부양자인 경우에는 그 직장가입자를 말한다)에게 속임수나 그 밖의 부당한 방법으로 보험급여를 받은 사람과 연대하여 제1항에 따른 징수금을 내게 할 수 있다.

정답 풀이

공단은 속임수나 그 밖의 부당한 방법으로 보험급여를 받은 사람과 같은 세대에 속한 가입자에게 보험급여를 받은 사람과 연대하여 부당이득 징수금을 내게 할 수 있다. 이때 속임수나 그 밖의 부당한 방법으로 보험급여를 받은 사람이 피부양자인 경우에는 '보험급여를 받은 사람과 같은 세대에 속한 가입자'가 '피부양자의 직장가입자'를 의미하게 된다.

07 정답 ②

풀이 조문

제60조(현역병 등에 대한 요양급여비용 등의 지급) ① 공단은 제54조 제3호 및 제4호에 해당하는 사람이 요양기관에서 대통령령으로 정하는 치료 등(이하 이 조에서 "요양급여"라 한다)을 받은 경우 그에 따라

공단이 부담하는 비용(이하 이 조에서 "요양급여비용"이라 한다)과 제49조에 따른 요양비를 법무부장관·국방부장관·경찰청장·소방청장 또는 해양경찰청장으로부터 예탁 받아 지급할 수 있다. 이 경우 법무부장관·국방부장관·경찰청장·소방청장 또는 해양경찰청장은 예산상 불가피한 경우 외에는 연간(年間) 들어갈 것으로 예상되는 요양급여비용과 요양비를 대통령령으로 정하는 바에 따라 미리 공단에 예탁하여야 한다.

오답 풀이

ㄷ, ㄹ, ㅁ. 기획재정부장관, 보건복지부장관, 병무청장은 공단이 요양급여비용과 제49조에 따른 요양비를 예탁 받을 수 있는 대상에 해당하지 않는다.

08　　　　　　　　　　　　　　　　　　　　　　　　　　　　　　　　정답 ④

제4조(건강보험정책심의위원회) ⑤ 심의위원회 위원(제4항 제4호 가목에 따른 위원은 제외한다)의 임기는 3년으로 한다. 다만, 위원의 사임 등으로 새로 위촉된 위원의 임기는 전임위원 임기의 남은 기간으로 한다.

제20조(임원) ⑦ 이사장의 임기는 3년, 이사(공무원인 이사는 제외한다)와 감사의 임기는 각각 2년으로 한다.

제34조(재정운영위원회의 구성 등) ③ 재정운영위원회 위원(공무원인 위원은 제외한다)의 임기는 2년으로 한다. 다만, 위원의 사임 등으로 새로 위촉된 위원의 임기는 전임위원 임기의 남은 기간으로 한다.

제65조(임원) ⑦ 원장의 임기는 3년, 이사(공무원인 이사는 제외한다)와 감사의 임기는 각각 2년으로 한다.

정답 풀이

국민건강보험공단 이사장의 임기는 3년, 건강보험심사평가원 원장의 임기는 3년, 건강보험심사평가원 감사의 임기는 2년, 재정운영위원회 위원(공무원 제외)의 임기는 2년, 건강보험정책심의위원회 위원(중앙행정기관 소속 공무원 제외)의 임기는 3년으로, 모두 더하면 13년이다.

09　　　　　　　　　　　　　　　　　　　　　　　　　　　　　　　　정답 ①

제69조(보험료) ④ 직장가입자의 월별 보험료액은 다음 각 호에 따라 산정한 금액으로 한다.

1. 보수월액보험료: 제70조에 따라 산정한 보수월액에 제73조 제1항 또는 제2항에 따른 보험료율을 곱하여 얻은 금액
2. 보수 외 소득월액보험료: 제71조에 따라 산정한 보수 외 소득월액에 제73조 제1항 또는 제2항에 따른 보험료율을 곱하여 얻은 금액

제71조(소득월액) ① 직장가입자의 보수 외 소득월액은 제70조에 따른 보수월액의 산정에 포함된 보수를 제외한 직장가입자의 소득(이하 "보수 외 소득"이라 한다)이 대통령령으로 정하는 금액을 초과하는 경우 다음의 계산식에 따른 값을 보건복지부령으로 정하는 바에 따라 평가하여 산정한다.

$$(\text{연간 보수 외 소득} - \text{대통령령으로 정하는 금액}) \times 1/12$$

제76조(보험료의 부담) ① 직장가입자의 보수월액보험료는 직장가입자와 다음 각 호의 구분에 따른 자가

각각 보험료액의 100분의 50씩 부담한다. 다만, 직장가입자가 교직원으로서 사립학교에 근무하는 교원이면 보험료액은 그 직장가입자가 100분의 50을, 제3조 제2호 다목에 해당하는 사용자가 100분의 30을, 국가가 100분의 20을 각각 부담한다.
1. 직장가입자가 근로자인 경우에는 제3조 제2호 가목에 해당하는 사업주
2. 직장가입자가 공무원인 경우에는 그 공무원이 소속되어 있는 국가 또는 지방자치단체
3. 직장가입자가 교직원(사립학교에 근무하는 교원은 제외한다)인 경우에는 제3조 제2호 다목에 해당하는 사용자

정답 풀이

구분	보수월액보험료	보수 외 소득월액보험료	본인 부담액
갑	3,000,000원 × 7.09% = 212,700원	0원	212,700원 × 50% = 106,350원
을	2,000,000원 × 7.09% = 141,800원	0원	141,800원 × 50% = 70,900원
병	5,000,000원 × 7.09% = 354,500원	(32,000,000원 − 20,000,000원) × $\frac{1}{12}$ × 7.09% = 70,900원	(354,500원 × 50%) + 70,900원 = 248,150원

갑~병 모두 보수월액보험료 중 본인이 부담하는 금액은 50%이다. 갑은 보수 외 소득이 없으므로 납부하여야 하는 보수 외 소득월액보험료도 없다. 따라서 본인이 부담하여야 하는 월 보험료액은 보수월액보험료의 50%인 106,350원이다.

10

정답 ①

제80조(연체금) ① 공단은 보험료등의 납부의무자가 납부기한까지 보험료등을 내지 아니하면 그 납부기한이 지난 날부터 매 1일이 경과할 때마다 다음 각 호에 해당하는 연체금을 징수한다.
1. 제69조에 따른 보험료 또는 제53조 제3항에 따른 보험급여 제한 기간 중 받은 보험급여에 대한 징수금을 체납한 경우: 해당 체납금액의 1천500분의 1에 해당하는 금액. 이 경우 연체금은 해당 체납금액의 1천분의 20을 넘지 못한다.
② 공단은 보험료등의 납부의무자가 체납된 보험료등을 내지 아니하면 납부기한 후 30일이 지난 날부터 매 1일이 경과할 때마다 다음 각 호에 해당하는 연체금을 제1항에 따른 연체금에 더하여 징수한다.
1. 제69조에 따른 보험료 또는 제53조 제3항에 따른 보험급여 제한 기간 중 받은 보험급여에 대한 징수금을 체납한 경우: 해당 체납금액의 6천분의 1에 해당하는 금액. 이 경우 연체금(제1항 제1호의 연체금을 포함한 금액을 말한다)은 해당 체납금액의 1천분의 50을 넘지 못한다.

정답 풀이

제80조 제1항 제1호에 따른 연체금은 체납금액의 1천분의 20, 즉 30일치의 금액을 넘지 못하므로, 납부기간 경과 후 30일까지는 제80조 제1항 제1호를 적용하고, 31일부터는 같은 조 제2항 제1호를 적용하면 된다.

구분	기간별 연체금	연체금
보험료 체납	• 1~30일: 600,000원 × $\frac{1}{1,500}$ × 30일 = 12,000원 • 31~50일: 600,000원 × $\frac{1}{6,000}$ × 20일 = 2,000원	14,000원
징수금 체납	300,000원 × $\frac{1}{1,500}$ × 10일 = 2,000원	2,000원

따라서 갑으로부터 징수하여야 할 연체금은 총 16,000원이다.

11

정답 ③

제81조의3(체납 또는 결손처분 자료의 제공) ① 공단은 보험료 징수 및 제57조에 따른 징수금(같은 조 제2항 각 호의 어느 하나에 해당하여 같은 조 제1항 및 제2항에 따라 징수하는 금액에 한정한다. 이하 이 조에서 "부당이득금"이라 한다)의 징수 또는 공익목적을 위하여 필요한 경우에 「신용정보의 이용 및 보호에 관한 법률」 제25조 제2항 제1호의 종합신용정보집중기관에 다음 각 호의 어느 하나에 해당하는 체납자 또는 결손처분자의 인적사항·체납액 또는 결손처분액에 관한 자료(이하 이 조에서 "체납등 자료"라 한다)를 제공할 수 있다. 다만, 체납된 보험료나 부당이득금과 관련하여 행정심판 또는 행정소송이 계류 중인 경우, 제82조 제1항에 따라 분할납부를 승인받은 경우 중 대통령령으로 정하는 경우, 그 밖에 대통령령으로 정하는 사유가 있을 때에는 그러하지 아니하다.
1. 이 법에 따른 납부기한의 다음 날부터 1년이 지난 보험료 및 그에 따른 연체금과 체납처분비의 총액이 500만 원 이상인 자
2. 이 법에 따른 납부기한의 다음 날부터 1년이 지난 부당이득금 및 그에 따른 연체금과 체납처분비의 총액이 1억 원 이상인 자
3. 제84조에 따라 결손처분한 금액의 총액이 500만 원 이상인 자

정답 풀이

㉠에 들어갈 숫자는 1, ㉡에 들어갈 숫자는 500, ㉢에 들어갈 숫자는 1, ㉣에 들어갈 숫자는 1, ㉤에 들어갈 숫자는 500이다.
따라서 ㉠~㉤에 들어갈 숫자를 모두 더하면 1+500+1+1+500=1,003이다.

12

정답 ②

제79조(보험료등의 납입 고지) ① 공단은 보험료등을 징수하려면 그 금액을 결정하여 납부의무자에게 다음 각 호의 사항을 적은 문서로 납입 고지를 하여야 한다.
1. 징수하려는 보험료등의 종류
2. 납부해야 하는 금액
3. 납부기한 및 장소

④ 직장가입자의 사용자가 2명 이상인 경우 또는 지역가입자의 세대가 2명 이상으로 구성된 경우 그 중 1명에게 한 고지는 해당 사업장의 다른 사용자 또는 세대 구성원인 다른 지역가입자 모두에게 효력이 있는 것으로 본다.

제81조의6(전자문서에 의한 납입 고지 등) ① 납부의무자가 제79조 제1항에 따른 납입 고지 또는 제81조 제1항에 따른 독촉을 전자문서교환방식 등에 의한 전자문서로 해줄 것을 신청하는 경우에는 공단은 전자문서로 고지 또는 독촉할 수 있다. 이 경우 전자문서 고지 및 독촉에 대한 신청 방법·절차 등에 필요한 사항은 보건복지부령으로 정한다.

② 공단이 제1항에 따라 전자문서로 고지 또는 독촉하는 경우에는 전자문서가 보건복지부령으로 정하는 정보통신망에 저장되거나 납부의무자가 지정한 전자우편주소에 입력된 때에 납입 고지 또는 독촉이 그 납부의무자에게 도달된 것으로 본다.

정답 풀이

ⓒ 전자문서 고지의 신청 방법, 절차 등에 필요한 사항은 보건복지부령으로 정한다.
ⓒ 납부의무자가 지정한 전자우편주소에 전자문서를 입력하는 방식으로 납입 고지를 하는 경우 그 전자문서가 전자우편주소에 입력된 때에 납입 고지가 납부의무자에게 도달된 것으로 본다.

13 정답 ④

제29조(규정 등) 공단의 조직·인사·보수 및 회계에 관한 규정은 이사회의 의결을 거쳐 보건복지부장관의 승인을 받아 정한다.

제36조(예산) 공단은 회계연도마다 예산안을 편성하여 이사회의 의결을 거친 후 보건복지부장관의 승인을 받아야 한다. 예산을 변경할 때에도 또한 같다.

제37조(차입금) 공단은 지출할 현금이 부족한 경우에는 차입할 수 있다. 다만, 1년 이상 장기로 차입하려면 보건복지부장관의 승인을 받아야 한다.

제66조의2(진료심사평가위원회 위원의 겸직) ① 「고등교육법」 제14조 제2항에 따른 교원 중 교수·부교수 및 조교수는 「국가공무원법」 제64조 및 「사립학교법」 제55조 제1항에도 불구하고 소속대학 총장의 허가를 받아 진료심사평가위원회 위원의 직무를 겸할 수 있다.

제81조(보험료등의 독촉 및 체납처분) ③ 공단은 제1항에 따른 독촉을 받은 자가 그 납부기한까지 보험료 등을 내지 아니하면 보건복지부장관의 승인을 받아 국세 체납처분의 예에 따라 이를 징수할 수 있다.

제82조(체납보험료의 분할납부) ① 공단은 보험료를 3회 이상 체납한 자가 신청하는 경우 보건복지부령으로 정하는 바에 따라 분할납부를 승인할 수 있다.

오답 풀이

ㄱ. 보험료를 3회 이상 체납한 자가 분할납부를 하려는 경우에는 이를 신청한 뒤 보건복지부장관이 아니라 공단의 승인을 받아야 한다.
ㅂ. 「고등교육법」 제14조 제2항에 따른 교원 중 교수·부교수 및 조교수가 진료심사평가위원회 위원의 직무를 겸하려는 경우에는 보건복지부장관의 승인이 아니라 소속대학 총장의 허가를 받아야 한다.

14

정답 ③

풀이 조문

제87조(이의신청) ② 요양급여비용 및 요양급여의 적정성 평가 등에 관한 심사평가원의 처분에 이의가 있는 공단, 요양기관 또는 그 밖의 자는 심사평가원에 이의신청을 할 수 있다.

③ 제1항 및 제2항에 따른 이의신청(이하 "이의신청"이라 한다)은 처분이 있음을 안 날부터 90일 이내에 문서(전자문서를 포함한다)로 하여야 하며 처분이 있은 날부터 180일을 지나면 제기하지 못한다. 다만, 정당한 사유로 그 기간에 이의신청을 할 수 없었음을 소명한 경우에는 그러하지 아니하다.

제88조(심판청구) ① 이의신청에 대한 결정에 불복하는 자는 제89조에 따른 건강보험분쟁조정위원회에 심판청구를 할 수 있다. 이 경우 심판청구의 제기기간 및 제기방법에 관하여는 제87조제3항을 준용한다.

② 제1항에 따라 심판청구를 하려는 자는 대통령령으로 정하는 심판청구서를 제87조 제1항 또는 제2항에 따른 처분을 한 공단 또는 심사평가원에 제출하거나 제89조에 따른 건강보험분쟁조정위원회에 제출하여야 한다.

정답 풀이

ㄷ. 심판청구서는 이의신청에 대한 결정에 불복하는 자가 심판을 청구할 때 제출하는 것이다. 심판청구서를 제출하는 곳은 처분을 한 공단 또는 심사평가원이나 건강보험분쟁조정위원회이다.

ㄹ. 이의신청은 처분이 '있은 날'이 아니라 처분이 '있음을 안 날'부터 90일 이내에 하여야 한다.

15

정답 ①

풀이 조문

제96조의4(서류의 보존) ① 요양기관은 요양급여가 끝난 날부터 5년간 보건복지부령으로 정하는 바에 따라 제47조에 따른 요양급여비용의 청구에 관한 서류를 보존하여야 한다. 다만, 약국 등 보건복지부령으로 정하는 요양기관은 처방전을 요양급여비용을 청구한 날부터 3년간 보존하여야 한다.

② 사용자는 3년간 보건복지부령으로 정하는 바에 따라 자격 관리 및 보험료 산정 등 건강보험에 관한 서류를 보존하여야 한다.

④ 제51조 제2항에 따라 보조기기에 대한 보험급여를 청구한 자는 보험급여를 지급받은 날부터 3년간 보건복지부령으로 정하는 바에 따라 보험급여 청구에 관한 서류를 보존하여야 한다.

정답 풀이

ㄱ. 사용자는 5년이 아니라 3년간 자격 관리 및 보험료 산정 등 건강보험에 관한 서류를 보존하여야 한다.

ㄴ. 요양기관은 요양급여가 끝난 날부터 5년간 '요양급여 제공에 관한 서류'가 아니라 '요양급여비용의 청구에 관한 서류'를 보존하여야 한다.

16

정답 ④

풀이 조문

제83조(고액·상습체납자의 인적사항 공개) ② 제1항에 따른 체납자의 인적사항등에 대한 공개 여부를 심의하기 위하여 공단에 보험료정보공개심의위원회를 둔다.

③ 공단은 보험료정보공개심의위원회의 심의를 거친 인적사항등의 공개대상자에게 공개대상자임을 서면으로 통지하여 소명의 기회를 부여하여야 하며, 통지일부터 6개월이 경과한 후 체납액의 납부이행 등을 감안하여 공개대상자를 선정한다.

④ 제1항에 따른 체납자 인적사항등의 공개는 관보에 게재하거나 공단 인터넷 홈페이지에 게시하는 방법에 따른다.

⑤ 제1항부터 제4항까지의 규정에 따른 체납자 인적사항등의 공개와 관련한 납부능력의 기준, 공개절차 및 위원회의 구성·운영 등에 필요한 사항은 대통령령으로 정한다.

제100조(위반사실의 공표) ② 보건복지부장관은 제1항에 따른 공표 여부 등을 심의하기 위하여 건강보험공표심의위원회(이하 이 조에서 "공표심의위원회"라 한다)를 설치·운영한다.

③ 보건복지부장관은 공표심의위원회의 심의를 거친 공표대상자에게 공표대상자인 사실을 알려 소명자료를 제출하거나 출석하여 의견을 진술할 기회를 주어야 한다.

④ 보건복지부장관은 공표심의위원회가 제3항에 따라 제출된 소명자료 또는 진술된 의견을 고려하여 공표대상자를 재심의한 후 공표대상자를 선정한다.

⑤ 제1항부터 제4항까지에서 규정한 사항 외에 공표의 절차·방법, 공표심의위원회의 구성·운영 등에 필요한 사항은 대통령령으로 정한다.

정답 풀이

고액·상습체납자 인적사항등의 공개는 관보에 게재하거나 공단 인터넷 홈페이지에 게시하는 방법에 따르는 것이 맞지만, 위반사실 공표대상자에 대한 공개 방법은 「국민건강보험법」에서 규정하고 있지 않고, 대통령령으로 정한다.

참고로, 대통령령에 따르면 위반사실 공표대상자로 선정된 요양기관에 대하여 보건복지부, 공단, 심사평가원, 관할 특별시·광역시·특별자치시·도·특별자치도와 시·군·자치구 및 보건소의 홈페이지에 6개월 동안 공표 사항을 공고해야 하며, 추가로 게시판 등에도 공고할 수 있다(대통령령은 시험 범위가 아니므로 암기할 필요는 없음).

17 정답 ③

제78조(보험료의 납부기한) ① 제77조 제1항 및 제2항에 따라 보험료 납부의무가 있는 자는 가입자에 대한 그 달의 보험료를 그 다음 달 10일까지 납부하여야 한다. 다만, 직장가입자의 소득월액보험료 및 지역가입자의 보험료는 보건복지부령으로 정하는 바에 따라 분기별로 납부할 수 있다.

제109조(외국인 등에 대한 특례) ⑧ 국내체류 외국인등(제9항 단서의 적용을 받는 사람에 한정한다)에 해당하는 지역가입자의 보험료는 제78조 제1항 본문에도 불구하고 그 직전 월 25일까지 납부하여야 한다. 다만, 다음 각 호에 해당되는 경우에는 공단이 정하는 바에 따라 납부하여야 한다.

1. 자격을 취득한 날이 속하는 달의 보험료를 징수하는 경우
2. 매월 26일 이후부터 말일까지의 기간에 자격을 취득한 경우

정답 풀이

ㄷ. 병은 한국 국적의 지역가입자로, 외국인 등에 대한 특례 대상자에 해당하지 않는다. 따라서 병의 202X년 5월 보험료 58,000원은 그다음 달 10일인 202X년 6월 10일까지 납부하여야 한다.

ㄹ. 갑이 납부기한의 마지막 날에 보험료를 납부한다고 하면 202X년 4월에 납부하는 보험료는 202X년 4월 25일까지 납부하여야 하는 202X년 5월 보험료 32,000원이다. 한편, 병이 납부기한의 마지막 날에 보험료를 납부한다고 하면 202X년 4월에 납부하는 보험료는 202X년 4월 10일까지 납부하여야 하는 202X년 3월 보험료인데, 병의 202X년 3월 보험료는 알 수 없으므로, 갑과 병의 보험료를 더한 금액 역시 알 수 없다.

오답 풀이

ㄱ. 제109조 제9항 단서의 적용을 받는 국내체류 외국인등에 해당하는 지역가입자의 경우 보험료를 그 직전 월 25일까지 납부하여야 한다. 갑은 제109조 제8항 각 호에도 해당하지 않으므로, 갑의 202X년 4월 보험료 31,000원은 202X년 3월 25일까지 납부하여야 한다.

ㄴ. 을은 202X년 3월 28일에 자격을 취득하였으므로 제109조 제8항 제2호에 해당한다. 따라서 을의 202X년 4월 보험료 23,000원은 공단이 정하는 바에 따라 납부하여야 한다.

18

풀이 조문

제110조(실업자에 대한 특례) ① 사용관계가 끝난 사람 중 직장가입자로서의 자격을 유지한 기간이 보건복지부령으로 정하는 기간 동안 통산 1년 이상인 사람은 지역가입자가 된 이후 최초로 제79조에 따라 지역가입자 보험료를 고지받은 날부터 그 납부기한에서 2개월이 지나기 이전까지 공단에 직장가입자로서의 자격을 유지할 것을 신청할 수 있다.
③ 임의계속가입자의 보수월액은 보수월액보험료가 산정된 최근 12개월간의 보수월액을 평균한 금액으로 한다.

정답 풀이

직장가입자가 사용관계가 끝났을 때, 직장가입자 자격으로 보험료를 낼 수 있도록 한시적으로 허용하는 임의계속가입자 제도에 관한 문제이다. 이 제도는 직장가입자로서 자격을 유지한 기간이 보건복지부령으로 정하는 기간 동안 통산 '1년' 이상이어야 신청 자격이 있다. 또한 지역가입자 보험료를 최초로 고지받은 날부터 그 납부기한에서 '2개월'이 지나기 이전까지 신청하여야 하며, 보수월액보험료가 산정된 최근 '12개월'간의 보수월액을 평균한 금액으로 보수월액을 정한다.

19

풀이 조문

제114조(출연금의 용도 등) ① 공단은 「국민연금법」, 「산업재해보상보험법」, 「고용보험법」 및 「임금채권보장법」에 따라 국민연금기금, 산업재해보상보험및예방기금, 고용보험기금 및 임금채권보장기금으로부터 각각 지급받은 출연금을 제14조 제1항 제11호에 따른 업무에 소요되는 비용에 사용하여야 한다.

정답 풀이

공단은 「국민연금법」, 「산업재해보상보험법」, 「고용보험법」, 「임금채권보장법」에 따라 국민연금기금, 산업재해보상보험 및 예방기금, 고용보험기금, 임금채권보장기금으로부터 각각 지급받은 출연금을 징수위탁근거법에 따라 위탁받은 업무에 소요되는 비용에 사용하여야 한다. 응급의료기금, 재난적의료비 지원금은 해당하지 않는다.

20 정답 ①

풀이 조문

제83조(고액·상습체납자의 인적사항 공개) ① 공단은 이 법에 따른 납부기한의 다음 날부터 1년이 경과한 보험료, 연체금과 체납처분비(제84조에 따라 결손처분한 보험료, 연체금과 체납처분비로서 징수권 소멸시효가 완성되지 아니한 것을 포함한다)의 총액이 1천만 원 이상인 체납자가 납부능력이 있음에도 불구하고 체납한 경우 그 인적사항·체납액 등(이하 이 조에서 "인적사항등"이라 한다)을 공개할 수 있다.

제106조(소액 처리) 공단은 징수하여야 할 금액이나 반환하여야 할 금액이 1건당 2천 원 미만인 경우(제47조 제5항, 제57조 제5항 후단 및 제101조 제4항 후단에 따라 각각 상계 처리할 수 있는 본인일부부담금 환급금 및 가입자나 피부양자에게 지급하여야 하는 금액은 제외한다)에는 징수 또는 반환하지 아니한다.

제117조(벌칙) 제42조 제5항을 위반한 자 또는 제49조 제2항을 위반하여 요양비 명세서나 요양 명세를 적은 영수증을 내주지 아니한 자는 500만 원 이하의 벌금에 처한다.

제119조(과태료) ④ 다음 각 호의 어느 하나에 해당하는 자에게는 100만 원 이하의 과태료를 부과한다.
  6. 제105조를 위반한 자

정답 풀이

징수금이나 반환금이 1건당 2천 원 미만일 경우에 징수나 반환을 하지 않는다.

제7회 고난도 모의고사

정답표

01	02	03	04	05	06	07	08	09	10
②	③	④	①	③	②	③	①	④	②
11	12	13	14	15	16	17	18	19	20
①	④	④	②	④	④	③	②	①	③

01
정답 ②

제1조(목적) 이 법은 국민의 질병·부상에 대한 예방·진단·치료·재활과 출산·사망 및 건강증진에 대하여 보험급여를 실시함으로써 국민보건 향상과 사회보장 증진에 이바지함을 목적으로 한다.

정답 풀이

「국민건강보험법」의 목적은 국민의 '질병·부상에 대한 예방·진단·치료·재활'과 '출산·사망 및 건강증진'에 대하여 '보험급여'를 실시함으로써 '국민보건 향상'과 '사회보장 증진'에 이바지하는 것이다.

02
정답 ③

제4조(건강보험정책심의위원회) ① 건강보험정책에 관한 다음 각 호의 사항을 심의·의결하기 위하여 보건복지부장관 소속으로 건강보험정책심의위원회(이하 "심의위원회"라 한다)를 둔다.
1. 제3조의2 제1항 및 제3항에 따른 종합계획 및 시행계획에 관한 사항(의결은 제외한다)
2. 제41조 제3항에 따른 요양급여의 기준
3. 제45조 제3항 및 제46조에 따른 요양급여비용에 관한 사항
4. 제73조 제1항에 따른 직장가입자의 보험료율
5. 제73조 제3항에 따른 지역가입자의 보험료율과 재산보험료부과점수당 금액
5의2. 보험료 부과 관련 제도 개선에 관한 다음 각 목의 사항(의결은 제외한다)
    가. 건강보험 가입자(이하 "가입자"라 한다)의 소득 파악 실태에 관한 조사 및 연구에 관한 사항
    나. 가입자의 소득 파악 및 소득에 대한 보험료 부과 강화를 위한 개선 방안에 관한 사항
    다. 그 밖에 보험료 부과와 관련된 제도 개선 사항으로서 심의위원회 위원장이 회의에 부치는 사항
6. 그 밖에 건강보험에 관한 주요 사항으로서 대통령령으로 정하는 사항

정답 풀이

ㄴ. 요양급여비용의 계약 및 결손처분 등 보험재정에 관련된 사항을 심의·의결하는 곳은 재정운영위원회이다.

ㅁ. 재정운영위원회에 관한 사항은 건강보험정책심의위원회의 의결 사항에 해당하지 않는다. 「국민건강보험법」에서는 공단의 정관에 적어야 하는 사항으로 명시되어 있다.

ㅂ. 국민건강보험종합계획 및 시행계획에 관한 사항은 건강보험정책심의위원회의 심의 대상일 뿐 의결 대상에 해당하지는 않는다.

03 정답 ④

풀이 조문

제5조(적용 대상 등) ① 국내에 거주하는 국민은 건강보험의 가입자 또는 피부양자가 된다. 다만, 다음 각 호의 어느 하나에 해당하는 사람은 제외한다.

1. 「의료급여법」에 따라 의료급여를 받는 사람(이하 "수급권자"라 한다)
2. 「독립유공자예우에 관한 법률」 및 「국가유공자 등 예우 및 지원에 관한 법률」에 따라 의료보호를 받는 사람(이하 "유공자등 의료보호대상자"라 한다). 다만, 다음 각 목의 어느 하나에 해당하는 사람은 가입자 또는 피부양자가 된다.
   가. 유공자등 의료보호대상자 중 건강보험의 적용을 보험자에게 신청한 사람
   나. 건강보험을 적용받고 있던 사람이 유공자등 의료보호대상자로 되었으나 건강보험의 적용배제신청을 보험자에게 하지 아니한 사람

② 제1항의 피부양자는 다음 각 호의 어느 하나에 해당하는 사람 중 직장가입자에게 주로 생계를 의존하는 사람으로서 소득 및 재산이 보건복지부령으로 정하는 기준 이하에 해당하는 사람을 말한다.

1. 직장가입자의 배우자
2. 직장가입자의 직계존속(배우자의 직계존속을 포함한다)
3. 직장가입자의 직계비속(배우자의 직계비속을 포함한다)과 그 배우자
4. 직장가입자의 형제·자매

정답 풀이

- 을: 직장가입자의 배우자이므로 피부양자의 범위에 포함된다
- 병: 직장가입자의 직계비속의 배우자이므로 피부양자의 범위에 포함된다.
- 정: 건강보험을 적용받고 있던 사람이 「독립유공자예우에 관한 법률」 및 「국가유공자 등 예우 및 지원에 관한 법률」에 따라 의료보호를 받는 사람(유공자등 의료보호대상자)이 되더라도, 보험자인 공단에 건강보험의 적용배제신청을 하지 않은 경우라면 가입자 또는 피부양자가 된다.

오답 풀이

- 갑: 「의료급여법」에 따라 의료급여를 받는 사람(수급권자)은 가입자 또는 피부양자에서 제외된다.

04 정답 ①

풀이 조문

제14조(업무 등) ② 제1항 제6호에 따른 자산의 관리·운영 및 증식사업은 안정성과 수익성을 고려하여 다음 각 호의 방법에 따라야 한다.

1. 체신관서 또는 「은행법」에 따른 은행에의 예입 또는 신탁
2. 국가·지방자치단체 또는 「은행법」에 따른 은행이 직접 발행하거나 채무이행을 보증하는 유가증권의 매입

3. 특별법에 따라 설립된 법인이 발행하는 유가증권의 매입
4. 「자본시장과 금융투자업에 관한 법률」에 따른 신탁업자가 발행하거나 같은 법에 따른 집합투자업자가 발행하는 수익증권의 매입
5. 공단의 업무에 사용되는 부동산의 취득 및 일부 임대
6. 그 밖에 공단 자산의 증식을 위하여 대통령령으로 정하는 사업

정답 풀이

ㄱ. 공단의 업무에 사용되는 부동산의 취득 및 '전부' 임대가 아니라 '일부' 임대 방법을 따라야 한다.
ㅁ. 「자본시장과 금융투자업에 관한 법률」에 따른 신탁업자가 발행하거나 같은 법에 따른 집합투자업자가 발행하는 '유가증권'의 매입이 아니라 '수익증권'의 매입 방법을 따라야 한다.

05

정답 ③

풀이 조문

제20조(임원) ② 이사장은 「공공기관의 운영에 관한 법률」 제29조에 따른 임원추천위원회(이하 "임원추천위원회"라 한다)가 복수로 추천한 사람 중에서 보건복지부장관의 제청으로 대통령이 임명한다.
③ 상임이사는 보건복지부령으로 정하는 추천 절차를 거쳐 이사장이 임명한다.
④ 비상임이사는 다음 각 호의 사람을 보건복지부장관이 임명한다.
1. 노동조합·사용자단체·시민단체·소비자단체·농어업인단체 및 노인단체가 추천하는 각 1명
2. 대통령령으로 정하는 바에 따라 추천하는 관계 공무원 3명
⑤ 감사는 임원추천위원회가 복수 추천한 사람 중에서 기획재정부장관의 제청으로 대통령이 임명한다.
제21조(징수이사) ① 상임이사 중 제14조 제1항 제2호 및 제11호의 업무를 담당하는 이사(이하 "징수이사"라 한다)는 경영, 경제 및 사회보험에 관한 학식과 경험이 풍부한 사람으로서 보건복지부령으로 정하는 자격을 갖춘 사람 중에서 선임한다.

정답 풀이

- 갑: 노인단체의 추천을 받았으므로 비상임이사이다.
- 을: 정부 부처 장관의 제청을 거쳤으므로, 보건복지부장관의 제청으로 임명된 이사장이거나 기획재정부장관의 제청으로 임명된 감사일 것이다.
- 병: 정부 부처 장관의 제청을 거쳤으므로 이사장이거나 감사일 것인데, 본인이 상임이사를 임명하였다고 하였으므로 이사장임을 알 수 있다. 이사장은 1명이므로, 을은 감사가 된다.
- 정: 보험료와 징수금의 부과·징수(제14조 제1항 제2호), 징수위탁근거법에 따라 위탁받은 업무(제14조 제1항 제11호)를 담당하고 있으므로 상임이사인 징수이사이다.

따라서 이사장은 병, 감사는 을이다.

06

정답 ②

풀이 조문

제41조(요양급여) ④ 보건복지부장관은 제3항에 따라 요양급여의 기준을 정할 때 업무나 일상생활에 지장이 없는 질환에 대한 치료 등 보건복지부령으로 정하는 사항은 요양급여대상에서 제외되는 사항(이

하 "비급여대상"이라 한다)으로 정할 수 있다.

제41조의4(선별급여) ① 요양급여를 결정함에 있어 경제성 또는 치료효과성 등이 불확실하여 그 검증을 위하여 추가적인 근거가 필요하거나, 경제성이 낮아도 가입자와 피부양자의 건강회복에 잠재적 이득이 있는 등 대통령령으로 정하는 경우에는 예비적인 요양급여인 선별급여로 지정하여 실시할 수 있다.

제41조의5(방문요양급여) 가입자 또는 피부양자가 질병이나 부상으로 거동이 불편한 경우 등 보건복지부령으로 정하는 사유에 해당하는 경우에는 가입자 또는 피부양자를 직접 방문하여 제41조에 따른 요양급여를 실시할 수 있다.

제47조(요양급여비용의 청구와 지급 등) ⑥ 공단은 심사평가원이 제47조의4에 따라 요양급여의 적정성을 평가하여 공단에 통보하면 그 평가 결과에 따라 요양급여비용을 가산하거나 감액 조정하여 지급한다. 이 경우 평가 결과에 따라 요양급여비용을 가산하거나 감액하여 지급하는 기준은 보건복지부령으로 정한다.

정답 풀이

㉠, ㉢, ㉣에는 모두 '보건복지부령'이 들어가지만, ㉡에는 '대통령령'이 들어간다.

07

정답 ③

제53조(급여의 제한) ③ 공단은 가입자가 대통령령으로 정하는 기간 이상 다음 각 호의 보험료를 체납한 경우 그 체납한 보험료를 완납할 때까지 그 가입자 및 피부양자에 대하여 보험급여를 실시하지 아니할 수 있다. 다만, 월별 보험료의 총체납횟수(이미 납부된 체납보험료는 총체납횟수에서 제외하며, 보험료의 체납기간은 고려하지 아니한다)가 대통령령으로 정하는 횟수 미만이거나 가입자 및 피부양자의 소득·재산 등이 대통령령으로 정하는 기준 미만인 경우에는 그러하지 아니하다.
1. 제69조 제4항 제2호에 따른 보수 외 소득월액보험료
2. 제69조 제5항에 따른 세대단위의 보험료

④ 공단은 제77조 제1항 제1호에 따라 납부의무를 부담하는 사용자가 제69조 제4항 제1호에 따른 보수월액보험료를 체납한 경우에는 그 체납에 대하여 직장가입자 본인에게 귀책사유가 있는 경우에 한하여 제3항의 규정을 적용한다. 이 경우 해당 직장가입자의 피부양자에게도 제3항의 규정을 적용한다.

정답 풀이

을의 보수월액보험료에 대한 납부의무는 사용자인 갑에게 있지만, 체납의 귀책사유가 을에게 있으므로 제53조 제3항의 규정을 적용하게 된다. 이때 직장가입자의 피부양자에게도 제53조 제3항의 규정을 적용한다고 하였으므로, 공단이 보험급여를 실시하지 않을 수 있는 대상은 을과 병이다.

08

정답 ①

제57조의2(부당이득 징수금 체납자의 인적사항등 공개) ① 공단은 제57조 제2항 각 호의 어느 하나에 해당하여 같은 조 제1항 및 제2항에 따라 징수금을 납부할 의무가 있는 요양기관 또는 요양기관을 개설한 자가 제79조 제1항에 따라 납입 고지 문서에 기재된 납부기한의 다음 날부터 1년이 경과한 징수금을 1억

원 이상 체납한 경우 징수금 발생의 원인이 되는 위반행위, 체납자의 인적사항 및 체납액 등 대통령령으로 정하는 사항(이하 이 조에서 "인적사항등"이라 한다)을 공개할 수 있다. 다만, 체납된 징수금과 관련하여 제87조에 따른 이의신청, 제88조에 따른 심판청구가 제기되거나 행정소송이 계류 중인 경우 또는 그 밖에 체납된 금액의 일부 납부 등 대통령령으로 정하는 사유가 있는 경우에는 그러하지 아니하다.
② 제1항에 따른 인적사항등의 공개 여부를 심의하기 위하여 공단에 부당이득징수금체납정보공개심의위원회를 둔다.
③ 공단은 부당이득징수금체납정보공개심의위원회의 심의를 거친 인적사항등의 공개대상자에게 공개대상자임을 서면으로 통지하여 소명의 기회를 부여하여야 하며, 통지일부터 6개월이 경과한 후 체납자의 납부이행 등을 고려하여 공개대상자를 선정한다.
④ 제1항에 따른 인적사항등의 공개는 관보에 게재하거나 공단 인터넷 홈페이지에 게시하는 방법으로 한다.
⑤ 제1항부터 제4항까지에서 규정한 사항 외에 인적사항등의 공개 절차 및 부당이득징수금체납정보공개심의위원회의 구성·운영 등에 필요한 사항은 대통령령으로 정한다.

> 정답 풀이

ㄱ. 부당이득징수금체납정보공개심의위원회의 구성·운영 등에 필요한 사항은 보건복지부령이 아니라 대통령령으로 정한다.
ㄴ. 인적사항등의 공개대상자에게 소명 기회를 부여하는 것은 필요에 따른 재량 사항이 아니라 반드시 하여야 하는 필수 사항이다.

09 정답 ④

풀이 조문

제68조(준용 규정) 심사평가원에 관하여 제14조 제3항·제4항, 제16조, 제17조(같은 조 제1항 제6호 및 제7호는 제외한다), 제18조, 제19조, 제22조부터 제32조까지, 제35조 제1항, 제36조, 제37조, 제39조 및 제40조를 준용한다. 이 경우 "공단"은 "심사평가원"으로, "이사장"은 "원장"으로 본다.

> 정답 풀이

ㄱ. 제39조 제1항의 조문으로, 준용 규정에 해당한다.
ㄴ. 제40조의 조문으로, 준용 규정에 해당한다.
ㄷ. 제14조 제3항의 조문으로, 준용 규정에 해당한다.
ㅁ. 제22조 제3항의 조문으로, 준용 규정에 해당한다.

> 오답 풀이

ㄹ. 제39조의2의 조문으로, 준용 규정에 해당하지 않는다.

10 정답 ②

풀이 조문

제69조(보험료) ④ 직장가입자의 월별 보험료액은 다음 각 호에 따라 산정한 금액으로 한다.
  1. 보수월액보험료: 제70조에 따라 산정한 보수월액에 제73조 제1항 또는 제2항에 따른 보험료율을

곱하여 얻은 금액

2. 보수 외 소득월액보험료: 제71조에 따라 산정한 보수 외 소득월액에 제73조 제1항 또는 제2항에 따른 보험료율을 곱하여 얻은 금액

⑤ 지역가입자의 월별 보험료액은 다음 각 호의 구분에 따라 산정한 금액을 합산한 금액으로 한다. 이 경우 보험료액은 세대 단위로 산정한다.

1. 소득: 제71조 제2항에 따라 산정한 지역가입자의 소득월액에 제73조 제3항에 따른 보험료율을 곱하여 얻은 금액
2. 재산: 제72조에 따라 산정한 재산보험료부과점수에 제73조 제3항에 따른 재산보험료부과점수당 금액을 곱하여 얻은 금액

제71조(소득월액) ① 직장가입자의 보수 외 소득월액은 제70조에 따른 보수월액의 산정에 포함된 보수를 제외한 직장가입자의 소득(이하 "보수 외 소득"이라 한다)이 대통령령으로 정하는 금액을 초과하는 경우 다음의 계산식에 따른 값을 보건복지부령으로 정하는 바에 따라 평가하여 산정한다.

$$(\text{연간 보수 외 소득} - \text{대통령령으로 정하는 금액}) \times 1/12$$

제76조(보험료의 부담) ① 직장가입자의 보수월액보험료는 직장가입자와 다음 각 호의 구분에 따른 자가 각각 보험료액의 100분의 50씩 부담한다. 다만, 직장가입자가 교직원으로서 사립학교에 근무하는 교원이면 보험료액은 그 직장가입자가 100분의 50을, 제3조 제2호 다목에 해당하는 사용자가 100분의 30을, 국가가 100분의 20을 각각 부담한다.

1. 직장가입자가 근로자인 경우에는 제3조 제2호 가목에 해당하는 사업주
2. 직장가입자가 공무원인 경우에는 그 공무원이 소속되어 있는 국가 또는 지방자치단체
3. 직장가입자가 교직원(사립학교에 근무하는 교원은 제외한다)인 경우에는 제3조 제2호 다목에 해당하는 사용자

정답 풀이

갑은 지역가입자, 을~정은 직장가입자이다. 직장가입자의 월 보험료액은 보수월액보험료와 보수 외 소득월액보험료로 구성되는데, 연간 보수 외 소득이 대통령령으로 정하는 금액인 2,000만 원 이하인 경우 보수 외 소득월액보험료는 발생하지 않는다. 따라서 을~정 모두 보수 외 소득월액보험료는 없으므로 보수월액보험료만 계산하면 된다. 이때, 직장가입자의 보수월액보험료 중 가입자가 부담하는 비율은 50%라는 점을 유념해야 한다.

갑~정이 부담하는 월 보험료액을 계산해 보면 다음과 같다.

- 갑: 300점 × 208.4원 = 62,520원
- 을: 2,000,000원 × 7.09% × 50% = 70,900원
- 병: 1,400,000원 × 7.09% × 50% = 49,630원
- 정: 1,000,000원 × 7.09% × 50% = 35,450원

따라서 부담하는 월 보험료액이 가장 큰 사람은 을이다.

한편, 을~정의 모두 보수 외 소득월액보험료가 없으므로, 을~정 중에서는 보수월액이 가장 큰 을이 부담하는 월 보험료액 역시 가장 크다는 것을 알 수 있다. 따라서 빠른 풀이를 위해서는 을과 갑의 금액만 계산하여 비교해 보면 된다.

11

정답 ①

제81조(보험료등의 독촉 및 체납처분) ① 공단은 제57조, 제77조, 제77조의2, 제78조의2, 제101조 및 제101조의2에 따라 보험료등을 내야 하는 자가 보험료등을 내지 아니하면 기한을 정하여 독촉할 수 있다. 이 경우 직장가입자의 사용자가 2명 이상인 경우 또는 지역가입자의 세대가 2명 이상으로 구성된 경우에는 그 중 1명에게 한 독촉은 해당 사업장의 다른 사용자 또는 세대 구성원인 다른 지역가입자 모두에게 효력이 있는 것으로 본다.
② 제1항에 따라 독촉할 때에는 10일 이상 15일 이내의 납부기한을 정하여 독촉장을 발부하여야 한다.
③ 공단은 제1항에 따른 독촉을 받은 자가 그 납부기한까지 보험료등을 내지 아니하면 보건복지부장관의 승인을 받아 국세 체납처분의 예에 따라 이를 징수할 수 있다.

정답 풀이
㉠ 독촉할 때에는 10일 이상 15일 이내의 납부기한을 정하여 독촉장을 발부하여야 한다.

12

정답 ④

제77조의2(제2차 납부의무) ① 법인의 재산으로 그 법인이 납부하여야 하는 보험료, 연체금 및 체납처분비를 충당하여도 부족한 경우에는 해당 법인에게 보험료의 납부의무가 부과된 날 현재의 무한책임사원 또는 과점주주(「국세기본법」 제39조 각 호의 어느 하나에 해당하는 자를 말한다)가 그 부족한 금액에 대하여 제2차 납부의무를 진다.
제78조의2(가산금) ① 사업장의 사용자가 대통령령으로 정하는 사유에 해당되어 직장가입자가 될 수 없는 자를 제8조 제2항 또는 제9조 제2항을 위반하여 거짓으로 보험자에게 직장가입자로 신고한 경우 공단은 제1호의 금액에서 제2호의 금액을 뺀 금액의 100분의 10에 상당하는 가산금을 그 사용자에게 부과하여 징수한다.
  1. 사용자가 직장가입자로 신고한 사람이 직장가입자로 처리된 기간 동안 그 가입자가 제69조 제5항에 따라 부담하여야 하는 보험료의 총액
  2. 제1호의 기간 동안 공단이 해당 가입자에 대하여 제69조 제4항에 따라 산정하여 부과한 보험료의 총액
② 제1항에도 불구하고, 공단은 가산금이 소액이거나 그 밖에 가산금을 징수하는 것이 적절하지 아니하다고 인정되는 등 대통령령으로 정하는 경우에는 징수하지 아니할 수 있다.
제91조(시효) ① 다음 각 호의 권리는 3년 동안 행사하지 아니하면 소멸시효가 완성된다.
  1. 보험료, 연체금 및 가산금을 징수할 권리

오답 풀이
① 갑에게 부과되는 가산금은 $\{(5만\ 원 \times 2개월) - (4만\ 원 \times 2개월)\} \times \dfrac{10}{100} = 2천\ 원$에 상당하는 금액이다.
② 보험료, 연체금 및 가산금을 징수할 권리는 3년 동안 행사하지 아니하면 소멸시효가 완성된다.

③ 법인의 재산으로 그 법인이 납부하여야 하는 보험료, 연체금 및 체납처분비를 충당하여도 부족한 경우에 무한책임사원 또는 과점주주가 부족한 금액에 대해 제2차 납부의무를 진다.

13   정답 ④

제41조의3(행위·치료재료 및 약제에 대한 요양급여대상 여부의 결정 및 조정) ① 제42조에 따른 요양기관, 치료재료의 제조업자·수입업자 등 보건복지부령으로 정하는 자는 요양급여대상 또는 비급여대상으로 결정되지 아니한 제41조 제1항 제1호·제3호·제4호의 요양급여에 관한 행위 및 제41조 제1항 제2호의 치료재료(이하 "행위·치료재료"라 한다)에 대하여 요양급여대상 여부의 결정을 보건복지부장관에게 신청하여야 한다.

② 「약사법」에 따른 약제의 제조업자·수입업자 등 보건복지부령으로 정하는 자(이하 "약제의 제조업자 등"이라 한다)는 요양급여대상에 포함되지 아니한 제41조 제1항 제2호의 약제(이하 이 조에서 "약제"라 한다)에 대하여 보건복지부장관에게 요양급여대상 여부의 결정을 신청할 수 있다.

③ 제1항 및 제2항에 따른 신청을 받은 보건복지부장관은 정당한 사유가 없으면 보건복지부령으로 정하는 기간 이내에 요양급여대상 또는 비급여대상의 여부를 결정하여 신청인에게 통보하여야 한다.

④ 보건복지부장관은 제1항 및 제2항에 따른 신청이 없는 경우에도 환자의 진료상 반드시 필요하다고 보건복지부령으로 정하는 경우에는 직권으로 행위·치료재료 및 약제의 요양급여대상의 여부를 결정할 수 있다.

⑤ 보건복지부장관은 제41조 제2항 제2호에 따라 요양급여대상으로 결정하여 고시한 약제에 대하여 보건복지부령으로 정하는 바에 따라 요양급여대상 여부, 범위, 요양급여비용 상한금액 등을 직권으로 조정할 수 있다.

제98조(업무정지) ① 보건복지부장관은 요양기관이 다음 각 호의 어느 하나에 해당하면 그 요양기관에 대하여 1년의 범위에서 기간을 정하여 업무정지를 명할 수 있다. 이 경우 보건복지부장관은 그 사실을 공단 및 심사평가원에 알려야 한다.

　3. 정당한 사유 없이 요양기관이 제41조의3 제1항에 따른 결정을 신청하지 아니하고 속임수나 그 밖의 부당한 방법으로 행위·치료재료를 가입자 또는 피부양자에게 실시 또는 사용하고 비용을 부담시킨 경우

정답 풀이

요양급여대상으로 결정되어 고시된 약제에 대하여 보건복지부령으로 정하는 바에 따라 요양급여대상 여부, 범위, 요양급여비용 상한금액 등을 조정할 수 있다고 명시된 주체는 신청인이 아니라 보건복지부장관이다.

14   정답 ②

제96조(자료의 제공) ① 공단은 국가, 지방자치단체, 요양기관, 「보험업법」에 따른 보험회사 및 보험료율 산출 기관, 「공공기관의 운영에 관한 법률」에 따른 공공기관, 그 밖의 공공단체 등에 대하여 다음 각 호의 업무를 수행하기 위하여 주민등록·가족관계등록·국세·지방세·토지·건물·출입국관리 등의 자료로

서 대통령령으로 정하는 자료를 제공하도록 요청할 수 있다.
  1. 가입자 및 피부양자의 자격 관리, 보험료의 부과·징수, 보험급여의 관리 등 건강보험사업의 수행
  2. 제14조 제1항 제11호에 따른 업무의 수행
② 심사평가원은 국가, 지방자치단체, 요양기관, 「보험업법」에 따른 보험회사 및 보험료율 산출 기관, 「공공기관의 운영에 관한 법률」에 따른 공공기관, 그 밖의 공공단체 등에 대하여 요양급여비용을 심사하고 요양급여의 적정성을 평가하기 위하여 주민등록·출입국관리·진료기록·의약품공급 등의 자료로서 대통령령으로 정하는 자료를 제공하도록 요청할 수 있다.
③ 보건복지부장관은 관계 행정기관의 장에게 제41조의2에 따른 약제에 대한 요양급여비용 상한금액의 감액 및 요양급여의 적용 정지를 위하여 필요한 자료를 제공하도록 요청할 수 있다.
⑤ 공단 또는 심사평가원은 요양기관, 「보험업법」에 따른 보험회사 및 보험료율 산출 기관에 제1항 또는 제2항에 따른 자료의 제공을 요청하는 경우 자료 제공 요청 근거 및 사유, 자료 제공 대상자, 대상기간, 자료 제공 기한, 제출 자료 등이 기재된 자료제공요청서를 발송하여야 한다.

정답 풀이

ㄴ. 공단은 징수위탁근거법에 따라 위탁받은 업무 수행뿐만 아니라 가입자 및 피부양자의 자격 관리, 보험료의 부과·징수, 보험급여의 관리 등 건강보험사업의 수행을 위해 자료를 제공하도록 요청할 수 있다.
ㄷ. 공단 또는 심사평가원이 자료제공요청서를 발송하여야 한다고 법상 명시된 경우는 요양기관, 「보험업법」에 따른 보험회사 및 보험료율 산출 기관에 자료의 제공을 요청하는 때이다.

15

정답 ④

제99조(과징금) ② 보건복지부장관은 제41조의2 제3항에 따라 약제를 요양급여에서 적용 정지하는 경우 다음 각 호의 어느 하나에 해당하는 때에는 요양급여의 적용 정지에 갈음하여 대통령령으로 정하는 바에 따라 다음 각 호의 구분에 따른 범위에서 과징금을 부과·징수할 수 있다. 이 경우 보건복지부장관은 12개월의 범위에서 분할납부를 하게 할 수 있다.
  1. 환자 진료에 불편을 초래하는 등 공공복리에 지장을 줄 것으로 예상되는 때: 해당 약제에 대한 요양급여비용 총액의 100분의 200을 넘지 아니하는 범위
  2. 국민 건강에 심각한 위험을 초래할 것이 예상되는 등 특별한 사유가 있다고 인정되는 때: 해당 약제에 대한 요양급여비용 총액의 100분의 60을 넘지 아니하는 범위
③ 보건복지부장관은 제2항 전단에 따라 과징금 부과 대상이 된 약제가 과징금이 부과된 날부터 5년의 범위에서 대통령령으로 정하는 기간 내에 다시 제2항 전단에 따른 과징금 부과 대상이 되는 경우에는 대통령령으로 정하는 바에 따라 다음 각 호의 구분에 따른 범위에서 과징금을 부과·징수할 수 있다.
  1. 제2항 제1호에서 정하는 사유로 과징금 부과대상이 되는 경우: 해당 약제에 대한 요양급여비용 총액의 100분의 350을 넘지 아니하는 범위
  2. 제2항 제2호에서 정하는 사유로 과징금 부과대상이 되는 경우: 해당 약제에 대한 요양급여비용 총액의 100분의 100을 넘지 아니하는 범위

정답 풀이

제41조의2 제3항의 사유로 처음 과징금이 부과된 날부터 5년의 범위에서 대통령령으로 정하는 기간 내에 다시 과징금 부과 대상이 되고, 이 사유가 국민 건강에 심각한 위험을 초래할 것이 예상되는 등 특별한 사유가 있다고 인정되는 것이라면, 해당 약제에 대한 요양급여비용 총액의 100분의 100을 넘지 아니하는 범위에서 과징금을 부과할 수 있다. 즉, 2,000만 원을 넘지 않는 범위에서 과징금을 부과할 수 있다.

16 정답 ④

제100조(위반사실의 공표) ① 보건복지부장관은 관련 서류의 위조·변조로 요양급여비용을 거짓으로 청구하여 제98조 또는 제99조에 따른 행정처분을 받은 요양기관이 다음 각 호의 어느 하나에 해당하면 그 위반 행위, 처분 내용, 해당 요양기관의 명칭·주소 및 대표자 성명, 그 밖에 다른 요양기관과의 구별에 필요한 사항으로서 대통령령으로 정하는 사항을 공표할 수 있다. 이 경우 공표여부를 결정할 때에는 그 위반행위의 동기, 정도, 횟수 및 결과 등을 고려하여야 한다.
 1. 거짓으로 청구한 금액이 1천500만 원 이상인 경우
 2. 요양급여비용 총액 중 거짓으로 청구한 금액의 비율이 100분의 20 이상인 경우

정답 풀이

요양기관의 위반사실 공표의 경우, 거짓으로 청구한 금액이 1,500만 원 이상이거나 요양급여비용 총액 중 거짓으로 청구한 금액의 비율이 100분의 20 이상일 때 그 대상이 될 수 있다.
먼저, 거짓청구금액이 1,500만 원 이상인 요양기관은 갑, 정으로 이 두 곳은 요양급여비용 총액 중 거짓청구금액의 비율과 상관없이 위반사실 공표의 대상이 될 수 있다.
이제, 나머지 을, 병의 요양급여비용 총액 중 거짓청구금액의 비율이 100분의 20 이상인지를 계산해 보면 되는데, 거짓청구금액에 5를 곱한 값이 요양급여비용 총액 이상인지를 계산해 보는 편이 수월하다.
- 을: 1,000만 원×5＝5,000만 원≥5,000만 원
- 병: 1,200만 원×5＝6,000만 원＜7,000만 원

따라서 위반사실 공표 대상이 될 수 있는 요양기관은 갑, 을, 정이다.

17 정답 ③

제101조(제조업자 등의 금지행위 등) ①「약사법」에 따른 의약품의 제조업자·위탁제조판매업자·수입자·판매업자 및「의료기기법」에 따른 의료기기 제조업자·수입업자·수리업자·판매업자·임대업자(이하 "제조업자등"이라 한다)는 약제·치료재료와 관련하여 제41조의3에 따라 요양급여대상 여부를 결정하거나 제46조에 따라 요양급여비용을 산정할 때에 다음 각 호의 행위를 하여 보험자·가입자 및 피부양자에게 손실을 주어서는 아니 된다.
 1. 제98조 제1항 제1호에 해당하는 요양기관의 행위에 개입
 2. 보건복지부, 공단 또는 심사평가원에 거짓 자료의 제출

3. 그 밖에 속임수나 보건복지부령으로 정하는 부당한 방법으로 요양급여대상 여부의 결정과 요양급여 비용의 산정에 영향을 미치는 행위

② 보건복지부장관은 제조업자등이 제1항에 위반한 사실이 있는지 여부를 확인하기 위하여 그 제조업자등에게 관련 서류의 제출을 명하거나, 소속 공무원이 관계인에게 질문을 하게 하거나 관계 서류를 검사하게 하는 등 필요한 조사를 할 수 있다. 이 경우 소속 공무원은 그 권한을 표시하는 증표를 지니고 이를 관계인에게 보여주어야 한다.

③ 공단은 제1항을 위반하여 보험자·가입자 및 피부양자에게 손실을 주는 행위를 한 제조업자등에 대하여 손실에 상당하는 금액(이하 이 조에서 "손실 상당액"이라 한다)을 징수한다.

④ 공단은 제3항에 따라 징수한 손실 상당액 중 가입자 및 피부양자의 손실에 해당되는 금액을 그 가입자나 피부양자에게 지급하여야 한다. 이 경우 공단은 가입자나 피부양자에게 지급하여야 하는 금액을 그 가입자 및 피부양자가 내야 하는 보험료등과 상계할 수 있다.

정답 풀이

ㄴ. 공단은 제조업자등으로부터 징수한 손실 상당액 중 가입자 및 피부양자의 손실에 해당되는 금액을 그 가입자나 피부양자에게 지급하여야 하는데, 이 경우 공단은 가입자나 피부양자에게 지급하여야 하는 금액을 그 가입자 및 피부양자가 내야 하는 보험료등과 상계할 수 있다.
ㄷ. 제조업자등에게 관련 서류의 제출을 명할 수 있는 주체는 공단이 아니라 보건복지부장관이다.

18 정답 ②

제109조(외국인 등에 대한 특례) ① 정부는 외국 정부가 사용자인 사업장의 근로자의 건강보험에 관하여는 외국 정부와 한 합의에 따라 이를 따로 정할 수 있다.

⑤ 제2항부터 제4항까지의 규정에도 불구하고 다음 각 호에 해당되는 경우에는 가입자 및 피부양자가 될 수 없다.
  1. 국내체류가 법률에 위반되는 경우로서 대통령령으로 정하는 사유가 있는 경우
  2. 국내체류 외국인등이 외국의 법령, 외국의 보험 또는 사용자와의 계약 등에 따라 제41조에 따른 요양급여에 상당하는 의료보장을 받을 수 있어 사용자 또는 가입자가 보건복지부령으로 정하는 바에 따라 가입 제외를 신청한 경우

⑦ 가입자인 국내체류 외국인등이 매월 2일 이후 지역가입자의 자격을 취득하고 그 자격을 취득한 날이 속하는 달에 보건복지부장관이 고시하는 사유로 해당 자격을 상실한 경우에는 제69조 제2항 본문에도 불구하고 그 자격을 취득한 날이 속하는 달의 보험료를 부과하여 징수한다.

정답 풀이

ㄴ. 가입자인 국내체류 외국인등이 매월 2일 이후 지역가입자의 자격을 취득하고 그 자격을 취득한 날이 속하는 달에 보건복지부장관이 고시하는 사유로 해당 자격을 상실한 경우에는 그 자격을 취득한 날이 속하는 달의 보험료를 부과하여 징수한다.

19 정답 ①

제112조(업무의 위탁) ① 공단은 대통령령으로 정하는 바에 따라 다음 각 호의 업무를 체신관서, 금융기관 또는 그 밖의 자에게 위탁할 수 있다.
  1. 보험료의 수납 또는 보험료납부의 확인에 관한 업무
  2. 보험급여비용의 지급에 관한 업무
  3. 징수위탁근거법의 위탁에 따라 징수하는 연금보험료, 고용보험료, 산업재해보상보험료, 부담금 및 분담금 등(이하 "징수위탁보험료등"이라 한다)의 수납 또는 그 납부의 확인에 관한 업무
② 공단은 그 업무의 일부를 국가기관, 지방자치단체 또는 다른 법령에 따른 사회보험 업무를 수행하는 법인이나 그 밖의 자에게 위탁할 수 있다. 다만, 보험료와 징수위탁보험료등의 징수 업무는 그러하지 아니하다.
③ 제2항에 따라 공단이 위탁할 수 있는 업무 및 위탁받을 수 있는 자의 범위는 보건복지부령으로 정한다.

오답 풀이

② 체신관서, 금융기관 또는 그 밖의 자에게 위탁할 수 있는 업무에 징수위탁보험료등의 수납 또는 그 납부의 확인에 관한 업무도 포함된다.
③ 국가기관, 지방자치단체 또는 다른 법령에 따른 사회보험 업무를 수행하는 법인이나 그 밖의 자에게 위탁할 수 있는 업무에서 보험료와 징수위탁보험료등의 징수 업무는 제외된다.
④ 국가기관, 지방자치단체 또는 다른 법령에 따른 사회보험 업무를 수행하는 법인이나 그 밖의 자에게 위탁할 수 있는 업무의 범위는 보건복지부령으로 정한다.

20 정답 ③

제115조(벌칙) ② 다음 각 호의 어느 하나에 해당하는 자는 3년 이하의 징역 또는 3천만 원 이하의 벌금에 처한다.
  1. 대행청구단체의 종사자로서 거짓이나 그 밖의 부정한 방법으로 요양급여비용을 청구한 자
제118조(양벌 규정) ① 법인의 대표자나 법인 또는 개인의 대리인, 사용인, 그 밖의 종사자가 그 법인 또는 개인의 업무에 관하여 제115조부터 제117조까지의 규정 중 어느 하나에 해당하는 위반행위를 하면 그 행위자를 벌하는 외에 그 법인 또는 개인에게도 해당 조문의 벌금형을 과(科)한다. 다만, 법인 또는 개인이 그 위반행위를 방지하기 위하여 해당 업무에 관하여 상당한 주의와 감독을 게을리하지 아니한 경우에는 그러하지 아니하다.

정답 풀이

제118조 양벌 규정에 관한 문제이다. 사례의 갑은 제115조 제2항 제1호에 해당되어 3년 이하의 징역 또는 3천만 원 이하의 벌금에 처해진다. 한편, 법인 A가 그 위반행위를 방지하기 위하여 해당 업무에 관하여 상당한 주의를 기울이지도 않고 감독을 하지도 않았으므로, 법인 A에도 제115조 제2항의 벌금형이 과해진다.

2025 공알리오 국민건강보험공단 국민건강보험법
법조문 집중 학습 + 실전모의고사 7회분

발 행 일　2025년 2월 22일 (개정 4판 1쇄)
편 저 자　혼JOB취업연구소
펴 낸 곳　㈜커리어빅
펴 낸 이　석의현
가　　격　23,000원
I S B N　979-11-91026-81-8 (13360)
주　　소　서울특별시 종로구 인사동5길 25
전　　화　02) 3210-0651
홈페이지　www.honjob.co.kr
이 메 일　honjob@naver.com

※ 이 책의 저작권은 저자와 ㈜커리어빅에게 있습니다. 저작권법에 의하여 보호를 받는 저작물이므로 무단 전재와 복제를 금합니다.
※ 정오 문의 및 정오표 다운로드는 홈페이지 내 고객센터를 이용해 주시기 바랍니다.